의식은 어디에서 오는가

숨겨진 의식의 샘을 찾아서

의식은 어디에서 오는가

려원기, 장현우, 이도현 옮김

The Hidden Spring

A Journey to the Source of Consciousness

Mark Solms

하나醫學社

THE HIDDEN SPRING

야크 판크세프Jaak Panksepp(1943~2017)를 기리며

그는 아주 오래된 수수께끼를 푼, 가장 현명한 사람이었습니다.

목차

그림 목차

각 그림의 저작권자와 연락하기 위해 최선을 다했지만, 출처를 찾지 못한 그림도 있다. 저자 및 출판사 측에 정보를 제공해 주면 이후 발행하는 판본에 반영하겠다.

일러두기

- 임상 훈련과 프로토콜의 표준은 시간이 지남에 따라 변화하며, 어떤 기술이나 권고도 모든 환경에서 효과가 있거나 안전하다고 보장되지 않는다.
- 이 책은 정신건강과 심리치료 분야의 전문적인 수련을 위해 일반적인 정보 제공을 목적으로 저술되었으며, 적합한 수련과 동료 평가 또는 임상 감독을 대신할 수 없다. 출판사와 저자는 특정한 권고 사항에 대해 어떠한 확실성이나 효과, 적절성도 보장하지 않는다.
- 본 책의 1장~6장 및 부록은 려원기, 7장~11장은 장현우, 12장은 이도현이 번역하였다. 정확한 번역을 위해 여러 번 검토하였고, 역자 간의 협의를 통해 글의 완성도를 높였다.

역자 서문

임상적 관점에서

전공의 시절 오랫동안 정신치료로 만났던 분이 마지막 세션에 끝내 나타나지 않았다. 내심 그림 같은 마무리를 꿈꿨던 나는 하염없이 기다리다가 나와야 했다. 몇 년 동안 매주 두 번씩 규칙적으로 만나며 알게 된 것이 많다고 느꼈던 이의 전혀 예측하지 못한 행동이었기에, 이런 식의 헤어짐을 어떻게 '추론'해야 할지 갈피를 잡을 수 없었다. 조금이나마 납득하게 된 것은 며칠 뒤 슈퍼바이저의 설명을 듣고 나서였다. 그의 관점에서는 나를 만나지 않는 편이 이별을 받아들이는 것보다 덜 고통스러웠으리라는 이야기였다.

나는 이런 식의 똑 부러지는 설명이 좋았다. 지그문트 프로이트Sigmund Freud가 정신 과정을 바라보는 몇 가지 관점(지형학적 관점, 역동적 관점, 경제적 관점 등) 가운데 상대적으로 주목을 덜 받는 경제적인 관점에는 명료함이 있었다. 농담에 있어서 응축, 전치 등을 통해 절약된 에너지가 쾌감으로 간다는 식의 설명, 불쾌감을 줄이는 쪽으로 정신 역동이 흐른다는 설명에는 복잡한 사유가 끼어들지 않아도 되었다.

프로이트의 이야기가 사변적일 것이라 선입견을 가진 사람들에게는 조금 의외이겠지만, 그는 생애 내내 정신적 에너지 및 흐름에 관해 언급했고, 정신 현상에 대한 자연과학적인 설명을 만들어 내는 것을 궁극적인 목표로 삼았다. 예를 들어 아주 초기 문헌인 『과학적 심리학을 위한 프로젝트Project for a Scientific Psychology』에는 그러한 의도가 노골적으로 드러나며, 그런 식의 해명 가능성을 포기한 말년의 저작 『끝낼 수 있는 분석과 끝낼 수 없는 분석Analysis Terminable and Interminable』에서도 여전히 엔트로피에 관한 언급을 발견할 수 있을 정도다.

그렇다면 정신적 에너지, 정신의 엔트로피는 도대체 무엇이란 말인가. 캠벨 정신의학 사전을 찾아보면 "정신분석적 의미의 엔트로피란 정신역동적인 계 내부에서 전치로서 이용이 불가능한 정동 카텍시스를 일컫는 말"이라고 정의되어 있다. 프로이트는 이와 관련해 "결속되지 않은 에너지가 증상을 일으킨다"라는 식으로 주장하기도 했는데, 전공의 시절에는 이렇게 아리송한 표현을 이해하기 어려웠다.

칼 프리스턴Karl Friston의 논문을 처음 접한 것은 전공의 시절이었다. 당시 나는 신경과학과 정신분석 사이에 접점이 존재하는 문헌을 수집하고 있었는데, 그중에는 프로이트식 개념을 신경생물학적으로 설명한다는 거창한 부제가 붙은 「디폴트 모드와 자아 기능, 자유 에너지The default-mode, ego-functions and free-energy: a neurobiological account of Freudian ideas」라는 논문이 있었다. 그 무렵에는 정신분석만큼이나 신경과학에 대해서도 아는 바가 적었기 때문에 내용을 제대로 이해할 수 없었다. 다만 '칼 프리스턴이 과연 숨은 프로이트주의자인가?'라는 논쟁으로 불이 붙은 해외의 어떤 사이트를 발견했고, 그가 어떤 배경을 가진 사람인지 궁금해했던 기억이 난다. 나중에 프리스턴의 자전적 고백 『내가 자폐적인가요?Am I autistic?』를 읽고 알게 된 사실인데, 그는 정신의학 수련을 받는 동안 빅토리아 시대풍의 정신병원에서 만성 조현병 환자들을 치료하며 자신의 사유를 다듬어 나갔다고 한다.

한편, '프로이트는 50% 맞지만, 100% 틀렸다'는 식의 언급을 하는 사람들을 종종 보게 된다. 아마도 앨런 홉슨Allan Hobson이나 매슈 워커Mat-thew Walker의 책에 인용된 로버트 스틱골드Robert Stickgold의 말을 그대로 따온 것 같은데, 그런 표현이 회자하는 이유에는 아마 두 가지 정도가 있을 것 같다. 첫 번째는 프로이트의 주장이 정말 어떤 것인지 살펴보는 데 무관심하며 거의 알지 못하는 데서 오는 편견, 두 번째는 프로이트의 주장에 관심은 있으나 중요한 대목을 제대로 해석해 내지 못한 데서 오는 오해다.

안토니오 다마지오Antonio Damasio는 자신의 저서 『Self Comes to Mind』에서 "프로이트의 논문을 읽을 때면 언제나 짜증과 경탄 사이를 오락가락하게 된다"라고 고백한 바 있다. 또한 올리버 색스Oliver Sacks는 『과학적 심리학을 위한 프로젝트』을 가리키며, 해석만 된다면 신경과학과 심리학을 이어 줄 '로제타스톤'이라는 평이 있다고 소개했다. 어떤 의미에서 보자면 이 책은 프리스턴의 자유 에너지 원리를 바탕으로 프로이트의 '프로젝트'를 현대적으로 풀어낸 것, 즉 '로제타스톤'의 진보한 해석본이라 할 수도 있겠다. (여담이지만 1976년 정신분석가 머튼 길Merton Gill과 신경과학자 칼 프리브램Karl Pribram도 서로 협력해 '프로젝트'의 '해석'을 시도했다.)

2020년 이 책의 저자 마크 솜즈Mark Solms는 국제 정신분석학회 IPA에서 주최한 웨비나에서 정신분석적 개념을 차근차근 신경과학적으로 풀어서 짚어 준 바 있다. 그때 그가 이야기한 정신분석 및 정신치료의 핵심은 다음과 같다. [그중 일부는 프로이트의 논문 「Remembering Repeating and Working-through(기억하기, 반복하기 그리고 훈습하기)」의 내용과 중복된다.]

(1) 욕동이 충족되지 않을 때, 특정한 정동 신호가 의식에 올라온다. 이 불쾌한 정동으로 인해 괴롭다.

(2) 정동이 사라지지 않는 이유는 어릴 적에 최선이었던 방식을 고수해 욕동을 충족시키려 하지만 지금은 그 방식이 실패하고 있기 때문이다.

(3) 실패하는 바로 그 방식이 무의식적으로 정신분석 세션 내에도 재현된다.

(4) (암묵 기억 등에 의해) 무의식적으로 지금 재현되어 반복하는 것을 의식화시킬 수 있다면 이후에는 욕동을 충족시킬 다른 선택지를 택할 수 있게 된다.

(5) 훈습 과정을 통해 점차 자신에 대한 이해가 넓어지며, 결국 세상을 바라보는 무의식적인 틀이 변화한다.

이를 자유 에너지 원리 측면에서 좀 더 부연해 보겠다. 욕동이 충족되지 않았다는 말은 예측 오차가 발생했다는 뜻이다. 마크 솜즈에 따르면 이때 특정한 불쾌감이 의식에 떠오른다. 예측 오차를 줄이는 것이 곧 자유 에너지(속박되지 않은 에너지)를 줄이는 것이며, 불쾌감(정신적 고통)을 줄이는 길이다.

보통 정신분석을 위해 찾아오는 사람들은 기존의 무의식적 예측에 근거해 비적응적 행동을 반복하기에 의식적 고통을 줄이는 데 만성적으로 실패한 상태에 놓여 있다. 게다가 종종 기존의 내적 표상에 기반해 현실을 왜곡해 경험하기도 한다. 정신분석적으로 볼 때 투사나 투사적 동일시로 불리는 이러한 현상은 능동 추론의 입장으로 바라보아도 낯설지 않다.

일반적으로 정신분석 세션에서는 일단 환자가 보이는 정동이 어떤 것인지 주시한다. 그리고 그 정동을 타고서 의식화되는 내용에 주목한다. 기억의 자취가 지금 여기에서 새로운 버전으로 다시 활성화되어 작업 기억이 될 때, 비로소 기억의 자취에 가소성이 생긴다. 환자가 이 과정에서 기존의 모델을 한동안 고수하며 분석가를 바라볼 때 생기는 현상을 전이라고 표현할 수 있겠다. 환자는 점차 의외성을 체감하게 되는데, 이때 잘 훈련받은 분석가는 환자가 투사적 동일시와 같은 투박한 방식이 아닌 기존의 모델을 업데이트하는 방식으로 자유 에너지를 줄이게끔 돕는다. 결국 정신분석에서 하는 일은 세상과 자신에 대한 무의식적 예측을 자유연상을 통해 의식으로 가져왔다가 그 정밀도를 조정하는 훈습 작업을 반복하는 것이다. (물론 무의식에서 직접 무의식으로, 의식을 거치지 않고서라도 철저하고 광범위한 변화를 꾀하는 것 역시 정신분석에서 하는 일에 포함된다.)

임상적인 관점에서 보자면, 자유 에너지 원리와 같은 개념은 정신분석적 개념을 명료화하는 데 분명 도움이 될 것이다. 정신분석은 마음의 미묘한 현상을 기술할 수 있는 풍부한 언어를 가지고 있었지만, 여태껏 이를 신경과학적으로 번역할 적당한 수단이 없었다. 정동 신경과학의 발전, 예측 부호화, 자유 에너지 원리, 능동 추론과 같은 기능적인 언어를 사용할 수 있게 된 지금이야말로 프로이트가 꿈꿨던 바로 그 통합의 시기가 아닐까 싶다. (6장의 주석 43번이 그런 성공적 번역의 예시라고 생각한다.)

이 책을 읽으면서 여러 가지 아이디어가 떠올랐다. 이를테면 토마스 옥덴Thomas Ogden의 '분석적 삼자'와 같은 개념을 오랜 상호적 정신화가 일어난 분석가와 피분석자 사이에서 마르코프 블랭킷이 일시적으로 확장되는 것으로 생각하면 어떨까? 타나토스를 엔트로피의 관점에서 설명할 수 있지 않을까?

수년 전 저자가 의식 관련 책을 저술하고 있다는 이야기를 접하고서 책이 얼른 나오기를 고대했다. 원서를 읽고 난 뒤로는 직접 번역할 기회를 얻으면 좋겠다고 간절히 바랐다. 조급한 마음으로 직접 저자와 저작권사에 연락을 취하기도 했는데, 운이 좋아 기회를 잡을 수 있었다. 하지만 이 책에서 다루는 내용은 정신의학, 심리학, 정신분석학의 범위를 넘어서는 것이었기에 나로서는 도움이 절실했다. 정말 다행스럽게도 한국의식과학학술회Korea Association for Consciousness Sciences[KACS]를 이끌고 계시는 훌륭한 선생님들을 만날 수 있었고, 흔쾌히 공역 제안을 수락해 주셨다. 본작의 하이라이트인 7장부터 후기까지를 번역해 주고, 앞부분 원고 역시 꼼꼼히 검토해 주었으며, 나의 우문에 현답을 주기도 한 장현우, 이도현 두 분 선생님에게 진심으로 감사드린다. 그리고 번역을 제의해 준 하나의학사에도 감사의 마음을 전한다.

정신건강의학과 전문의

려원기

머리말

어린아이였을 때 별난 의문이 하나 떠올랐다. 의식이 진화하기 이전의 세상을 마음속에서 그대로 그려 낼 수 있을까? 응당 그런 세상이 존재하겠지만, 그걸 어떻게 *사진처럼 그려 낼* 수 있겠느냐는 뜻이다. 사물을 마음속에 그리는 일이 가능하기 이전의 세상 그대로를 말이다.

이 말을 좀 더 구체적으로 이해하기 위해 *해돋이가* 일어날 수 없는 어떤 세상을 상상해 보자. 지구는 항시 태양 주위를 자전하지만, 태양은 오로지 관찰자의 시선에서 볼 때만 지평선 위로 떠오른다. 이는 본질적으로 관점적 사건이다. 해돋이는 영원히 경험 속에서만 일어나는 것이다.

이처럼 조망수용perspective-taking에서 벗어날 수 없다는 사실은 의식을 이해하는 일을 매우 어렵게 만든다. 의식을 이해하고 싶다면 주관성에서 빠져나와야 한다. 외부에서 바라봐야 하고, 우리에게 어떻게 보이는지가 아니라 본디의 의식 그대로를 보아야 한다. 하지만 과연 그럴 수 있을까? 우리 자신으로부터 벗어날 수 있을까?

젊은 시절, 나는 내 의식을 마치 나를 둘러싼 어떤 거품인 것처럼 투박하게 상상했다. 그 거품 속에는 활동하는 영상과 소리와 경험의 여타 현상이 들어 있었다. 그리고 거품 너머에는 무한한 암흑이 놓여 있다고 가정했다. 이 암흑은 순수한 양量, 상호작용하는 힘, 에너지나 그 비슷한 것이 어우러지는 어떤 조화라고 상상했다. 내 의식 속에서 마땅한 질적인 형태로 표상되는 '저 밖의' 진정한 실제가 바로 그 암흑이었다.

그런 것은 상상할 수조차 없다는 것, 표상 없이 실재를 표상하는 일은 불가능하다는 것이야말로 이 책에서 고심하는 과제의 규모를 가늠케 한다. 어린 시절로부터 수십 년이 흐른 지금, 나는 다시 한번 의식이라는 베일 뒤쪽을 슬쩍 들여다보고자, 그 실제적 기전을 엿보고자 애를 쓰고 있다.

그러므로 독자의 손에 놓인 이 책은 필연적으로 관점적이다. 방금 언급했던 역설이 요구하는 것보다도 실은 더 관점적이라 하겠다. 나의 관점을 독자들이 잘 이해할 수 있도록 나의 개인사 일부를 공개하기로 결심했다. 의식에 관한 나의 과학적 견해는 종종 내 삶과 임상 작업의 발전에 기인해 진전을 이루곤 했다. 그러므로 굳이 필요한 것은 아니지만, 내가 어떻게 그런 결론에 도달했는지 독자들이 살펴볼 수 있다면 결론을 이해하기가 훨씬 더 쉬울 것이다. 내가 발견한 것 중에는 이를테면 꿈을 꾸게 만드는 뇌의 기전처럼 뜻하지 않게 얻은 수확이 더러 있었다. 또한 나의 직업적 선택 가운데 일부(신경과학적 경력에서 우회해 정신분석가로 수련받은 일 등)는 내가 마땅히 바랄 수 있는 것보다 훨씬 더 후한 보답을 가져다주었다. 이 두 가지에 대해서는 차차 설명하겠다.

의식을 이해하기 위한 나의 탐구는 운이 좋게도 탁월한 동료들을 만난 덕분에 지금껏 성공적으로 이어 올 수 있었다. 특히 고故 야크 판크세프Jaak Panksepp와 함께 연구하는 엄청난 행운을 누렸는데, 그는 누구보다도 느낌feelings의 기원과 힘에 대해 잘 이해한 신경과학자였다. 지금 내가 뇌에 대해 알고 있는 거의 모든 것은 그가 품은 통찰로부터 구체화된 것이다.

최근에는 칼 프리스턴Karl Friston과 함께 작업했다. 그는 자질이 뛰어난 사람인데, 특히 현존하는 세계에서 가장 영향력 있는 신경과학자라는 점에서 두드러진다. 앞으로 내가 설명할 이론의 토대를 가장 심도 있게 일구어 놓은 인물이 바로 프리스턴이다. 그는 모든 종류의 뇌 기능을 '*자유 에너지*free energy라는 것을 최소화하려는 근본적인 물리적 필연성'으로 환원시킨 것으로 잘 알려져 있다. 이 개념은 7장에서 더 자세히 설명할 것인데, 일단은 프리스턴과 내가 협업한 이론이 이 과업에 부합한다는 점을 언급하고 싶다. 참으로 안성맞춤이라 의식에 관한 자유 에너지 이론이라 불러도 될 정도다. 아니, 실제로 그렇다.

감응성sentience[1]을 궁극적으로 설명하는 일은 굉장히 풀기 어려운 수수께끼로, 오늘날에는 이른바 '어려운 문제'로 회자된다. 그런데 어떤 수수께끼는 일단 풀리기만 하면 물음과 대답이 모두 시시해져 버리기도 한다. 내가 책에서 풀어낼 생각들이 과연 어려운 문제를 해결하는 실마리가 될 수 있을지는 독자의 판단에 맡기겠다. 어떤 식으로 판단하든 내 생각은 *여러분 자신*을 새로운 시각으로 바라볼 수 있게끔 도와주리라 확신하며, 더 나은 이론이 등장하기 전까지는 어느 정도 흥미를 둘 여지가 있으리라 믿는다. 결국 깊은 의미에서 당신은 *당신의 의식이다*. 따라서 의식 이론은 당신이 그렇게 느끼는 근본적인 이유를 설명할 수 있어야 마땅하다. 의식 이론은 어째서 당신이 그런 식으로 존재하는지 설명할 수 있어야 하며, 더 나아가 당신이 의식에 대해 무엇을 할 수 있는지 명확히 말해 줄 수 있어야 할지도 모르겠다.

---

1) 감정과 감각을 경험할 수 있는 능력(역자 주).

이 중 마지막 주제는 이 책이 의도하는 범위를 넘어서는 것이다. 하지만 이론적 범위를 넘어서지는 않는다. 의식에 관한 나의 설명은 생명의 물리학적 기본 원리, 계산 신경과학 및 정동 신경과학의 진보에서 얻은 최신 성과들과 정신분석에서 전통적으로 탐구된 주관적 경험의 미묘한 것들을 하나의 이야기로 엮어 낸다. 다시 말해 이 이론은 분명 당신에게 실제로 쓸모 있는 이론인 것이다.

나는 평생 이 과업에 매달렸다. 수십 년이 흘렀지만, 세상을 바라보는 인간이 존재하기 이전의 세상이 어떻게 보였을지 나는 지금도 스스로 질문한다. 너무 많은 것을 알게 된 지금의 나는 일종의 열수분출공熱水噴出孔, hydro-thermal vents에서 비롯된 생명의 여명기를 상상한다. 그곳에서 등장한 단세포 유기체에는 분명 의식이 없었겠지만, 주변 환경의 영향에 따라 생존이 결정되었을 것이다. 태양에너지의 생물학적 '이로움'에 반응하는 이 같은 단순한 유기체를 상상하기란 쉬운 일이다. 조금만 더 나아가면, 에너지를 공급받기 위해 능동적으로 애를 쓰다가 결국 대안적 행동을 통해 성공 확률을 저울질하는 능력을 갖도록 진화된 좀 더 복잡한 생명체를 상상할 수도 있다.

나는 의식이 그러한 유기체들의 경험에서 출현했다고 본다. 최초의 생명체 관점에서 낮의 온기와 밤의 냉기를 상상해 보자. 그것들이 느낀 일주기 경험을 나타내는 생리적인 값이야말로 최초의 해돋이 전구물이다.

많은 철학자와 과학자들이 여전히 감응성에 아무런 물리적인 목적이 없다고 믿는다. 이 책의 목표는 그와 다른 해석이 타당하다고 독자를 납득시키는 것이다. 그러기 위해서는 우선 느낌이 자연계 일부임을, 여타의 자연 현상과 근본적으로 다를 바가 없음을, 그리고 사물의 인과적 매트릭스 속에서 뭔가 역할을 하고 있음을 확신시켜야 할 필요가 있다. 내가 제시할 의식은 느낌에 관한 것이며, 결국 느낌은 당신이 삶에서 얼마만큼 잘하고 있는지, 못하고 있는지에 관한 것이다. 의식은 더 나은 행동을 하게끔 돕기 위해 존재한다.

의식이라는 어려운 문제는 현시대의 모든 과학 분야 내에서, 혹은 최소한 신경과학계 내에서 풀지 못한 가장 큰 수수께끼로 회자된다. 이 책에서 제안하는 해결책은 기존의 접근법으로부터 근본적으로 이탈해 있다. 대뇌피질이 지능과 연관된 부위이기에 거의 모든 사람이 의식과 연관된 부위 역시 대뇌피질일 것으로 생각하지만, 나는 동의하지 않는다. 의식은 그보다 훨씬 더 원초적인 것이다. 의식은 인간과 물고기가 공유하는 뇌 부위에서 기인한다. 이것이 'The Hidden Spring(숨겨진 샘)'이라는 책 제목의 유래다.

의식을 지능과 혼동해서는 안 된다. 통증이 어떤 것인지 반추하지 못할지라도 통증을 느끼는 것은 분명 가능하다. 마찬가지로 먹고자 하는 충동, 즉 공복감에는 삶의 절박한 요구the exigencies of life에 대한 그 어떠한 지적 이해도 깃들 필요가 없다. 기본적인 형태의 의식, 다시 말해 날것의 느낌raw feeling은 놀라울 정도로 단순한 기능이다.

세 사람의 저명한 신경과학자 야크 판크세프Jaak Panksepp, 안토니오 다마지오Antonio Damsio, 비요른 메르케르Bjorn Merker가 이와 같은 접근법을 취했다. 그중 판크세프가 선구자라 할 수 있다. 그는 메르케르와 마찬가지로 동물 연구자였지만, 다마지오는 나와 마찬가지로 동물 연구자가 아니다. 많은 독자가 이 책에서 소개하는 동물 연구 결과를 보고 경악할지도 모르겠다. 연구에 따르면 다른 동물들도 우리가 느끼는 것과 꼭 같이 느끼기 때문이다. 모든 포유류는 고통, 공포, 공황, 슬픔 및 다양한 감정을 느낄 수 있다. 역설적이게도 이러한 진실에 대한 합리적 의심을 없앨 수 있었던 것은 판크세프의 연구 덕분이었다. 그의 발견으로 인해 더는 그런 연구를 지속하지 못하게 되었다는 점에서 그나마 위안을 찾아야겠다.

나는 판크세프, 다마지오, 메르케르에 끌렸다. 왜냐하면 그들은 나와 마찬가지로 우리 시대의 신경과학이 *생활 경험*lived experience이라는 체화된 속성에 초점을 두지 않는다고 믿었기 때문이다. 의도한 것은 아니지만 때때로 우리를 하나로 이어 준 것은 프로이트가 마음에 대한 과학에 남겨 놓고 떠났던 근간, 즉 인지보다 느낌을 우선시해야 한다는 근간 위에서 우리가 세워 나간 것들이었다고 하겠다(인지는 대부분 무의식적이다). 이는 이 책의 두 번째 근본적 화두다. 이 화두는 우리를 프로이트의 1895년 작인 『과학적 심리학을 위한 프로젝트』로 되돌아가게 할 것이고, 그의 과업을 완수하게 할 것이다. 하지만 그가 저지른 많은 실수를 그냥 넘어가지는 않을 것이다. 이를테면, 모든 이가 그랬던 것처럼 프로이트 역시 의식을 대뇌피질의 기능으로 믿었다.

이 책의 세 번째이자 마지막 주요한 화두는 의식을 창조할 수 있다는 관점에 다다른다는 것이다. 의식은 인공적으로 *생산하는 것이 가능하다*. 깊은 형이상학적 함의를 담고 있는 이 같은 결론은 칼 프리스턴과 함께 했던 연구에서 도출된 것이다. 판크세프, 다마지오, 메르케르와 달리 프리스턴은 계산 신경과학자다. 그런 까닭에 그는 의식이 궁극적으로 물리 법칙으로 환원된다고 믿는다. 놀랍게도 이는 프로이트가 품었던 믿음과도 같다. 하지만 프리스턴조차도 우리가 함께 작업하기 이전에는 정신 기능을 대뇌피질의 기능과 거의 동일시 했다. 이 책에서는 그의 통계적·역학적 체계를 더 깊이, 가장 원초적인 뇌간 깊숙한 곳으로 옮길 것이다.

이와 같은 세 가지 화두는 어려운 문제를 덜 어렵게 만들 것이다. 어째서 그러한지는 이 책이 설명해 줄 것이다.

2020년 3월, 영국 동부 서식스 체일리에서

마크 솜즈

1장

꿈의 물질

나는 구 독일의 식민지였던 나미비아Namibia의 스켈레톤코스트Skeleton Coast에서 태어났다. 그곳에서 아버지는 합병 다이아몬드 광산Consolidated Diamond Mines이라는 남아프리카인 소유의 조그마한 회사에서 관리인으로 일했다. 지주회사였던 드비어스De Beers는 *슈페르게비트*Sperrgebiet('출입제한 구역')라고 알려진 국가 속의 또 다른 실제적 국가를 만들었다. 제멋대로 광범위하게 뻗어 나가는 충적토 광산들은 나미브 사막Namib Desert의 사구지砂丘地에서부터 쭉 내려가 대서양의 대양저大洋底까지 연장되어 바다로 수 킬로미터까지 돌출되어 있었다.

이는 내 상상력에 강한 영향을 준 기이한 풍경이었다. 어린 시절, 나는 형 리Lee와 장난감 토목 기계를 가지고 다이아몬드 채굴 놀이를 하며 놀곤 했다. 아버지가 사막의 노천채굴 광산을 보여 주기 위해 우리를 데려갔을 때, 아버지 곁에서 목격한 인상적인 엔지니어링 솜씨를 뜰에서 재현하면서 말이다. 물론 아버지가 몸담고 있는 사업의 덜 인상적인 측면에 대해 알아차리기에는 너무 어린 나이였다.

1965년 내가 네 살이던 어느 날, 부모님은 여느 때처럼 코모란트Cormorant 요트 클럽에서 요트를 타고 계셨고, 나는 여섯 살이던 형과 함께 회관에서 놀고 있었다. 이른 아침의 안개가 햇살로 걷힌 상태였다. 나는 3층짜리 회관의 시원한 내부에서 해변으로 내려가 돌아다녔다. 더위 속에서 바다를 거닐며 반짝거리는 작은 물고기들이 내 발 주위에 흩어지는 모습을 보고 있을 즈음, 형이 친구 몇몇과 함께 건물 뒤편에서 지붕 위로 기어올랐다.

그다음 내가 기억하는 것은 세 가지 단편적인 인상뿐이나. 첫째, 수박 같은 것이 깨어지는 소리. 둘째, 다리가 아프다며 울면서 땅바닥에 누워 있는 형의 모습. 셋째, 부모님이 형을 데리고 병원으로 이동하는 동안 숙부와 숙모님이 나와 여동생을 맡아 주겠다고 말하는 장면. 다리가 아프다는 대목은 분명 내 마음이 지어 낸 것, 즉 작화증confabulation이 틀림없다. 의무 기록에는 형이 콘크리트 바닥에 부딪힌 충격으로 의식을 잃은 것으로 기록되어 있었으니깐 말이다.

형은 지역 병원에서는 제공할 수 없는 종류의 전문적인 처치가 필요한 상황이었다. 결국 헬기를 이용해 800km 떨어진 케이프타운의 크루트스키어Groote Schuur 병원으로 이송되었다. 신경외과는 당시 케이프 네덜란드 양식으로 지어진 인상적인 건물 안에 있었는데, 바로 그 건물에서 내가 지금 신경심리학자로 일하고 있다. 형은 두개골이 골절되었고 두개내 출혈이 있었다. 만일 혈종이 커진다면, 목숨이 위험해져 응급수술이 필요할 수도 있는 상황이었다. 형은 운이 좋았다. 며칠 뒤 호전되었고, 퇴원해서 집으로 돌아올 수 있었다.

사고 이후 골절된 두개골을 보호하기 위한 헬멧을 써야 했다는 사실을 제외하면, 형은 외견상 아무것도 달라진 점이 없었다. 하지만 한 사람으로서 형은 완전히 변해 있었다. 이 경험을 떠올릴 때 내 안에서 떠오르는 느낌을 표현하는 적당한 독일어 단어가 있다. 바로 '*운하임리히카이트*Unheimlichkeit', 두려운 낯섦이다. 하지만 적절한 영어 단어는 없다. 문자 그대로라면 'unhomeliness(편안하지 않음)' 정도로 옮길 수 있겠지만, 'eeriness(기분 나쁨)'이나 'the uncanny(으스스함)'이 더 나은 표현인 것도 같다.[2)]

형의 변한 모습을 가장 극명하게 드러내는 대목은 형이 발달 이정표를 따라가지 못했다는 것이다. 한동안 형은 배변조차 서툴렀다. 좀 더 충격적으로 다가왔던 것은 형의 *생각하는* 방식이 이전과 달라 보였다는 점이다. 형은 그곳에 존재하는 동시에 존재하지 않는 듯했다. 형은 우리가 함께 했던 놀이의 많은 것을 잊어버린 듯 보였다. 다이아몬드 채굴 놀이는 이제 단순한 구멍 파기 놀이로 변했다. 놀이의 상상적이고 상징적인 측면들이 형에게 전해지지 않았다. 형은 더는 형이 아니었다.

형은 그해 학교에서 낙제했고, 그것은 시작에 불과했다. 형이 사고를 당한 이후의 어린 시절 가운데 가장 생생히 기억나는 것은 집에 돌아온 형이 외모는 똑같지만 내가 알던 그 사람이 아니라는 간극을 받아들이기 위해 애를 썼던 일이다. 이전의 형은 어디로 가 버렸을까 의아했다.

그 후로 몇 년 동안 나는 우울에 빠졌다. 아침에 등교할 때, 신발 신을 힘조차 짜내지 못했던 기억이 난다. 그 사고가 있고 나서 3년 남짓 되었을 무렵이다. 힘을 낼 수 없던 이유는 그렇게 해야 할 의미를 찾을 수 없었기 때문이다. 만약 인간이 뇌 기능에 좌우되는 존재라면, 뇌가 죽었을 때 나머지 육신과 나는 무엇이 된단 말인가? 만약 어떤 식으로든 형

---

2) 저자는 프로이트의 1919년 논문 「Das Unheimliche」를 연상한 것으로 보인다. 프로이트 전집의 영어 번역자 스트레이치는 이를 "The uncanny"라는 제목으로 번역했다(역자 주).

의 마음이 신체 장기로 환원될 수 있는 성질의 것이라면, 나의 마음도 마찬가지일 것이다. 즉, '나'라고 하는 감응적 존재는 단지 상대적으로 짧은 기간만 존재할 뿐이었다. 그런 다음 사라져 버릴 것이었다.

나는 내 과학자로서의 경력 전부를 이 문제에 관해 고심하면서 보냈다. 형에게 일어났던 일에 대해, 그리고 궁극적으로 우리 모두에게 일어날 일에 대해 이해하고 싶었다. 경험하는 주체로서 우리라는 존재가 무엇에 다다를지 생물학적 용어로 이해해야만 했다. 즉, 의식을 이해하고 싶었다. 그래서 신경과학자가 되었다.

물론 지난날을 되돌아볼지라도, 이보다 더 내가 찾고 있는 물음에 보다 직접적으로 답해 줄 수 있는 길은 없으리라 생각한다.

의식의 본질은 과학에서 다루기 가장 어려운 주제인지도 모르겠다. 당신이 바로 당신의 의식이기 때문에 이는 중요한 주제이지만, 수 세기 동안 사상가들을 괴롭혀 온 두 가지 수수께끼 때문에 논란이 많은 주제이기도 하다. 첫 번째 수수께끼는 마음이 신체와 어떤 식으로 관련되는지, 혹은 유물론자의 취향에 맞게(거의 모든 신경과학자의 취향에 맞게) 표현하자면 뇌가 어떻게 마음을 일으키는지에 관한 질문이다. 이는 '심신 문제the mind/body problem'로 불린다. 물리적인 뇌는 어떻게 현상적 경험을 불러일으키는가? 그리고 의식이라는 비물리적인 것이 어떻게 물리적인 신체를 조절하는가?

철학자들은 이 문제를 '형이상학'이라고 부르는 범주에 포함했는데, 이는 과학적으로 증명할 길이 없다고 믿을 때 그들이 쓰는 표현 방식이다. 어째서 그럴까? 과학은 실증적 방법에 의존하지만, '실증적'이라 함은 '감각적 증거에서부터 도출되었음'을 뜻하기 때문이다. 마음은 감각적 관찰로는 접근할 수 없는 것이다. 볼 수도 만질 수도 없다. 마음은 눈에 보이지 않고 형체가 없는 것으로, 주체이지 객체가 아니다.

외부에서 볼 때 마음에 대해 알 수 있는 것은 무엇이며, 이와 관련해 다른 이들의 마음이 실재하는지 어떻게 분간할 수 있는가? 이것이 두 번째 수수께끼다. 이는 '타자의 마음 문제the problem of other minds'라고 불린다. 쉽게 말해 마음이 주관적인 것이라면, 당신은 오로지 당신 자신의 마음만을 관찰할 수 있을 뿐이다. 그렇다면 다른 사람 혹은 생물이나 기계가 마음을 지녔는지 아닌지를 어떻게 알 수 있을까? 일상적으로 마음이 따르는 객관적인 어떤 법칙을 밝혀내는 일은 차치하더라도 말이다.

지난 세기 동안 이 질문에 대해 과학적으로 중요한 세 가지 응답이 등장했다. 과학은 실험에 의존한다. 다행스러운 한 가지는 실험적 방법이 최종적인 진실을 추구하기보다 가장 괜찮은 추측으로서 묘사할 수 있는 바가 무엇인지를 추구한다는 것이다. 일단 관찰을 시작하고, 그렇게 관찰한 현상을 그럴듯하게 설명할 수 있는 바가 무엇인지 추측해 낸다. 다시 말해 가설을 세우는 것이다. 그런 다음 가설로부터 *예측*을 한다. 예를 들면, '만약 가설 X가 참이라면, Z를 수행할 때 Y가 발생해야 한다(다른 어떤 가설에서 Y가 발생하지 않을 합당한 가능성은 존재한다)'라는 식이다. 이것이 실험이다. 만일 Y가 발생하지 않는다면, X는 거짓으로 추론되고 가설은 새로운 관찰에 준거해 개정된다. 그런 다음, 확인되었으나 반증 가능성이 존재하는falsifiable 예측이 도출될 때까지 실험적 과정이 반복된다. 이 시점에서 가설은 *잠정적으로* 참일 뿐이다. 이와 모순되는 추가적인 관찰 결과가 등장하기 전까지는 말이다. 이런 방식으로, 과학에서는 절대불변의 진리가 있다고 상정하지 않는다. 그저 불확실성을 줄이고자 할 뿐이다.[1]

20세기 전반기에 시작된 '행동주의'라는 심리학파는 실험적 방법을 체계적으로 마음에 적용하기 시작했다. 그 출발점은 실증적으로 관찰 가능한 사건 이외의 모든 것을 무시하는 것이었다. 행동주의자들은 신념이나 생각, 느낌이나 욕망과 같은 온갖 '심성주의적mentalistic' 이야기를 내던져 버리고 객관적인 자극에 대해 주체가 보거나 만질 수 있는 반응으로 연구 영역을 국한시켰다. 내면에서 무슨 일이 일어나고 있는지에 관한 주관적인 보고에는 기이할 정도로 무관심했다. 그들은 마음을 마치 알 수 있는 것이라고는 입력과 출력뿐인 '블랙박스'인 듯 다루었다.

어째서 그와 같은 극단적 입장을 취했을까? 물론, 부분적으로는 '타자의 마음 문제'를 피하고자 하는 시도였다. 애초부터 마음에 대해 그 어떤 이야기도 허용하지 않는다면 그들의 이론은 심리학이 시달리던 철학적 의심의 눈초리로부터 자유로울 수 있다. 사실상 그들은 심리학으로부터 정신psyche을 배제시킨 것이다.

그 대가가 커 보일지도 모른다. 하지만 행동주의는 처음부터 혁명적인 지침이었다. 행동주의자들은 그 자체로 인식론적 순수성을 추구하지 않았으며, 아울러 당시 심리학계의 주류를 끌어내리고자 했다. 20세기의 시작 이래로 프로이트의 정신분석이 마음의 과학을 지배해 오고 있던 차였다. 지그문트 프로이트Sigmund Freud는 내성內省법으로 도출된 증거들의 독특한 특징을 면밀히 조사함으로써, 이른바 내부의 것이 드러나게끔 숙고된 마음의 모델을 만들어 내려고 했다. 반세기 동안 수많은 연구소가 세워지고, 공인된 전문가들이 등장하고, 지적으로 저명한 거물들의 핵심 그룹이 조직되면서 정신분석적으로 도출된 아이디어들이 치료 및 연구 지침으로 자리 잡았다. 하지만 행동주의자들의 생각에 프로이트의 모든 이론은 그저 뜬구름 잡는 이야기며, 주관성이라는 모래 위에 쌓아 올린 성일 뿐이었다. 프로이트는 타자의 마음 문제 속으로 성급히 뛰어들었고, 뒤따르는 나머지 심리학자들까지도 그 속으로 끌어들였다. 이를 다시 되돌리는 일은 행동주의자들의 몫이었다.

행동주의적 지침의 내적 빈약함에도 불구하고, 실제로 행동주의자들은 특정 유형의 정신적 자극 및 반응 사이의 인과관계를 추론해 낼 수 있었다. 그뿐만이 아니었다. 그들은 입력을 조작함으로써 출력에서 예상된 변화를 이끌어 낼 수도 있었다. 이러한 과정을 통해 그들은 학습에서 핵심적인 법칙 몇 가지를 발견해 냈다. 예를 들어 불수의적 행동을 유발하는 사건이 인위적인 자극과 반복적으로 짝지어질 경우, 이후에 주어지는 인위적인 자극은 선천적인 자극처럼 동일한 불수의적 반응을 유발하게 된다. 따라서 동물에게 종소리와 음식 제공을 반복적으로 짝지어 제시할 경우, 이후에는 종소리만 들어도 침을 분비한다. 이것이 '고전적 조건화classical conditioning'다. 이와 유사하게, 수의적 행동 이후 반복적인 보상이 주어지면 그 행동은 증가한다. 반면에 똑같은 행동 이후 처벌이 뒤따르면 그 행동은 줄어든다. 그런 까닭에 방문객을 반기느라 뛰어오르는 개를 안아 준다면, 그 개는 더 뛰어오를 것이다. 반대로 만약 개를 때린다면, 덜 뛰어오를 것이다. 이는 '조작적 조건화operant conditioning'로, 효과 법칙The Law of Effect이라고도 알려져 있다.

이와 같은 발견은 결코 미미한 성취가 아니었다. 행동주의자들은 마음 역시 다른 온갖 것과 마찬가지로 자연법칙을 따르고 있음을 보여 주었다. 하지만 마음에는 학습 이외에도 훨씬 많은 것이 존재하며, 심지어 학습마저도 외부 자극 이외의 다른 요인에 의해 영향을 받는다. 예를 들어, 당신의 머릿속에 '이 페이지를 읽은 후에 차를 끓여 마셔야지'라는 생각이 떠올랐다고 상상해 보자. 이런 유형의 생각은 매 순간 당신의 행동에 영향을 끼친다. 하지만 행동주의자들은 이와 같은 내성적 보고가 과학적 데이터로 적합하지 않다고 간주했다. 생각은 외부에서 관찰할 수 없는 것이기 때문이었다. 그 결과 그들은 당신이 차를 끓여 마신 원인이 무엇인지 알 도리가 없게 되었다.

위대한 신경과 의사 장-마르탱 샤르코Jean-Martin Charcot는 이렇게 말했다. "이론이야 좋지요. 하지만 그렇다고 해서 실제 현상이 사라지는 것은 아니랍니다."[2] 내면의 정신적 사건은 분명 존재하며 행동에 인과적인 영향을 끼치기에, 행동주의적 접근법은 20세기 후반기에 또 다른 접근법에 의해 서서히 잠식되어 갔다. 그것은 '인지' 심리학이었는데, 어떤 의미에서는 내면의 정신 과정을 수용할 수 있는 학문이었다.

인지 혁명을 부추긴 것은 컴퓨터의 출현이었다. 행동주의자들은 마음 내적 작동을 해석 불가능한 '블랙박스'로 간주했고, 그 대신 입력과 출력에 초점을 맞추었다. 하지만 컴퓨터는 해석 불가능한 물건이 아니다. 내부 작동에 대한 철저한 이해 없이 컴퓨터를 만들어 내는 일은 불가능하다. 이에 심리학자들은 마음을 컴퓨터처럼 다룸으로써 마음속에서 일어나는 *정보 처리과정*information processing에 대한 모델을 수립할 수 있을 것으로 자신했다. 그들은 행동 실험과 정신 과정의 인공 시뮬레이션을 결합해 자신들의 모델을 테스트했다.

정보 처리란 무엇인가? 이후에 이 부분을 다루겠지만, 현재 우리의 목적에서 볼 때 가장 흥미로운 대목은 그것이 굉장히 다양한 종류의 물리적 장치에서 구현될 수 있다는 점이다. 이는 마음의 물리적 본질에 대한 실마리를 던져 준다. 즉, 일종의 정보 처리 과정으로 파악되는 마음이 하나의 구조라기보다는 *기능*임을 시사한다. 이러한 관점에서 마음이라는 '소프트웨어' 기능은 뇌라는 '하드웨어' 구조에 의해 구현되며, 동일한 기능이 컴퓨터와 같은 다른 기반에서도 똑같이 잘 실행될 수 있다. 따라서 뇌와 컴퓨터는 모두 *기억* 기능(정보를 부호화하고 저장)과 *지각* 기능(입력 정보를 저장된 정보와 비교함으로써 패턴을 분류), 그리고 *집행* 기능(그 정보에 대한 반응으로 무엇을 할지 결정)을 수행한다.

이것이 '기능주의'적인 접근법으로 불리게 된 방법론의 강점이다.

하지만 그 접근법에도 약점이 존재한다. 동일한 기능이 컴퓨터에 의해 수행되더라도 컴퓨터는 감응적 존재가 아닌 만큼, 마음을 그저 정보 처리 과정으로 환원하는 것이 타당한 일일까? 심지어 우리가 사용하는 휴대 전화에도 기억, 지각 및 집행 기능이 있으니 말이다.

형이상학적 심신 문제에 대해 과학이 내놓은 세 번째 주요한 응답은 인지 심리학과 더불어 나란히 발전했지만, 지난 세기의 끝 무렵에 들면서 오히려 인지 심리학을 압도하게 되었다. 지금 이야기하는 것은 '인지 신경과학'이라고 광범위하게 일컬어지는 접근법이다. 인지 신경과학은 마음의 하드웨어에 초점을 둔다. 이는 살아 있는 두뇌의 역동을 직접 관찰하거나 측정할 수 있는 온갖 생리적 기술의 발달과 더불어 생겨났다.

행동주의 시대의 신경 생리학자들에게는 그런 기술이 오직 한 가지밖에 없었다. 뇌파기[EEG]를 사용해 두피의 표면으로부터 뇌의 전기적 활동을 기록하는 것이다. 한편, 오늘날에는 특정한 정신적 과제를 수행하는 동안 뇌의 여러 부분에서 혈역학적 활동 정도를 측정하는 기능적 자기 공명 영상[fMRI], 특정 신경전달물질계의 대사 활동을 측정할 수 있는 양전자 방출 단층 촬영[PET] 등 활용할 수 있는 도구가 다양하다. 이를 사용하면 정확히 두뇌의 어떤 과정이 여러 정신적 상태를 일으키는지 식별할 수 있다. 또한 확산 텐서 신경다발추적법diffusion tensor tractography을 사용하면 서로 다른 뇌 영역 사이의 세세한 기능적·해부학적 연결 역시 그려 낼 수 있다. 그리고 광유전학 기술optogenetics을 사용하면 인지적 작업을 수행하는 동안 불빛을 비춤으로써 개개의 기억 자취를 구성하는 신경회로를 확인하고 활성화할 수 있다.[3]

---

3) 유전적으로 광감수성이 있는 뉴런을 만든 다음 빛을 사용해 활성을 조작하고, 그 연관 뉴런들의 반응을 기록한다(역자 주).

이러한 기술은 마음을 이루는 기관 내부에서 일어나는 작동을 그대로 보게 해 준다. 심리학의 범위를 자극과 반응에 국한하지 않으면서도 행동주의자들이 품었던 노골적인 경험주의적 소망의 끝을 실현시켜 주는 셈이다.

내가 이 분야에 발을 들여놓은 1980년대에 신경심리학이 처했던 상태는 행동주의자들이 학습이론에서 인지 신경과학으로 자연스레 옮겨 간 까닭을 설명해 준다. 당시의 신경심리학은 신경행동주의라 불리는 편이 더 옳았을 것 같다. 즉, 의식 속에 기억을 붙들어 두는 '완충 장치' 역할을 제공한다고 회자되는 이른바 단기 기억 따위의 기능에 대해 배우면 배울수록, 내가 원했던 것이 아닌 다른 어떤 것에 대해 논하고 있음을 점점 깨닫게 되었다. 그들은 마음 그 자체가 아닌, 마음에 의해 사용되는 기능적 도구들에 대해 가르치고 있었던 것이다. 나는 크게 실망했다.

신경과 의사 올리버 색스Oliver Sacks는 저서 『나는 침대에서 내 다리를 주웠다A Leg to Stand On』(1984)에서 내가 처한 상황을 매우 적절하게 묘사한 바 있다.

> 고전적인 신경학과 마찬가지로, 신경심리학은 전적으로 객관적인 학문이 될 것을 목표로 하고 있으며, 그 위대한 힘, 진보는 바로 여기서부터 나온다. 하지만 살아 있는 존재, 특히나 인간이라는 존재는 시종일관 행위적이며, 주체이지 객체가 아니다. 신경심리학은 감탄할 만한 학문이지만 그것은 정신 즉 경험하고, 행동하며, 살아 있는 '나'를 배제시켜 버렸다.[3]

"신경심리학은 감탄할 만한 학문이지만 … 정신(을) … 배제시켜 버렸다"라는 구절은 그야말로 나의 실망감을 완벽히 표현하고 있다. 그 구절을 읽자마자 나는 올리버 색스와 편지를 주고받기 시작했고, 이는 그가 사망한 2015년까지 계속되었다. 내가 그에게 끌렸던 것은 그가 자기 환자들의 주관적인 보고를 상당히 진지하게 받아들였기 때문이다. 이러한 사실은 그의 저서 『편두통Migraine』(1970)에서 이미 드러났고, 그의 걸작 『깨어남Awakenings』(1973)에서 더더욱 두드러졌다. 두 번째 책에는 기면성 뇌염에 이환된 만성 '무동-무언증akinetic-mute' 환자군을 진료한 임상적 여정에 관한 정교하고도 섬세한 기록이 담겨 있다. 이 질환은 '수면병'이라고도 알려져 있는데, 실제로 환자들은 잠든 게 아니라 자발적인 개시나 동기를 보이지 않는 것이었다. 색스는 레보도파, 즉 도파민 가용성을 높이는 약을 투약해 그들을 '깨웠다.' 하지만 능동적 주체가 돌아오자 그들은 과도히 충동적 상태가 되거나, 조증 상태가 되거나, 최종적으로는 정신병적인 상태가 되었다. 색스 자신이 신경계 손상을 입고서 느낀 주관적인 경험을 묘사한 책 『나는 침대에서 내 다리를 주웠다』를 내가 막 읽었을 무렵, 그는 『아내를 모자로 착각한 남자The Man Who Mistook His Wife for a Hat』(1985)를 출간했다. 이는 신경학적 환자가 된 관점에서 여러 신경심리학적 장애를 깨우쳐 주는 일련의 사례 연구집이었다. 이 책은 색스에게 평생의 명성을 안겨 주었다.

이 책들은 내가 참고하던 신경심리학 교과서들과는 매우 달랐다. 교과서에서는 정신 기능을 여타의 신체 장기 기능을 절개하듯 쪼개어 놓았다. 예를 들면, 언어는 좌측 전두엽 내의 브로카Broca 영역에서 만들어지고, 언어 이해는 그보다 몇 센티미터 뒤에 있는 측두엽 베르니케Wernicke 영역에 위치하며, 따라 말하기 능력은 앞의 두 영역을 연결하는 섬유로인 궁상섬유arcuate fasciculus에 의해 매개된다는 식이다. 비슷한 방식으로 기억은 해마에 의해 부호화되고, 신피질 내에 저장이 되며, 전두-변연 기전에 의해 인출된다고 설명한다.

정말로 두뇌가 위장이나 폐와 다를 바가 없을까? 명백히 구분되는 점 하나는 두뇌로서 *존재하는* 것이라는 어떤 상태가 있다는 사실이다. 그 외에 다른 신체 부위는 그렇지 않다. 여타의 장기에서 느껴지는 감각은 그 장기 자체로부터 느껴지는 것이 아니다. 장기에서 일어난 신경 임펄스가 두뇌에 도달할 때 감각이 느껴지는 것이다. 이러한 두뇌 조직만의 독특한 속성, 즉 감각하고 느끼고 생각하는 능력은 분명 이유가 있기에 존재한다. 이 속성은 무언가를 하기 위해 나타났다. 그것이 사실이라면, 차를 끓여 마셔야겠다고 자발적으로 결심할 때 그러해 보이듯 만약 주관적 경험이 인과적인 영향력을 행동에 끼친다면, 과학적 설명에서 주관적 경험을 빠뜨릴 경우 우리는 심각하게 잘못된 방향으로 이끌려 가게 되는 셈이다. 1980년대에 바로 그런 일이 벌어지고 있었다. 내가 수강한 강의의 교수들에게서는 언어를 이해하는 일이나 기억을 인출하는 일이 어떤 것인지 전혀 들을 수 없었다. 그것이 어떻게 해서 무언가로 느껴지는지는 고사하고라도 말이다.

주류 신경과학자들은 주관적 관점을 염두에 두는 이들을 진지하게 생각하지 않았다. 색스의 저작들이 그의 동료들로부터 광범위하게 조롱당했음을 아는 사람이 몇이나 될지 모르겠다. 한 평론가는 그를 가리켜 "자신의 환자를 문학 경력으로 착각한 남자"라고 부르기까지 했다. 이에 색스는 적잖이 괴로워했다. 개개의 사연을 언급하지 않으면서 인간 내면의 삶을 묘사할 수 있을까? 한 세기 전 프로이트가 자신의 임상 보고와 관련해 한탄을 표했듯이 말이다.

> 내가 작성하는 증례의 병력들이 단편 소설처럼 읽힌다느니, 혹자가 말하듯 과학적 진지성이 결여되었다느니 하는 소리에는 여전히 그러려니

> 하고 넘어가기가 어렵다. 이 주제의 본성상 필연적으로 그리될 수밖에 없을 따름이며, 내 취향이 그리해서가 아니라는 점을 상기하고서 스스로를 위로할 수밖에 없다.[4]

내가 이 구절을 인용해서 색스에게 보내 주자 그는 매우 기뻐했다.[5] 개인적으로는 처음 이 구절을 접했을 때, 두뇌가 어떻게 주관성을 만들어 내는지 배울 수 있기를 희망하며 신경심리학에 입문한 사람이 나 혼자만이 아님을 깨달았다. 사실 이러한 포부는 일찌감치 만류당한다. 가망 없는 그런 의문을 추구하려 들지 말라는 경고가 돌아온다. '네 경력에 오점을 남길 거야'라는 식이다. 그래서 신경과학을 배우는 학생 대부분은 이 분야에 입문한 이유를 서서히 망각하고는 두뇌가 휴대전화와 다를 바가 없다는 식으로 접근하는 인지주의적 도그마에 동화되어 간다.

1980년대에 과학적 탐구 주제로 받아들여진 의식의 한 측면은 각성 및 수면 상태에서의 두뇌 기전에 관한 것이었다. 다시 말해 의식의 '수준level'은 받아들여지는 주제였지만 의식의 '내용contents'은 그렇지 않았다. 그래서 나는 박사학위 연구로 수면의 한 측면에 집중하기로 마음먹었다. 그중에서도 수면의 주관적인 측면, 즉 꿈을 꾸게 하는 두뇌 기전에 대해 연구하기로 했다. 결국 꿈꾸기란 의식('각성')이 역설적으로 수면 속에 침입해 들어간 것일 뿐이다. 놀랍게도 이 주제에 관한 연구에는 빈틈이 많았다. 뇌의 서로 다른 부위에 손상을 입을 경우 꿈이 어떤 식으로 영향받는지 체계적으로 서술한 사람이 아무도 없었던 것이다. 그래서 내가 이 과업을 시작하게 되었다.

꿈을 연구하기 어려운 이유는 꿈의 주관적 본질 때문이다. 일반적인 정신 현상은 단 한 사람의 관찰자에 의해 내성內省적으로만 관찰될 수 있으며, 그런 다음 타인에게 언어를 통해 간접적으로 보고된다. 하지만 꿈에는 그보다 더 어려운 문제가 존재한다. 꿈은 오로지 후향적으로, 일단 꿈이 끝나고 잠에서 깨어난 이후에야 보고될 수 있다는 점이다. 꿈에 관한 기억이 얼마나 못 믿을 것인지 우리는 잘 알고 있다. 그것은 이색적인 종류의 데이터가 아닌가?[6] 20세기 중반부터 행동주의에서 훗날 인지 신경과학이 되는 학문으로 전환되는 과정에서 줄곧 꿈이 주요 전선戰線이었던 것은 이 때문이다.

1950년대 초 신경생리학자 유진 아세린스키Eugene Aserinsky와 나다니엘 클라이트만Nathaniel Kleitman에 의해 처음으로 뇌파가 수면 연구에 적용되었다. 그들은 뇌의 활성 수준이 수면 중에는 감소하고 기상 시에는 증가한다는 가설을 세웠다. 따라서 수면 중 뇌파의 진폭(뇌파에서 측정되는 것 가운데 하나)은 증가하고 주파수(뇌파에서 측정되는 다른 하나)는 감소하리라 예측했으며, 각성 시에는 그 반대의 상황이 일어나리라 예측했다([그림 10] 참조).

두뇌가 오늘날 '서파slow wave' 수면이라 불리는 상태로 빠져들면, 우리는 아세린스키와 클라이트만이 예측했던 바로 그 양상을 보게 된다. 그들의 가설은 옳은 것으로 확인되었다. 놀라운 것은 그다음에 벌어지는 일이다. 약 90분 이내에, 그리고 그 후 대략 90분마다 규칙적인 주기로 뇌파는 거의 각성 수준에 도달하는 것처럼 다시 빨라진다. 비록 뇌파를 찍히고 있는 사람은 계속 잠들어 있지만 말이다.[7] 아세린스키와 클라이트만은 이 흥미로운 두뇌의 활성 상태에 '역설수면'이라는 이름을 붙였다. 완전히 잠들어 있음에도 불구하고 두뇌가 생리적으로 각성되어 있기에 역설인 것이다.

이 독특한 상태에서 다양한 일이 벌어진다. 안구는 빠르게 움직이지만(따라서 역설수면이라는 명칭은 이후에 '급속 안구 운동rapid eye movement' 수면 혹은 REM 수면으로 개정됨), 목 아래쪽 신체는 일시적으로 마비된다. 극적인 자율신경의 변화 또한 일어나는데, 이를테면 심부 체온 조절이 감소하고, 남성의 경우 육안으로 발기가 확인될 정도로 생식기의 울혈이 일어난다. 어째서 1953년이 되기까지 과학자들이 이 모든 것을 눈치채지 못했는지 믿을 수가 없다.

이러한 관찰을 토대로 아세린스키와 클라이트만은 그럴듯한 가설을 하나 더 설정한다. 즉, REM 수면이 꿈꾸기라 불리는 심리 상태의 생리적 토대라는 것이다. 따라서 REM 수면 상태에서 기상한 경우에는 꿈을 꿨다는 보고가 있을 것이고, 서파 비렘non-REM 수면에서 기상한 경우에는 그렇지 않을 것이라고 예측했다. 그들은 불행한 이름이 붙은 윌리엄 디멘트William Dement[4)]와 함께 이 예측한 바를 테스트했고 확인했다. REM 수면 상태에서 일어난 이들의 약 80%가 꿈을 꿨다고 보고했고, non-REM 수면에서 일어난 이들의 10% 미만이 꿈을 꿨다고 보고했다. 그 순간 이후로 REM 수면은 꿈꾸기와 동의어로 간주되었다.[8] 굉장한 뉴스였다! 학계는 이제 꿈꾸기의 객관적인 지표를 확보했기에 더는 골치 아플 필요가 없었다. 덕분에 신경과학자들은 덧없는 주관적인 경험을 다루는 일에서 내성적인, 단일 관찰자의 언어적 보고에 뒤따르는 방법론적 결함과 씨름할 필요 없이 순수한 과학을 할 수 있게 되었다.

꿈을 제거해 버리는 일에 감사할 이유가 하나 더 있었다. 바로 정신분석의 확립에서 꿈이 수행했던 성가신 역할 때문이다. 20세기 후반기의 정신과학을 특징짓던 심신 형이상학에 대한 주류 반응과 달리, 정신분석가들은 내성적인 보고를 데이터로 다루는 것에 주저함이 없었다. 사실 '자유 연상'(의식의 흐름에 따른 구조화되지 않은 표본 추출)으로 끌어낸 보고들은 정신분석적 연구의 주된 데이터였다. 이 방법을 통해 지그문트 프

---

4) 'Dement'에는 '광인'이라는 뜻이 있다(역자 주).

로이트는 '발현'된 꿈의 체험이 무의미해 보일지라도 그 '잠재적' 내용(그 기저에 놓인 이야기, 즉 꿈꾼 이의 자유 연상으로부터 프로이트가 해석한 내용)은 일관된 심리적 기능을 드러내 보인다는 결론에 도달했다. 이 기능은 소망-충족wish-fulfilment이었다.

프로이트에 따르면 꿈은 각성 행동을 불러일으키는 생물학적 욕구가 수면 중 억제에서 풀려날 때 생성되는 것이다. 꿈은 이러한 욕구, 심지어 잠을 자는 동안에도 계속해서 우리에게 요구를 가하는 욕구들을 충족시키려는 시도다. 꿈에서는 환각이라는 방식을 통해 그렇게 하며, 따라서 욕구를 실제로 충족시키기 위해 깨어나지 않고도 수면 상태를 유지할 수 있다. 환각은 정신 질환의 핵심적인 특징이기에, 프로이트는 그의 주요 저서인 『꿈의 해석The Interpretation of Dreams』(1900)에서 건강한 마음과 병든 마음을 통틀어 마음이 어떻게 작동하는지 광범위한 필치의 모델을 그려내는 데 이 이론을 사용했다.

프로이트가 말했듯이 "정신분석은 꿈의 분석 위에 세워졌다."[9] 하지만 앞서 살펴보았듯이 꿈은 경험적으로 연구하기 매우 어려운 대상이며, 따라서 행동주의자들은 과학에서 꿈을 배제해 버렸다. 설상가상으로 프로이트가 꿈을 기반으로 쌓아 올린 이론 체계는 그 기반보다 나을 바가 없었다. 위대한 과학철학자 칼 포퍼Karl Popper는 실험적으로 반증 가능한 예측을 내어놓지 못한다는 점에서 정신분석 이론은 '유사과학'이라고 단언했다.[10] 꿈이 잠재된 소망을 표현한다는 프로이트의 가설을 무슨 수로 반증할 수 있을까? 만약 소망이 발현된(보고된) 꿈에 등장할 필요가 없다면, 어떤 꿈이든지 그 이론이 요구하는 바에 알맞게 '해석될' 수 있다. 따라서 REM 수면의 발견으로 인해 신경과학자들이 꿈 보고라는 덧없는 자료로부터 꿈의 구체적인 생리적 상관물로 옮겨 가자, 꿈 그 자체는 마치 미꾸라지처럼 빠져나가 버렸다.

REM 수면의 기능이 *객관적인* 꿈의 기전을 밝힐 수 있었기에, 1950년대 REM 수면의 발견은 신경학적 기반을 찾아내려는 경쟁을 촉발시켰다. 만일 신경학적 기반이 밝혀진다면 당대의 정신의학은 더 나은 과학적 기반 위에 놓이게 되는 셈이었다. 실제로 해당 연구는 모든 포유동물에게 REM 수면이 일어난다는 사실 덕분에 좀 더 용이하게 진행되었다. 경쟁에서 이긴 사람은 1965년 미셸 주베Michel Jouvet였다. 그는 고양이를 대상으로 진행한 일련의 수술 실험에서 REM 수면이 전뇌前腦, forebrain에 의해 발생하는 것이 아니라 뇌간, 즉 까마득하게 오래된 진화적 기원을 가진 훨씬 더 변변찮은 구조물에 의해 발생함을 입증해 냈다.[11] 전뇌에는 대뇌피질이 포함되는데, 이는 두뇌를 구성하는 윗부분으로 인간의 경우 매우 크다. 이러한 까닭에 부분적으로는 마음의 장기로 간주되기도 한다. 주베는 고양이 뇌를 위쪽 끝에서부터 아래쪽으로 내려가며 차례차례 얇게 잘라 보았는데, 뇌교라고 알려진 '보잘것없는' 뇌간 구조물 수준에 절단면이 도달했을 때 비로소 REM 수면이 소실됨을 관찰함으로써 이러한 결론에 도달했다([그림 1] 참조).[12]

세부 사항을 마무리 짓는 일은 주베의 학생이던 앨런 홉슨Allan Hobson의 몫이었다. 홉슨은 정확히 어떤 뇌교 뉴런의 집단이 REM 수면, 즉 꿈을 만들어 내는지 찾아냈다. 1970년대 중반에 이르러 위에서 열거한 모든 REM 수면 현상뿐 아니라 다양한 non-REM 수면 단계의 현상을 포함한 전체 수면/각성 주기가 상호작용하는 소수의 뇌간핵에 의해 조정된다는 사실이 밝혀졌다.[13]

REM 수면을 조절하는 뉴런들은 단순한 온·오프 스위치를 닮았다. REM 수면을 *켜는* 뉴런들은 중간뇌교 피개mesopontine tegmentum에서 발견되었다([그림 1] 참조). 이 뉴런들은 아세틸콜린이라 불리는 신경화학물질을 전뇌

도처로 방출한다. 아세틸콜린은 각성을 일으킨다. 즉, 의식의 '수준'을 증가시킨다(이는 니코틴에 의해 증강되며, 따라서 집중에 도움을 준다). 한편, REM 수면을 끄는 뇌간 뉴런들은 뇌교의 더 깊숙한 곳에 있다([그림 1] 참조). 이 뉴런들은 각각 세로토닌과 노르아드레날린을 분비한다. 아세틸콜린과 마찬가지로 이 신경화학물질도 의식 수준의 다양한 양상을 조절한다.

이와 같은 발견과 더불어 REM 수면 스위치가 마치 시계 장치처럼 대략 90분 간격으로 자동으로 켜졌다 꺼지기를 반복한다는 사실을 종합한 후 홉슨은 지체 없이 필연적인 결론을 도출했다. "꿈을 꾸는 수면 상태가 찾아오고 유지되는 시간은 꽤 일정하기 때문에 꿈을 꾸게 만드는 주된 힘은 심리적인 것이 아니라 생리적인 것이다. 이는 사전에 프로그램된, 신경학적으로 결정된 기원을 시사한다."[14]

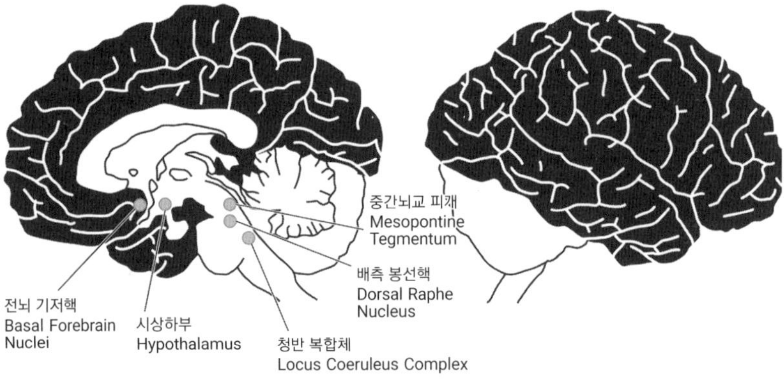

[그림 1] REM 수면에 관여하는 주요 뇌 구조

왼쪽 그림은 두뇌를 내측에서 본 것(가운데를 가른 것)이며, 오른쪽 그림은 외측에서 본 것(바깥에서 본 것)이다. 그림에는 대뇌피질(검은색)과 뇌간(흰색)이 나타나 있다. REM 수면에 중요하다고 간주되는 뇌간의 핵만 표시했는데, 이른바 중간뇌교 피개, 배측 봉선핵 및 청반 복합체다. 대뇌피질 아래의 전뇌 기저핵 및 시상하부의 위치 또한 표시했다. 이 구조물들을 분류한 까닭은 이후 내용을 통해 알게 될 것이다.

REM 수면이 콜린성 뇌간 구조, 즉 인간의 모든 심리 활동이 자리 잡은 부위로 추정되는 장엄한 대뇌피질과는 거리가 먼 오래되고 하등한 뇌 부분에서 기인하기 때문에, 그는 절대로 꿈이 소망에 의해 동기를 부여받았을 리가 없다고 덧붙였다. 꿈은 '동기 중립적인 것'이었다.[15] 따라서 잠재된 욕망에 의해 꿈이 이끌려 나온다는 프로이트의 관점은 홉슨에 따르면 완전히 틀린 것이어야만 했다. 프로이트가 꿈에서 찾아낸 의미란 잉크 얼룩을 보고 의미를 부여하는 것과 본질적으로 다를 바가 없었다. 과학적 관점에서 꿈의 해석은 찻잎 점괘를 보는 것보다 나은 점이 없었던 것이다.

정신분석의 모든 것은 프로이트가 꿈을 연구하는 데 썼던 방식을 기반으로 했던 만큼 이런 방식으로 도출한 이론의 총체는 일축될 수 있었다. 정신의학은 꿈에는 아무 의미도 담겨 있지 않을 것이라는 홉슨의 발상을 따라 마침내 내성법적 보고에 의존하던 역사와 결별하고 객관적인 신경과학적(특히 신경화학적) 연구 및 치료 방법에 기반을 두게 되었다. 그 결과 1950년대까지만 하더라도 정신분석가가 아니고서는 내로라하는 미국 대학의 종신 정신과 교수가 되기가 거의 불가능했으나 오늘날에는 그 반대다. 정신분석가가 정신과 교수 *되기*가 거의 불가능하다.

그 당시 나는 이 중 어떤 것에도 개의치 않았다. 나의 박사과정 연구가 품은 궁금증의 핵심은 다분히 직설적인 것으로, 프로이트주의와 행동주의 유산 간의 싸움에 전혀 연루되지 않았다. 내가 알고자 했던 전부는 다음과 같았다. 전뇌 및 피질 내 각기 다른 부위에 손상이 생길 때, 실제 꿈 체험에 어떤 영향을 미치는가? 만일 전뇌가 어떤 역할을 하는 장소라면, 심리적인 관점에서 꿈속에서도 분명히 *무언가*를 하고 있을 것이다.

비트바테르스란트Witwatersrand 대학의 신경외과 의국은 바라과나스Baragwanath 병원과 요하네스버그Johannesburg 종합병원 두 곳에 수련 병동을 두고 있었다. 비유럽인 거주 지역인 소웨토Soweto에 있던 바라과나스 병원은 과거 군 병원으로 쓰였던 거대한 규모의 장소였다. 이었다. 당시가 남아공 아파르트헤이트의 절정기였음을 고려할 때, 그곳은 생지옥이나 다름없었다. 대조적으로 요하네스버그 종합병원은 유럽인만을 위한 장소로 첨단시설을 갖춘 대학병원이었다. 인종 불평등의 기념비적 건축물인 셈이다. 신경외과 의국은 또한 이든베일Edenvale 종합병원 내 뇌척수 재활 유닛에도 병상이 있었는데, 요하네스버그 교외에 세워진 옛 식민지풍 건물 안에 있었다. 1985년부터 나는 세 곳에서 모두 근무하며 매년 수백 명의 환자를 검사했다. 그중 361명을 내 박사과정 연구에 포함시켰고, 이 연구는 이후 5년 동안 계속되었다.

뇌파 및 관련 기술을 배우고 다양한 수면 단계와 연관된 특징적 뇌파들을 판독할 수 있게 된 나는 REM 수면, 즉 꿈을 꿀 가능성이 가장 큰 시점에 피험자들을 깨웠다. 또한 병상에서 신경학적 환자들에게 꿈이 어떻게 변했는지 물었고 며칠 뒤, 몇 주 뒤, 그리고 몇 개월 뒤에 추적 관찰을 했다. 이런 방법으로 다양한 뇌 부위에 국소적인 손상을 입을 때 꿈 내용이 조직적으로 영향을 받는지 연구해 나갔다. 꿈에 관한 보고는 미심쩍을 수밖에 없다는 평판이 있으나, 만약 동일한 뇌 부위를 다친 환자들이 동일한 꿈 내용의 변화를 주장한다면 꿈 보고를 믿을 충분한 이유가 존재하는 것이다. 이 방법은 '임상-해부학적 짝짓기법'으로 불린다. 임상적으로 환자의 심리적 역량을 살펴봄으로써 특정 뇌 부위의 손상에 의해 정신 기능이 어떻게 변했는지 관찰한다. 그런 다음 손상 부위와 그 변화를 서로 짝짓는다. 이런 식으로 손상을 입은 뇌 구조물의 기능에 대한 단서를 발견하며 검증 가능한 가설들을 도출한다. 이 방법은 수십 년 전에 지각, 기억 및 언어와 같은 온갖 주요 인지 기능에 체계적으로 적용되었으나, 꿈꾸기에는 적용된 적이 없었다.

그토록 심각하게 이환된 사람들과 꿈에 관해 대화하는 것이 처음에는 쉽지 않게 느껴졌다. 그들 중 상당수는 목숨을 위협하는 뇌 수술을 앞두고 있거나 막 마친 상태였고, 그런 환경에 놓인 그들이 내 질문을 하찮게 여기지는 않을까 두려웠다. 하지만 내 환자들은 신경학적 질병으로 인해 초래된 자기의 정신적 삶 속 변화를 놀라우리만치 기꺼이 묘사해 주었다.

동물 실험에서 관찰된 것과 동일한 효과가 인간에게서도 일어난다는 증례 보고는 내가 연구를 시작할 무렵까지 여럿 출간되어 있었다. 즉, 중간뇌교 피개mesopontine tegmentum의 손상이 REM 수면을 없앤다는 것이다([그림 1] 참조). 하지만 놀랍게도, 이 환자들의 꿈 속 변화에 대해 조사하려는 사람은 없었다. 이것이야말로 신경과학에서 주관적 자료에 관한 편견에서 벗어날 수 있는 명백한 예시라 할 수 있다.[16]

내 연구에서 불 보듯 뻔한 것들을 발견하리라 예상했다. 시각 피질에 손상을 입은 환자들은 비시각적 꿈을 경험할 테고, 언어 피질에 손상을 입은 환자들은 비언어적 꿈을 경험할 것이다. 체성감각 및 운동 피질에 손상을 입은 환자들은 편마비 꿈을 경험할 것이다. 그런 식이었다. 그야말로 두뇌/행동 짝짓기의 기본 원칙이라 하겠다. 이것이 내가 메워 넣고자 했던 빈틈이었고, 행복하게도 그렇게 할 수 있었다.[17]

하지만 내가 관찰한 명명백백한 모든 것 외에, 놀랍게도 REM 수면을 만들어 내는 뇌 부위에 손상을 입은 환자들이 *여전히 꿈을 경험한다*는 사실 역시 발견했다. 이에 더해 꿈이 완전히 *없어진* 환자들의 뇌 손상 부위는 완전히 다른 곳에 있었다. 따라서 꿈꾸기와 REM 수면은 우리가 '이중 해리doubly dissociable'라고 부르는 관계에 있었다.[18] 둘은 서로서로 연관성이 있지만(다시 말해, 일반적으로 이 둘은 동시에 일어나지만) 동일한 것은 아

니었다.[19]

거의 50년이란 세월 동안 수면 과학계 전체의 뇌 연구자들은 연관성을 동일함으로 혼동했다. 꿈이 REM 수면에 동반된다는 것이 정설로 굳어지자마자 그것들은 동일한 것이라는 비약적인 결론이 나왔다. 그리고 연관성이라는 골치 아픈 주관적 측면은 폐기되었다. 따라서 드물게 예외적인 경우가 있었을 뿐, 학계에서는 내성적 보고를 들을 수 없는 실험동물을 주 대상으로 삼아 오로지 REM 수면만을 연구했다. 오류는 내가 신경학적 환자들의 꿈 경험에 신경과학적인 흥미를 보이기 시작한 후에야 비로소 드러났다.

1990년대 초 REM 수면을 만드는 뇌의 부위와 다른 부위에 손상이 있을 때 꿈꾸기가 사라진다는 것을 처음 보고할 무렵, 나는 결정적인 부위가 뇌간에 있지 않음을 역설하기 위해 애를 썼다.[20] 왜냐하면 꿈꾸기의 정신적 속성을 강조하고 싶었으며, 우리 모두 정신 기능이 대뇌피질 속에 깃들어 있다고 알고 있었기 때문이다.

실제로 나는 REM 수면이 지속되고 있음에도 꿈을 꾸지 못하게 만드는 손상 부위 두 군데를 발견했다. 첫 번째는 대뇌피질 내 하 두정 소엽 inferior parietal lobule([그림 2] 참조)에 있었다. 이 소견은 별로 놀랍지 않았는데, 두정엽은 단기 기억에 중요한 부위이기 때문이다. 환자가 의식이라는 버퍼 속에 기억을 붙잡아 두지 못한다면 무슨 수로 꿈을 경험할 수 있을까? 그보다 훨씬 흥미로운 것은 두 번째 뇌 영역이었는데, 바로 전두엽의 복중측 사반부 ventromesial quadrant의 백질이다.[5)] 이는 전두엽과 다양한 피질하 구조물을 연결하는 곳이다. 이 소견은 전혀 뜻밖이었다. 뇌의 이 부

---

5) 저자는 항상 이 부위를 지칭할 때 ventromedial 대신 'ventromesial'이라는 단어를 사용한다. 따라서 복내측이 아니라 '복중측'으로 번역했다. 피질을 지칭할 때 일반적으로 복내측(ventromedial)을 사용하지만, 이 경우에서는 피질 아래의 백질에 초점을 둔다(역자 주).

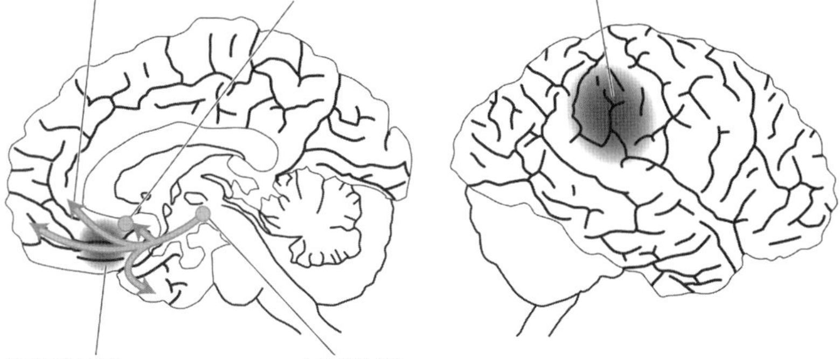

[그림 2] 꿈꾸기에 관여하는 주요 뇌 구조

이 그림에는 손상될 경우 꿈꾸기가 중단되는 두 영역에 음영이 표시되어 있는데, 이른바 전두엽의 복중측 백질(왼쪽)과 하 두정 소엽 피질(오른쪽)이다. 또한 뇌간의 복측 피개 영역 및 그로부터 기시하는 주요 신경섬유의 경로가 표시되어 있는데, 곧 중뇌피질-중뇌변연 도파민 경로다. 여기서 눈여겨볼 점이 있다. 복중측 전두엽 내의 병변 부위는 이 피질하 경로에 겹치는 것으로, 이 경로들은 피질 아래를 주행할 뿐 피질 자체에 속하지는 않는다는 점이다. 이 경로들의 주된 종착지는 측좌핵이며, 이 역시 그림에 표시되어 있다.

위 기능에 관해서는 어떤 것도 꿈꾸는 중 발현되는 체험과 명확히 연관되지 않았지만, 그럼에도 불구하고 꿈꾸기 과정에서 무언가 결정적인 역할을 하고 있음이 분명했다. 왜냐하면 이곳이 손상되면 꿈꾸기가 완전히 중단되었기 때문이다.

비록 내가 보고한 꿈 소실 사례는 전두엽 손상 환자 가운데 단 9개 증례에 불과하지만(두정엽 손상 증례는 44개) 나는 '확실히'라고 말한다. 이러한 손상은 일반적인 임상 상황에서 지극히 드물다. 그렇다 하더라도 연관성은 확실하다. 복중측 전두 백질은 20세기 전반기 변형 전전두 백질 절제술modified prefrontal leucotomy이라고 알려진 술기의 수술적인 목표 부위였으며, 수천 명의 증례가 존재한다.

그 열광의 시절에 정신과 의사들은 전전두엽을 완전히 수술적(전두엽 절제술이라 알려진 술식)으로 파괴시킴으로써 일부 심각한 정신 질환을 개선할 수 있다는 사실을 발견했다. 하지만 이렇게 광범위한 술기에는 여러 가지 '부작용'이 뒤따른다는 점 역시 자각했다. 그들의 완곡한 표현을 빌리자면 말이다. 따라서 그들은 뇌의 나머지 부분과 최소한으로 연결을 끊음으로써 원하는 결과를 얻어 낼 수 있는 전두엽 부위가 어디인지 알아내고자 했고, 수술부 범위를 줄였다. 월터 프리먼Walter Freeman과 제임스 와츠James Watts의 변형된 술식이 그 해답이었다. 이 술식은 작은 송곳을 안와를 통과하게끔 찔러 넣어 전두엽 복중측 사반부 내 백질을 절단(전전두 백질 절제술)하면 그만이었는데, 내가 담당했던 환자 아홉 명이 손상을 입었던 정확한 위치였다.

그리하여 나는 내 증례에서 관찰한 것을 확인하기 위해 오래된 정신외과술 문헌을 살펴보았다.[21] 고전적인 백질 절제 환자를 검사했던 의사들이 수술 후 꿈에 관해 질문했으리라는 희망을 품은 이유가 있었다. 어찌되었든 그 당시 정신과 의사들에게 꿈은 여전히 진지하게 받아들여졌기 때문이다. 그리고 내가 옳았음이 밝혀졌다. 그들은 전전두 백질 절제술 이후에 세 가지 주된 심리적 영향이 남는다는 것을 발견한 것이다. 첫째, 수술은 정신병적 양성 증상(환각과 망상)을 줄인다. 둘째, 동기/자발성을 떨어뜨린다. 셋째, 꿈꾸기의 소실을 초래한다. 실제로 초창기 정신 외과술의 연구자 가운데 한 사람은 수술 이후에도 꿈이 보존될 경우 나쁜 예후의 징후라 주장하기도 했다.[22]

이 세 가지 중 마지막 견해가 전두엽 복중측 사반부 내의 많은 신경회로 중 특정한 것이 꿈 소실의 원인이 될 가능성이 가장 크다는 나의 추측에 힘을 실어 주었다. 더불어 어째서 이 예상치 못한 뇌 영역에서 원인을 찾아야만 하는지 최초의 힌트를 알려 주기도 했다. 꿈이 환각과 망상이 아니라면 도대체 무엇이겠는가? 이것이야말로 백질 절제술 이후에도 꿈이 남아 있을 경우 나쁜 예후의 징후가 되는 까닭이다.

공교롭게도 환각과 망상에 대한 신경외과적 치료는 윤리적인 이유 때문에 포기된 것이 아니었다. 1950년대에 들어 처음으로 광범위하게 등장한 몇몇 약물, 즉 주요 정온제라 불린 약물들을 사용함에 따라 이환율과 사망률은 줄고 동등한 치료 효과를 얻을 수 있다는 것이 명백해지면서 외과술을 선호하지 않게 된 것이다. 이 약물의 역할은 오늘날 '항정신병 약물'이 여전히 수행하고 있는데, 중뇌피질 및 중뇌변연 도파민계로 알려진 뇌 속 회로의 말단에서 신경화학물질 도파민dopamine을 차단한다([그림 2] 참조). 의도치 않게 이 회로에 손상을 입은 나의 환자 아홉 명과 마찬가지로 전전두 백질 절제술로도 이 회로가 잘려 나가기에, 나는 이 회로야말로 꿈을 발생시키는 체계일지 모른다는 가설을 세웠다.

내 가설은 후속 실험으로 입증되었다. 이 회로를 약물학적으로 자극할 경우 꿈의 빈도나 길이나 강도가 늘어나지만 REM 수면에는 상응하는 영향이 없다는 사실이 이미 밝혀져 있었다.[23] 문제의 약물은 레보도파인데, 올리버 색스가 『깨어남』에서 자신의 뇌염 후 환자들에게 사용했던 것과 꼭 같은 약물이었다. 파킨슨병을 치료하기 위해 도파민 자극제를 처방하는 신경과 의사들은 색스의 경우처럼 환자들에게 정신증이 유발되지 않도록 주의를 기울여야 한다는 것을 일찌감치 알고 있었다. 그리고 이례적으로 생생한 꿈이 시작되는 것은 흔히 이러한 부작용의 첫 번째 징후다.[24] 이어서 결정적으로 발견한 것은 이 회로를 이루는 뉴런들이 (세포체는 복측 피개 영역ventral tegmental area에 위치) 꿈을 꾸는 동안 최대 비율로 발화하며,[25] 동시에 측좌핵nucleus accumbens에 있는 목표 지점으로 최대량의 도파민을 보낸다는 점이다([그림 2] 참조).[26] 그런 까닭에 지금은 꿈이 REM 수면과 독립적으로 일어날 수 있으며, 중뇌피질-중뇌변연 도파민 회로야말로 꿈꾸기의 진정한 주요 동인動因, driver이라는 점이 널리 받아들여지고 있다.[27]

전뇌 기저핵에서 발생하는 전두엽 복중측 사반부 내의 콜린성 경로가 손상될 경우에는([그림 1] 참조), 도파민 경로가 손상되었을 때와 정반대의 상황이 벌어진다. 즉, 꿈이 줄어드는 것이 아니라 *늘어난다*. 홉슨은 아세틸콜린acetylcholine이야말로 꿈의 동기 중립적 발생원이라고 주장했는데, 약물학적으로 아세틸콜린을 차단하면 콜린성 경로가 손상될 때 벌어지는 일과 똑같은 일이 벌어진다. 항콜린성 약물, 즉 아세틸콜린 차단제는 *과도한* 꿈을 유발한다고 오늘날 널리 알려져 있다.[28] 다시 말해 홉슨이 꿈꾸기의 원인이라 주장했던 그 신경 체계를 차단할 경우 그의 이론이 예측한 바와 정반대의 효과가 일어나는 것이다.

순식간에 신경과학계가 프로이트에게 사과해야 함이 자명해졌다. 두뇌 속 부위 가운데 '소망'과 연관된 것으로 간주할 만한 부위를 하나 꼽으라면, 그것은 중뇌피질-중뇌변연 도파민 회로일 것이다. 이 회로는 동기적으로 중립적일 수 없다. 에드문드 롤스Edmund Rolls를 비롯한 많은 사람이 이 회로를 두뇌의 '보상reward' 체계라고 부른다.[29] 그리고 켄트 베리지Kent Berridge는 '원함wanting' 체계라고 부른다. 야크 판크세프Jaak Panksepp는 '추구SEEKING' 체계라고 부르며, 특히 *먹이를* 찾는 기능에 비중을 둔다.[30] 이는 '동물이 보이는 찾고 뒤지는 가장 활력적인 행동'과 관련된 두뇌 회로다.[31] 또한 꿈을 이끌어 내는 회로이기도 하다.[32]

홉슨은 이 상황을 기껍게 받아들이지 못했다. 그는 하버드 신경생리학 부서 내 자신의 연구 그룹으로 나를 초청해 내 연구 결과를 발표할 기회를 주었다. 처음에 그는 내 소견을 받아들였고, 1997년 그 주제에 관해 내가 쓴 책에 대해서 호의적인 서평을 내놓았다. 나의 임상·해부학적 소견이 앨런 브라운Allen Braun의 신경영상 연구로 마지막 세세한 부분까지 확인된다면서 말이다([그림 3] 참조).[33] 이후 그는 이와 같은 발전이 큰 틀에서 볼 때 프로이트식 꿈 관점의 정당성을 입증할지도 모른다는 사실을 깨달았고, 그 시점에서 내게 편지를 보냈다. 그는 내 소견이 프로이트를 뒷받침한다고 주장하지 않을 경우에 한해서만 자신이 이를 공개적으로 지지하겠노라고 했다. 소위 신경심리학의 객관성이라는 것은 이 정도가 한계인 듯하다.

하지만 나의 발견에는 굉장히 놀라운 측면이 하나 더 있었다. 애초에 우연히 이 회로와 맞닥뜨렸을 무렵, 나는 이 회로를 추진하는 뉴런들이 REM 수면을 만들어 내는 회로와 마찬가지로 뇌간brainstem에 위치한다는 사실에 별로 주의를 기울이지 않았다. 앞서 말했듯이 나는 꿈꾸기의 정신적 속성을 강조하고 싶었다. 앞서 언급한 신경영상학자 앨런 브라운은 내가 간과한 바를 정중히 지적했다. 도파민성 또는 콜린성 가운데 어떤 뇌 회로가 꿈 과정을 추동하는지에 대한 나와 홉슨 사이의 과학적 의견 충돌에 관해 브라운은 이렇게 썼다.

> 흥미로운 점이 있다면, 전뇌 구조가 꿈 체계에 결정적인 역할을 해야만 한다는 의견을 피력한 다음 솜즈 박사는 전뇌 부위로 들어오는 도파민성 회로야말로 꿈을 만들어 낸다고 주장하며 마무리를 짓는다는 것이다. - *따라서 꿈의 동인이 있는 위치를 뇌간으로 되돌려 놓는 셈이다.*[34]

브라운은 다음과 같이 결론지었다. "제가 보기에는 이 신사분들이 동일한 곳으로 접근해 가고 있는 것처럼 보입니다."[35] 1990년대 신경심리학의 나머지 분야가 그랬던 것처럼 나는 대뇌피질이 모든 심리적 활동이 일어나는 곳이라고 생각했고, 따라서 내 관심을 끌었던 백질 섬유다발이 전두엽 내에 있다는 사실에 초점을 맞췄다. 나의 9개 증례에서 손상이 있던 곳 말이다. 하지만 뇌간의 주요 핵은 모두 기다란 축삭돌기를 상부로 뻗어 전뇌에 다다른다([그림 2] 참조). 이 뉴런들의 세포체는 뇌간 속에 있지만 그 출력 섬유(축삭돌기)는 대뇌피질 내에서 끝이 난다. 이러한 사실은 뇌간핵, 통틀어 망상 활성계reticular activation system라고 알려진 핵들이 지닌 주된 각성 기능을 뒷받침해 준다. 내가 담당한 환자 아홉 명에게서, 그리고 그에 앞서 꿈을 꾸지 않게 되었다고 보고된 수백 명의 백질 절제술 환자에게서 나타난 손상 부위가 이 활성 경로였다.

내 발견에 담긴 함의에 대한 브라운의 논평에 부분적으로 영향을 받아, 1999년 이래로 뇌간의 다른 각성 체계에 주목하고 있다. 이 분야에서 가장 흥미로운 작업은 야크 판크세프에 의해 이루어지고 있었는데, 그의 백과사전식 저서인 『정동 신경과학Affective Neuroscience』(1998)에는 그의 관점을 뒷받침하는 어마어마한 양의 증거가 정교하고 세세하게 펼쳐져 있다. 그의 관점은 소위 마음이 없는 체계라고 하는 뇌간이, 단지 의식의 '수준'을 조절하는 데만 필요할 법한 뇌간이 자신만의 '내용'을 만들어 낸다는 것이었다.

이는 매우 중요한 것으로 밝혀질 것이다.

2장

프로이트 이전과 이후

1987년 나는 학계에서 반기지 않을 또 다른 결심을 했다. 정신분석가 수련을 받기로 한 것이다.[1] 내가 새롭게 내어놓은 꿈 연구의 결과물들로 미루어볼 때 주관적인 보고야말로 신경심리학에 필수적인 역할을 한다는 것을, 그리고 프로이트에 반대하던 학계의 입장이 여러 가지 면에서 오류를 범하고 있음을 나는 확신했다. 하지만 내 연구 결과가 결정적인 역할을 한 것은 아니었다.

내가 마음을 정하게 된 계기는 1980년대 중반 비트바테르스란트 대학에서 들었던 장-피에르 드라포르트Jean-Pierre de la Porte 교수의 비교문학 수업 때문이었다. 수업은 『꿈의 해석The Interpretation of Dreams』에 대한 것이었는데, 박사학위 연구와 관련해 호기심을 품고 있던 터였다. 당시에는 누구나 그랬듯이 나 역시 프로이트에 회의적이었다. 학부생 때부터 정신분석은 '유사과학'이라고 배웠다. 실험과 수학을 바탕으로 연구하는 과학자 가운데 더는 프로이트를 진지하게 여기는 사람이 없었는데, 아마도 그런 까닭에 해당 수업이 인문학과에서 열렸던 것 같다. 이를 수강한 이유는 내 연구의 주제인 꿈의 *내용*에 관해 논하는 데 있어 프로이트는 거리낌이 없었기 때문이었다.

드라포르트 교수님은 1895년에 쓰였지만 프로이트 사후 1950년대가 되어서야 출간된 프로이트의 초기 원고를 소화하기 이전에는 그가 도달한 이론적 결론을 이해할 수 없을 것이라고 설명했다. 이 원고에는 "과학적 심리학을 위한 프로젝트The Project for a Scientific Psychology"라는 제목이 붙어 있었다.[2] 이를 통해 프로이트는 마음에 관해 품었던 초창기의 통찰을 신경과학적 기반 위에 놓으려고 시도했던 것이다.

그리함으로써 그는 자신의 위대한 스승이자 베를린 물리학회 창립 회원인 생리학자 에른스트 폰 브뤼케Ernst von Brücke의 발자취를 따르고 있었다. 이 학회의 미션은 1842년 에밀 뒤 보이스-레이몬드Emil du Bois-Reymond에 의해 다음과 같이 공식화되었다.

> 브뤼케와 나는 다음과 같은 진리를 실행에 옮기기로 엄숙히 맹세했다. '유기체 내에 작용하는 힘들은 일반적인 물리적 및 화학적인 것 이외에는 존재하지 않는다. 현재 이 힘들로 설명이 불가능한 경우 물리적·수학적 방법을 통해 힘이 작용하는 특별한 방식이나 형태를 찾아내야만 한다. 혹은 인력과 척력으로 환원해 설명이 가능한, 물질에 내재된 화학-물리적 힘에 상응하는 새로운 힘을 상정해야만 한다.'[3]

그들의 친애하는 스승, 요하네스 뮐러Johannes Müller는 유기 생명체가 무기물과 차이 나는 이유와 방식에 의문을 품었다. 그는 '살아 있는 유기체는 근본적으로 무생물류와 다른데, 그 까닭인즉 어떤 비물리적 요소가 속에 들어 있거나 무생물과는 다른 원리에 의해 좌우되기 때문'이라고 결론지었다.[4] 즉, 뮐러에 따르면 살아 있는 유기체는 '생명 에너지' 혹은 '생기력'을 띠고 있으며, 이는 생리학적인 법칙으로 설명할 수 없는 것이었다. 그에게 있어 생명체는 *목적*과 *의도*를 지닌 둘로 나눌 수 없는 한 덩어리였기에, 그것을 이루는 생리적 기전의 요소로 환원될 수 없다는 시각을 견지했다. 독일어 단어 *Seele*가 '영혼'이나 '마음'으로 번역될 수 있음을 고려할 때[5] 뮐러와 그의 제자들 사이의 견해 차이는 오늘날 토머스 네이글Thomas Nagel과 대니얼 데닛Daniel Dennett 같은 철학자 사이에서 불붙는 논쟁, 즉 *의식*이 물리 법칙으로 환원 가능한지에 관한 논쟁과도 상당히 닮은 구석이 많다. 이 논쟁에서 네이글은 환원이 불가능하다고 주장한 반면, 데닛은 가능하다고 주장했다.

내가 드라포르트 교수의 수업에 출석하고 알게 된 놀라운 사실은 인간의 주관성에 관한 선구적인 연구자였던 프로이트가 뮐러의 생기론이 아닌 브뤼케의 물리주의를 지지했다는 점이다. 1895년 『과학적 심리학을 위한 프로젝트』(이하 '프로젝트')의 첫 문구에 프로이트는 이렇게 썼다. "집필 의도는 자연과학이 되기 마땅한 일종의 심리학을 마련하는 데 있다. 즉, 정신의 과정들을 특정할 수 있는 물질 입자들이 이루는, 양적으로 결정된 상태들로 나타내려는 것이다."[6]

나는 프로이트가 신경과학자였다는 사실을 모르고 있었다. 1895년에서 1900년 사이의 어느 시점, 프로이트가 당시 쓸 수 있었던 방법이 모두 마음의 생리학적 근간을 밝혀내기에 역부족하다는 사실을 똑똑히 깨달은 후에야 마지못해 신경학적인 탐구 방법을 버렸다는 것을 나는 그제야 알게 되었다.

하지만 프로이트의 변심에는 충분한 보상이 뒤따랐다. 그는 심리적 현상을 그 자체로 좀 더 세밀하게 관찰해야 했고, 뒷받침하는 기능적 기전을 밝혀내야만 했다. 이를 통해 심리적 방식의 연구법이 태어났는데,

바로 그가 줄곧 '정신분석'이라고 불렀던 방법이다. 정신분석이 근본적으로 가정하는 바는 발현된(오늘날 '명시적 또는 '선언적'이라고 불리는) 주관적인 현상이 잠재된(오늘날 '암묵적' 또는 '비선언적'이라고 불리는) 원인을 가진다는 것이다. 즉, 프로이트는 의식적 사고가 보이는 변덕스러운 흐름은 미처 인식하지 못하는 암묵적인 연결고리를 가정한 이후에야 비로소 설명할 수 있다고 주장했다. 이는 잠재된 정신 기능이라는 개념을 낳았고, 결과적으로 '무의식적' 의도라고 하는 프로이트의 유명한 추측을 낳았다.

19세기에는 무의식적 정신 사건에 대해 생리적으로 연구하는 방법이 존재하지 않았기에 기전은 오로지 임상 관찰을 통해 추론될 수밖에 없었다. 이러한 방식으로 프로이트가 깨달은 것은 그의 두 번째 근본적인 주장을 낳게 했다. 추정된 무의식적 의도에 대해 환자들은 절대 무심한 태도를 취하지 않았다. 무의식적 의도를 알아차리지 못한다기보다는 오히려 *저항하는* 입장을 보이는 듯했다. 그는 이와 같은 경향을 '저항', '검열', '방어' 그리고 '억압'과 같은 명칭으로 다양하게 불렀고, 이것이 감정적인 고통을 막아 준다는 사실을 발견했다. 그 결과 정신생활에 있어 느낌이 중심축 역할을 한다는 사실, *느낌*이 어떻게 온갖 종류의 자기 위주 편향self-serving bias[6]을 뒷받침하는지가 드러나게 되었다. 프로이트는 이러한 관찰을 통해 정신생활에서 동기를 부여하는 몇 가지 주요한 힘이 전적으로 주관적일 뿐 아니라 무의식적임을 알게 되었다. 이 힘들을 체계적으로 조사함으로써 그는 세 번째 근본적인 주장을 하기에 이른다. 그는 궁극적으로 느낌을 떠받치고 있는 것이 육체적 욕구라고 결론 내렸다. 인간의 정신생활은 여느 동물과 다를 바 없이 생존하고 생식하기 위

6) 자신이 초래한 긍정적인 결과에 대해서는 과대평가하는 반면, 부정적인 결과에 대해서는 과소평가하는 경향을 말한다. 이러한 편향은 유쾌한 정서와 결합할 경우 증가한다(역자 주).

해 생물학적으로 강제되는 요구에 의해 추동된다는 것이다. 이 강제된 요구들은 프로이트에게 있어 감정을 느끼는 마음과 물리적 육체 사이를 이어 주는 연결고리였다.

프로이트는 심신 관계에 대해 놀라우리만치 미묘한 접근법을 취했다. 그는 자신이 연구했던 심리적 현상들이 생리적인 것으로 간단히 환원되지 않는다는 점을 깨달았다. 1891년 초 그는 심리적 및 생리적 현상(등식의 양변)을 그 기저에 놓인 각각의 *기능*으로 우선 환원시키지 못한다면, 심리적 증상들을 신경생리학적 과정으로 설명하는 일이 불가능하다고 주장했다. 정보 처리에 대해 앞서 언급했듯이 기능은 다양한 기질 위에서 수행될 수 있다.[7] 프로이트는 오직 기능이라는 공통된 무대 위에서만 심리학과 생리학이 만날 수 있다고 주장했다. 그가 품은 목표는 심리 현상을 '메타심리학적'('심리학을 능가하는 것'이라는 뜻) 기능적 법칙으로 설명하는 것이었다.[8] 기능적 수준의 분석을 생략하고 심리학에서 생리학으로 곧장 건너뛰려는 시도는 오늘날 국재주의의 오류로 불린다.[9]

프로이트의 계승자라면 몰라도 최소한 프로이트에게 있어 정신분석은 분명 과도적인 중간 단계로 만들어진 것이다. 비록 애초부터 그의 연구 주제는 주관적 경험이라는 우리 내면의 풍부한 삶을 뒷받침하는 법칙을 알아내는 것이었으나, 그럼에도 불구하고 정신생활은 그에게 생물학적인 문제로 남아 있었다.[10] 1914년에 그는 이렇게 썼다. "심리학에서 우리가 품은 모든 임시적인 생각은 아마도 언젠가는 기질적인 근간 위에 위치하게 될 것이다."[11] 그는 정신분석이 신경과학과 다시 한번 통합될 날을 열광적으로 기대했던 것이다.

> 진실로 생물학은 무한한 가능성의 땅이다. 아마 생물학은 가장 놀라운 정보를 줄 것으로 예상되는데, 우리가 던진 질문에 대해 수십 년 뒤 어떤

> 대답을 내어놓을지 상상할 수조차 없다 … 아마도 우리가 인위적으로 만든 가설 구조 전체를 날려 버리는 종류일지도 모른다.[12]

이 프로이트는 내가 학부생 시절에 배웠던, 과도히 사변적이던 프로이트가 아니었다. 내게 있어 '프로젝트'는 프로이트 자신에게 그랬던 것과 마찬가지로 뜻밖의 발견이었다. 그는 당시 친구인 빌헬름 플리스Wilhelm Fliess에게 보내는 편지에 이렇게 썼다.

> 분주하던 어느 날 밤이 흘러가던 무렵 … 갑자기 장벽이 걷히고, 베일이 사라지더니 신경증들의 세세한 부분들부터 의식의 결정요소들까지 꿰뚫어 볼 수 있게 되었다네. 모든 것이 맞아 들어가는 것처럼 보였지. 톱니바퀴들은 맞물렸고, 그것은 정말 하나의 기계가 되어 곧 스스로 동작할 것만 같은 인상을 줬다네.[13]

하지만 희열은 오래가지 못했다. 한 달 뒤 그는 이렇게 썼다. "그 '심리학'이 싹트던 당시의 마음 상태를 더는 이해할 수가 없네. 자네에게 그걸 어떻게 전해 주려 했는지 이해할 도리가 없단 말일세."[14] 프로이트는 적절한 신경과학적 방법 없이 자신의 임상적 추론을 일단 기능적으로 번역하고, 그런 다음 생리학 및 해부학적 용어로 번역하면서 '상상, 치환 및 추측'에 의지했다.[15] 1896년 1월 플리스에게 보낸 긴 편지에서 마지막으로 수정을 시도한 후 '프로젝트'는 50여 년 후에 다시 등장할 때까지 모습을 감춘다. 하지만 그 안에 담긴 아이디어들은(프로이트의 영어 번역을 담당한 제임스 스트레이치James Strachey의 표현에 따르면 '숨겨진 흔적은') 그가 세운 정신분석적 이론 전반에 깃들어 있다. 미래의 과학적 진보를 기다리면서 말이다.[16]

당시의 연구 결과로 미루어 짐작할 때 '프로젝트'에는 다음과 같은 두 가지 아이디어가 담겨 있다. 첫째, 전뇌는 신체적 욕구를 감시하고 조절하는 일종의 '교감신경절'이다. 둘째, 이 욕구들은 정신생활을 이끌어가는 힘, 즉 정신 기전의 원동력으로 작용한다.[17] 당시는 그러한 신체적 욕구가 뇌 속에서 어떻게 조절되는지에 관해 물리적·수학적 방법을 통한 설명은 고사하고 신경생물학적인 이해조차도 없던 시절이었던 만큼, 베를린 물리학회의 이상에 충실하기 위해 프로이트는 '물질에 내재된 화학-물리적 힘에 상응하는 새로운 힘을 상정'하는 수밖에 없었다. 이는 프로이트가 '메타심리학적' 힘이라고 부르는, 심리 현상 이면에 놓인 힘이었다. 그는 '형이상학을 메타심리학으로 변형'하고자 한다고 밝혔다.[18] 다시 말해, 프로이트는 철학을 과학으로, 주관성의 과학으로 대체하고 싶었던 것이다. 그는 잠재된 정신 과정에 관한 자신의 사변적 추론에 너무 엄격한 잣대를 들이대지 말라고 당부했다.

> 이는 순전히 과학적 용어, 말하자면 심리학(혹은 더 정확히는 심층 심리학) 특유의 비유적인 언어를 써서 작업해 나가야만 하기 때문이다. 그렇지 않고서는 문제의 과정들을 기술할 도리가 없을 뿐 아니라, 실로 그것들을 인식할 수조차 없는 노릇이다. 만약 우리가 이미 정신적인 용어를 생리적이거나 화학적인 용어로 바꿀 수 있는 위치에 있었다면 우리가 설명한 것의 결점들은 아마도 사라졌을 것이다.[19]

새로운 힘 가운데 무엇보다도 프로이트가 추론하고자 매달렸던 것은 '욕동'이라는 개념이었다. 그는 이를 "유기체 내부에서 기원해 마음에 도달하는 자극들의 정신적 표상"이라고 했으며, 신체와 연결되어 있음으로 말미암아 *어떤 일을 수행하게끔 마음에 가해지는 요구의 척도*라고 정

의했다.[20]

프로이트의 '욕동' 개념, 즉 그가 모든 '정신 에너지'의 기원으로 간주했던 개념은 뮐러의 '생명 에너지'와 다르지 않았지만, 육체적 욕구에서 기인하는 것이었다. 욕동이 의도적인 인지 상태로 변하는 일은 '신경력의 경제성'이라고 하는 인과적 기전에 의한 것이라고 프로이트는 설명했다.[21] 그럼에도 그는 여전히 신체적 욕구가 어떤 식으로 정신 에너지로 변화하게 되는지를 "개념화하는 것이 전적으로 불가능했노라"라고 기꺼이 인정했다.[22]

한 세기 뒤 이 문구를 접했을 때, 이제는 '심리적 용어들을 생리적이고 화학적인 용어로 대체할' 시기가 도래했음을 직감했다. 예를 들어 꿈 이면의 추진력, 즉 프로이트의 환자들의 주관적 보고 속에 '잠재'되어 있기에 그 존재를 반증할 수 없다고 여겼던 추진력은 프로이트가 살던 시절에는 사용할 수 없던 현대의 생리학적 방법을 통해 얻은 객관적인 증거 속에서 생생히 '발현'되어 있다. 이를테면 양전자 방출 단층촬영술로 얻은 [그림 3]을 살펴보자.[23] 그림을 보면 꿈을 꾸는 동안 마치 크리스마스트리에 불이 들어온 것처럼 '소망충족적' **추구**SEEKING 회로에 불이 들어온 것이 명백히 보이는 반면, 이를 억제하는 전전두엽은 기본적으로 스위치가 꺼져 있다. 2006년 의식과학학회에 프로이트 꿈 이론의 신빙성에 관한 논쟁을 위해 홉슨과 내가 초대되었을 때 우리 동료들은 이 결과를 바탕으로 프로이트의 이론이 한 번 더 살아남을 수 있다는 쪽에 2:1의 비율로 손을 더 많이 들어 주었다.[24]

온갖 불리한 점이 있음에도 불구하고, 정신분석에서 주관적인 '나'를 배제하는 일은 없었다. 다른 과학에서는 그게 얼마나 당혹스러운 주제이든 상관없이 정신분석에서는 주관적인 '나'를 상석에 놓았다. 많은 동료 과학자가 그 단어에 담긴 역사적 응어리를 고려해, 내가 하던 작업

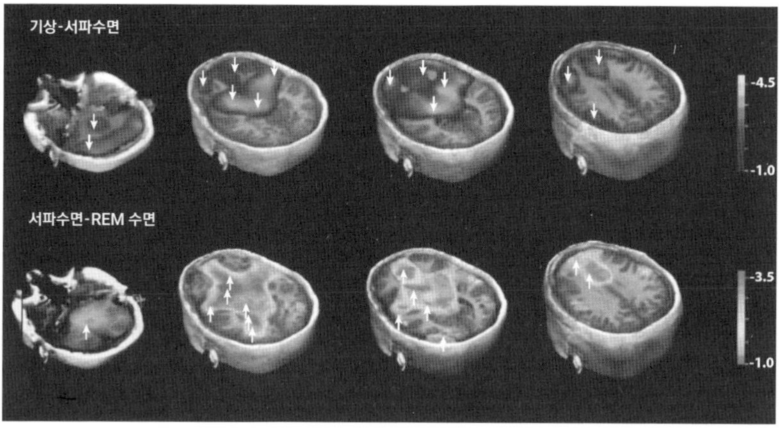

[그림 3] 수면 시작 직후 및 REM 수면 중 뇌 PET 스캔 결과

왼쪽에서 오른쪽으로 배치된 그림들은 두뇌를 아래에서 위로 옮겨 가며 잘게 자른 모습을 나타낸다. 윗줄은 기상시와 수면시의 두뇌 간 차이를 보여 주는데, 음영으로 표시된 영역은 수면 개시와 함께 일어나는 피질 활성 저하를 묘사한 것이다. 아랫줄은 REM 수면과 non-REM(서파) 수면 간의 차이를 보여 주며, 밝게 표시된 영역은 REM 개시와 함께 일어나는 피질하 부위의 활성 상승을 묘사한다. 가장 강하게 활성화된 영역은 **추구**(SEEKING)계가 있는 곳이다.

을 정신분석과 연결 짓지 말라고 조언했다. 마치 천문학자가 점성술을 갖다 붙이는 꼴이라고 했다. 하지만 나는 프로이트가 인정받아 마땅한 점을 부인하는 일은 지적으로 정직하지 못하다고 생각했다. 그가 아무리 불완전하게 목표를 완수했다고 해도 마음의 과학에 있어 그것은 명백히 옳은 목표였다. 그리하여 나는 내 접근법에 '신경정신분석'이라는 이름을 붙였다. 주관성을 대하는 학문적 태도로 미루어 내가 배운 신경심리학을 신경행동주의라 부르는 편이 더 적당했을 것이라고 했다. 내가 만드는 신경심리학은 생생한 경험에 중심을 두고 있음을 명확히 하고 싶었다. 그런 심정으로 정신분석과 신경과학의 관계에 대한 계획적인 논문을 한 편 쓴 후 그 일에 착수했다.[25]

1989년 나는 정신분석 수련을 받기 위해 런던으로 이주했다. 동시에 연구와 임상 진료를 계속하기 위해서 왕립 런던 종합병원 의과대학 신경외과의 명예 강사직도 얻었다. 이곳의 위대한 신경학적 유산을 따를 수 있어 무척이나 기뻤다. 19세기 중반, 영국 신경학 및 신경심리학의 아버지 존 헐링스 잭슨John Hughlings Jackson이 의사로 일했던 곳이 바로 이곳이다. 왕립 런던 종합병원은 화이트채플Whitechapel 내에 있었는데, 그곳은 수 세기 동안 이민자가 모여들던 지역이라 항상 취약한 주민 집단을 진료해야 했다. 흡사 소웨토의 바라그바나스 종합병원이 연상되었고, 고향으로부터 멀리 떨어진 또 다른 고향처럼 느껴졌다.

1990년대 초 남아프리카공화국의 신경외과 동료가 내게 환자 S를 의뢰했는데, 그는 10개월 전 두뇌의 전두엽 아래에서 시신경을 밀어내며 자라던 종양을 제거하는 수술을 받은 상태였다. S는 수술 도중 약간의 출혈을 겪었고, 이로 인해 전뇌 기저부의 혈행이 중단된 바 있었다([그림 1] 참조). 전뇌 기저부 핵들은 아세틸콜린을 '장기 기억의 인출에 관여하는 피질 및 피질하의 다양한 구조물'로 보낸다. 이 콜린성 경로들은 도파민성 경로들과 상호작용하는 것으로 보인다([그림 2] 참조). 소위 보상 체계로 불리는 도파민성 경로들은 '탐색' 행동을 활성화하는데, 이는 외부 세계의 물리적인 움직임과 관련된 것뿐 아니라 표상들이 있는 내부 세계, 즉 꿈이나 생각에서 일어나는 가상의 움직임과 관련된 것도 활성화한다.[26] 출혈의 결과로 S가 수술에서 깨어났을 때 심각한 기억 장애 증후군이 나타났다. 이는 코르사코프 정신증으로 알려진 것으로, 그 주요 양상에는 작화증이라 불리는 마치 꿈꾸는 것과 비슷한 상태가 있다. 최근에 일어난 일에 대한 그의 기억은 계속해서 가짜 회상이 인출되는 식으로 심각히 이환되어 있었다. 이러한 탐색에서의 결함만으로도 충분히 어려움을 초래하지만, 작화증적인 기억 장애의 경우 환자들이 그릇되게 인출된 기억의 신빙성을 충분히 *감시*할 수 없는 까닭에 상황이 복잡해진다. 그들은 기억이 명백히 거짓일 때조차도 진짜로 여긴다.

일례로 S는 자신이 고향인 요하네스버그에 있다고 여겼지만, 실은 내게 의뢰되며 런던으로 건너온 상태였다. 그는 자신의 여정을 기억하지 못했다. 이 부분을 내가 바로잡아주자, 그는 자신이 런던에 있을 리가 없다고 고집을 부렸다. 그래서 나는 창밖을 보라고 했다. 밖에 눈이 내리고 있었는데, 요하네스버그에서는 눈이 내릴 일이 없기 때문이다. 그는 충격을 받은 듯했으나 곧 진정하더니 대꾸했다. "아뇨, 저는 제가 요버그Jo'burg[7)]에 있다는 걸 알아요. 당신이 피자를 먹고 있다고 해서 이탈리아에 있는 건 아닌 것과 같죠."

S는 56세의 전기 기술자였다. 나는 그를 주간 외래 진료실에서 일주일에 여섯 번씩 만났다. 그에게 지남력을 갖게 하고, 기억 문제로 어려움이 생겨나는 방식에 대해 일종의 통찰을 갖게끔 도와주기 위해서였다. 매일 같은 시간 같은 장소에서 만났지만, 세션이 되풀이됨에도 불구하고 그는 내가 자신의 치료자임을 알아차리지 못했다. 분명 얼굴은 알아보았지만 나를 다른 곳에서 알던 누군가, 즉 함께 일하는 전기 기술자 동료거나 그의 도움이 필요한 고객으로 착각했다. 다시 말해 S는 나를 자신의 도움이 필요한 사람으로 대했다. 실제로는 그 반대인데 말이다. 그가 흔히 저지른 또 다른 종류의 착각은 우리 둘 다 대학생이며, 조정이나 럭비 같은 스포츠 활동을 한 후 함께 술을 마신다고 생각하는 것이었다. 당시의 나는 그 이야기가 그럴듯하게 보일 정도로 젊은 나이였으나, S가 실제로 대학생이었던 시절은 30년도 더 전이었다.

임상 세션을 마치고 나면 매번 그의 아내와 이야기를 나누면서 S가

---

7) 요하네스버그의 별칭(역자 주).

잘못 떠올린 기억이 어떤 맥락에서 나온 것인지, 그 의미는 무엇인지 알아내고자 했다. 이것이야말로 '인지 재활'을 위해 내가 취한 접근법과 내 동료들이 취하는 전통적인 접근법의 주된 차이점이었다. 전통적으로 신경심리학자들은 삼인칭 시점에서 판단하는 기억 장애의 정도에 관심을 두는 반면, 나는 일인칭 시점으로 이해하는 S가 범한 오류의 주관적인 *내용*에 더 관심을 두었다. 본디 찾고자 했던 기억 대신 강박적으로 마음속에 떠오른 다른 사건의 개인적인 의미가 이러한 작화증에 있어 뭔가 기전을 밝혀 주리라는 가정에서 출발한 것이다. 이를 통해 작화증에 영향을 미치는 새로운 길을 열고자 했다. 그런 까닭에 그의 부인을 통해서라도 S가 실제로 학생 시절에 조정팀이나 럭비팀에 속해 있었는지, 혹은 전자 기술 분야에서 정말 전문적인 도움을 주었는지 명확히 알고 싶었다.

이런 방식으로 내가 알게 된 두 가지 사실은 그의 작화증을 이해하는 데 의미가 있었다. 첫째, 그는 한때 만성적인 치아 문제로 고생을 했다. 이 문제는 결국 치아 임플란트로 해결되었다. 둘째, 그는 심부정맥을 앓고 있으며, 인공 심박동기에 의존하고 있었다.

S와 함께했던 열 번째 만남의 처음 몇 분을 녹취한 내용 중 일부를 소개하고자 한다. 많은 대화 중에서 이 부분을 고른 이유는 그날 대기실에 앉아 있던 그를 데리러 나갔을 때 처음으로 짧게나마 내가 누구인지, 왜 나를 만나러 왔는지 그가 알아차렸기 때문이다. 내가 대기실로 들어가자 그는 머리 위의 개두술 흉터를 만지작거리며 "안녕하세요, 박사님"이라고 말했다.

함께 진료실에 앉으면서 그의 통찰을 바탕으로 뭔가 더 해 나갈 수 있기를 바랐다. 그게 정말 통찰이 반짝하는 순간이었다면 말이다.

나 대기실에서 마주쳤을 때, 머리를 만지시던데요.

S 카트리지가 사라진 게 문제라고 생각해요. 우린 분명, 우린 그저 안경이 필요한 거죠. 그게 뭐였더라? C49였나요? 주문해야 할까요?

나 C49 카트리지는 어디에 쓰는 건데요?

S 메모리요. 그거 메모리 카트리지예요. 메모리 임플란트요. 하지만 그걸 정말로 제가 이해한 적은 없어요. 사실 5개월이나 6개월 동안은 쓴 적이 없거든요. 정말로 필요한 건 아닌 것 같아요. 어떤 의사가 다 잘라 냈거든요. 그 친구 이름이 뭐였죠? 솜즈 박사였나, 뭐 그랬을 거예요. 하지만 그게 제게 꼭 필요한 것 같지는 않아요. 임플란트는 튼튼하거든요.

나 기억이 뭔가 잘못되었다는 걸 알고 계시는군요. 하지만….

S 맞아요. 100% 작동하는 게 아니에요. 하지만 그게 꼭 필요하지는 않아요. 그저 몇몇 박동만 없어졌을 뿐이에요. 분석한 바로는 C나 C09 같은 게 없어졌다고 해요. 데니스(S의 첫 번째 부인)가 저를 여기로 데려와 어떤 의사 선생님을 만나게 했어요. 그분 이름이 뭐였는지 또 기억이 안 나네요. 솜즈 박사였나, 그 비슷한 이름이었어요. 그분이 심장 이식 건 중 하나를 했는데 이제는 멀쩡해요. 멈칫하지 않아요.[8)]

나 뭔가 잘못되었다는 걸 알고 계시네요. 몇몇 기억이 떠오르지 않으니, 당연히 걱정되실 거예요. 제가 그걸 치료할 수 있기를 바라시네요. 다른 의사 선생님들이 치아 문제나 심장 문제를 치료해 주신 것처럼 말이에요. 하지만 그걸 너무나 간절히 바라기에 아직 치료되지 않았다는 사실을 받아들이는 데 어려움을 겪고 계세요.

S 아, 맞아요. 그렇죠. 100% 작동하지는 않아요. [자신의 머리를 만진다] 머리를 한 대 맞았어요. 몇 분간 필드 밖으로 나갔죠. 하지만 이제 괜찮아요. 되돌아

---

8) 원문 표현은 'never misses a beat'으로, 심장 박동이 규칙적이라는 뜻과 주저하지 않는다는 뜻의 중의적 표현(역자 주).

들어오지 말 걸 그랬어요. 하지만 아시잖아요? 제가 쓰러지는 걸 좋아하지 않는다는 걸. 그래서 팀 노욱스(Tim Noakes, 유명한 남아공 스포츠 전문의) 선생님에게 도움을 요청했어요. 아시다시피 보험 든 게 있으니 안 쓸 이유가 없잖아요? 실력 있는 최고의 의사를 찾지 않을 이유가 없는 거죠. 그랬더니 그 분이 "좋아요. 경기를 계속합시다"라고 말하더군요.

이즈음에서 증례를 줄일까 한다. 앞서 언급한 기억 탐색 및 감시와 연관된 순수한 인지 장애 양상을 확인하는 것은 상당히 쉬운 일이다. 열 번째 세션을 위해 대기실로 들어오는 나를 S가 보았을 때, 내 모습은 그에게 일련의 연상(의사들, 자신의 머리, 잃어버린 기억, 수술 등)과 연관된 연상을 불러일으켰다. 하지만 매번 그는 자신이 찾고자 하는 목표 기억을 정확히 인출하지 못했다. 대신에 아슬아슬 비껴 나갔다고 묘사할 법한 것들, 즉 광의의 의미론적 범주에 있어 목표와 같은 범주에 속해 있으나 시간 및 공간에서 잘못 놓인 기억들을 떠올렸다. 따라서 '의사'라는 생각은 원래 목표였던 나 대신 신경외과 의사와 연관된 연상과 유명한 스포츠 전문의를 떠올리게 했다. '머리'라는 생각은 뇌종양 대신 뇌진탕 사건을, '잃어버린 기억'은 자신의 기억 상실증 대신 전자 카트리지를 떠올리게 했다. 그리고 '수술'은 최근에 있었던 뇌 수술 대신 예전에 받았던 치과 수술 및 심장 수술을 떠올리게 했다. 그런 식이었다. 감시 기능의 결함 역시 쉽게 확인되었다. S는 자신의 잘못된 기억을 온갖 모순되는 증거에도 불구하고 너무나도 기꺼이 사실로 받아들였다. 자신을 럭비 경기장 안에 있는 20대 학생으로 경험했다는 사실이 명백한 예다. 자신이 여전히 요하네스버그에 있다는 망상 역시 마찬가지다.

하지만 S의 작화증을 *주관적인* 관점에서 고려하면 새로운 사실이 드러난다. 대기실로 막 걸어 들어온 의사가 주치의처럼 보이지만, 누구인지 알아볼 수 없음을 갑자기 깨달을 때 그 *느낌*이 어떨지 상상해 보라. 지금 있는 방이 혹은 지역이 어디인지 모른다는 사실을 갑자기 깨달을 때, 머리 위에 커다란 흉터가 있다는 것을 깨달을 때, 그게 어쩌다가 생겼는지 모른다는 것을 갑자기 깨달을 때, 며칠이나 몇 년은 고사하고 현시점으로부터 고작 2분 전에 있었던 일조차 기억하지 못한다는 것을 갑자기 깨달을 때 그 느낌이 어떨지 상상해 보라. 순간순간 더는 아무것도 기억하지 못하게 된 결과, 이 의사가 과연 내 머리를 수술한 집도의가 맞는지 아닌지 헷갈리면서 아마도 *공황*에 가까운 느낌을 경험할 것이다. 이것이 기억 탐색 및 감시 기전을 잃어버렸을 때 마음이라는 의지를 가진 주체에게, 즉 살아 있는 나 자신에게 떠오르는 느낌이다.

이제 이러한 느낌의 결과로 S가 무슨 일을 했는지, 다시 말해 그 느낌들이 S의 인지에 끼친 인과적인 영향력에 대해 주목해 보자. S는 자신이 '기억 카트리지'를 잃어버렸다는 사실을 깨달은 순간, *그저 새로운 카트리지를 주문하면 그만*이라는 망상적인 방식으로 자기 자신을 안심시켰다. 하지만 위로에도 완전히 안심하지 못했기에 그는 마음을 바꾼다. 실은 *카트리지가 정말 필요하지는 않으며*, 카트리지 없이도 그럭저럭 괜찮을 수 있다는 것이다. 이미 수개월간 그는 그렇게 해 오고 있었다. 그다음으로 그는 잃어버린 카트리지와 개두술 흉터를 연결 짓는다. 의사가 뭔가를 잘라 낸 것이 분명해 보인다. S는 자기 앞에 앉아 있는 이가 그 의사가 아니길 바라며, 더 나아가 수술이 잘못되지 않았기를 바란다. 이 시점에서 그는 등가적으로 느끼는 치아 수술 및 심장 수술이 성공적이었음을 망상적으로 떠올리고는 이 수술들과 현재의 수술을 뒤섞어 버린다. *수술은 성공적이었고, 임플란트는 튼튼하며*, 자신은 '멈칫하지 않는다'라는 것을 강조한다. 이에 대해 내가 일말의 의구심을 드러내자 그는 방향을 틀어 버린다. 그것이 100% 작동하지 않는다는 것에 동의하지만, 그와 동시에 자기 머리에 일어난 일은 아무튼 수술이 아니며 *단순한 뇌진탕이었다*고 정해 버린다. 그저 사소한 스포츠 부상의 일시적인 후유증을 앓고 있는 것뿐이다. 따라서 그는 몇 분간 경기장 밖으로 나가 있었다. 하지만 행복하게도 돈으로 살 수 있는 최고의 스포츠 전문의와 연결되면서, 그는 다시 한번 안심한다. *경기를 계속할 수 있는 것이다*. 모든 게 괜찮을 것이다.

S의 작화증을 일인칭 시점으로 바라보면, 작화증에 대한 새로운 점들이 분명히 드러난다. 그가 잘못 기억하는 일들에는 방향성을 띤 *동기가 부여*되어 있다. 이러한 점은 무작위적인 탐색 오류와는 거리가 멀다. 작화증에는 명백히 자기 위주 편향이 담겨 있다. 불안으로 가득한 상황을 안심되고 안전하며 익숙한 쪽으로 재구성하려는 목표와 의도가 있다. 그러므로 프로이트가 꿈에 관해 추론한 바와 같이, 작화증 역시 동기가 부여된 것이다. 작화증 기억상실에서 정신 과정은 소망충족적이다. 하지만 이러한 사실은 오로지 치아 임플란트('임플란트는 튼튼하거든요')나 인공심박동기('멈칫하지 않아요')에 대한 고유한 경험에서 오는 감정적 맥락과 개인적 의미를 고려할 때만 명백해진다. 정신분석가들이 하듯이 말이다. 이는 전적으로 객관적 입장이 되고자 할 경우, 혹은 색스의 표현대로 정신을 배제할 경우 신경심리학자들이 놓치게 되는 부분이다.

또한 방금 설명한 일인칭 관찰자 시점을 통한다면 작화증의 기전에 관한 새로운 어떤 사실, 삼인칭 시점으로부터 간과되는 어떤 사실이 드러난다. 작화증은 그저 전략적 탐색 및 자료 감시의 결함 때문에(즉, '기억 카트리지'를 잃어버렸기 때문에) 일어나는 것일 뿐 아니라, 보다 더 *감정적으로* 매개된 회상 형태가 억압에서 풀려나기 때문에 일어나는 것이기도 하다는 것을 알 수 있다. 마치 어린아이의 기억이 그런 식으로 작동하는 것처럼 말이다. 이러한 정신역동적 기전은 작화증의 치료법에 대해 암시하는 바가 있으며, 어떤 두뇌 과정이 작화증에 결부되어 있냐는 질문에 대해서도 시사하는 바가 있다. 즉, 정확한 기억 탐색 및 감시 기능은 부분적으로 전뇌 기저부의 콜린성 회로에 달려 있음이 증명된다. 기억 인출에서 전뇌 기저부의 콜린성 회로는 중뇌피질-중뇌변연 도파민 회로의 '보상' 기전을 제약한다. 공교롭게도 도파민성 탐색이 제약에서 풀려나는 일은 꿈을 꿀 때도 일어난다.[27] 그런 까닭에 나는 S의 증례를 "꿈속에서 사는 남자"라는 제목으로 동료들에게 발표했다.

이를 통해 나는 꿈의 경우에서 그랬던 것처럼 제약에서 풀려난 도파민성 '보상' 혹은 '원함' 혹은 '**추구**SEEKING' 기전을 프로이트의 '소망-충족' 개념,[28] 즉 프로이트의 '욕동' 개념[29]과 밀접하게 연결되어 있는 메타심리학적 개념과 잠정적으로 연결할 수 있었다. 뒤집어서 이야기하자면, 전뇌 콜린성 핵의 기능은 억제성을 띤 '현실 검증'이라는 영향력과 어떤 측면에서 연결될 수 있다.[30] 이런 방식으로 나는 프로이트가 주관성의 기능적 기전에 대해 추론한 바를 그 생리적 등가물로 번역하기 시작했다.

이것이 내 첫 번째 발걸음이다. 당연하겠지만, 이 같은 광의의 일반화는 순전히 단일 사례의 임상 증거에만 근거를 둘 수는 없다. 따라서 S로부터 내가 얻은 인상을 공식화하는 과정에서 나는 '맹검' 평가자들(나의 가설을 알지 못하는 동료들)을 측정에 참여시켰다. 이는 연속적이며 임의로 추출한 S의 작화증 표본 155개에서 쾌감과 불쾌감 정도를 7점 리커트 척도로 표시하는 것이었다. 결과는 통계적으로 상당히 유의했다. 작화증이 대체한 목표 기억과 비교했을 때 S의 작화증은 감정이라는 측면에서 자신의 상황을 상당히 호전시켰다.[31] 다음으로 작화증을 보이는 수많은 다른 환자를 대상으로 공동 연구자들과 진행한 연구에서도 동일하게 강력한 효과를 입증해 냈다. 실증적인 후속 연구에서는 작화증에 기분 조절 효과가 있음을, 즉 S의 증례에서 내가 임상적으로 추론했던 것의 타당함을 통계적으로 확인했다.[32] 이 연구 프로그램을 통해 작화증[33] 및 질병 인식불능증[34]과 같은 연관된 장애에 관한 완전히 새로운 신경심리학적 접근법이 열렸다. 또한 중독이나 주요 우울증과 같이 흔한 정신과적 장애에 대해서도 새로운 접근법을 위한 기초를 놓았다.[35] 나는 신경과학에 주관성을 되돌리려고 시도하며, 정신 질환에 대한 '신경정신분석적' 접근법을 개발하는 데 근 30년을 보내고 있다.[36]

런던에서 정신분석 수련을 받는 동안 앞서 묘사한 것과 같은 종류의 임상 경험이 축적됨에 따라 나는 뉴욕에서 열린 일련의 과학 발표회에 초청받아 내가 발견한 연구 결과들을 발표하게 되었다. 이는 1992년 뉴욕 의학 아카데미에서 열린 하루짜리 심포지엄으로 시작되었고, 이후 절친한 동료들과 더불어 뉴욕 정신분석학회 및 연구소에서 다달이 열리는 세미나 형식으로 이어졌다.[37] 이 동료 집단의 모임은 점점 퍼져 나가 비슷한 움직임이 전 세계에서 일어났고, 그 결과 우리끼리의 의견 교환을 위한 수단이 될 새로운 저널을 1999년에 발간하기에 이르렀다. 저널에는 명칭이 필요했기에 나는 내가 만든 용어인 *신경-정신분석*을 처음으로 사용했다.

1993년 에릭 캔들Eric Kandel을 처음 만났는데, 그는 학제가 통섭적으로 얽힌 분야에서의 내 작업을 크게 격려해 주었다. 캔들은 기초 신경과학자 가운데 이례적으로 프로이트를 높이 평가한 인물이다. 사실 그는 애초에 정신분석가로 수련받으려 했지만, 유명한 분석가이자 당시 여자친구의 아버지였던 에른스트 크리스Ernst Kris가 그러지 말라고 설득했다. 그 분야의 대가가 캔들의 성격이 임상 정신의학적 진료에 어울리지 않는다고 판단했다는 사실을 그는 숨기지 않았다. 대신 크리스가 자신에게 두뇌 연구의 길을 열어 주었다는 점에 감사하는 듯 보였다.

내가 그를 처음 만나고 5년 뒤(그가 노벨상을 수상하기 2년 전) 캔들은 "정신의학을 위한 새로운 지적 토대"라는 제목이 붙은 논문을 출간했는데, 논문에서 그는 21세기의 정신의학은 신경과학과 정신분석의 통합을 기반으로 해야 마땅하다고 주장했다.[38] 후속 논문에서는 "정신분석은 여전히 마음을 바라보는 가장 타당하고 지적으로 만족스러운 시각을 나타내고 있다"라고 썼다.[39] 이 견해는 나의 견해, 즉 여러 가지 결점을 고려하더라도 정신분석은 현재 주관성을 과학적으로 다루는 데에 가장 훌륭한 개념적 시발점을 제공해 준다는 견해와 일치했다.

따라서 놀랄 것도 없이 캔들은 이 길이야말로 우리 학문이 나아가야 할 올바른 방향이라고 뜻을 같이하는 여러 저명한 신경과학자 및 정신분석가들과 더불어 *신경정신분석*의 초대 편집위원회에 참여해 달라는 나의 요청을 수락했다.[40] 1년 뒤 새로운 세기가 열릴 무렵, 우리는 국제신경정신분석학회를 창설했고, 야크 판크세프와 내가 초대 공동회장이 되었다. 이와 함께 학회의 창설 학술대회가 열렸는데, 이후로 매년 전 세계의 다양한 도시에서 개최되고 있다. 첫 번째 학술대회에서 다룬 주제는 감정이었다. 학회는 영국 왕립 외과대학에서 열렸고 기조 연자는 올리버 색스, 야크 판크세프, 안토니오 다마지오Antonio Damasio와 나였다.

나와 올리버 색스의 교류에 대해서는 앞서 언급했다. 또한 야크 판크세프의 저서 『정동 신경과학Affective Neuroscience』, 즉 인지 신경과학계가 '정동'(느낌의 기술적 용어)에 충분히 관심을 두지 않다는 사실을 시사하는 제목의 책에 관해서도 언급했다. 그 책을 읽자마자 나는 곧 판크세프와 밀접한 과학적 협력 관계를 맺었고, 내 연구의 초점은 이후 20여 년 동안 대뇌피질에서 벗어나 뇌간으로 향하게끔 결정적으로 변화했다. 이후에 언급할 통찰로 향하는 길을 그가 보여 주었다는 점에서 나는 그에게 깊이 감사한다. 바로 그러한 이유로 이 책을 그에게 헌정하는 것이다.

신경심리학 수련을 받을 무렵, 나는 안토니오 다마지오와 그의 배우자 한나 다마지오Hanna Damasio의 연구를 처음으로 접했다. 그들은 존경받는 인지 신경과학자였는데, 저서 『신경심리학의 병변 분석Lesion Analysis in Neuropsychology』(1989)이라는 교과서는 나의 꿈 연구에 필수적인 책이었다. 하지만 다마지오를 세계적으로 유명하게 한 것은 그의 책 『데카르트의 오류Descartes' Error』(1994)로, 인지 신경과학계를 향해 정동에 좀 더 관심을 두라고 열정적으로 부탁하는 책이다.

또한 판크세프와 다마지오는 신경정신분석이라는 분야의 전환점이 된 2011년 제12회 국제 신경정신분석학회에서 큰 역할을 맡았다. 베를린에서 열린 학회의 주제는 '체화된 뇌embodied brain'였다. 또 다른 기조 연자는 이 주제에 관한 세계적인 석학인 버드 크레이그Bud Craig와 비토리오 갈레세Vittorio Gallese였다. 학회에서 내가 으레 맡던 역할은 맺음말을 하는 것이었는데, 주된 논의를 종합하고 특별히 신경과학적 관점과 정신분석적 관점을 통합하는 것이었다. 그런데 이때는 그 역할이 유난히 어려웠다.

맺음말이 어려웠던 첫 번째 이유는 '자기'라는 느낌이 뇌 속에서 어떻게 생성되는지에 대해 학회 동안 다마지오와 크레이그가 첨예하게 충돌했기 때문이었다. 비록 두 과학자 모두 자기라는 감각이 신체 상태를 감시하는 뇌 영역에서 생겨난다는 점에는 동의했으나, 다마지오는 판크세프를 따라 문제의 그 기전이 최소한 부분적으로 뇌간에 위치한다는 관점을 취했다. 대조적으로 크레이그는 그 영역이 전적으로 대뇌피질에, 좀 더 정확하게는 전측 뇌섬엽 속에 위치한다고 주장했다. 학회를 끝맺으며 종합하는 자리에서 내가 이 논쟁을 해결하는 일은 그나마 쉬운 일이었는데, 다마지오가 설득력 있는 자료, 곧 대뇌피질 섬엽이 완전히 없어진 환자에 주목한 자료를 보여 주었기 때문이다. 이 환자에 관해서는 다음 장에서 다루겠다.

해결하기 훨씬 더 어려웠던 문제는 학회 동안 불거진 판크세프와 다마지오의 새로운 관점과 프로이트의 오래된 관점 사이의 주요한 모순점을 중재하는 일이었다.

대뇌피질 뇌섬엽이 없는 다마지오의 환자는 배고픔, 목마름, 요의를 느낀다고 보고했고, 그에 따라 행동했다.[41] 이 느낌들은 판크세프가 '항상성 정동homeostatic affects'이라고 부르는 것의 예로서 신체의 필수적 욕구를 조절하는 정동이다. 프로이트는 이것을 '정신 에너지'의 원천이자 '정신 기제의 주요 동기'인 '욕동drives'이라고 불렀다. 이와 같은 필수 기능을 수행하는 마음속 부분을 가리키기 위해 프로이트가 대략적으로 명명한 용어는 '이드id'였다.

> 이드는 외부 세계로부터 고립되어, 자신만의 고유한 지각 세계를 가지고 있다. 이드는 자기 내면의 특정한 변화를, 특히나 자신의 욕동적 요구에 따라 긴장감이 오르락내리락하는 변화를 기가 막힐 정도로 예리하게 포착해 낸다. 그리고 이 변화는 일련의 쾌-불쾌 사이의 어떤 느낌이 되어 의식에 떠오른다. 어떻게 해서 그리고 어떤 감각 말단 기관을 통해서 이러한 지각이 생겨나는지는 확실하게 설명하기 어렵다. 하지만 자기지각이, 즉 체성 감각 및 쾌-불쾌의 느낌이 횡포한 힘을 지닌 이드 내에서 벌어지는 사건들의 경과를 좌우한다는 것은 확정적인 사실이다. 이드는 어김없이 쾌락 원리를 따른다.[42]

기억하겠지만, 내가 품었던 과학적 목표는 이와 같은 메타심리학적 개념을 해부학 및 생리학적 언어로 번역해 프로이트의 접근법을 신경과학과 통합하는 것이었다. 하지만 이 대목에서 나는 프로이트의 고전적인 개념과 맞지 않는 주된 모순점과 맞닥뜨렸다. 그는 '이드'가 무의식적이라는 결론에 도달했다. 이것은 마음이 어떻게 작동하는지에 대한 그의 가장 근본적인 개념 중 하나였다. '신체와 연결되어 있음으로 말미암아 어떤 일을 수행하게끔 마음에 가해지는 요구'를 재는 뇌 부위는, 즉 프로이트가 '욕동'이라고 불렀던 것을 만들어 내는 부위는, 혹은 욕동의 동의어로서 판크세프의 (소망충족적 **추구**SEEKING 기전을 촉발시키는) '항상성 정동'을 만들어 내는 부위는 뇌간 및 시상하부에 위치하는 게 분명했다. 이 부위야말로 '쾌락 원리'를 따르는 뇌 부위다. 하지만 쾌감이 무의식적일 수 있을까? 다마지오의 환자에게서 보았듯이 배고픔, 목마름 그리고 요의는 *느껴지*는 것이다. 당연히 그러하다. 하지만 프로이트는 욕동이 자리하는 곳인 이드가 무의식적이라고 말했다. 그는 크레이그처럼, 그리고 초창기의 나처럼 동일한 고전적 학설을 받아들였고, 따라서 의식을 대뇌피질 내에 위치시켰다. 그런 까닭에 프로이트는 앞서 인용했던 1920년의 소논문에서, 일단 우리가 정신적인 용어를 생리적이거나 화학적인 용어로 바꿀 수 있는 위치에 올라 자신의 이론 내에 있는 결점들을 제거하길 소망하며 다음과 같이 썼다.

> 의식적 산출물은 '외부 세계로부터 오는 흥분에 대한 지각' 및 '정신 기구 내부로부터만 생겨날 수 있는 쾌-불쾌의 느낌'으로 구성된다. 따라서 공간적 위치상 *Pcpt.-Cs.*[지각적 의식]계에 배치시킬 수 있겠다. 이는 반드시 내부와 외부 사이의 경계에 놓여야만 한다. 외부 세계를 향해 있어야 하며, 여타의 정신계들을 감싸고 있어야만 한다. 이러한 가정을 함에 있어 감행한 새로운 점은 아무것도 없음을 알게 될 것이다; *우리는 단순히 대뇌 해부학을 따라 위치를 특정하는 관점을 차용했을 뿐인데, 이*

> *관점에서는 의식의 '자리'를 대뇌피질(뇌라는 핵심 기관을 둘러싼 가장 바깥쪽 층)에 위치시킨다*. 해부학적으로 말해, 의식이 뇌의 가장 깊숙한 안쪽 어딘가에 안전하게 깃든 것이 아니라, 어째서 표면 위에 머물러야만 하는지 대뇌의 해부학에서는 고려할 필요가 없는 것이다.[43]

프로이트가 쾌감 및 불쾌감을 위시한 모든 의식이 대뇌피질 내에 위치한다는 관점을 취했다는 점에 대해 의구심이 들 수 있기에, 그의 글을 하나 더 인용하고자 한다.

> 무언가가 의식화되는 과정은 특히나 감각 기관이 외부 세계로부터 받는 지각과 연결되어 있다. 즉, 지정학적 관점에서 볼 때 이는 *자아의 가장 바깥쪽 피질에 위치한* 현상인 것이다. 또한 우리는 정보들을 —정신생활에 있어 외부 지각보다도 실제로 더 위압적인 영향력을 행사하는 느낌들을— 신체 내부로부터 받는다는 것도 사실이다. 더욱이 특정한 상황에서는 감각 기관 그 자체도, 각 기관에 고유한 지각들에 더해 느낌이나 통증의 감각까지 전달한다. 그러므로 (의식적 지각과는 대조적인 뜻으로 칭하는) 이 감각들 역시 말초 기관으로부터 나오며 *이 모든 것을 피질층의 연장선 또는 피질층에서 뻗어 나온 갈래라고 간주*한다면, 우리는 여전히 앞서 주장한 바를 고수할 수 있는 것이다. 감각이나 느낌을 전하는 말초 기관의 입장에서 다만 한 가지 구분되는 점이 있다면, 신체 그 자체가 외부 세계의 자리를 대신한다는 것이다.[44]

프로이트에게 의식적인 느낌은 지각과 마찬가지로 '자아'(그가 피질과 동일시한 마음의 부분)[45] 속에서 만들어지는 것이지, 내가 이제 막 뇌간 및 시상하부에 위치시킨 무의식적 '이드'에서 만들어지는 것이 아니었다.

즉, 프로이트는 '이드'(뇌간)와 '자아'(피질) 간의 기능적 관계를 거꾸로 잘못 적용했던 것으로 보인다. 최소한 느낌이라는 측면에서는 말이다. 프로이트는 지각하는 자아는 의식적이며, 느끼는 이드는 무의식적이라고 생각했다. 그가 자신의 마음 모델에서 위아래를 바꿀 여지가 있었을까?[46]

3장

대뇌피질 오류

2004년 말 신경과학자 비요른 메르케르는 신경학적 병변이 있는 아이들 및 그들의 다섯 가족과 함께 일주일간 디즈니 월드로 여행을 떠났다. 아이들의 나이는 10개월부터 5세 사이였다. 그들은 놀이기구를 탔는데, 그 중 가장 인기 있었던 것은 '결국은 좁은 세상It's a Small World After All'이라는 기구였다. 미키 마우스와 함께 사진을 찍고, 팝콘과 핫도그와 아이스크림도 먹었으며, 탄산음료도 잔뜩 마셨다. 때로는 압도된 듯 보였고 꽤 자주 눈물을 흘렸다. 이러한 긴장된 순간에도 불구하고 메르케르 박사가 깊은 인상을 받은 대목은 바로 아이들이 그곳을 굉장히 좋아하고 한껏 즐기고 있는 듯 보였다는 점이다. 신경학에서 가장 기본이 되는 전제 중 하나에 따르면, 이 아이들은 어쨌든 '식물 상태'에 있어야 했다. 혼수상태에서 고작 한 발짝 떨어져 있는 정도, 곧 심박 조절이나 호흡 및 위장관 운동 같은 자율신경 기능만 보이고 운동 반응은 눈 깜빡임이나 침 삼킴과 같은 단순한 반사에 국한되는 상태여야 했다.

메르케르는 한 해 전 수두무뇌증hydranencephaly으로 알려진 희귀 뇌 질환에 이환된 아이들의 보호자를 위한 자조 그룹에 참여한 것을 계기로 이 가족들과 가까워졌다. 2003년 초반 이래로 메르케르는 이 그룹에 속한 사람들 사이에서 오고간 2만 6,000통 이상의 이메일 메시지를 검토했다. 그는 이 아이들이 '식물 상태'일 것이라는 보편적인 가정이 질환 자체에 의해 내려진 것이 아니라, 대부분 소아과 의사 및 신경과 의사들이 이 아이들을 마치 아무것도 느끼지 못하는 존재인 듯 다룬다는 사실에 의한 자기충족적 예언일지도 모른다는 의구심을 이론적인 배경에서 품게 되었다. 다음은 그가 보고한 내용이다.

> 이 아이들은 깨어 있고 종종 또렷할 뿐만 아니라, 주변 사건에 대한 감정적인 형태 또는 지향적 반응의 형태로 환경에 반응을 보인다. … 더욱이 이 아이들은 결신 발작을 보이기도 한다. 부모는 자신의 자녀가 "천사들과 이야기하러 갔어요"라고 언급하는 식으로, 이같이 반응이 없어지는 순간이 있다는 것을 인식하고 있다. 아울러 자녀가 '되돌아온 것'을 알아차리는 데에도 어려움이 없다. … 아이들이 이와 같은 삽화를 보인다는 사실은 그들의 의식 상태를 말해 주는 중요한 증거 가운데 하나로 보인다.[1]

메르케르의 발견 중 가장 결정적인 것은 환아들이 또렷함을 잃었다가 되찾는다는 점이 아니라, '주변 사건에 대해 감정적인 형태 또는 지향적 반응의 형태로 환경에 반응을 보인다'는 점이다. 이는 식물 상태 환자들의 경우 존재해서는 안되는 결정적인 양상이라 할 수 있다. 즉, 의도성이 있다는 것이다. 이러한 이유로 식물 상태는 '무반응성 각성 상태'라고 정의되기도 한다.[2] 식물 상태 환자들의 경우 시각, 청각 및 촉각 자극을

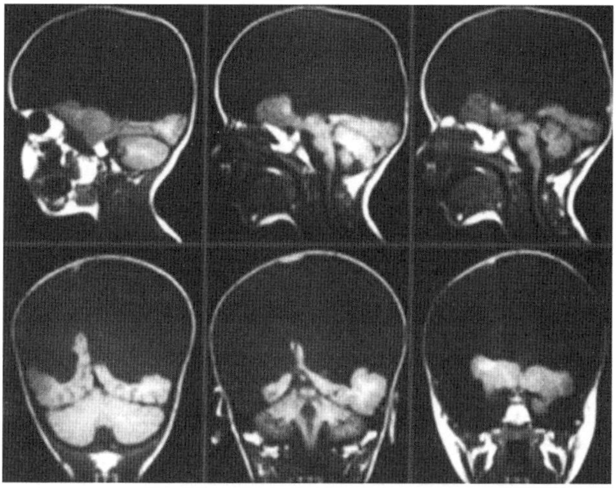

[그림 4] 대뇌피질이 없는 환아의 MRI 스캔 결과

대뇌피질 없이 태어난 3세 여아의 뇌 스캔. 두개골 내 넓은 어두운 영역에 있어야 할 조직이 사라진 것이 보인다. (Copyright © ACR Learning File, Neuroradiology, Edition 2, 2004, © American College of Radiology)

무의식적으로 처리한다는 것이 일반적으로 받아들여지는 통념이다. 그러나 메르케르는 미소와 웃음으로 쾌감을 표하고, 소란에 혐오를 표하고, 허리를 구부리고 우는 등의 '여러 감정적 상태가 생생히 드러나는 얼굴'이 이 환아들에게 있음을 목격했다. 그는 친숙한 어른들이 놀이 순서, 즉 미소 짓는 것부터 시작해 피식 웃다가 깔깔 웃으며 아이 쪽에서 크게 흥분하는 것으로 흘러가리라고 예상하는 순서를 짜기 위해 그들의 반응을 구하는 것을 보았다. 아이들은 부모 혹은 여타 친숙한 사람의 목소리나 동작에 매우 원기 있게 반응했으며, 특정 상황을 다른 상황에 비해 선호하는 듯 보였다. 예를 들어 특정한 장난감이나 노래나 영상을 즐기는 듯 보였고, 심지어 매일의 일과에서 그러한 일이 규칙적으로 존재하리라고 예상하는 것처럼 보이기도 했다.

환아들이 보인 행동은 다양했으나, 그중 일부는 운동 장애로 인한 한계가 있음에도 분명 주도성을 띠었다. 이를테면 의도적으로 제작한 특수 프레임 속에 매달린 소리 나는 장신구를 찬다거나, 스위치를 이용해 좋아하는 장난감을 작동시킨다거나 하는 식이었다. 아이들에게 있어 정황상 적절한 쾌감이나 흥분의 징후가 이러한 행동에 동반되었다.

이 아이들을 식물 상태라고 묘사할 수는 없다. 이 모든 것을 놀랍게 만드는 사실은 수두무뇌증 환아들이 대뇌피질 없이 태어난다는 점이다. 보통 태내에서 심한 뇌졸중이 발생한 까닭에 전뇌forebrain가 재흡수되고 태아의 두개골은 뇌 조직 대신 뇌척수액으로 채워진다. 그리하여 '뇌 대신 물'이라는 의미의 '수두무뇌증'이라는 용어로 불리는 것이다. 이 질환의 예시는 [그림 4]에 나와 있는데, 대뇌피질 없이 태어난 3세 소녀의 뇌 MRI 스캔 이미지다. [그림 5]의 환아는 아기 남동생을 무릎에 앉혔을 때 감정 반응을 보인다.

의식은 두뇌 속 어디에서 생겨날까? 지난 150년간 이 물음에 대한 거의 보편적인 대답은 '대뇌피질'이었다. 이는 프로이트와 20세기의 주류 정신과학적 전통이 공히 동의하는 유일한 지점이었다. 그렇지만 이 대답이 옳다면 피질이 없는 경우 의식이 사라져야 하는데, 수두무뇌증 환아의 경우 그런 일이 벌어지는 것처럼 보이지는 않는다. 모든 행동적 증거는 이들이 실제로 의식적임을 시사한다. 이 아이들은 혼수상태가 아닐뿐더러 식물 상태로 존재하는 것도 아니다.

그렇다면 의식에 관한 피질 이론을 기각해야 할까? 너무 서두르지는 말자. 한 가지 가능성 있는 반론으로 이 아이들에게서는 피질이 문자 그대로 수술적으로 *제거*되지 않았다는 것을 들 수 있다. 이 술기는 '피질 제거술decortication'로 불린다.

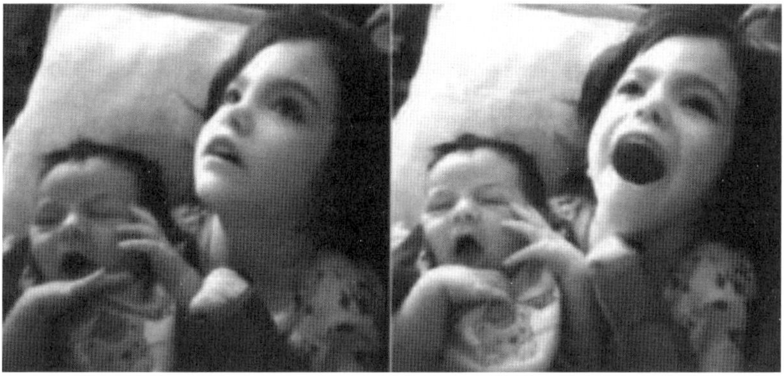

[그림 5] 대뇌피질 없이 태어난 환아의 감정 반응

무릎에 아기 남동생을 앉혔을 때 수두무뇌증 여아의 반응. (Image from 'Consciousness without a cerebral cortex: A challenge for neuroscience and medicine' by Bjorn Merker, Behavioral and Brain Sciences, 1 May 2007, Cambridge University Press © 2007 Cambridge University Press)

피질제거술을 시행하면 어떤 일이 벌어질까? 물론 이러한 실험적 시술을 인간 아동에게 시행할 수는 없지만, 새로 태어난 다른 포유동물(개, 고양이, 쥐 등)을 대상으로는 종종 시행해 왔다. 결과는 언제나 동일했다. 의식을 측정하기 위해 일반적으로 사용하는 객관적 행동 판단기준에 비추어볼 때 의식은 *보존되어* 있었던 것이다.[9] 이 동물들이 수술 후에 보이는 행동은 아무리 정의 내리려고 해도 '혼수상태'나 '식물 상태'라고 할 수 없었다. 메르케르는 "무심한 관찰자는 동물들의 장애를 알아차릴 수 없을 만큼 행동상 두드러지는 이상이 보이지 않는다"라고 썼다. 안토니오 다마지오 역시 "대뇌피질이 제거된 포유동물들에게서도 느낌이나 의

9) 이러한 연구의 윤리에 관해 우리 태도가 궁극적으로 변하게 된 데에는 역설적으로 이 같은 실험의 결과들이 한몫했다.

식과 결을 같이하는 일관되고 목표지향적인 행동이 인상적으로 유지되고 있다는 것이 드러난다"라며 동의했다.[3] 예를 들어 출생 후 피질이 제거된 쥐의 경우 보통의 자세로 서고, 앞다리를 들고, 높은 곳에 오르고, 막대에 매달리고, 잠을 잤다. 털을 고르고, 놀고, 헤엄치고, 먹고, 스스로 방어했다. 암컷이든 수컷이든 정상적인 개체를 짝지어 주면 성공적으로 교미도 했다. 성체가 되자 암컷은 필수적인 모성 행동을 보였는데, 비록 일부 양상은 결여되어 있었으나 새끼를 성숙하게 기를 수도 있었다.[4]

보면 볼수록 이 상황은 더 이상해진다. 많은 측면에서 대뇌피질이 제거된 포유동물은 실상 정상 상태의 동물보다 *더* 활동적이고 감정적이며 크게 반응한다. 판크세프는 대학원생들에게 두 그룹의 쥐 중 어느 쪽이 수술받은 쪽인지 동물의 행동을 바탕으로 판단해 보라고 질문하곤 했다. 학생들은 대개 정상적인 쥐를 골랐는데, 다른 쪽(실제로 피질제거술을 받은 쪽)이 '더 생기가 있다'는 이유였다.[5]

의식이 깃든 부위가 피질이라는 가설을 고수할 경우, 이 생기 넘치는 동물과 디즈니 월드에서 메르케르가 관찰한 표현력이 있고 감정적으로 반응하는 아이들은 어떤 의미에서 반드시 무의식적이어야만 한다. 어떻게 이런 일이 가능하단 말인가?

이 물음에 대한 전통적인 답변이 있다. 말하자면 이렇다. 우리 몸에는 특정 기능을 중복으로 수행하고 특정 시점에 서로 소통하지만, 그 외에는 상태적으로 전혀 다른 두 개의 뇌가 존재한다. 그중 하나(피질)는 심리적이고 의식적이며, 다른 하나(뇌간)는 심리적이지도 의식적이지도 않다. 감각기관으로부터 들어오는 정보는 피질뿐 아니라 일련의 피질하 연결을 통해 뇌간의 상구superior colliculi로 전달된다([그림 6] 참조). 이러한 연결에서 감각 정보가 처리되어 나가는데, 이 처리는 *무의식적*으로 처리된다. 시각 피질이 파괴되었을 때 생기는 '맹시盲視, blindsight'라는 익히 알려

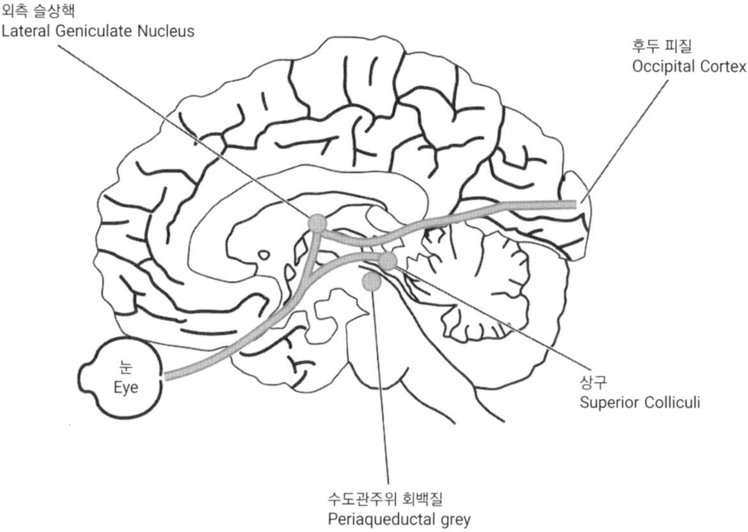

[그림 6] 상구, 시각피질 및 수도관주위 회백질

이 그림은 상구(superior colliculi)와 후두 피질의 위치 및 안구와의 연결 관계를 보여 준다. 다른 감각 양식 역시 이와 유사한 연결이 존재한다. 아울러 수도관주위 회백질[PAG]도 표시되어 있다. 아직 언급하지는 않았으나, 곧 PAG와의 연관성이 명백하게 드러날 것이다.

진 현상을 떠올려 보자.[6] 맹시 환자들은 시각 자극에 반응하지만, '지금 보고 있는 것'이 무엇처럼 보이는지 묘사해 보라는 질문에는 시각적 이미지를 전혀 경험하고 있지 않다고 답한다. 대신에 시각 자극이 어디에서 오는지 *추측해 보라*는 질문에는 직감을 이용해 놀라울 정도로 정확하게 답한다. 신경과학자 로런스 바이스크란츠Lawrence Weiskrantz가 보고한 TN으로 알려진 환자의 증례를 생각해 보자. 보이는 것은 전혀 없지만, 다시 말해 의식적인 시각 경험이 완전히 결여되었지만 TN은 복도를 걸어가면서 중간에 놓인 장애물들을 교묘히 우회해 조심스레 이동했다. 이후 질문을 받았을 때, 그는 무언가를 피하고 있다는 사실을 전혀 알지 못했다고 답했다.[7] 이 놀라운 능력은 비록 후두 피질은 없지만 시신경으로부

터 뇌간의 상구로 가는 경로가 온전히 남아 있었기 때문에 나타난 것이다.[8]

맹시의 존재는 시지각 의식이 뇌간이 아닌 대뇌피질에서 일어난다는 것을 보여 주는 증거로 받아들여졌다. 한편, 뇌간은 '아무도 살지 않는 곳'으로 여겨졌다. 뇌간은 카메라처럼 비의식적 방식으로 시각 정보를 처리하는 자동 기계라는 것이다. 이 원리는 또한 다른 감각에도 적용되어 피질 내에 각각 고유의 특별한 의식 영역을 가지며, 후각을 제외한 각 감각은 뇌간의 무의식적인 상구로 정보를 전달한다.

[그림 5]의 어린 소녀는 기능하는 대뇌피질이 전혀 없었다. 만약 위의 주장이 옳다면 이 소녀의 경우 상황에 대한 의식적 인식이 전혀 발생하지 않은 채, 동생이 무릎 위에 앉았다는 것을 *무의식적*으로 감지한 것이 틀림없다. 실로 소녀에게는 어떤 종류의 의식적 경험도 가능하지 않아야만 하는 것이다. 철학자 데이비드 차머스David Chalmers가 '좀비'라 부르는 것과 비슷한 어떤 존재인 셈이다. 비록 어떤 측면에서 소녀는 정상적으로 행동했지만, 그 속은 온통 암흑일 뿐이다.[10)]

우리가 '의식'이라고 부르는 것의 다양한 의미에 대해 광범위하게 개관한 신경과 의사 애덤 제만Adam Zeman은 이 용어를 두 가지 주요 의미로 구분했다. '깨어 있는 상태로서의 의식'과 '경험으로서의 의식'이다.[9] 훗날 안톤 쿠넌Anton Coenen은 이에 관해 다음과 같이 상술한다. "이러한 관점에서 첫 번째 의미에서의 의식(깨어 있는 상태로서의 의식)은 두 번째 의미에서의 의식(경험으로서의 의식 혹은 현상적 의식)을 위한 *필요조건*이다."[10]

---

10) 철학적 개념에서의 좀비는 할리우드 영화 속 좀비와는 다르다. 철학적 좀비란 모든 측면에서 마치 의식이 있는 듯 보여 외적으로는 보통 사람과 전혀 구분할 수 없으나, 실제로는 주관적 경험이라는 내적 차원이 결여되어 있는 가상의 인간형 존재를 뜻한다.

이 두 가지 의미는 신경학적 전통에서 의식을 양적인 '수준'과 질적인 '내용'으로 구분하는 것과 일치한다. 그러므로 대뇌피질이 제거된 동물이나 수두무뇌증 환아는 깨어 있음에도 불구하고 그들의 경험에 내용이 없을 수 있다. 앞서 살펴보았듯이 그들은 반응하면서 행동상 주도성을 보였다. 그러나 '깨어 있고 반응이 있다는 식의 행동 측면에서 의식이 *있다*는 것'은 '현상학적 측면, 즉 경험하는 주체가 된다는 측면에서 의식을 *가진다*는 것'과 상당히 다르다고 상정함으로써 '경험으로서 의식'이 깃든 자리가 대뇌피질이라는 가설을 고집할 수가 있다.

만약 당신이 나와 같은 견해를 가지고 있다면 이 시점에서 아마 혼란스러운 느낌이 들 것이다. [그림 5]의 여아는 깨어 있고, 반응을 보이며, 자신만의 목표 지향적 움직임을 주도했다. 만약 '의식적'이라는 의미가 현상학적인 경험을 가진다는 뜻이라면, 아이는 필시 의식과 비슷한 그 어떤 것도 가지지 않아야 한다. 철학자들에게 친숙한 다른 표현을 쓰자면, '*그녀로서의 느낌 같은 것*'*은 존재하지 않는다.*[11]

비록 조금 투박하게 들릴지 모르겠지만, 이러한 추론의 흐름에 대해 내가 매우 심란하게 느끼는 바를 말해 볼까 한다. 나의 증례로 미루어 보건대, 깨어 있는 일과 반응을 보이는 일과 의식적 경험을 가지는 일은 거의 동일한 것이다. 내가 아는 한, 절대 현상학적으로 무의식적인 상태인 채 깨어 있거나 반응할 수는 없다. 두 가지는 함께한다. 기상하는 순간 나는 사물을 인지하게 된다. 실상 내가 앉아 있는 곳에서부터 나의 내면 의식은 내 외부의 반응성을 *일으키*는 것처럼 느껴진다. 최소한 어느 정도까지는 말이다. 사물을 인지하는 순간, 즉 그것들이 의식되는 순간 나는 전형적으로 의도를 가진 채 반응한다. 아마 당신도 마찬가지일 것이다.

---

11) 철학자 토머스 네이글(Thomas Nagel)의 패러디인 듯 보인다(역자 주).

그런 까닭에 신경학적 환자들의 의식을 평가할 때 우리는 그들의 반응성을 근거로 삼는다. 그 외에 무엇을 더 할 수 있겠는가? 임상 상황에서는 15점 만점의 글래스고 혼수 척도를 통해 혼수상태나 식물 상태, 그리고 완전히 반응하는 각성 상태 정도를 분간한다. 이 척도는 환자의 개안 반응, 질문에 대한 언어 반응, 지시 및 (필요시) 통증에 대한 운동 반응 검사로 구성되어 있다.[11] 만약 환자가 완전히 반응한다면, 우리는 환자가 의식적이라고 간주하고 그에 따라 치료한다. 환자가 실제로는 좀비인데 마치 의식이 있는 *것처럼* 반응하는 것은 아닌지 걱정하지 않는다. 오히려 그 반대의 경우를 걱정한다. 신경과 의사들은 환자가 외부에서 볼 때는 전혀 반응이 없지만 내면에서는 의식적일 가능성에 대해, 예를 들어 '감금 증후군locked-in syndrome'과 같이 완전한 운동 마비 증례에서 일어날 수 있는 일에 대해 반드시 의심해 보아야 한다.

그렇다면 우리는 어떻게 해야 할까? 거짓말이나 연극적 행동이 타인의 내면 상태를 오인하게 만들 수 있는 것처럼, 타자의 마음이라는 철학적 문제는 동물이나 사람의 행동을 근거로 타인의 주관적 상태에 대해 판단하는 것에 분명 의구심을 들게 만든다. 다만 타자의 마음 문제가 존재한다고 한들 실상 내적 경험과 외적 반응이 서로 독립적이라고 확정지어 말할 수는 *없다*. 우리는 개개인의 경우에서 강력한 연관성을 느끼기에, 이를 입증해야 할 책임은 '감정적으로 반응하는 행동이 현상학적 경험을 의미하지는 않는다'라고 주장하는 사람들에게 있다. 이는 과학적 규칙이 일반적으로 요구하는 바다. 어떤 종류의 신경학적 장애에 이환되었든 뭔가 일상적인 방식의 각성 행동을 보이는 듯한 사람을 다룰 경우에는 특히나 더 그렇다. 여기서 '일상적인 방식'이란 손상받지 않은 뇌 부위의 정상 기능을 통한 것이며, 거짓말이나 연극적 행동 혹은 가상의 철학적 로봇에서 찾아볼 수 있는 일종의 교활한 모략에 의한 것이 아니다.

의료 윤리에서 이 함의는 상당히 크다. 수두무뇌증 자녀를 둔 어느 동료 정신과 의사는 엄마가 된 지 얼마 되지 않았을 때 맞닥뜨렸던 끔찍한 딜레마에 관해 최근 털어놓았다. 그녀의 아기를 치료했던 신경외과 의사는 두개골의 천문fontanelle을 봉합하는 수술을 마취 없이 시행하자고 제안했는데, 대뇌피질이 없으므로 영아가 통증을 느끼지 않을 것이라는 이유에서였다. 동료는 어떤 결정을 내렸는지 말해 주지 않았는데, 그렇다고 내가 물어보기에는 너무 불편한 질문이었다. 지금도 이와 같은 증례들을 통해, 언뜻 보기에 추상적인 이론적 고려로부터 끔찍한 의학적 과실이 즉각적으로 초래되는 상황을 목격하게 된다. 그러므로 나는 다음과 같은 점을 강조하고 싶다. 만일 실제로는 의식적이지 *않지만* 의식적으로 *보이*는 사람이 존재한다는 것을 받아들이기 위해서는 지극히 설득력 있는 논거가 필요하다. 단순히 철학적 의문을 제기하는 것만으로는 충분하지 않다. 이 두 종류의 의식이 분리되었다고 생각할 수 있을 만한 매우 타당한 근거가 있어야만 한다. 우리가 보기에 두 종류의 의식은 결코 분리된 것처럼 보이지 않기 때문이다.

오늘날 이 같은 입장은 의식의 대뇌피질 이론, 즉 의식이 전적으로 피질 내에서만 일어난다는 이론으로 기세를 얻고 있다. 이 개념은 행동신경과학계 내에서 너무나도 일상적으로 받아들여졌기에, 앨런 브라운이 나의 꿈 연구를 바탕으로 뇌간이 수행하는 수수께끼 같은 역할에 주목하기 전까지 나는 의문을 품을 생각도 하지 못했다. 피질 이론에 근거해 의사들은 살아 있는 환자가 무언가를 느끼는지 아닌지를 결정한다. 예를 들어 어떤 보호자는 수두무뇌증 환아가 '식물 상태'일 것이라 가정하고 심한 감정적 방임 상태로 양육한다. 이 이론이 옳다면 그런 양육에 잘못된 점은 아무것도 없다. 만약 환아가 철학적 좀비와 같은 존재라면 이는 실제로 방임일 수 없다. 아이가 여러 가지 느낌을 느끼는 듯 보여도 실제로는 그렇지 않기 때문이다. 아이가 보이는 겉모습은 타자의 마음 문제에 의해 발생한 착각일 뿐이다. 아이가 겉으로 보이는 행동에 의해 우리는 아이가 어떠한 내적인 양상을 지녔다고 상상하게끔 속아 넘어가는 것이다.[12]

그렇다면 의식의 대뇌피질 이론은 무엇이며, 얼마만큼 설득력이 있을까?

첫 번째로 주목해야 할 점은 이 이론이 만들어지기 시작한 때가 매우 이른 시기였다는 점이다. 일상적으로 느끼기에 의식이 주로 우리 주변에서 일어나는 사건의 감각적인 상像으로 이루어져 있음을 볼 수 있기에 우리는 의식이 감각을 통해 흘러들어온다고 간주한다. 이 문제를 고민하기 시작하자마자 일말의 의심도 없이 이러한 상식적 관점을 품게 된다. 이는 17세기와 18세기에 존 로크John Locke와 데이비드 흄David Hume의 '경험주의' 철학으로 이어졌다. 이 철학자들은 빈 서판blank slate으로 시작한 마음이, 감각적 진동에 의해 남겨진 인상으로부터 온갖 특정한 속성을 획득하게 된다는 이론을 세웠다. 인상은 다양한 종류의 통상적 결합을 통해[13] 서로 엮여 사물에 관한 *기억의* 상을 만들어 내는데, 이는 다시 조금 더 추상적인 관념을 만드는 기본 구성 요소가 된다. 이후에 이어지는 감각적 진동은 이렇게 조합된 상을 자극함으로써 의식 속에서 맨 앞에 떠오르게 하며, 따라서 우리는 그저 날 것 그대로의 감각을 경험하는 것이 아니라 *세상에 대해 배워 온 바*를 경험하는 셈이다.

외부의 자극에 대한 반응으로 관념이 의식화되는 방식은 *통각*統覺, apperception이라고 불렸다(이는 대략적으로 과거의 경험이라는 렌즈를 통해 현재를 인지하는 것을 뜻한다).[14] 사고에서 사용되는 정신적 형상화 같은 인지적 과정에서는 대략 동일한 과정이 역순으로 흐른다고 보았다. 즉, 기억의 상이 내적으로 활성화될 때도 적절히 재조합된다는 것이다(외부에 의해 생성된 상보다는 희미하다).

비록 추측에 근거한 것이었으나, 마음에 대한 이러한 철학적 개념은 초창기 신경과학자들이 따르는 이정표가 되었다. 19세기 현대적 신경심리학의 선구자들이 이와 같은 과정의 신경 상관물을 정립하고자 애쓸 무렵, 그들은 감각 기관이 대뇌피질과 연결되어 있음을 관찰했고, 감각적 '진동'은 이들 연결 신경 내에서 일어난다고 추측했다. 의외로 감각 기관이 피질하 신경핵과도 연결되어 있다는 사실을 간과하지는 않았다. 하지만 피질에는 엄청나게 더 많은 뉴런이 존재하기에, 세상에 대한 지식을 구성하는 방대한 양의 기억의 상이 저장된 곳은 필시 대뇌피질에 위치할 것이라고 추정했다. 따라서 정신 활동 그 자체를 일으키는 '통각' 및 그와 연결된 '관념들'은 대뇌피질의 현상인 것으로 간주되었다. 당대의 위대한 신경해부학 권위자였던 테오도르 마이네르트Theodor Meynert는 다음과 같이 설명했다.

> 중추 기관의 주된 기능은 '뇌의 흐름 속에서 서서히 스스로 형태를 만들어 가는 자아'에게 존재의 사실을 전달하는 것이다. … 피질을 하나의 전체로서 기능하는 기관으로 간주한다면 그것이 마음의 과정에 관여한다는 사실만이 말할 수 있는 전부다. … 피질에 대해 그 이상을 생각하는 것은 불가능하며 불필요하다.[15]

물론 인간의 경우 대뇌피질이 매우 크다.[16] 신경해부학자이자 신경과 의사였던 알프레드 월터 캠벨Alfred Walter Campbell은 1904년 런던에서 개최된 의학-심리학회의 연례 총회에서 이에 대한 주류의 견해를 다음과 같이 요약했다.

> 종합적인 관점에서, 인간의 두뇌는 두 가지 종류의 중추를 품고 있는데, 그 각각은 우리가 '일차적'이라고 부르는 기능을 제어하는 중추와 '고차의 진화적'이라고 부르는 기능을 제어하는 중추다. 전자는 모든 동물에게 공통적이며 생존에 필수적인 것으로, 이른바 운동 및 일반 감각과 특수 감각의 중추다. 후자는 복잡한 정신 기능을 위한 것으로 이러한 정신 기능을 가졌기에 인간은 여타의 모든 존재에 비해 우월하게 설 수 있었다.[17]

이 관점을 따를 경우 마음은 전적으로 외부 세계에 대한 과거 경험을 반영하는 기억의 상으로 이루어지게 된다는 것을 알아차리는 게 중요하다. 들어오는 감각은 단지 이러한 상들과 그 연관물을 자극해 의식 속으로 떠올릴 뿐이다. 따라서 감각 기관으로부터 유입되는 진동은 정신 이전의 사건pre-mental event, 즉 정신 사건의 *도화선*일 뿐 그 자체로 정신적 사건은 아니다. 대뇌피질과 신체의 다른 부위를 연결하는 원심성 신경의 기능에도 똑같은 방식이 적용된다. 이 경로에 '정신적'인 것은 전혀 없다. 이는 단지 정신 활동의 출력outputs을 방출할 뿐이다. 정신 활동 자체는 기억의 상이 깃든 대뇌피질 내에서만 일어날 수 있다.

마이네르트는 대뇌피질과 외부 세계의 관계를 다음과 같이 기술했다.

> 외부 세계에 반응해 우리 의식이 이끌어 내는 운동 효과는 두뇌 속에 고유하게 깃든 힘에 의한 것이 아니다. 두뇌는 항성처럼 자체적으로 열기를 뿜어 내지 않는다. 두뇌는 그 자체를 넘어선 세상으로부터 모든 대뇌 현상의 근간이 되는 에너지를 얻는다.[18]

이 대목에서도 주목해야 할 점이 있는데, 프로이트가 등장하기 이전이기 때문에 모든 정신 활동이 의식적인 것으로 가정되었다는 점이다. '정신적'이라는 단어와 '의식적'이라는 단어가 동의어로 간주되었다.

오늘날 우리가 알고 있는 의식이라는 개념을 이끌어 낸 19세기의 실험적 연구는 전적으로 이러한 철학적 틀 속에서 이루어졌다. 1800년대 말 생리학자 헤르만 뭉크Hermann Munk는 후두엽 피질이 시각적 정신 양상의 위치임을 식별해 냈다([그림 6] 참조). 그는 실험적으로 후두엽 피질에 병변을 만든 개들의 행동에 관심을 기울였다. 운이 없는 이 동물들은 볼 수는 있지만 보고 있는 것이 무엇인지 정상적으로 '이해'할 수는 없는 듯 보였다. 예를 들면 시각적으로 더는 주인이나 자기 밥그릇을 알아보지 못했다. 비록 쳐다보고, 주변을 맴돌며, 다른 감각을 통해서는 알아차릴 수 있었지만 말이다.[19] 뭉크는 이 같은 상태를 '심맹心盲, mind-blindness'이라고 부르며, 안구에서부터 대뇌피질까지 이어지는 피질하 감각 경로의 병변으로 인해 초래된 일반적인 형태의 실명과 구분했다.[20] 그는 실증주의 철학을 좇아 '연상을 통해 시각적 *기억의 상*을 활성화시키는 능력'과 자신이 '정신적' 시각이라 부르는 것을 동일시했고, 가공되지 않은 시각적 감각을 받거나 운동 반사를 표출하는 따위의 기계적인 일과 대비시켰다. 그런 까닭에 뭉크가 묘사했던 상태는 오늘날 시각 '실인증agnosia'으로 불린다. 이는 시각적 *지식*의 결여라는 뜻이다.

사람의 경우에서도 완전히 동일한 종류의 임상 양상이 보고되었다. 이를테면 1887년 안과 의사 헤르만 빌브란트Hermann Wilbrand는 양측성 후두엽 뇌졸중을 앓는 63세 여성 G의 증례를 묘사했다.[21]

> 주변의 모든 사람은 그녀를 시각장애인으로 여겼다. 하지만 그녀 스스로는 완전히 눈이 먼 것이 아님을 잘 알고 있었다. "사람들이 침대 곁에

서서 제가 앞을 못 본다고 측은하게 이야기할 때 혼자서 생각해요. '정말 앞을 못 볼 리가 없어. 병실 테이블 위에 모서리가 푸른 테이블보가 저기 펼쳐져 있는 게 보이잖아'라고요." … 다른 측면에서는 매우 지적인 이 숙녀는 [뇌졸중으로 인한 최초의 의식 상실에서] 깨어났을 때, 보이지는 않지만 여전히 볼 수 있는 흥미로운 상태에 처해 있음을 스스로 깨달았다. 지금도 그녀는 뇌졸중 이후 처음으로 떠났던 나들이를 떠올리며 감상에 젖는다. 도시의 모습이 얼마나 전적으로 이질적이고 완벽히 낯설었는지, 간병인에 이끌려 처음으로 융페른스티그(Jungfernstieg)와 노이어 발(Neuer Wall)을 지나 슈타트하우스(Stadthaus)로 갔을 때 얼마나 큰 고통과 공포가 느껴졌는지, 평소 그토록 익숙하던 건물과 거리가 간병인이 가리킬 때 얼마나 생소하게 느껴졌는지를 떠올리면서 말이다. 그녀는 당시 동행했던 여인에 대한 자신의 반응을 다음과 같이 털어놓았다. "'저기가 융페른스티그, 저기가 노이어 발, 그리고 여기가 슈타트하우스라고 당신이 얘기한다면 분명 그 말이 맞을 거예요. 하지만 그곳들을 알아볼 수가 없어요.' … 저는 제 주치의에게 말했답니다. 제 상태로 미루어 내린 결론은 뇌를 통해 보는 것이 눈을 통해 보는 것보다 많다고요. 눈은 보는 수단일 뿐이죠. 왜냐하면 어떤 것이든 정말 분명하고 또렷하게 보이지만, 그걸 알아볼 수는 없거든요. 그리고 제가 보고 있는 게 무엇인지 알 수 없는 때가 많아요."

빌브란트는 이 환자가 단순히 실명했다기보다는 시각적 기억 상실(일종의 시각적 재인 혹은 시각적 이해 혹은 시각적 지식의 장애)을 앓는다고 결론 내렸다. 아울러 눈이 먼 환자들은 정신적인 형상화가 온전하기에 꿈을 꿀 때 여전히 시각적 상을 만들어 낼 수 있는 반면, G와 같은 심맹 환자들은 불가능하다는 것을 발견했다. 그들은 꿈을 꾸는 능력을 상실했다. 그는 이런 질문을 남겼다. 시각적 기억의 상이 결여된 상태에서 환시를 만들어 낼 도리가 있는가?[22]

시각에 관한 이 같은 관찰은 여타의 감각 양상에서도 일반화되었다. (개를 대상으로 한 실험에서) 청각 피질을 제거하면 오늘날 청각 실인증이라 불리는 '심농心聾, mind-deafness'이 만들어지는데, 이환된 동물은 더는 들리는 소리에 이전에 습득했던 의미를 결부시켜 반응하지 못하게 된다. 분명 귀가 들리지 않는 것이 아닐지라도 말이다. 이 실험에서 동물들은 거친 소음에는 반응을 보였으나, 자기 이름이 불릴 때는 인식하지 못했다. 1874년 신경과 의사 칼 베르니케Carl Wernicke는 인간 환자에게서 비슷한 양상을 발견하고서 '실어증aphasia'이라 부르는 후천적 언어 장애에 대한 개념을 도출했다.[23]

운동 양상에 있어 피질 병변은 휴고 리프만Hugo Liepmann에 의해 언급되었는데, 마찬가지로 '정신적 마비'(혹은 '실행증apraxia')으로 알려진 정신적 측면에서의 운동 결손을 만들어 낸다. 원심성 운동 경로에 병변이 생길 경우 신체적 마비가 초래되지만, 운동 기억의 상에 필요한 피질 중추에 병변이 생길 경우('사지-운동' 실행증limb-kinetic apraxia) 습득했던 운동 기술의 망각이 초래된다. 그리고 운동 연계에 필요한 경피질 경로에 병변이 생기면 추상적인 관념과 숙련된 움직임 간의 연결, 이를테면 손동작의 상징적 의미와 같은 연결이 끊어지게 된다('관념운동ideomotor' 실행증).[24]

그런 이유로 피질하 부위의 병변으로 초래된 실명subcortical blindness, 귀먹음deafness, 마비paralysis는 *신체적* 장애로 개념화된 반면, 피질 병변으로 초래된 시각와 청각와 운동 양상의 영향은 *정신적* 장애로 개념화되었다. 실인증, 실어증, 실행증이라고 하는 통각적apperceptive 형태 및 연합적associative 형태의 장애가 바로 그런 경우다. 후자의 경우 오늘날 '신경인지' 장애로 불린다. 이 두 가지 장애군(피질하 대 피질)의 구분은 신경학과 신경심리학 사이의 학문적 경계와 일치하게 되었고, 지금까지도 그러하다.

뭉크의 동시대 연구자들이 개별적인 감각 운동 양식에 해당하는 특화된 부위가 아닌 대뇌피질 전체를 제거했을 때, 이 동물들은 혼수상태나 식물 상태에 빠져들지 않았다. 대신에 (경험주의자들이 마음이라는 단어를 이해하는 식으로 표현하자면) *마음이* 없는 것처럼 행동했다. 동물들은 기억을 상실했다. 즉, 기억의 상을 잃어버렸고 따라서 '이해'를 잃어버렸다. 그런 까닭에 프리드리히 골츠Friedrich Goltz는 이 동물들을 가리켜 '백치 같다'고 묘사했다. 혼수상태에 빠져들지 않는다는 사실은 초창기 연구자들에게는 놀라운 일이 아니었는데, 당시의 이론적 가정에 따르면 피질이 제거된 개늘은 단지 습득한 모든 *지식*만을 상실할 것으로 예측되었기 때문이다. 이와 같은 상실이 있다고 해서 피질하 기능으로 추정되는 신체 감각이나 반사마저 영향받을 필요는 없었다. 정신생활이 단지 기억의 상으로 이루어져 있다는 것은 논란의 여지가 없는 개념이었다. 오히려 다른 것을 두고 논란이 일었는데, 이를테면 각각의 정신 기능이 얼마만큼 세세하게 특정 피질 영역에 국재화될 수 있느냐와 같은 것이었다. 이 모든 기능이 피질에 깃들어 있다는 데 의심을 품는 사람은 아무도 없었다.

그리하여 1884년 마이네르트가 유명한 저서 『정신의학Psychiatry』[25]에서 전체적으로 떠오르는 밑그림을 요약했을 때, 그는 마음을 "감각 운동 말초에서 대뇌피질 위로 투사되어 발생한 *대상에 대한 기억의 상*" 더하기 "그것들과 추상적인 관념을 구성하는 그것들의 기억의 상 사이의 피질 경유 연합"*의 총체*로 동일시했다. 그는 으레 이 모든 상, 연합 및 관념을 대뇌피질 내에 위치시켰다. 앞서 인용한 문구에 따르면 그러하다. 그는 피질을 뇌의 '수의적' 부위라고 불렀고, 감각 및 운동 신경을 통해 신체의 말초와 직접 연결되어 있다고 주장했다. 다시 말해 대뇌피질이 피질하 회백질과는 독립적으로 신체와 연결되어 있다고 주장한 것이다. 그는 뇌의 피질하 부위 역시 피질 및 신체 말초와 연결되어 있음을 인정했으나 고유한 별도의 경로를 통해 연결된다고 했으며, 이 경로들을 '반사reflex'로 묘사했다. 앞서 수두무뇌증 환아들의 행동을 설명하기 위해 언급한 '두 가지 뇌'는 여기서 유래한 것이다.

바로 이 때문에 대뇌피질은 마음의 장기가 되었고, 피질하 두뇌는 마음이 없는 곳이 되어 버렸다(여기서 마음은 *의식적 기억의 상*이라 해석되는 마음이다). 이는 결국 '마음'이 전적으로 과거의 경험으로 이루어져 있다는 주장으로 요약되는데, 이때 과거의 경험은 서로 연합해 구체적인 상과 추상적인 관념을 이루는 흔적을 남기는 것이다. 당신의 나머지 부분, 즉 말초 감각 운동 부위 및 신체 *내부*로부터 전해져 오는 인상을 전달하는 부위를 위시한 고유의 피질하 부위는 단순 반사로 간주되었다. 따라서 이상해 보이지만, 마음과 신체를 나누는 철학적 구분은 피질과 피질하 부위의 구분과 일치하게 되어 버렸다.

1960년대 미국 행동 신경학의 위대한 선구자였던 노먼 게슈윈드Norman Geschwind는 이 고전적 아이디어를 열광적으로 부활시켰다.[26] 신경학에서 경험주의적 연합주의가 부흥한 시기는 심리학에서 '인지 혁명'이 일어난 시기와 일치했다. 인지과학자들이 쓴 정보 흐름 차트는 고전적인 독일 신경학자들이 다양한 종류의 기억적 상을 저장하는 피질 중추 간의 기능적 관계를 설명하기 위해 사용했던 도표들과 닮은 구석이 많았다. 하지만 현대의 인지주의는 지각 및 기억을 위시한 수많은 정신 기능이 *결국 의식적인 것이 아니었다는 점을 깨닫게 해 주었고*, 이는 *1990년대에 이르러 정설이 되었다*.

게슈윈드가 신경심리학을 다시금 고전적 피질 이론에 위탁하려던 때를 전후로, 미래에 정동 신경과학이 될 학문의 선구자들은(폴 맥린Paul Maclean, 제임스 올즈James Olds 등) 뇌와 신체 내부를 연결하는 다양한 피질하핵 역시 정신 기능을 수행한다는 것을 증명하는 증거를 쌓아 가고 있었다. 이는 동기적인 욕동drive 및 감정적인 느낌feeling과 같은 기능이었다.

조금 후에 상술하겠지만, 이와 같이 정동 신경과학이 인지 신경과학과 나란히 발달해 나갔음에 불구하고 오늘날 신경과 의사들이 수두무뇌증 환아에게 마음이 없으리라고 가정하는 까닭은 궁극적으로 이러한 지적 유산, 즉 18세기 철학자들의 이론을 입증하기 위한 19세기 신경학자들의 시도에 근거한 것이다. 그들은 심지어 '마음'을 의식이나 피질과 동일한 것으로 간주하는 낡은 등식이 더는 유효하지 않음을 인정하면서도 그렇게 가정한다. 모든 정신 활동이 다 의식적인 것은 아니며 모든 의식이 전부 피질에 의한 것이 아님을 인정하는데도 말이다. 다시 말하자면, '경험으로서의 의식'이 필연적으로 피질에 의한 것이라는 원래의 등식이 유효하다는 주장은 과학적 증거에 의한 것이라기보다는 이론적 타성에 근거한 것이다.

짐작했듯이 나는 의식의 대뇌피질 이론이 타당하다고 보지 않는다. 실제 나의 주장은 대뇌피질이 전혀 없는 동물이나 사람이라 할지라도 의식적일 수 있다고 주장하는 정도까지 나아간다. 수두무뇌증 환아가 되는 것과 같은 어떤 것이 존재한다고 생각한다.

물론 수두무뇌증 환자들이 경험하는 바가 무엇인지, 진실로 조금이나마 내면의 경험을 가지고 있는지 그토록 알기 어려운 이유 가운데 하나는 그들이 말을 하지 못한다는 점이다. 언어는 참으로 피질의 기능이기 때문에, 그 기능을 상실한 사람으로부터 내성적인 언어로 보고받는 일은 기대할 수 없다. 타자의 마음 문제를 논외로 치더라도, 그들은 일반적으로 타인이 의식적이라고 믿게 만드는 주관적인 증거를 제공해 줄 수 없다.[27] 이는 동물도 마찬가지다. 하지만 상당량의 피질을 상실했음에도 말하는 능력이 보존된 사람들이 존재한다. 이러한 경우 우리는 그들에게 어떻게 느끼는지 질문해 볼 수 있다.

신경외과 의사 와일더 펜필드Wilder Penfield와 허버트 재스퍼Herbert Jasper는 뇌전증 치료를 주된 목적으로, 국소 마취 후 750명의 환자에게서 상당량의 피질을 (심지어 양측 반구 전체까지도) 절제했다. 연구진은 이와 같은 수술 후 자가 보고된 의식에 큰 영향이 있지 않음을 알게 되었는데, 이는 피질이 절제되는 바로 그 순간에도 그랬다. (참고로 뇌 수술은 흔히 국소 마취 후 시행되기에, 환자는 외과 의사가 시행하는 술기에 대한 영향을 보고할 수 있다.) 펜필드와 재스퍼는 피질 절제술이 환자로 하여금 단지 '특정한 유형의 정보'만을 앗아갈 뿐, 감응적 존재 자체를 손상시키지는 않는다고 결론 내렸다.[28] 나는 그러한 수술에 여러 차례 참여한 바 있는데, 보통 내 업무는 외과 의사가 절제하기 전에 기억 및 언어 부위 피질의 전기 자극에 대한 효과를 평가하는 것이었다. 수술 현장에서 나는 펜필드와 재스퍼가 보고한 것과 완전히 동일한 것을 목격했다.

하지만 모든 피질에서 동일한 것은 아니었다. 시각을 위한 색깔, 청각을 위한 음색 등 특수 감각과 연관된 현상적 '감각질qualia'을 발생시키는 곳은 각각의 감각으로부터 입력을 받은 피질 영역이다. 하지만 표준적인 관점에 따르면, 가공되지 않은 감각은 지각적 '나'를 구성하는 필수 유형의 의식에 의해 평가된 이후에만 선언될 수 있다.[29]

'현상적' 의식(단순히 보는 것과 듣는 것)과 '반성적' 의식(보고 듣는 것을 아는 것) 사이의 관계를 묘사하기 위해 다양한 용어가 사용된다. 하지만 그 용어는 모두 동일한 기본 개념을 전한다. 당신은 당신이 처리하는 다양한 형태의 감각 정보 그 이상이라는 것이라는 개념 말이다. 일차 시각 피질에 손상을 입은 환자는 시력을 잃을 것이고 청각 피질이 손상된 사람은 귀가 먹겠지만, 그럼에도 *자기*라는 지각이 여전히 존재하는 이유는 바로 이 때문이다. 자기란, 이를테면 맹시에서 시각적 감각질이 결여되었을 때 자신이 보고 있는 것이 무엇인지 추측해 내는 바로 그 지각적 자기다. 이 환자들은 단지 '특정 형태의 정보'만을 상실한다. 그렇다면 여기서 제기되는 시급하고 중요한 질문은 소위 자기성selfhood을 담당한다는 피질 부위를 상실한 환자들로부터 알 수 있는 점은 무엇이냐는 것이다.

이 기능을 담당하는 것으로 보이는 후보지가 세 군데 있다. 첫 번째는 *섬엽 피질*insular cortex인데, 이는 내부수용감각 인식interoceptive awareness에 특화되어 있으며 지각적 '자기'를 구성하는 느낌을 발생시킨다고 많은 이가 주장하는 부위다.[30] 두 번째는 *배외측 전전두 피질*dorsolateral prefrontal cortex이다. 뇌의 다른 모든 부위의 상부 구조를 형성하며 일반적으로 '고차 사고', 이를 테면 느낌을 알아차리는 것과 같은 사고를 하게 해 주는 것으로 여겨지는 부위다.[31] 세 번째는 *전측 대상 피질*anterior cingulate cortex이다. 거의 모든 인지적 두뇌 영상 실험에서 불이 들어오는 부위로, '자기-관련 처리self related processing' 및 '의지' 같은 것을 매개하는 것으로 회자된다.[32]

이 세 가지 부위를 하나씩 살펴보자.

다음은 단순 포진 뇌염이라 불리는 바이러스 질환에 의해 섬엽 피질이 전부 파괴된 환자를 안토니오 다마지오가 인터뷰한 내용을 발췌한 것이다.[33]

질문 자기라는 느낌이 있나요?

대답 네, 있어요.

질문 만약 '지금 여기 당신은 없어요'라고 제가 우긴다면요?

대답 눈멀고 귀가 먹은 사람은 내가 아니라 당신이라고 응수하겠어요.

질문 다른 사람이 당신의 생각을 조종할 수 있다고 생각하세요?

대답 아니요.

질문 왜 그게 불가능하다고 생각하죠?

대답 당신 마음은 당신이 챙길 수 있겠죠. 부디 그럴 수 있으면 좋겠네요.

질문 당신 마음이 다른 누군가의 마음이라고 제가 말한다면 어떨 것 같아요?

대답 이식은 언제 했어요? 두뇌 이식 말이에요.

질문 당신이 자신에 대해 아는 것보다 제가 당신에 대해 더 잘 안다고 말한다면요?

대답 저는 당신이 틀렸다고 생각하겠죠.

질문 저한테 자각이 있다는 걸 당신이 자각한다고 말한다면요?

대답 당신 말이 맞는다고 말할래요.

질문 저한테 자각이 있다는 걸 당신이 자각한다고요?

대답 저한테 자각이 있다고 당신이 자각하는 것을 제가 자각해요.

다마지오의 연구팀은 27년이라는 기간 동안 'B'라고 알려진 이 환자를 연구했다. B는 48세에 이환되었고, 73세에 사망했다. 증례 연구에 관한 출간물을 통해, B가 감정적으로 느끼고 반응하는 능력에 대한 광범위한 신경심리학적 데이터가 보고되었다. 주요 결론은 다음과 같았다.

> 섬엽 피질이 완전히 파괴된 환자 B는 감정적 느낌뿐만 아니라 신체적 느낌도 경험했다. 그는 통증, 쾌감, 소양감, 간지럼, 행복, 슬픔, 불안, 짜증, 배려 및 연민을 느낀다고 말했고, 그러한 느낌을 경험한다고 할 때면 그 느낌에 일치하는 방식으로 행동했다. 또한 배고픔, 목마름, 요의를 느낀다고 말했으며, 그에 걸맞게 행동했다. 그는 체커 두기, 타인 방문하기, 산책하기 따위의 기회를 누리고자 열망했고, 그런 활동을 할 때면 분명 기쁨을 보였으며, 그런 기회를 얻지 못할 때는 실망하거나 심지어 짜증을 냈다. … 그의 상상력이 황폐해졌음을 고려할 때 환자 B는 실상 고차 인지적 조절의 완충이 결여된, '자신의 신체 상태'와 '자신을 둘러싼 세

> 상에 의해 야기된 어느 정도의 요구 조건'에 대한 지속적인 '정동' 반응으로 존재했다. … 크레이그(2011)는 거울에 비친 자기 모습을 인식하는 능력이야말로 자기 인식이 있다는 분명한 징후라고 주장했으며, 그의 표현을 빌리자면 이 능력은 '기능적 및 감정적으로 타당한 자기 자신의 신경적 표상에 의해서만 제공될 수 있는' 것이다. 환자 B는 반복할 때마다 한결같이 이 테스트를 통과했다. 간단히 말해 이는 인간의 자기 인식 능력 및 느끼는 능력이 전적으로 섬엽 피질에 달려 있다는 제안, 더 구체적으로는 섬엽 피질 내의 앞쪽 3분의 1에 달려 있다는 제안(Craig 2009, 2011)을 반박하는 증거다. 섬엽 피질이 부재한 상태에서 우리는 B의 느끼는 능력이나 지각의 토대를 설명할 다른 신경해부학적 후보를 맞이할 필요가 있다.[34]

버드 크레이그 등은 자기를 구성하는 정동적 느낌이 섬엽 피질에서 만들어진다고 주장한다. 하지만 다마지오는 환자 B가 실제로 피질 병변이 생기기 이전보다 그 이후에 *더* 감정적이 되었음을 발견했다. 피질이 제거된 쥐들과 마찬가지로 말이다. 이러한 환자들이 지각적으로 자신의 '존재'를 잃어버릴 것이라는 예측은 분명 틀렸다.

두 번째로 고려되는 부위는 두뇌 속 다른 모든 부위의 상부 구조를 형성하는 *전전두* 피질로, 이 부위가 손상된 환자들에서도 똑같은 일이 벌어진다. 전전두 피질 환자들의 감정성은 널리 알려져 있으며, '전두엽 증후군'의 핵심 양상을 이룬다. 이는 1868년 작업장 사고로 쇠막대가 두개골을 관통한 유명한 피니어스 게이지Phineas Gage의 증례에서 이미 관찰된 바 있다.

> 그에게는 이른바 지적 능력과 동물적 경향 사이의 평형이나 균형이 깨

> 어진 듯 보인다. 그는 변덕스럽고 부적절하며 때로는 굉장히 역겹고 저속한 언행을 거리낌 없이 드러낸다. (사고 이전에는 찾아볼 수 없던 모습이다.) 동료들을 거의 존중하지 않고, 자신의 욕구에 반하는 구속이나 조언을 참지 못한다.[35]

조지프 르두Joseph LeDoux를 비롯해 감정에 관해 손꼽히는 몇몇 신경과학자는 느낌이 배외측 전전두 피질에서 생겨 난다고 믿는다.[36] 이 관점에 따르면, 감정의 피질하 전구물들은 의식적인 작업 기억 내에서 '꼬리표가 붙기' 전까지는 전적으로 무의식적이다.[37] 이러한 입장의 이론가들에게 감정이란 그저 또 다른 형태의 인지(실제로 좀 더 추상적이고 반추적인 형태의 인지)일 뿐이다. 하지만 그 주장이 옳다면 어째서 작업 기억이 크게 망가진 환자들에게서 그렇게나 많은 감정이 드러날까? 피니어스 게이지는 수많은 문헌에 등장하는 가장 유명한 예일 뿐이다. 느낌의 반추 이전 전구물이 이러한 환자들의 행동에서 그토록 생생하게 드러난다면, 반추적 의식이 이 상황에 덧붙이는 획은 과연 무엇일까?

솔직히 말해, 대다수 피질 이론가는 느낌에 특별히 흥미를 보이지 않는다. 대신에 전전두 피질이 고차 사고에 기여하는 바에 초점을 맞춘다. 이 같은 광범위한 이론으로부터 제기된 가설들은 전전두엽 손상 환자의 증례를 통해 검증할 수 있다. 전전두엽이 완전히 손상을 입은 경우는 매우 드물지만, 전례가 없는 것은 아니다.

환자 W는 내가 처음 검사했을 당시 48세였다. 그는 글래스고 혼수 척도에서 만점을 받았는데, 이는 그가 완전히 깨어 있고 반응했다는 의미다. 그는 13세쯤에 뇌동맥류가 파열되었는데, 더 이상의 출혈을 방지하기 위해 위태로운 혈관을 결찰해야 했다. 이를 위해 전두엽을 견인하는 수술을 했다. 불행히도 수술 후 만성적인 두뇌 감염이 초래되어 추가로 여러 차례 수술을 진행했고, 결국엔 양측 전전두엽이 완전히 파괴되어 버렸다([그림 7] 참조).

다행히도 그의 언어 피질은 보존되었다. 다음은 우리가 나눈 대화 일부다.

질문 당신의 생각을 의식적으로 인식하고 있나요?

대답 네, 물론이죠.

질문 그걸 확인하기 위해 어떤 상황을 마음속에 의식적으로 그려야만 풀 수 있는 문제를 하나 내겠습니다.

대답 좋아요.

질문 개 두 마리와 닭 한 마리를 데리고 있다고 상상해 보세요.

대답 좋아요.

질문 동물들이 마음속 눈으로 보이나요?

대답 네.

질문 전부 합쳐서 당신에게 보이는 다리는 몇 개인지 말해 주세요.

대답 여덟 개요.

질문 여덟 개라고요?

대답 네, 개들이 닭을 잡아먹었거든요.

허를 찌르는 농담이 짓궂은 웃음과 함께 돌아왔다. 이것이 세상에서 가장 웃긴 농담은 아닐지라도, 쉽게 말해 '누군가가 그 안에 있다'는 설득력 있는 증거를 보여 주는 농담이다. W는 다마지오의 환자 B가 그랬던 것처럼 자신이 의식적이라고 했다. 급진적인 철학적 회의주의보다 더 그럴듯한 논리가 없는 한, 나는 그들의 말을 있는 그대로 받아들이려고 한다.

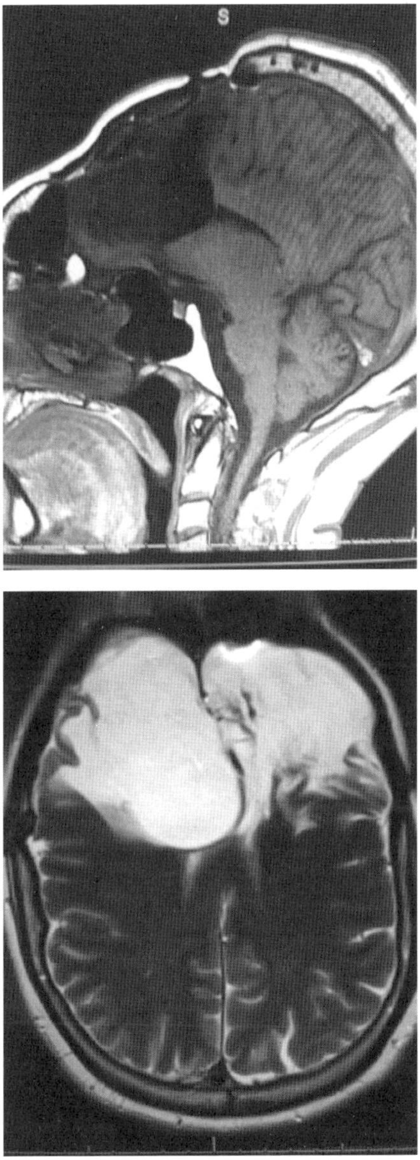

[그림 7] 전전두엽이 완전히 파괴된 남성의 MRI 스캔 결과

환자 W의 뇌 MRI 사진. 양측성으로 완전히 파괴된 전전두엽이 보인다.

세 번째이자 마지막 피질 부위는 지각적 '나'와 특별한 관련성을 띠는 것으로 추정되는 부위인 *전측 대상회*anterior cingulate gyrus다. 이 부위에 완전한 양측성 병변을 가진 환자는 상대적으로 찾기가 수월한데, 그 이유 중 하나는 이 피질 부위가 강박 장애와 같은 정신의학적 질환을 치료하기 위한 흔한 수술적 목표 부위가 되어 왔기 때문이다. 전측 대상 영역은 이른바 '자기-관련 처리'와의 연관성으로 인해 주목받아 왔다.

이러한 수술 직후에 일부 환자는 환상과 현실 사이의 구분이 깨어지는 경험을 한다. 찰스 위티Charles Whitty와 왈폴 레윈Walpole Lewin은 인상적인 사례를 상술했다(증례 1).

그날 무엇을 하고 있었느냐는 질문에 그는 이렇게 대답했다. "저는 아내와 차를 마시고 있었죠." 질문자로부터 별다른 코멘트가 없자 그는 말을 이어 나갔다. "아, 사실은 그렇지 않았어요. 아내는 오늘 여기 없었거든요. 하지만 제가 눈을 감자마자 그 장면이 정말 생생하게 나타나요. 저한테는 컵과 받침이 보이고, 아내가 주전자에서 차를 따르는 소리가 들려요. 그러고는 한 모금 마시기 위해 컵을 들어 올리는 것과 꼭 마찬가지로 제가 일어나요. 그러면 거기에는 아무도 없죠."

질문 그렇다면 잠을 많이 잔다는 건가요?

대답 아니요. 잠을 자는 건 아니에요. 일종의 깨어 있는 꿈이랄까요. … 때로는 눈을 뜨고 있는 채로 … 제 생각에는 조절이 안 되는 것 같아요. 자기 마음대로 흐르죠. 정말 생생해요. 제가 그냥 생각하고 있는 것인지 실제로 일이 일어난 건지 절반쯤은 분간이 안 된다니까요.[38]

'저'라는 언급이 빈번하다는 점에 주목하자. 위티와 레윈은 그들의 환자가 복합 발작을 앓고 있을지 모른다고 추측했으나, 유사한 경험이 양측성 전측 대상회 병변을 가진 많은 다른 증례에서도 보고되었다. 예를 들어 내 환자 중 한 사람의 경우를 소개하겠다.[39] 그녀는 지주막하 출혈이 있었던 44세 환자다. 그녀는 다음과 같이 말했다.

> 마치 제 생각이 현실로 나타난다고 해야 할까요. 뭔가를 떠올리면, 제 눈 앞에서 그게 실제로 일어나는 걸로 보여요. 그러고 나면 굉장히 혼란스럽죠. 어떨 땐 실제로 일어난 일은 무엇인지, 제가 생각한 것은 무엇인지 헷갈리기도 해요.

그녀는 다음과 같이 예를 들었다.

환자 침대에 누워서 생각하고 있었어요. 그런데 뜬금없이 [사별한] 남편이 저기에서 제게 이야기하고 있지 않겠어요? 그런 다음 저는 아이들에게 가서 애들을 씻겼어요. 그러자 갑자기 제 눈꺼풀이 떠졌답니다. '내가 어디에 있는 거지?' 저는 혼자였어요!

나 잠이 들었던 건가요?

환자 그렇지는 않다고 봐요. 제 생각이 그냥 현실로 바뀐 것 같았어요.

이러한 증례에서 의식은 비정상적으로 발현된다. 하지만 요점은 다른 데 있다. 피질이 의식적 과정에 관여한다는 점에 이의를 제기하는 사람은 없다. 다만 의식적 자기가 그곳에서 *생겨난다*는 관점은 지지받을 수 없는 것이다.

지금까지 우리는 대뇌피질이 없는 사람이나 동물이 의도적·반응적·감정적 행동을 보인다는 것을 생생히 보았다. 우리 자신의 경우를 돌아볼 때,

의식은 이러한 행동과 밀접히 연관되어 있다. 그러므로 타자의 마음 문제에도 불구하고, 이러한 경우 역시 의식이 연관되지 않는다고 생각하려면 타당한 논거가 필요하다. 하지만 그에 관한 타당한 논거들을 찾으려 들면 어쩌다가 초장기 뇌 연구자들에 의해 견본으로 쓰인 신경학 이전의 마음 모델이라는, 학문적 역사라는 타성만 발견할 뿐이다. 오늘날에는 극소수 과학자만이 흄의 경험주의라는 견해 혹은 마이네르트의 *정신의학*에 지지를 보낼 것이다. 실제로 마이네르트의 관점은 '두뇌 신화'라는 식의 조소를 듣는다.[40] 하지만 피질이 마음의 장기라는 신조는 의학 분야 전반에 걸쳐 기본적인 가정이 되어 왔다.

물론 대뇌피질은 언어를 위시한 다양한 인지 기능에 관여한다. 그러므로 피질이 완전히 결여된 사람들에게서 내성적인 언어 보고를 기대할 수는 없다. 하지만 주요한 자기 인식을 만들어 내리라 추정되는 특정 피질 부위를 상실했음에도 불구하고 자기 반성적 언어 표현이 가능한 환자로부터 직접 얻어 낸 여러 증언이 있다. 이 환자들은 매번 자신이 의식적이라고 주장하며 자신의 내성적 '존재'를 이야기한다. 그들이 거짓말하는 것일까? 그렇다면 그럴 이유가 있을까? 그리고 자기를 상실한 어떤 사람이 자신의 자아에 대해 거짓말하고 있다고 말하는 것은 도대체 무슨 의미란 말인가? 인지 신경과학은 이 대목에서 지리멸렬한 벼랑 끝 위에 불안하게 서 있다. 잘못된 길에 들어섰음을 알리는 타당한 신호다.

내가 보기에 증거들이 가리키는 한 피질 이론은 성립할 수가 없다. 대뇌피질이 지각적 존재를 낳는다는 주장을 믿을만한 마땅한 이유가 존재하지 않는다. 당신과 내가 평범하게 그걸 경험한다는 점에서, 그리고 그릇되었다고 결론지을 수많은 타당한 이유 측면에서 말이다. 우리는 다른 곳에서 우리 존재의 원천을 찾아야만 한다.

4장

무엇이 경험되는가?

무언가를 지각하고 학습하기 위해 지금 지각하고 학습하고 있는 무언가를 반드시 인식해야만 할까? 통념을 따른다면 아마도 그렇다고 할 것이다. 경험주의 철학자들이 그렇다고 했다. 하지만 정답은 '아니다'이다.

경험주의자들의 견해는 고전적인 신경해부학적 관점을 낳았는데, 그 관점에 따르면 지각 및 지각으로부터 유래한 기억의 자취들은 의식을 구성하는 기본적인 요소다. 하지만 *지각하고 익히는 것의 대부분을 우리가 인식하지 못하고* 있음을 보여 주는 과학적인 증거가 지금은 차고 넘친다. 지각과 기억은 본디 뇌의 의식적인 기능이 아니다. 이러한 측면에서 통념은 틀렸다. 앞으로 살펴볼 한 가지만 제외한다면 마음에서 일어나는 온갖 일은 의식 없이도 꽤 잘 이루어질 수 있다는 것이 밝혀졌다.

이상하게 들리겠지만, 이러한 통찰은 지그문트 프로이트로부터 나온 것이다.

비록 프로이트가 평생 의식의 피질 이론을 지지하기는 했지만, 그는 두뇌를 '정신적인' 부분과 '비정신적인' 부분으로 나누었던 자신의 스승 마이네르트의 구분법에 의문을 던진 최초의 신경과학자 중 하나였다.[1] 그는 가용한 자료들을 조사한 후, 1891년 "마이네르트에 기반한 뭉크와 같은 연구자들의 관점이 … 더는 유지될 수 없다"라고 결론 내렸다.[2] 특히나 그는 마이네르트가 '수의적' 경로와 '반사' 경로로 나누었던 것을 해부학적으로 확실히 구분할 수 없음을 깨달았다. 또한 피질의 기억 상像들은 피질과 감각 말초 사이에 존재하는 일련의 중간 연결을 거친 이후에야 만들어진다는 것을 연결된 신경 섬유의 수를 헤아림으로써 입증해 보였다. 이러한 연결은 뇌의 *비정신적*이라 상정되었던 부분 안에 위치했고, 각 단계에서 전달되는 정보의 양을 줄였다. 이 피질하 연결은 그것들이 진행시키고 있는 감각 정보에 틀림없이 뭔가 영향을 주고 있다고 프로이트는 추론했다. 디지털 시대 이전에 그가 떠올렸던 아주 흥미로운 비유에 주목해 보자.

> 우리는 그저 [피질하] 회백 조직들을 통과해 진행한 뒤 대뇌피질에 도달하는 섬유들이 여전히 신체 말초와 어떠한 연결성을 유지하고 있지만, 더는 위상적으로 닮은 상을 전달하지 못한다는 사실을 알 따름이다. 그것들은 … 알파벳을 품은 시구와 같은 방식으로 신체 말초를 담고 있다. 이때 알파벳은 완전한 재배열을 통해 다른 용도로 쓰이며, 각각의 위상적 요소 간에 수많은 연결이 있어 그중 일부는 여러 차례 제시될 수 있으나 다른 일부는 전혀 제시되지 않는다.[3]

대뇌피질이 신체 말초와 직접적으로 연결된 것이 아니라 중간의 피질하 연결을 거친 것이라면, 피질 내에 깃든 기억의 상들은 외부 세계가 있는 그대로 투사projection된 것일 리가 없다. 그것들은 여러 단계의 정보 처리 과정을 거친 최종 산물임이 분명하다. 이러한 처리 과정은 피질의 기억 상들에서 마무리되는 만큼 어떤 의미에서 피질하 부분에서의 처리 과정은 필시 기억 상의 *예비 버전*을 만드는 과정이다. 그러므로 피질하 연결은 우리가 '통각apperception'이라고 부르는 정신 과정의 일부분을 제공해야만 한다. 피질하 부위의 처리 과정과 피질 부위의 처리 과정 사이에 인위적인 선을 긋고서 오로지 최종 산물만이 '정신적'인 것이라고 주장하는 일은 이치에 맞지 않는다고 프로이트는 주장했다.

> 신경 섬유 하나를 두고서, 그 섬유의 전체 경로는 단지 생리적인 구조물로서 생리적인 변형이 일어나는 곳일 뿐이라 하고, 그 말단만을 마음에 끌어들여 거기에다 관념이나 기억의 상을 비치하는 일이 과연 정당화될 수 있을까?[4]

당시의 모든 사람이 그랬던 것처럼 프로이트 역시 피질 과정만이 *의식적*이라고 추정했기에 의식적인 것과 다를 바 없이 '정신적인' *무의식적* 예비 단계들이 분명 지각이나 학습에 포함되리라고 생각했다. 즉, 무의식적(피질하) 기억 자취들은 피질에서와 마찬가지로 정신적임이 틀림없다는 것이다. 비록 의식은 결여되어 있지만, 피질하 기억 자취 역시 우리가 '기억'이라고 부르는 기능의 일부다. 프로이트는 빌헬름 플리스에게 보내는 편지에서 결론을 내렸다. "내 이론에서 근본적으로 새로운 게 있다면, 기억이라는 것이 한 번 만에 형태를 갖추는 게 아니라 여러 차례에 걸쳐 현현한다는 점일세. 그게 다양한 종류의 표식 속에 쌓인다는 말이지."[5]

그는 정보 처리에서의 다섯 가지 연속된 단계를 식별했는데 '지각', '지각 자취', '무의식', '전의식' 그리고 '의식'이었다([그림 8] 참조). 각 단계의 결정적인 차이점은 '무의식은 신체적인 것이며 전의식은 정신적인 것'

이라는 데 있지 않다. '전의식적 종류의 기억 과정은 의식 속에서 다시 떠오를 수 있는 반면, 무의식적 종류의 기억 과정은 그렇지 못하다'는 점에 있다.[6] 다시 말해 *마음의 일부분만이 의식적이다*.

1895년 프로이트는 신체 내부에서 이어지는 신경 경로에 대해서도 비슷한 견해를 밝혔다. 신체 내부 정보가 대뇌피질에 도달한 이후에야 '정신적'인 것이 된다는 이야기는 이치에 맞지 않는다고 주장한 것이다. 배고픔이나 목마름과 같은 느낌을 전달하는 정보는 신체와 결부되어 있어 어떤 일을 수행하게끔 마음에 요구를 가하기 때문에, 우리는 마음이라는 그림 안에서 이 요구들 또한 수용해야 한다. 심지어 생물학적인 '욕동들'(이라고 프로이트가 부른 것들)을 인지하지 못하는 순간에도 그 욕동들이 마음의 일부분을 이루고 있다. 2장에서 프로이트가 '신체적인 요구는 정신적 기전의 동기'를 제공한다고 주장하고, 전뇌forebrain 즉 외부 세계를 표상하는 대뇌피질은 단지 '교감신경절'이라고 말했던 것을 상기해 보자. 다시 말해 그는 의식적 및 무의식적 기억 상이 신체의 요구에 '공감하여' 만들어진다고 결론 내렸다. 우리는 필요한 생물학적 요구를 외부 세계로부터 충족시켜야 하기에, 외부 세계에 대해 감각적으로 표상하고 익힐 따름인 것이다.

이런 식으로 뇌를 바라보는 관점에는, 현대 과학으로 말미암아 프로이트가 알 수 없었던 여러 세부 사항이 추가되었으며, 몇 가지 중요한 부분에서 그의 오류가 수정되었다. 하지만 그의 기본적인 결론은 여전히 오늘날 신경과학에서 일반적으로 받아들여지고 있다. 즉, 두뇌는 의식 속으로 들어오지 못하는 광범위한 *정신* 기능을 수행한다는 것이다. 현대 인지과학자 존 킬스트롬John Kihlstrom이 관련 문헌을 리뷰한 유명 논문의 제목이 이를 잘 말해 준다. '무엇이 지각되는지에 관한 인지가 없는 지각, 무엇을 학습하는지에 관한 인지가 없는 학습'이 정말로 존재한다.[7] 존 바

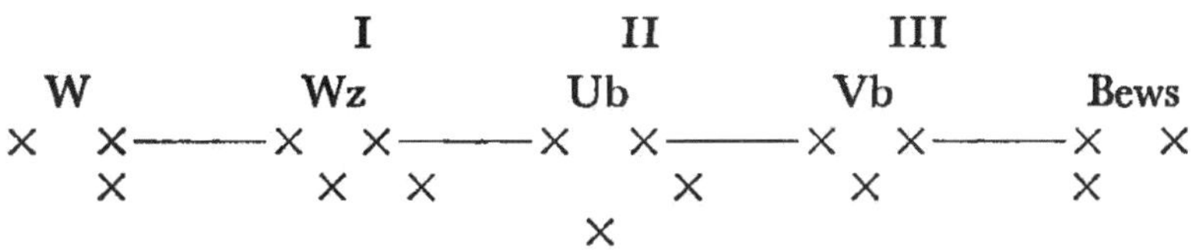

[그림 8] 기억 체계에 관한 프로이트의 첫 모식도

기억 체계에 대해 프로이트가 처음으로 그린 도표. 이는 그가 빌헬름 플리스에 보낸 편지에 실려 있었다. * W=지각, Wz=지각적 자취, Ub=무의식, Vb=전의식, Bews=의식

그John Bargh와 타냐 차트랜드Tanya Chartrand의 잘 알려진 또 다른 리뷰 논문에서는 "참을 수 없는 존재의 자동성"이라는 좀 더 시적인 제목 아래 현재 우리가 깨달은 바가 요약되어 있다.

> 순간순간의 심리적 생활이 일어날 수밖에 없다면 대부분은 비의식적 수단을 통해 일어나야 한다. … 행동, 평가, 결정 및 감정 상태를 의식적으로 그리고 의지적으로 조절하는 일에는 상당한 노력이 요구되며, 상대적으로 느리다. 게다가 그러한 조절에는 순식간에 소진되는 제한된 자원이 필요해 보이기에, 의식적인 자기 조절 활동은 보존적으로 짧은 순간 동안에만 작동할 수 있다. 반면 비의식적 혹은 자동적 [심리 과정들은] … 의도되지 않고, 노력이 들지 않으며, 매우 빠르고, 그중 상당수는 언제든지 운용될 수 있다. 가장 중요한 점으로, 비의식적 과정에서는 온종일 개체를 안전하게 길잡이하는 상태가 지속 가동되지만 노력이 들지는 않는다.[8]

하지만 오늘날 우리가 무의식적 정신 기능이 만연함을 인식하게 된 계기는 프로이트의 이론을 기반으로 한 것이 아니었다. 완전히 독립적으로 새로운 신경학적 소견 및 실험적 증거를 근거해 도출한 것이다. 전환점은 1957년 발표된 HM의 증례였다. 양측 해마(선언적 기억을 부호화시키는 데 필요한 피질 부위이자, 뇌전증 발작을 유발하는 원인이 되는 부위)를 수술적으로 절제한 결과, 그는 수술일 이래로 일어난 어떠한 사건도 전혀 기억할 수 없게 되었다. 하지만 그 해(1953년)부터 2008년 사망할 때까지 그를 반복해 연구한 신경심리학자들은 심리검사를 수행하는 그의 능력이 뚜렷한 연습 효과를 보이며, 해가 갈수록 극적으로 향상된다는 사실을 발견했다. 그는 의식적 회상이 불가능함에도 불구하고 검사에 숙달하는 방법을 익혔던 것이다.[9]

더 일찍이 에두아르 클라파레데Édouard Claparède도 비록 그 의의를 알아차리지는 못했지만 비슷한 현상을 관찰했다. 그는 나의 환자 S처럼 마치 초면인 듯 매일 자신과 악수하는 기억상실증 여성의 증례를 보고했다. 클라파레데는 손바닥 안에 압정을 숨기고 이 여성과 악수해 보기로 했다. 환자가 압정에 찔린 이후에도 여전히 자신을 열정적으로 맞이할지 알아보기로 한 것이다. 이 일을 겪은 후 그녀는 비록 통증이 유발되었던 사건을 의식적으로 회상할 수는 없었지만 클라파레데의 악수를 거부했다. 왜 악수를 거부하는지 묻자, 그녀는 다음과 같은 식으로 얼버무릴 뿐이었다. "숙녀에겐 신사분께 손을 허락하지 않을 권리가 있지 않나요?"[10]

이에 상응하는 무의식적 처리 과정이 통각apperception 자체에 대해서도 입증된 바 있다. 임상연구심의위원회가 의학 연구 계획서를 심의하기 이전의 시절, 로저 스페리Roger Sperry는 난치성 뇌전증을 조절하기 위해 수술적으로 양측 피질 반구를 분리한 여성 환자의 증례를 보고했다. 분리된 우반구에 포르노 이미지를 순간적으로 비추자, 그녀는 피식 웃으며 얼굴을 붉혔다. 비록 그녀의 좌반구(언어적 기능)는 그 느낌이 무엇에 관한 것인지 의식적으로 '선언'할 수 없었지만 말이다. 그녀는 "스페리 선생님! 저 기계 정말 멋지네요"와 같은 식으로 자신의 당혹감을 설명하기 위해 주저리주저리 별반 관련이 없는 이야기만 내놓을 뿐이었다.[11]

여기서 주목할 것은 무의식적 정신 과정이 피질하 두뇌 구조에만 국한되지 않는다는 점이다. 예를 들어 스페리의 증례에서 환자는 자신의 우반구 피질이 받아서 처리하고 인식했던 당혹스러운 지각 정보를 의식으로 가져오는 게 불가능했다.

대뇌피질이 의식 없이도 그러한 기능을 수행할 수 있다는 사실은 여러 가지 실험적 연구에서 확실히 입증되었다. 그중 어떤 연구에서는 부정적인 단어들과 긍정적인 단어들을 아주 찰나 동안 연구 참가자들에게 보여 주었는데, 너무 순식간에 지나가는 탓에 참가자들은 무엇을 보았는지조차 전혀 알아차리지 못했다. 하지만 이어지는 행동은 보지 못했다고 주장하는 단어들에 분명히 영향을 받은 행동이었다. 예를 들어 얼굴 A와 연관해 부정적인 형용사들을 보여 주고, 얼굴 B와 연관해 긍정적인 형용사들을 보여 주고 나면, 이후 참가자들은 영문도 모른 채 얼굴 B를 선호한다.[12] 이는 그들이 부정적인 단어들과 긍정적인 단어들을 *무의식적으*로 보고, 읽고, 이해했음을 말해 준다. 이해를 동반한 글 읽기는 피질의 독점적 기능, 즉 고전적인 해부학자들이 전형적으로 '정신적'이라 간주했던 바로 그런 류의 기능이다. 우리는 *피질 기능이 본질적으로 의식적인 것은 아니라*는 결론에 도달할 수밖에 없다.

기억의 상들(오늘날 '표상들'이라 불림)로서 이해되는 마음이 본질적으로 의식적이지 않다는 것은 오늘날 인지과학에서 일반적으로 받아들여지는 관점이다. 의식의 '내용'('경험으로서의 의식')을 만들어 내는 뇌 부위, 즉 대뇌피질은 의식적 경험이 없더라도 같은 일을 행할 수 있다. 하지만 그게 사실이라면, 피질의 무의식적 기능을 *정신적*으로 만드는 것은 무엇일까? 대뇌피질, 즉 마음의 기관으로 추측되는 기관과 휴대폰 따위의 다른 정보 처리 장치를 구별 짓는 점은 무엇일까? 다시 한번 우리는 혼란스러워지려고 한다.

이는 3장에서 내가 결론 내린 위대한 질문으로 되돌아오게 만든다. 만약 우리의 의식이 피질에서 나오는 것이 아니라면 의식은 어디에서 기인할까? 더 나아가 만약 '순간순간의 심리적 생활' 대부분이 의식적 경험 없이 이어지는 것이라면, 의식적 경험은 *도대체* 왜 수반되는 것일까? 어째서 이 모든 정보 처리 과정이 비의식적으로 일어나지 않는 것일까?

인지 신경과학의 역사는 의식의 기능을 구체적으로 설명하려 했던 이론들의 공동묘지와도 같다. 이론들이 공통적으로 품었던 가정은 의식의 기능이 두뇌 도처에 퍼져 있는 수많은 정보의 흐름을 '결합시켜' 우리의 의식적 경험에 특징적이라 할 수 있는 일관성 있는 한 덩어리로 만드는 데 있다는 것이다. 예를 들어 글 읽기, 안면 인식, 색 지각, 운동 지각, 물체 인식, 공간 지각 등 모든 것은 뇌 속 군데군데 널리 분포된 부위에서 동시에 이루어진다. 그것들은 어떤 방식으로 우리가 일상에서 지각하는 단일한 시각적 상으로, 이를테면 꼭 알맞게 위치하는 얼굴의 색과 얼굴의 움직임으로 합쳐지는 것일까?

마이네르트는 이러한 결합 기능이 기억의 상을 서로서로 '연합'시키는 피질경유transcortical 섬유에 의해 수행된다고 주장했다. 100여 년이 더 지났지만, 이 가설을 넘어서는 큰 진보는 없다. 제임스 뉴먼James Newman과 버나드 바스Bernard Baars는 이질적인 정보 조각을 체험 상에서 광역적으로 접근 가능하게 만드는 단일화된 '전역 작업공간global workspace'이 시상에 의해 대뇌피질에서 생성된다고 제안했다. 스타니슬라스 드앙Stanislas Dehaene와 리오넬 나카슈Lionel Naccache는 전전두엽과 두정엽의 연합 피질 영역이 일차 감각 영역을 이 작업공간에 통합시킨다고 덧붙였다. 제럴드 에

델만Gerald Edelman은 시상피질의 '재진입 고리re-entrant loops'가 핵심적 기능이라고 소개했는데, 이를 통해 통합된 정보는 더 이전 단계인 감각 처리 과정으로 되돌려 보내진다고 했다. 줄리오 토노니Giulio Tononi는 비트 간에 통합을 이루는 정도가 바로 핵심 요소라고 주장하며, 그 결과물인 '엄청나게 통합된' 정보 프로세싱을 강조했다. 즉, 의식은 얼마나 많은 정보가 통합되는지에 관한 기능인 것이다. 프랜시스 크릭Francis Crick과 크리스토프 코흐Christrof Koch는 피질 내 감마 진동gamma oscillation의 동조성synchrony이 경험을 묶고 저장한다는 가설을 세웠다. 다시 말해 통합은 공간이 아니라 시간 속에서 일어날지도 모른다는 것이다. 로돌포 지나스Rodolfo Llinas도 마찬가지로 40Hz 미만의 시상피질 활동의 동기화를 주장했다. 이런 식의 주장이 이어졌다.[13]

이 이론 중 그 어떤 것도 정보가 묶일 때 (연합이든, 진동이든, 동기화이든, 재진입이든, 엄청난 통합이든, 그 밖의 것을 통해서든 간에) 경험이 왜, 어째서 *필연적*으로 유발되어야만 하는지 설명해 주지 않는다. 정보 처리를 위한 '전역 작업공간'의 내용물이 의식적으로 경험되어야만 하는 정확한 이유는 무엇일까? *무의식적*으로 정보를 처리하는 과정에서 결합이나 저장이나 동기화나 엄청난 통합 등이 일어나면 안 되는가? 컴퓨터는 인터넷을 통해 서로 연결되어 있을 때 전역 작업공간을 생성하고 정보를 대규모로 통합한다. 그렇다면 왜 인터넷은 의식적이지 않아야 하는가?

이러한 이론들로부터 도출되어 오늘날 우려스럽게 전개되는 상황이 있는데, 점점 더 많은 존경할 만한 신경과학자(이를테면 코흐와 토노니)가 그럴 수도 *있다*고 주장한다는 사실이다. 그들의 이론이 그들로 하여금 이 이상한 가능성을 어쩔 수 없이 받아들이게 만든 것이다. 이 과정에서 그들은 토머스 네이글Thomas Nagel이 시작했던 '범심론자'로의 유행을 뒤따르고 있다. 요컨대 모든 사물이 (정말 미약하게나마) 의식적일지 모른

다는 것이다.[14]

우리는 앞서 소개한 관찰들, 즉 피질 없이도 의식은 지속된다는 점을 참조해 위의 이론들을 평가해야 한다. 뉴먼과 바스는 자신들의 '전역 작업공간'을 대뇌피질에 위치시켰지만, 제피질(피질이 제거된) 동물이나 피질 없이 태어난 아동들은 의식적인 것처럼 보인다. 최소한 이런 동물이나 어린이들이 지각을 가진 존재라는 증거가 인터넷이 그렇다는 증거보다 훨씬 더 설득력 있다. 게다가 대규모로 통합된 정보 처리 과정에 필수적인 것으로 추정되는 기반substrate이 질병으로 인해 파괴된 성인 환자들은, 그러한 기반 없이도 자기 자신에 대한 느낌을 이야기한다. 나의 환자 W에게도 해당하는 이야기인데, 그는 전전두엽이 완전히 소실되었다.

앞서 검토한 임상적 관찰과 실험적 증거를 종합하면, 대뇌피질이 대부분의 정보 처리(읽기 및 얼굴 인식 등)를 *무의식적으로* 처리한다는 견지에서 이 모든 사실은 놀랍지 않다.

지금껏 언급한 증거 속에 주목할 만한 한 가지가 숨겨져 있는데, 지금부터 드러내 볼까 한다. 클라파레데의 환자가 악수하기를 거절했을 때, 환자는 자신이 거절하는 이유를 알지 못했다. 그러나 짐작건대 악수하고 싶지 않은 어떤 느낌이 있었을 것이다. 비록 객관적인 이유(압정에 대한 기억)에 접근할 수는 없었지만, 그의 손을 거부할 주관적인 어떤 근거가 있었음이 틀림없다. 스페리의 환자에게도 똑같은 일이 벌어졌다. 그녀는 당혹감을 느꼈으나 영문을 알지 못했다. 다시 말해, 그녀는 자신의 느낌을 유발한 객관적인 이유(포르노 이미지)에 대해서는 무의식적이었지만, 동반된 주관적인 느낌(당혹감)에 대해서는 무의식적이지 않았다.

아마도 똑같은 일이 단어 플래시 검사에서도 일어났을 것이다. 참가자들은 이유를 인식할 수는 없어도 얼굴 B를 선호하는 어떤 느낌이 들었을 것이다. 이 같은 일은 [그림 5]에 보이는 수두무뇌증 환아에게도 일어났을 것으로 보인다. 남동생을 무릎에 앉혔을 때 여아는 주관적인 즐거움을 드러냈다. 피질의 상들이 전적으로 결여된 까닭에 그런 느낌이 들게끔 만든 객관적인 이유는 알 길이 없었겠지만 말이다.

따라서 이 모든 사례 속 환자나 연구 참가자들이 자신이 행동하게 된 이유에 대해 '무의식적'이었다고 표현한 것은 사실 대단히 느슨하게 이야기한 셈이다. 그들은 특정한 지각이나 기억, 즉 표상에 있어서는 무의식적이었지만, 느낌은 그대로 유지되었다. 가치판단을 만들어 내며, 그들로서의 느낌 '같은 것'은 여전히 존재했다. 그들은 자신의 느낌에 대해 의식적이었다. 그들은 단지 그 느낌이 어디에서 기인하는지에 대해서만 무의식적일 뿐이었다.

이는 궁극적으로 직감의 본질이 어디에 놓여 있는지에 대해 주요한 단서를 제공한다. 느낌은 정신 기능 가운데 유일하게 필연적으로 의식적이다. 주관적인 성질이 없는 느낌이라는 말을 들어본 사람이 있을까? 느낌을 느끼지 못한다면 느낌에 무슨 의미가 있을까? 프로이트조차도 느낌은 의식적일 *수밖에 없다고* 인정했다.

> 감정의 핵심은 분명 우리가 그것을 인식할 수밖에 없다는 것에 있다. 즉, 감정은 반드시 의식적으로 지각될 수밖에 없다. 그러므로 감정, 느낌 및 정동에 한에서는 무의식이 기여할 가능성이 전혀 없는 것이다.[15]

나는 정신분석가들을 포함한 일부가 이와 같은 이야기에 동의하지 않으며, 무의식적인 감정이 정말로 존재한다고 주장하는 것을 잘 알고 있다. 이 주제에 관해서는 나중에 다시 살펴볼 것이다. 지금은 '느낌'이라는 용어가 의미하는 바를 확실하게 해 두고 싶다. 느낌은 우리가 *느끼는*

감정(혹은 어떤 정동)의 바로 그 양상을 의미하는 것이며, 느낌 그 자체를 의미한다. 만약 뭔가를 느끼지 못한다면, 그것은 느낌이 아니다.

조금 전에 나는 클라파레데의 환자가 '짐작건대' 그렇게 하고 싶지 않은 어떤 느낌을 느꼈을 것이라고 썼다. 스페리의 환자는 '틀림없이' 당혹감을 느꼈을 것이며, 단어 플래시 검사 참가자들은 '아마도' 선호하는 어떤 느낌을 느꼈을 것이라고 썼다. 신경과학자들은 전형적으로 주관적인 경험에 대해 질문하지 않기 때문에 그렇게 표현한 것이다. 연구 참가자들이 무엇을 느꼈는지 우리가 알 수 없는 이유는 단지 이러한 이유 때문이다. 반면에 나는 프로이트나 색스처럼 내 환자들의 내성적인 보고를 매우 진지하게 받아들인다. 이런 방식을 통해, REM 수면과 꿈꾸기를 뭉뚱그려 버렸던 것과 같은 오류를 피할 수 있기를 희망한다.

만일 100명에게 물었을 때 100명 모두 손을 꼬집힐 때 통증을 느낀다고 보고한다면, 사람의 손 꼬집기가 통증을 유발한다고 결론 내려도 불합리한 것이 아니다. 비록 각각의 경우에 대한 내성법적 보고에 의존해야 하지만 말이다. 만약 우리 자신의 경우처럼 문제 현상에 직접 접근할 수 있는 경우에 반복적으로 똑같이 나타나는 경험적 사실이 있다면 이는 더더욱 참이다. 즉, 내 손을 꼬집을 때 통증이 느껴졌다면, 나는 타인이 '통증'이라 보고할 때 의미하는 바와 같은 경험을 주관적으로 가진 것이다.

느낌은 본질적으로 주관적이기에 연구하기가 까다롭지만, 그렇다고 느낌을 무시할 정당한 이유가 되지는 않는다. 만약 뇌를 설명하는 일에서 느낌을 배제한다면, 우리는 뇌가 어떻게 작동하는지 절대로 이해할 수 없을 것이다. S의 작화증에서 느낌이 수행했던 역할은 이러한 요지를 매우 잘 보여 준다.

우리 자신의 의식 속에 무엇이 등장하는지 살펴보면 여러 가지 일반적인 내용적 범주가 포착된다. 외부 세계에 대한 '표상들', 즉 외부 세계에 관한 지각과 기억 및 생각이 존재한다. 철학자들은 이 표상에 주목했고, 이를 설명하기 위해 경험주의 심리 모형이 고안되었다. 하지만 표상만이 의식 속에서 찾아낼 수 있는 유일한 것은 아니다.

느낌들, 세상에서 무슨 일이 일어나고 있는지에 관한 느낌, 세상에 대한 우리의 생각에 관한 느낌, 우리 몸의 상태를 드러내는 것 같은 느낌을 포함해 우리 자신에 관한 느낌 역시 존재한다. 또한 대상 없이 부유하는free-floating 느낌, 세상의 경험에 질감을 부여하고 세상 속에서 우리 행동을 이끌어 내는 감정이나 기분도 존재한다. 때때로 느낌은 신체 감각으로서 새겨진다. 게다가 상당수의 기분은 신체 상태에 기인하는 것 같지도 않고, 바깥세상의 어떤 것 때문이라고 할 수도 없는 듯하다. 의식이 이 같은 느낌으로 가득 차 있지 않은가? 그럼에도 불구하고, 의식을 설명하고자 연구하는 신경과학자들은 놀라우리만치 느낌을 무시해 왔다.[16]

경험주의 철학자들과 그들의 과학적 계승자들인 행동주의자와 인지과학자들이 느낌을 얼마나 무시했는지는 믿기 힘들 정도다.[17] 행동주의자들은 모든 학습이 '보상'과 '처벌'에 의해 좌우된다고 주장했으나, 보상과 처벌이 무엇인지 말해 준 적은 없다. 행동주의자들은 엄격한 실험을 수행했고, 이를 통해 '효과 법칙'이라는 법칙을 도출해 냈다. 이는 어떤 행동 뒤에 보상이 지속적으로 뒤따르면 그 행동이 증가하고, 처벌이 지속적으로 뒤따르면 감소한다는 것이다. 실험을 통한 이러한 학습 과정을 '조건화'라고 불렀다.

효과 법칙의 창시자 에드워드 손다이크Edward Thorndike는 동물이 사고가 아닌 시행착오를 통해 학습한다는 것을 증명해 내고 싶었다. 하지만 손다이크의 법칙은 우리(혹은 동물들)로 하여금 좋은 느낌을 주는 행동은 우리가 반복하는 행동이며 나쁜 느낌을 주는 행동은 우리가 피하는 행동이라는 뜻이기에, 실상은 정동의 법칙Law of Affect18과 동일한 것이다. 따라서 효과 법칙은 본질적으로 프로이트의 '쾌락 원리pleasure principle'와 다르지 않다. 하지만 행동주의자들은 느낌과 같은 주관적인 것의 존재를 인정할 수 없었다. 예를 들어 B. F. 스키너Skinner는 다음과 같이 선언한 것으로 악명이 높다. "'감정'이야말로 우리가 흔히 행동이 기인한다고 설명하는 허구적 원인의 좋은 예시다."[19]

손다이크가 자신의 법칙을 기술한 원전에는 그 거짓말이 드러나 있다. "특정 상황에서 만족스러운 효과를 창출하는 반응들은 그 상황에서 다시금 일어날 확률이 더 높아지며, 불편한 효과를 창출하는 반응들은 그 상황에서 다시금 일어날 확률이 줄어든다."[20] 여기서 '만족스러운'과 '불편한'이라는 단어는 추후 '강화되는'과 '처벌받는'으로 대체되었다. 이유는 다음과 같다.

> 새로운 용어 '강화되는'과 '처벌받는'은 심리학에서 일상 구어체와 다르게 사용된다. 어떤 행동을 강화시키는 무언가는 그 행동이 다시 일어날 가능성을 높이고, 어떤 행동을 처벌하는 무언가는 그 행동이 다시 일어날 가능성을 줄인다.[21]

이 같은 용어 정의는 참으로 공허한데, 그도 그럴 것이 핵심 단어가 '무언가'이기 때문이다. 행동주의자들의 용어인 '긍정적' 및 '부정적' 강화 역시 마찬가지다. 강화를 긍정적이거나 부정적이게 만드는 것이 느낌이 아니라면 무엇이겠는가?

'보상'과 '처벌'에 담긴 의미는 자극을 받아들이는 대상에 내재된 가치가 아니라, *자극 속에* 본디 내재된 가치를 의도한 것으로 보인다. 만약 말 한 마리가 다가올 때 각설탕을 준다면 효과 법칙에 따라 말이 다시 내게 다가올 확률이 올라갈 것이다. 반면에 말의 얼굴에다 레몬즙을 짰다면 말이 내게 다시 다가올 확률은 줄어들 것이다. 따라서 손다이크에 따르면 각설탕과 레몬 그 *자체*가 말의 행동에 보상이나 처벌이 되는 셈이다. 정말 그런 게 존재한다면 그것들이 불러일으킨 느낌은 고려할 필요가 없다. 물론 이는 원인력을 엉뚱하게 갖다 붙인 그릇된 추론으로, 색스가 호소했던 것과 같은 문제인 행위주체로서의 지위를 박탈당한 마음a mind stripped of agency이라는 문제를 초래한다. '방법론적인 이유로 두뇌를 블랙박스인 듯 취급하는 일'과 '실상은 그렇지 않은데도 어떤 원인력을 박스 밖에 있는 사물에 갖다 붙이고는 박스 안에서 아무것도 일어나지 않고 있다고 결론내리는 일'은 서로 다른 별개의 이야기일 뿐이다.

느낌이 '허구적'이라는 생각은 과학에 해로운 영향을 끼쳤다. 예를 들어, 지난 세기 에너지 균형에 대한 기초 생리학적 기전을 연구할 때 행동주의자들은 '배고픔'과 '포만감'이라는 단어의 사용을 금했다. 그런 것은 보거나 만질 수 없다는 이유에서였다. 행동 과학자들은 오로지 섭식 행동과 관련된 '포상' 및 '보상'만 이야기할 수밖에 없었다. 이는 단순히 의미론적인 문제에 그치는 것이 아니다. 만약 '배고픔'과 같은 단어를 쓸 수 없다면 음식 먹기를 조절하는 배고픔의 역할을 어떻게 이해할 수 있을까? 결과적으로 이는 비만에 대한 공복감 감소 치료법 개발을 지연시키지 않을까? 실제로 섭식 행동은 두 가지 상호작용하는 뇌의 기전으로 조절된다. 바로 에너지 저장을 조절하는 '항상성' 체계와 식욕을 매개하는 '쾌감' 체계다.[22] 배고픔과 같은 신체적 정동처럼 '슬픔'이나 '공포' 같은 감정적 단어를 금지한다면 항우울제나 항불안제의 개발이 지연되지는 않을까?[23] 느낌이 정말로 존재하는 것이라면 이 또한 분명히 생리적 상관물이 있을 텐데, 우리가 이를 염두에 두지 않는다면 간과되고 말 것이다.

이어지는 내용에서는 행동주의자들과 다른 방식으로 이 문제를 풀어 나갈 것이다. 인간이나 동물의 에너지 균형 조절을 설명하기 위해 '배고픔'과 같은 단어를 사용하는 데 거리낌이 없던 최초의 신경과학자 판크세프의 뒤를 이어 느낌이 정말로 존재한다고 받아들일 것이다.[24] 갈증이나 슬픔, 졸음, 즐거움, 확신, 혹은 모호함이 어떻게 느껴지는지 당신이 알고 있으리라고 추정할 것이다. 이러한 추정은 자연계 사물에 대한 다른 과학적 추론과 마찬가지로 정당한 것이다. 그리고 이는 유용한 방식으로, 반증 가능한 예측들로 검증될 수 있다.

느낌은 실재하며 의식 속에 스며들기에 우리는 느낌에 대해 잘 안다. 지금부터 설명할 이유 때문에 느낌은 실로 감응성을 지닌 존재를 만들어 내는 원천이라 할 수 있다. 어떤 의미에서 이는 단순히 은유적인 표현이 아니라고 본다. 느낌은 두뇌의 가장 오래된 몇몇 층 속에 놓인 기원으로부터 무의식적 표상이라는 죽은 토양에다 물길을 대어 정신적 삶으로 데려온다.

5장

느낌

주치의 선생님들이나 우리 가족 모두에게 다행스러운 일로, 나의 형 형은 뇌 손상에서 잘 회복되었고 훌륭히 적응했다. 비록 자신을 이용하려는 사람들의 꾐에 빠져들기 쉬웠으나, 덩치가 크고 힘이 세다는 장점을 잘 살렸다. 절대로 예전 같을 수는 없었으나 형은 나름의 삶을 꾸려나가고 있었다.

적응을 힘겨워했던 쪽은 오히려 나였다.

내가 다섯 살이던 무렵, 아버지는 리를 위해 손목시계를 하나 사 오셨다. 그러고는 형에게 시계 보는 법을 익히면 그걸 주겠노라고 약속하셨다. 이어서 간략한 교육이 뒤따랐다. 형은 "짧은 바늘이 9에 가 있고, 긴 바늘이 11에 가 있으면 몇 시냐?"와 같은 질문에 애를 먹었다. 방 너머에서 보고 있던 나는 불쑥 답을 말해 버렸다. 아버지는 내게 조용히 하라고 하셨다. 그날 저녁 아버지는 시계 보는 법을 제대로 익히지 못했음에도 불구하고 형에게 손목시계를 주셨다. '왜 내 시계는 없지?' 나는 그렇게 생각했다.

나이가 좀 더 들자, 그런 유치한 감정은 죄책감에 자리를 내어 주었다. 나는 학교 성적이 괜찮았다. 형은 운이 좋아 졸업할 수 있던 정도였다. 형이 고생하는 것에 비해 나는 매사가 수월하게 느껴졌다. 나는 이 문제에 관해 가족과 이야기하고 싶었고, 형에게 고통 주는 것을 피하는 길을 찾고 싶었다. 하지만 어머니는 그 사고에 관해 한마디 꺼내는 것도 견딜 수 없어 하셨다. 그리고 아버지는, 당신이 가정을 꾸리는 방식에 대한 논의는 고사하고 진심 어린 어떠한 이야기도 논할 수 있는 종류의 사람이 아니었다.

돌이켜 보면 필연적인 듯 보이지만, 신경심리학을 공부하겠다고 결심할 당시의 나는 그 결심이 형의 사고와 연관이 있으리라고는 전혀 떠올리지 못했다. 다만 어린 나로서 인생에서 가치 있는 일은 '존재'가 무엇인지 알아내는 것뿐이라고 생각했던 기억이 *생생하다*. 하지만 수년이 더 흐르고, 신경심리학자로 일하며 정신분석 수련을 받고 나서야 비로소 퍼즐을 맞춰 볼 수 있었다. 분명 나의 직업적 선택은 한쪽의 야망과 다른 쪽의 죄책감 사이에서 형성된 일종의 타협이었다. 신경심리학자가 된다면 학문적으로 성공할 수 있는 동시에 어려움에 처한 사람들을 도울 수 있었다. 어쩌면 이는 내가 순수 학문적인 신경심리학에 극심한 혼란을 느꼈던 이유와 임상가가 되기로 결심한 이유, 심지어 신경과학자들이 얕잡아보는 경향이 있는 신경재활치료사 역할까지 때때로 수행하는 이유 역시 설명해 주는지도 모르겠다.

잠시 옛이야기를 멈추어 볼까 한다. 이 이야기가 내가 왜 그런 직업적 결정을 내렸는지에 대한 그럴듯한 설명으로 들리는가? 뭔가 함정이 있는 질문은 아니다. 내 속에 침잠된 이 같은 경험의 기억이야말로 이 직업을 선택한 이유를 잘 말해 준다고 생각한다. 하지만 일반적으로 우리의 느낌이 우리가 인식할 수 있는 역치보다 낮은 어딘가에서 동기를 부여하는 경우가 흔하지 않던가? 이는 심리학적 설명의 흔한 사례, 즉 일상의 상식에 철저하게 녹아들어 이의를 품을 사람이 거의 없을 프로이트주의적인 단편이라 하겠다. 그렇다면 느낌을 의식적인 것으로 정의하는 주장, 어떤 의미에서 느낌이 의식의 핵심이라고 하는 주장은 이상하지 않은가?

1985년 어느 날, 학사학위를 마친 뒤 인턴 신경심리학자로서 첫 출근을 하기 위해 바라과나스 병원으로 출발했다. 병원으로 가는 내내 정신적으로도 신체적으로도 상당히 걱정하고 있었다. 지도 교수인 마이클 샐링Michael Saling 교수님이 호주로 안식년 휴가를 떠났기에 나는 평소와 달리 지도 감독 없이 지낼 예정이었다. 소웨토Soweto 지역, 즉 나 같은 백인 청년에게는 지극히 위험한 흑인 거주 구역에서 병원으로 가는 길을 잃었다는 사실이 내 스트레스를 곱절로 만들었다.

겨우 병원을 발견하고서 무사히 도착할 수 있었음에 안도하며, 신경외과가 있는 7병동으로 뛰어갔다. 그리고 내가 보고하기로 되어 있는 자문 신경외과 의사 퍼시 밀러Percy Miller 박사를 찾았다. 수간호사의 안내를 받으며 병동을 가로질렀다. 강렬한 냄새가 느껴졌다. 체액과 소독약 그리고 데친 양배추 같은 뭔가가 뒤섞인 냄새였다.

밀러는 재빠른 사람이었다. 환자 옆에 서서 머리에 난 구멍을 통해 뇌척수액을 천자하는 채로 강렬하게 나를 맞이했다. "자네가 마크 솜즈로군. 만나서 반갑네. 마이클이 자기 일을 자네가 대신 봐 줄 거라 했지. 여기 잘 왔어. 잠깐만 기다리게나. 이것만 끝내고 같이 회진을 돌자고."

나는 침착하고 전문적으로 보이려고 애를 썼다. 교수님이 하던 업무를 대신한다고? 신경외과 의사는 손을 씻더니 나를 첫 번째 병상으로 데려갔다. 무슨 일이 일어나고 있는지 알아차릴 겨를도 없이 그는 환자의 임상 과거력을 읊어 댔다. "이 환자는 누구누구, 43세, 좌측 측두엽 성상세포종, 3등급. 수요일에 수술할 건데, 수술 전에 언어기능 평가를 해 주게. 기억 평가도 같이. 나보다 자네가 더 잘 알 거라 생각하네만."

나는 3등급 성상세포종이 무엇인지 질문할지 말지 망설였다.

다음 병상으로 옮겨 갔다. "이 환자는 누구누구, 58세, 뇌하수체 거대선종이 있어. 이 환자는 내일 수술할 거니까 제일 먼저 평가해 주게나. 경접형동transsphenoidal 접근법을 쓸 거야. 마이클은 인지 기능 결과가 좋을 거라고 했어. 그럴 테지."

이런 식이 병상에서 병상으로 이어졌다. 다섯 번째 혹은 여섯 번째 병상에 다다랐을 무렵은 지금껏 들은 말을 대부분 이해하지 못했다고 고백하기에는 너무 늦은 때였다. 게다가 처음 몇몇 환자의 경우 뭐가 중요했는지도 기억할 수 없었다. 기억나는 게 거의 없었다. 나중에 돌아가서 파일을 찾아봐야겠다고 스스로 되뇌었다.

우리는 여닫이문 한 쌍을 밀어젖히며 여성 병동으로 들어갔다. 신경외과 의사는 쉴 새 없이 말을 이어 나갔다. "이 환자는 누구누구, 36세, 낭미충증…." 나는 이번에도 그게 무엇인지 몰랐다. 다음 환자는 완전히 벌거벗은 상태였다. 몇몇 남성 환자도 벌거벗고 있었지만 이번에는 경우가 달랐다. '이 사람을 보면 안 돼, 내가 의사가 아니라는 것을 이 사람들이 알까?' 나는 그렇게 생각했다. 회진하는 동안 환자들의 표정을 읽었다. 어떤 이는 나를 구슬프게 바라보았고, 어떤 이는 멍한 표정을 지었다. 또 어떤 이는 불안해 보였고, 다른 많은 이는 아무 표정도 없었다.

모든 게 완전히 내 능력 밖이라는 생각이 들었다. 이 사람들은 내가 할 일을 잘 알고 있으리라고 짐작했다. 그리고 그런 어림짐작에 내가 동조했기에 누군가를 죽게 만드는 데 일조하리라는 것이 자명해 보였다.

소아과 병동은 설상가상이었다. 첫 번째 환아는 엄청나게 큰 수두증의 증례였다. 아이의 머리는 보통보다 두 배나 커 ET를 닮아 있었다. 나는 메스꺼웠고, 열감을 느꼈으며, 땀을 잔뜩 흘렸다. 다음 환아는 목 뒤에 살이 말랑말랑한 풍선처럼 부풀어 올라 있었다. 이 여자아이는 벽을 바라보고 있었다. 퍼시 밀러는 '수막척수탈출증'에 관해 뭔가를 말했다. 그의 목소리는 희미해졌고 대신 내 심장이 쿵쿵 느리게 뛰는 소리가 선명해졌다. 내 시야는 점점 좁아졌고, 그의 움직이는 입이 시야에서 사라질 무렵 마지막으로 떠오른 생각은 다음과 같았다. '난 이 바닥에 머리를 찧게 될 것이고, 두개골이 깨져서 결국엔 이 병상에 누운 사람들과 같은 처지가 되겠군.' 이상하리만치 안도하는 마음을 느끼며 나는 정신을 잃었다.

내 근무 첫날의 사연에는 '정동'에 깃든 여러 가지 핵심 양상이 드러난다. 여기에는 우리가 무언가를 느끼는 이유와 관련해 매 순간 알지는 못해도 느끼고 있는 *그 어떤 느낌*에 대해서는 확실히 알고 있다는 사실이 포함된다. 앞의 사례에서 나는 곧 죽을 것 같은 느낌을 느꼈고, 전문가로서 나의 무능함과 그 느낌을 이성적으로 연결 지을 수 있었다. 이러한 느낌 이면에는 형에 대한 온갖 종류의 복잡한 느낌, 이를테면 형을 도와야 한다는 당위적인 느낌이나 형에 대한 깊은 동일시를 위시한 여러 가지 느낌이 도사리고 있었다. 하지만 내가 기절한 직접적인 이유는 감정에 의해 유발된 원시적인 *신체적* 반사 때문이었다.

혈관미주신경성 실신은 일반적으로 피를 보거나 여타 신체적 손상의 위험성을 지각하는 경우처럼 뭔가 두려운 상황에서 두뇌가 반응해 정신을 잃는 것이다. 이 촉발 요인은 (편도체에 의해 인식되어) 뇌간 속 고립 핵solitary nucleus을 활성화해 심박과 혈압을 갑작스레 떨어뜨린다. 그 결과 뇌 혈류량이 감소하고 의식을 잃게 된다.

이러한 선천적인 반사가 존재하는 이유는 무엇일까? 답은 다음과 같다. 신체 손상이 예상될 때 혈관미주신경 반사는 혈류량을 감소시켜 출혈을 멎게 한다.[1] 이 반사가 실신을 초래하는 일은 유일하게 인간에게서만 일어나는데, 직립 자세와 큰 두뇌로 인해 심장이 더 많이 일해야 하기 때문이다. (따라서 실신이 일종의 '죽은 체하는 것'이라는 가설은 타당성이 떨어진다.) 결과적으로 혈관미주신경 반사는 신체 손상에서 생존할 확률을 떨어뜨리기보다는 높이는 쪽으로 작용하며, 아무튼 땅으로 쓰러지자마자 뇌 혈류는 정상화된다.

또 다른 예를 생각해 보자.[2] 일반적으로 호흡 조절은 자동적으로 이루어진다. 혈중 산소 및 이산화탄소 농도가 정상 범위에 있는 한, 숨을 쉬기 위해 호흡하는 것을 지각할 필요는 없다. 하지만 혈중 가스 농도가 이러한 정상치를 초과하면 호흡 조절은 '공기 기아air hunger'로 불리는 갑작스러운 느낌의 형태로 의식 내에 침투해 들어온다. 예상치 못한 혈액가스 수치는 *뭔가 조치가 필요하다*는 지표인 것이다. 이때는 반드시 긴급히 기도 폐색물을 제거하거나, 이산화탄소가 가득 찬 방에서 빠져나오는 등의 조치를 해야 한다. 이 시점에서 호흡 조절은 *경보*alarm, 특히 이 경우에는 질식 경보suffocation alarm과 같은 내면의 경고 체계를 통해 의식 내로 들어온다.

배고픔, 목마름, 졸음, 근육 피로감, 오심, 추위, 요의, 변의 등과 같은 가장 단순한 형태의 느낌은 어떤 점에서 정동과 비슷해 보이지 않을 수 있지만, 그것 역시 정동이다. 정동 상태와 다른 정신 상태를 구분하는 기준은 정동 상태일 경우 쾌감에 관한 특정한 *값이 매겨진다*는hedonically valenced 점이다. 정동 상태는 '좋거나' '싫게' 느껴지며, 이는 배고픔이나 목마름이 시각이나 청각과 같은 감각들과 구분되는 점이다. 보는 것과 듣는 것에는 내재된 값이 없다. 하지만 느낌에는 존재한다.[3]

특정 느낌에 대한 좋고 싫음이야말로 그 느낌 아래에 도사리고 있는 생물학적 욕구 상태에 관해 무엇인가를 말해 준다. 목마름은 싫게 느껴지고 목을 축이는 것은 좋게 느껴지는데, 이는 생존에 필요한 범위 내로 수분을 유지하는 일이 필수적이기 때문이다. 똑같은 이치가 식사 시 느껴지는 쾌락적인 해소감과 배고픔의 불쾌한 느낌의 관계에도 적용된다. 즉, 쾌감과 불쾌감은 우리의 생물학적 욕구에 대해 우리가 *어떻게 하고 있는지*를 말해 준다. 특정한 값은 모든 생물학적인 삶을 떠받치고 있는 가치 체계를 반영하는데, 다시 말하자면 생존하고 번식하는 것은 '좋은 것'이며 그렇지 못한 것은 '싫은/나쁜 것'이다.

물론 개개인에게 동기를 부여하는 것은 이러한 생물학적인 값어치가 아니라, 그것들이 불러일으키는 주관적인 느낌이다. 기저에 어떠한 생물학적 값이 있는지 전혀 알아차리지 못하고, 그러한 값어치에 대해 인지적으로 읽어 내지 못할지라도 말이다. 예를 들어 우리가 달콤한 것을 먹는 이유는 그저 맛있기 때문이다. 생물학적으로 볼 때 달콤한 것이 맛있는 이유는 고열량이기 때문이지만, 그렇다고 그 이유로 달콤한 것을 먹지는 않는다. 정동은 우리가 전적으로 인식하지 못하는 오랜 진화의 서사를 말해 준다. 혈관미주신경 반사의 경우에서처럼 우리는 오로지 느낌에 대해서만 의식적이다.

내가 '통증pain'보다 '불쾌unpleasure'라는 단어를 쓰는 이유는 두뇌 속에 수많은 종류의 쾌감과 불쾌감이 있기 때문이다. 배고픔은 싫게 느껴지며, 식사로 배고픔이 해소되면 좋게 느껴진다. 팽만한 대장은 불편하게 느껴지며, 배변으로 대장의 불편함이 해소되면 좋은 느낌이 든다. 통증은 싫게 느껴지며, 통증을 유발하는 것에서 벗어나면 좋게 느껴진다. 이는 체성 정동이지만 감정적 정동에도 똑같은 이치가 적용된다. 분리 불안은 싫게 느껴지며, 재결합하고자 애를 쓰는 것으로 반응한다. 공포는 싫은 느낌이며, 이에 대한 반응으로 위험으로부터 달아나(때로는 실신함으로써) 벗어나려고 한다. 질식할 것 같은 불쾌감이나 배고픔이나 졸음이나 공포는 모두 싫은 느낌이지만, 그 싫은 느낌은 각기 다르다. 반면 그로부터 벗어나는 일은 좋은 느낌이 들지만, 그 느낌 또한 각기 다르다.

각각의 느낌은 생물학적으로 중요한 각기 다른 상황을 알려 주며, 그 각각은 우리로 하여금 각기 다른 행동을 하게 한다. 소변을 본다고 해서 배고픔이 없어지지는 않으며, 먹는다고 해서 방광이 가득 찬 느낌이 해소되지는 않는다. 환자 B에 관해 다마지오가 언급한 내용을 떠올려보자. "그는 배고픔, 목마름, 요의를 느낀다고 말했고 상황에 *걸맞게 행동했다*." 그렇지 않을 경우 목숨이 위험해질 수도 있다.

느낌은 생명체로 하여금 필요한 무언가를 하게끔 만든다. 이런 점에서 느낌은 요구되는 일에 대한 척도라고 하겠다. 공기 기아가 있을 때 필요한 것은 혈액가스의 균형을 바로잡는 일이다. 저체온 상태에서 필요한 것은 생존 가능한 온도 범위 내로 되돌아가는 일이며, 분리 불안이 느껴질 때 필요한 것은 보호자와 다시 만나는 일이다. 그런 식이다. 조절 이론 용어로 표현하자면 혈액가스 불균형, 체온 저하, 보호자를 잃어버리고 포식자가 다가오는 일은 '오차 신호'다. 그리고 그로 인해 유발된 행동은 오차를 *바로잡기* 위한 행동이다. 포만감과 같은 어떤 것을 통해 정동이 해소되는 것은 오차가 성공적으로 바로잡혔음을 뜻하며, 그 이후 의식이라는 레이더에서 사라진다.

다시 한번 우리는 이상하리만치 정신분석가들에게 친숙해 보이는 영역에 들어와 있다. 기억하겠지만 프로이트는 '욕동'을 '신체와 연결되어 있음으로 말미암아 어떤 일을 수행하게끔 마음에 가해지는 요구의 척도'라고 정의했다. 이제는 정동이 욕동과 얼마나 밀접하게 연결되어 있는지 깨달았을 것이다. 정동은 욕동이 주관적으로 발현된 것이다. 정동을 통해 우리는 우리의 욕동을 알아차리게 된다. 정동은 그것이 가늠하는 특정한 욕구와 관련해 상황이 얼마만큼 좋게 흘러가고 있는지 혹은 나쁘게 흘러가고 있는지를 말해 준다.

이것이야말로 정동이 존재하는 의의다. 정동은 생물학적인 것 중 어떤 것이 우리에게 좋게 혹은 나쁘게 흘러가고 있는지 전해 준다. 이러한 측면에서 정동적인 감각은 지각적인 감각과 다르다. 철학자들은 흔히 '감각질 전도qualia inversion'라고 일컫는 상황의 가능성을 상정해 고민한다. 내가 보는 빨간색이 당신이 보는 빨간색과 똑같은지 어떻게 알 수 있을까? 내게는 빨갛게 보이는 것이 당신에게 파랗게 보이지는 않을까? 타자의 마음 문제에 따르면 우리는 절대로 이를 알 수가 없는데, 왜냐하면 당신과 나는 세상 속 동일한 사물을 가리켜 공히 '빨갛다'라고 하기 때문이다. 그러나 시각과 지각에서는 참인 것이 정동적 체험에서는 그렇지 않다. 빨강은 파랑이라는 색감 이외에는 다른 어떠한 일도 초래하지 않기 때문에 당신은 물리적으로 아무런 결과 차이 없이 작위적으로 둘을 바꿀 수 있다.

배고픔 대 요의, 공포 대 분리 불안 같은 느낌의 경우에는 동일한 상황이 벌어지지 않는다. 어떤 느낌(공포)은 무언가로부터 도망치게 만든다. 또 다른 느낌(분리 불안)은 누군가를 찾게 만든다. 느낌은 그것과 동반된 신체 상태와 떼려야 뗄 수가 없다.[4] 만약 각각의 느낌을 뒤바꾸어 버린다면, 잃어버린 보호자로부터 도망치고자 하는 충동을 거부할 수 없을 만큼 느끼게 될 것이고, 뒤쫓아 오는 포식자를 울면서 찾아 나설 것이다. 주관적인 빨강을 파랑과 바꿀 경우에는 결과적으로 아무런 차이가 생기지 않는다. 하지만 공포와 분리 불안이라는 느낌(혹은 배고픔과 요의)을 뒤바꾼다면 당신은 살아남지 못할 것이다.[5]

느낌에 관해 두 번째로 주목할 점은 그것이 항상 의식적이라는 것이다. 우리가 의식하지 못하는 느낌은 느낌이라고 할 수 없다. 앞서 언급했듯이 이는 정의상으로도 옳지만, 두뇌 생리의 독특한 양상으로 인해서도 사실이다. 그 이유는 '각성'의 기전에 관해 논의하는 다음 장에서 알게 될 것이다. 지금으로서는 느낌이 예외 없이 의식적이라는 점만 확실히 하고 싶다. 이는 뇌 안의 모든 욕구 조절 기능이 다 의식적이라고 말하는 것이 아니다. 다만 내가 말하는 요지는 *욕구가 느껴지느냐 느껴지지 않느냐에 따라 차이가 발생한다*는 것이다. 우리 몸속의 물과 소금 비율은 시시각각 변하지만, 우리가 그것을 느낄 때 비로소 물을 마시고 싶어진다. 객관적인 측면에서는 우리가 인지하지 못한 채 위험에 처해 있을 수 있지만, 그것을 느끼는 순간이 되어야 비로소 탈출할 방도를 찾는다.

서로 다른 것은 서로 다른 명칭이 필요하듯이, 느껴진 욕구와 느껴지지 않은 욕구 역시 둘 사이의 차이점으로 인해 용어상으로 구분할 필요가 있다. '욕구Needs'는 '정동Affects'과 다르다. 신체적 욕구는 심혈 관계나 호흡기계 조절, 체온 조절 및 당 대사와 같이 *자동적*으로 처리되고 조절될 수 있다. 이들은 '식물성' 기능vegetative functions이라고 불리는데, 이렇게 불리는 데는 합당한 이유가 있다. 이 기능에는 의식적인 측면이 전혀 없기 때문이다. 따라서 자율 '반사'라는 용어를 사용한다. 의식은 욕구가 느껴질 때만 비로소 문제 상황 속으로 들어온다. 이 시점이 바로 욕구가 당신으로 하여금 어떤 일을 하게끔 요구하는 순간이다. (참고로, 욕동drives은 어떤 일을 수행하게끔 *마음에* 가해지는 요구를 가늠한다. 어떤 욕구는 수의적 행동을 전혀 각성시키지 못하고, 따라서 전혀 의식화되지 못한다. 혈압은 임상적으로 가장 잘 알려진 예시인데, 이미 때가 늦은 시점까지 우리는 혈압이 낮거나 높음을 전혀 자각하지 못한다.)

감정적인 욕구 또한 '본능'(프로이트가 무의식적 마음 개념에서 핵심에 두었던 타고난 생존 및 번식 전략)과 같은 전형적 행동stereotypes을 통해서 자동적으로 처리될 수 있다. 하지만 감정적 욕구는 보통 신체적 욕구에 비해 충족시키기가 더 어렵다. 그 이유는 이 장의 뒷부분에서 설명하겠다. 그런 까닭에 전형적으로 감정적 욕구가 불러일으키는 느낌은 일반적으로 더 오래 지속된다. 느낌은 그 느낌이 대변하는 욕구가 충족될 때 의식에서 사라진다.

느낌에 관해 세 번째로 주목해야 할 점은 느껴지는 욕구가 느껴지지 않는 욕구보다 우선순위에서 앞선다는 것이다. 우리는 항시 여러 가지 욕구에 시달린다. 에너지 균형, 호흡 조절, 소화, 체온 조절 등의 식물성 기능은 항상 작동하며, 다양한 종류의 전형적 행동 역시 마찬가지다. 하지만 동시에 이 모든 것을 느끼지는 못하는데, 우리는 한 번에 한 가지 일(혹은 매우 적은 일)만 행할 수 있기 때문이다. 따라서 반드시 선택을 해야 한다. 이때 선택은 *맥락적인* 토대 위에서 이루어지며, 우선순위는 현재 처해 있는 환경 속에서 가용한 기회의 정도와 *관련한* 욕구의 *상대적* 강도에 따라 결정된다. 간단하게 예를 들어보겠다. 강의하는 동안 내 방광이 서서히 차오르지만, 강의가 끝날 때까지 내압이 증가하는 것을 느끼지 못하다가 끝난 순간에 갑작스레 요의를 느낀다. 맥락적인 변화가 생겼기에 오차 신호를 *인식하게 된* 것이다. 그 순간 기회를 감지한 내 신체적 욕구는 느낌이라는 형태로 의식화된다.[6]

우선순위가 매겨진 욕구는 이런 식으로 주요한 차이를 낳는다. 그중 가장 중요한 점은 *어떤 욕구를 인지하게 되는 순간*, 즉 *욕구가 느껴지는 순간에 느낌이 수의적인 행동을 좌우하게 된다*는 것이다.

'수의적'이라는 건 무슨 의미일까? 이는 '자동적'에 반대되는 개념이다. 지금-여기에서 *선택*을 해야 한다는 뜻이다. 가치 판단 체계, 즉 '좋음'이나 '나쁨'을 결정할 수 있는 판단 체계에 근거할 때만 비로소 선택이 가능해진다. 그렇지 않다면 낯선 사건에 대한 반응은 무작위적일 것이다. 여기서 원점, 즉 정동에 담긴 가장 근본적인 특성으로 되돌아가게 된다.

바로 값어치를 부여한다는 점이다. 우리는 *행동이 가져다주*는 *결과의* 느낌에 근거해 무엇을 행하고 무엇을 행하지 않을 것인지 결정한다. 이것이 정동의 법칙이다. 정동에 의해 유도된 수의적 행동은 불수의적인 행동에 비해 막대한 적응적 이점을 얻는다. 이는 자동반응성이라는 족쇄로부터 우리를 해방시키고 예측하지 못한 상황에서 우리를 살아남게끔 한다.

수의적 행동이 반드시 의식적이어야 한다는 사실은 느낌에 담긴 가장 심오한 생물학적 기능을 말해 준다. 느낌은 *불확실*한 상황에서 우리의 행동을 길잡이 한다. 느낌은 어떠한 종류의 행동 방침이 다른 종류의 것보다 나은지 나쁜지를 순간적으로 판단하게 해 준다. 공기 기아의 예시에서 생리학적으로 생존 가능한 범위를 유지할 해법을 기존에 구비해 놓지 못한 경우, 혈액 내 가스 조절 방법은 의식화된다. 예를 들어 이산화탄소가 가득한 방에서 탈출하기 위해 급히 움직일 때, 어디로 향해야 할지 어떻게 판단할 수 있을까? 이러한 구체적인 상황은 고사하고 불이 난 건물에 머문 경험조차 없기에 무엇을 해야 할지 예측하지 못할지도 모른다. 그저 순간적으로 이 방향으로 갈지 저 방향으로 갈지, 혹은 위로 향할지 아래로 향할지 등을 결정해야만 한다. 이럴 때 우리는 난관과 맞닥뜨리는 동안의 느낌을 통해 어떻게 할지 결정을 내린다. 질식감은 옳은 길로 가고 있는지 그렇지 않은지에 따라, 즉 산소의 가용성이 증가하는지 감소하는지에 따라 줄어들거나 늘어난다.

질식 불쾌감이라는 의식적인 느낌에 관여하는 신경 구조물과 화학물질은 무의식적 호흡 조절에 관여하는 것들과는 다른데, 이는 공복감에 관여하는 두뇌 계통이 에너지 균형의 자율신경적 조절에 관여하는 것들과 다르다는 것과 동일한 이치다. 과학자들이 만약 계속해서 느낌을 무시했다면, 이러한 것들은 절대 발견되지 않았을 것이다.

느낌에 관해 설명되어야 하는 것은 훨씬 더 많은데, 이를테면 어떻게 해서 느낌이 (정동의 법칙으로) *경험을 통한 학습*을 가능하게 만드는지, 그리고 어떤 식으로 생각하기와 연결되는지 등이 있다. 하지만 지금까지 제시한 요점은 요컨대 우리가 *어떻게 해서* 느끼는지를 설명해 준다. 나는 우리 같은 생명체가 생명 유지와 번식을 위해 사용하는 기전의 레퍼토리에 느낌이라는 것이 더해 주는 게 무엇인지 설명했다. 이것이야말로 심리학이 생물학에 기여하는 바다. 자연 선택을 통해 이 같은 생존 기전이 결정되었으나, 느낌 즉 복잡한 유기체로서 우리가 지닌 특별한 능력, 우리의 *내적 상태를 인식할 수 있는* 능력이 일단 진화되어 생겨나자 완전히 새로운 무엇인가가 세상에 나타났다. 주관적인 존재가 태어난 것이다.

느낌이 없는 육체적 통증을 상상하기란 쉽지 않다. 통증이 있다는 것은 곧 그것을 느끼는 것이다. 그렇다면 감정이나 기분이라고 불리는 좀 더 미묘한 정동 상태에 대해서는 어떨까? 행복하기 위해서는 반드시 행복감을 느껴야만 할까? 그러나 우울했다는 결론에 이르기까지, 그 당시 나쁜 기분에 휩싸인 상태였다는 것을 뒤늦게 알아차리는 일도 꽤 흔하지 않은가?

우리는 신체적인 형태를 통해 정동에 대해 살펴보기 시작했다. 왜냐하면 신체적 형태야말로 가장 간단한 예시이기 때문이며, 의심할 여지 없이 그것은 진화에서 가장 먼저 나타난 것이다. 나는 '의식의 여명기'에 수반된 정교함의 정도는 그저 값어치가 부여된 체성 감각valenced somatic sensations에 지나지 않았으리라고 본다. 지금부터 내가 보여 주고자 하는 바는 인간의 감정도 그와 같은 형태의 복잡해진 버전이라는 것이다. 인간의 감정 역시 궁극적으로는 생물학적으로 선호되는 상태에서 벗어난 정도를 등록하는 '오차' 신호일 뿐인데, 이 신호는 우리가 내딛는 발걸음이 상황을 더 좋게 만드는지 혹은 나쁘게 만드는지를 알려 준다.

불행히도 오늘날 신경심리학에서는 정동 분류에 대한 일반적인 합의가 도출되지 않았다. 나는 신체적 정동과 감정적 정동을 구분 지었지만, 속성상 확실한 경계가 존재하지는 않는다. 이 구분에서 나는 야크 판크세프의 분류 체계를 따르는데, 이 체계는 만장일치는 아니더라도 널리 받아들여지고 있다. 그는 체성 정동을 매우 다양한 종류가 존재하는 내부수용interoceptive('항상성homeostatic') 아형과 외부수용exteroceptive('감각sensory') 아형으로 더 세분화했다. 예를 들어 배고픔이나 목마름은 항상성 정동인 반면, 통증이나 놀람이나 구역감은 감각 아형이다.[12] 더 확실히 하자면, 판크세프는 세 가지 종류의 정동이 있다고 했다. 항상성 및 감각 정동(둘은 모두 체성 정동), 그리고 감정적 정동(이 역시 신체가 연루되기는 하지만 단순히 '체성'이라 표현할 수는 없음)이다. 예를 들어 형을 그리워하는 경우를 떠올려보자. 이는 감정적인 상태이지 배고픔이나 통증의 경우처럼 신체적인 것은 아니다.

판크세프의 분류법은 그와 그의 제자들, 그리고 그 이전의 수많은 이가 수천 마리의 동물을 대상으로 시행했던 심부 뇌 자극술 연구에 근거하고 있다. 나는 그의 연구실을 종종 드나들었는데, 그곳은 야생 동물원이나 다를 바 없었다. 때를 달리해 백조, 닭, 비글, 기니피그, 쥐, 프레리들쥐로 가득했다. (그는 결국 이 동물 중 몇몇, 특히 조류에 과도히 노출될 때 유발되는 질병으로 숨졌다.)

야크 판크세프가 이 동물들에게 연민이나 애정을 느꼈음은 의심할 여지가 없다. 하지만 수많은 동물이 스스로 운명을 선택하지 못한 채 과학을 위해 희생되었다는 사실 역시 인정해야 한다. 위에서 열거한 동물

12) 판크세프(1998). 나는 판크세프가 체성 정동 중 내부수용 아형을 나타내기 위해 사용한 '항상성'이라는 용어를 쓰지 않겠다. 곧 살펴보겠지만, 모든 정동은 항상성을 유지하는 기능을 한다. 그러므로 그가 사용한 협의의 용례는 혼란을 야기할 수 있다.

들은 감응성이 있는 존재고, 강렬한 감정을 지녔으며, 본질적으로 당신이 나 내가 느끼는 것과 별반 다를 바 없이 느낀다는 사실이 판크세프의 연구로부터 도출되었다는 것은 슬픈 역설이다. 이러한 연구 결과 및 그로 인해 파생된 윤리적 쟁점에 관한 고려가 커짐에 따라 판크세프는 삶의 마지막 수십 년을 오로지 긍정적인 감정만 연구하며 보냈다.

앞으로 다룰 내용에서 나는 동물을 통해 알게 된 것부터 사람에게서 관찰된 것까지 두루 넘나듦에 있어 신중을 기할 것이다. 판크세프는 동물을 사람처럼 취급한다고 동료들로부터 비난받았다고 했다. 하지만 그는 차라리 인간을 동물 취급한다고 간주되는 편이 더 자신의 취지에 맞는다고 항변했다. 그가 실험한 목적은 두뇌 구조물 및 회로 가운데 어떤 것이 개개인뿐 아니라 종의 차이마저 뛰어넘어 동일한 정동 반응을 일관되게 일으키는지를 판단하는 데 있었다. 감정적 정동의 경우 그중 일곱 가지 정동이 정확히 동일한 뇌의 구조물과 화학물질을 자극할 때 모든 영장류뿐 아니라 모든 포유류에서 일관되게 재현된다고 밝혀졌다. (그중 많은 정동이 조류에게서도 유발될 수 있으며, 몇몇은 모든 척추동물에서 유발된다.) 포유류는 2억 년 전 조류에서 분리되었다. 이를 근거로 감정이 얼마나 오래된 것인지 가늠할 수 있다. 인간은 포유류이므로, 앞으로 계속해서 나는 이 일곱 가지 유형의 정동에 초점을 맞출 것이다. 지금까지 알려진 바에 따르면 이 정동들은 인간이 지닌 모든 감정적 레퍼토리의 *기본 구성요소*다. 우리가 느끼는 온갖 다양한 기쁨과 슬픔은 이 일곱 가지 체계가 서로 뒤섞이고, 더 고위의 인지 과정과 뒤섞여 나온 출력물처럼 보인다.

아마 '기본 감정'에 관해 가장 잘 알려진 또 다른 분류 체계는 폴 에크만Paul Ekman의 분류 체계일 것이다.[7] 두 분류 체계의 차이는 무엇보다도 에크만이 판크세프와는 다른 방법, 즉 표정 및 연관 행동에 관한 연구법을 이용했다는 사실로부터 야기되었을 것이다. 오래전 찰스 다윈Charles Darwin이 『인간과 동물의 감정 표현The Expression of Emotions in Man and Animals』(1872)에서 발견했듯이, 포유류 종 사이에는 놀랄 만한 공통점이 보인다. 비록 판크세프와 에크만은 정동을 서로 다르게 분류했으나(에크만은 역겨움을 '감정적' 정동으로, 판크세프는 '감각' 정동으로 부름) 정동 그 자체에 대해서는 의견이 광범위하게 일치한다. 역겨움이 과연 존재하는지 진지하게 의심하는 이는 없으므로, 그런 의미에서 역겨움을 어떻게 분류하든 큰 문제가 되지는 않는다.

반대하는 목소리를 내는 주요 인물로는 리사 펠드먼 배럿Lisa Feldman Barrett이 있다. 그녀의 반대 의견 역시 대체로 방법론적인 차이에 기인한다.[8] 그녀는 사람들이 스스로 보고한 감정에 주목했는데, 민족과 문화의 차이에 따라 느낌을 특징짓고 분석하는 방식이 엄청나게 다양하다는 점이 드러났다. 하지만 그렇다 할지라도 사회적으로 구성된 표면 아래에 기본적이고 천부적인 종류의 것이 도사리고 있다는 사실을 기각할 수 있는 것은 아니다. 그러한 다양함을 만들어 내는 기전에 대해서는 곧 자세히 설명하겠지만, 일단 간결히 풀어보자면 다음과 같다. 우리 내면의 반사와 본능은 생존 및 번식의 성공을 위한 거칠고 즉흥적인(임시변통적) 도구로서, 우리가 맞닥뜨리게 되는 온갖 예상치 못한 상황이나 환경에 충분히 대응하지는 못한다. 따라서 경험으로부터 우러나오는 학습을 통해서 천부적인 반응을 적응적으로 보충해야만 한다. 인류가 손쉽게 그렇게 할 수 있었다는 점이야말로 좋든 나쁘든 우리가 지금 수준만큼 세상을 지배하게 된 주된 이유일 것이다.

인간 행동의 기반이 되는 본능적 프로그램은 일반적으로 학습을 통해 지나치게 조건화되었기에 더는 '본능적'인 모습을 찾아보기 어렵다. 하지만 그 기저에는 항상 본능과 반사가 존재한다. 정신분석 이론의 모든 것은 이러한 통찰을 바탕으로 한다. 만약 애를 써서 찾아내고자 한다면, 명시적인 의도 이면에 놓인 암묵적인 본능적 경향은 언제나 식별할 수 있다.

판크세프가 분류한 본능적 감정을 간단히 소개하겠다.[9] 다양한 과학자가 정동을 서로 달리 분류한 것과 같은 이치로, 과학자들은 정동을 지칭하는 데도 서로 다른 단어를 사용했다. 판크세프는 기본 감정을 가리키는 용어를 대문자로 표시해 일상의 용어와 구분하고자 했다. 다시 말해 대문자를 사용함으로써 단순히 느낌 자체만 논하는 것이 아니라 두뇌 기능 전체를 아울러 논하고자 한 것이다.

(1) **욕정**LUST

우리가 항상 성적으로 각성해 있는 것은 아니다. 성적인 느낌은 섹스가 다른 동기보다 우선되는 경우에만 의식으로 들어오는데, 이는 등락하는 욕구나 기회라는 맥락 속에서 일어난다. 성적 욕구가 각성되면 이를 느끼게 되고, 이 성적 느낌은 행동을 길잡이 한다. 예를 들어 공포를 느낄 때와 성적으로 각성될 때를 비교하면, 각각의 경우 서로 다른 세부적인 요소에 주의를 기울이며 또한 다른 방식으로 행동하게 된다. 이런 식으로 외부수용적exteroceptive 의식 및 자발적 행동은 내적인 상태에 따라 결정된다. 즉, 세상을 다르게 경험하는 것이다. 문자 그대로 무엇을 느끼는지에 따라 머릿속에 다른 경험이 야기된다. 또한 이것이 성적으로 끌리는 동시에 공포에 질리는 일이 쉽지 않은 이유이기도 하다. 안전에 대한 욕구가 우선시될 때 성적인 동기는 마음속에서 물러난다.

　욕정LUST을 '체성' 정동과 '감정적' 정동 가운데 어느 쪽에 분류해야 할지는 불분명하다. 심지어 성욕이 욕구need가 맞는지에 대해서도 의문을 품는 이들이 있다. 이는 (무의식적) 욕구 및 그것이 자아내는 (의식적) 정동 간의 차이를 보여 주는 훌륭한 예라고 하겠다. 우리가 성적 행동에 몰두할 때, 일반적으로 생물학적 의무 때문에 그렇게 애를 쓰는 것은 아니다. 사실 아이를 가지고 싶지 않은 경우도 흔하다. 달콤한 맛과 에너지 공급의 관계에서와 마찬가지로, 주관적 존재인 우리에게 동기를 부여하는 것은 성적 쾌락을 추구하는 데 있지 번식의 성공에 있는 것이 아니다. 즉, 우리는 느낌에 의해 추동된다. 하지만 살아 있는 유기체는 최소한 보통의 경우 번식해야 할 필요가 있다. 자연 선택을 통해 섹스가 애초에 주관적으로 쾌락적이게 된 이유는 바로 이 때문이다.

나는 '보통'이라는 표현을 썼는데, 성적 행동이 모두 번식으로 이어지는 것은 아니며 근근이 종을 이어 나갈 정도에 그치기 때문이다. 이는 또 다른 핵심 원칙 하나를 말해 주는 예다. 감정적 욕구를 만족시키기 위해 선천적으로 타고난 행동의 유용성은 제한적이다. 섹스에서 타고난 양상은 생식기의 울혈 및 윤활, 척추 전만(허리가 활 모양처럼 굽어 질 내 삽입이 가능해짐), 올라타기, 삽입, 찌르기 및 사정으로 요약된다고 해도 과언이 아니다. 이러한 반사와 더불어 클리토리스나 음경(이들은 등가 기관임)을 특정한 리듬으로 애무하는 행동은 성적 긴장감이 방출되리라고 예상되는 쾌락적 감각을 만들어 내는데, 궁극적으로 오르가슴을 통한 만족으로 이어진다. 이런 불수의적 기관들은 타인, 특히나 마음이 끌리는 어떤 인물에게 함께 섹스하고 싶다는 소망에 응해 달라고 설득하는 어려운 작업을 수행하기 위해 마련된 것이 아니다. '감정적' 욕구가 '신체적' 욕구에 비해 충족시키기 더 어려운 주된 이유는 전자는 항상 개별적인 욕구가 있는 다른 지각적 개체들과 결부된다는 데 있다. 전자는 음식이나 물과 같은 단순한 물질이 아니다. 성적인 욕구를 만족시키기 위해서는 타고난 지식에다 학습을 통해 습득한 여타의 기술을 보충해야만 한다. 이 사실

하나만으로도 우리가 탐닉하는 수많은 다양한 성적 활동이 자연 선택에 의해 전해 내려온 보통의 형태와 더불어 존재한다는 것을 설명할 수 있다.

학습한다고 해서 반사나 본능이 *제거*되지는 않는다는 점에 주목하자. 학습은 반사나 본능을 가다듬고 보충하거나 참아 내게끔 만들지만 그렇다고 해서 사라지게 할 수는 없다. 어두운 밤에 거리의 가로등이 길을 밝히지만 어둠을 완전히 몰아낼 수는 없는 것과 마찬가지다. 장기 기억 갱신을 위한 일반적인 기전인 '재공고화reconsolidation'(10장 참조)는 반사나 본능에는 적용되지 않는다. 반사와 본능은 기억이 아니기 때문이다. 반사나 본능은 자연 선택을 통해 각각의 종 속에 견고히 자리 잡은hard-wired 근본적 기질이다.

성적 행동의 범위는 여성형 **욕정**LUST과 남성형 **욕정**LUST에 관한 뇌 회로가 모든 포유류에 존재한다는 사실에 의해 더 확장된다. 대두되는 경향성은 여러 가지 요소에 의해 결정되는데, 여기에는 유전적인 것과 태내에서 일어난 사건 등이 포함된다.[10] 두 회로 모두 시상하부hypothalamus에서 출발해 수도관주위 회색질periaqueductal grey, 즉 PAG라는 약자로 표현되는 부위에 종착한다는 점만 언급하고 그 외의 해부학적 및 화학적인 세세한 사항에 대해서는 여기에서 다루지 않겠다. (PAG의 위치는 [그림 6]에 표시되어 있다. 시상하부의 중요성은 곧 알게 될 것이다.) 다시 말해 이 회로들은 전적으로 피질하에 위치한 구조물이다.[11]

(2) **추구**SEEKING

주로 시상하부 내측에 위치한 '욕구 감지기'에 의해 접수된 모든 신체적 욕구(및 성적 욕구)는 추구라는 두 번째 감정적 욕동을 활성화한다(1장 참조). **추구**SEEKING는 프로이트의 '리비도libido' 개념과 거의 동일하지만, 프로이트는 **욕정**LUST이 이 체계를 단순히 활성화할 뿐이라는 사실을 알지 못했다. **욕정**LUST과 **추구**SEEKING는 같은 것이 아니다. **추구**SEEKING는 탐험적인 '먹이 찾기' 행동을 불러일으키며, 기대, 흥미, 호기심, 열광 또는 낙관으로 특징되는 의식적 느낌 상태가 수반된다. 넓은 들판에 있는 강아지 한 마리를 떠올려보자. 지금 이 강아지의 신체적 욕구가 무엇이든 상관없이 찾기 행동은 현재의 환경에 긍정적으로 몰두하게끔 만들어 그곳에서 만족감을 느끼게 해 줄지도 모른다. 살아 있는 생물체인 우리가 욕구하는 것 대부분은 '외부'에 존재한다. 세상 속에 있는 어떤 것이 우리가 품은 각각의 욕구를 충족시키는지는 '찾기'를 통해 거의 우연적으로 배우게 된다. 이는 한결같은 본능이 어떻게 개체마다 다른 방식의 학습을 이끌어 내는지를 다시금 보여 준다.

추구SEEKING는 불확실성에 적극적으로 대처한다는 측면에서 기본감정 중에서도 이례적이다. 이는 새로움-추구novelty-seeking 및 위험-감수risk-taking 행동의 기원이 된다. 찾기는 관심 가는 사물을 탐색하게끔 만들어 미래에 그것을 다시 만났을 때 무엇을 기대할 수 있을지 알게 해 준다. 예를 들어 강아지 한 마리가 한 차례 울타리를 살펴본 뒤 그 내용물에 익숙해졌다면, 다음에 울타리를 접할 때는 호기심이 떨어질 것이다. 그런 까닭에 **추구**SEEKING는 감정의 '기본값default'이다. 우리가 다른 ('과제-관련task-related') 정동 중 하나에 사로잡혀 있지 않을 때 의식은 전반적으로 세상에 흥미를 느끼는 쪽으로 흐르는 경향이 있다.

해부학적으로 **추구**SEEKING 회로의 뉴런은 뇌간의 복측피개 영역ventral tegmental area에서 시작해 위쪽을 향해 가면서 외측 시상하부를 경유해 측좌핵nucleus accumbens, 편도체amygdala 및 전두 피질frontal cortex에 이른다([그림 2] 참조). 화학적으로 볼 때 이 회로의 주된 신경조절물질은 도파민, 즉 '꿈의 물질'이다(1장 참조).[12] 이는 **추구**SEEKING에 대한 흥미로운 사실 한

가지를 알려 주는데, 즉 잠자는 중에도 이 회로가 '어떤 일을 수행하게끔 마음에 가해지는 요구'에 의해 각성될 수 있다는 것이다. 이는 반드시 의식적 느낌으로 길잡이 되어야 하는 문제 해결 활동으로 이어진다. 그런 까닭에 우리는 꿈을 꾸는 것이다.

(3) 분노RAGE

우리는 자신의 욕구가 충족될 것이라는 낙관적 믿음으로 **추구**SEEKING를 통해 세상에 몰두하지만, 상황이 항상 좋게만 흘러가지는 않는다. 신체적 욕구를 충족시킬 방법을 잘 예측하게 해 주는 반사와 본능이 진화적 선사시대를 거치며 깃들었듯이, 문제로부터 빠져나오는 방법을 예측하게 해 주는 감정적 경향성 역시 타고난 것이다. 보편적 중요성이 담긴 도전적 상황에서는 그에 걸맞은 느낌이 우선적으로 올라와 행동을 좌우한다. 그 덕분에 우리는 선조들이 생존하고 번식하던 과정을 되풀이해야 하는 생물학적 수고로움을 덜게 되었다. 감정은 귀중한 유산이다. 감정은 암묵적이고 무의식적 지식인 선천적인 생존 기술을 느낌 즉 행동을 명시적으로 길잡이 할 수 있는 의식적 형태로 전달한다.

분노RAGE 체계는 현재의 욕구를 충족시키지 못하게끔 끼어드는 그 어떤 것에 의해 촉발되며, 의식 속에서 단순히 짜증나는 좌절감부터 걷잡을 수 없는 분노심까지 그 사이에 놓인 어떤 느낌으로 질감이 구체화된다. 이어서 입모piloerection(털끝이 곤두섬), 발톱의 돌출, 쉬익거리기hissing, 으르렁거리기 및 이빨 드러내기 등의 반사나 본능이 표출되며, 뒤이어 '정동적 공격affective attack'이 따라온다. 즉, 분노의 대상을 향해 달려들고 깨물고 차고 때리는 행동이 분노가 누그러질 때까지 이어지는 것이다.

이 같은 행동이 수반되는 정동을 *느끼*는 이유는 무엇일까? 대답은 이전과 동일하다. 느낌은 우리가 어떻게 하고 있는지, 사정이 좋게 흘러

가고 있는지 나쁘게 흘러가고 있는지를 말해 준다. 우리가 장애물을 없애 버리려고 애를 쓸 때, 흔히 그 장애물도 동시에 우리를 없애 버리려고 애를 쓴다. 우리는 승리의 달콤한 맛이나 패배의 쓴맛을 느낀다. 이는 이후에 무엇을 해야 하는지 길잡이 해 준다. 이를테면 통증(정동적 공격을 할 당시 억제되었던 감각적 정동)이 올라올 수도 있는데, 이것이 **분노**RAGE를 대체하여 싸움이 끝나거나 도망치는 일로 이어질 수 있다.

이 모든 것이 현재 진행형인 의식적 평가 없이 자동적으로 흘러갈 수 있을까? 이 질문은 지금부터 소개하려는 주제인 *생각하기*에서 정동이 하는 역할에도 적용할 수 있는 질문이다. 생각하기는 '가상의' 행동이다. 상상 속에서 여러 가지를 시도해 보는 능력, 즉 명백한 생물학적 이유가 있는 생명을 구하는 능력이다. 이 능력이 인간에게만 있는 것은 아니지만, 특히 인간에게서 고도로 발달해 있다. 그러므로 인간의 이야기로 넘어가 볼까 한다. 내 경험에서 우러나온 다음과 같은 상황을 떠올려 보자. 교장 선생님이 교장실에서 나를 질책하고 있다. 나는 점점 화가 치밀어 오름을 느낀다. 이때 나타나는 본능적인 반응은 정동적 공격이다. 하지만 이후 벌어질 결과를 *생각해* 본다. 그리하여 그에게 달려드는 대신 본능적 행동 경향을 억제하고 어떤 대안이 있을지 *상상*한다. 여러 가지 대안을 두루 훑어보다가 마침내 만족할 만한 해결책을 하나 찾아낸다. 교장실에서 나온 다음 아무도 보지 않을 때, 교장 선생님의 자동차 타이어에서 공기를 빼 버리는 것이다. 이런 식으로 나는 끔찍한 결과를 초래하지 않고서도 **분노**RAGE를 덜어낸다. 이는 선천적으로 타고난 전형적 행동 유형을 생각하기라고 불리는 가상적 형태의 경험을 포함하는 경험학습으로 보충해야 하는 이유를 보여 준다. 서로 상충하는 욕구(이 예시에서는 **분노**RAGE와 **공포**FEAR)를 포함하는 좌절을 실생활에서 마주할 때 본능적인 해결책만으로는 충분하지 않은 것이다. 하지만 학습을 통해 본능적 반응을 보충한다 해도 본능적 반응을 제거하지는 못한다는 점을 다시 한 번 상기했으면 한다. 나는 교장 선생님을 공격하지 않기로 마음먹었지만, 그러고 싶은 기분은 여전했고 미래의 비슷한 상황에서 다시금 떠오를 것이다. (이는 사람에게만 해당하는 이야기는 아니다. 개라면 이런 식의 해결책을 떠올리지 못하겠지만, 영장류는 온갖 종류의 교활한 속임수를 쓴다.)[13]

분노RAGE와 같은 감정은 '단순히' 느낌에 그치는 것이 아니다. 감정은 생존에 핵심적인 역할을 한다. 우리가 가용한 자원에 대한 권리를 주장하지 않고 다른 사람이 우리 몫을 가져가는 것을 그저 내버려 둔다면 결과가 어떨지 상상해 보라. 만약 좌절감이나 짜증, 화를 느끼지 않는다면 필요한 것을 위해 싸우지 않을 것이다. 그런 일이 벌어진다면 조만간 우리는 죽을 것이다. 오늘날 우리가 살아가는 문명화된 환경 속에서는 감정의 생물학적 기능을 간과하기가 쉽다. 하지만 인류가 사회적 행동을 규제하는 인위적인 법이 자리 잡은 상태로 이렇게 살아온 것은 겨우 1만 2,000년에 불과할 뿐이다. 문명은 포유류가 나타난 이래 매우 최근에 일어난 양상이며, 우리 뇌가 설계되는 데 아무 역할도 하지 못했다.

의식적 생각에는 대뇌피질이 필요하다. 하지만 생각을 길잡이 하는 느낌에는 필요하지 않다. **분노**RAGE를 매개하는 회로는 거의 전적으로 피질하에 있으며, 그 종착지는 뇌간의 PAG이다.[14]

(4) **공포**FEAR

싸우기/도망치기와 같은 이분법이 존재한다는 것은 정동적 공격만이 적을 상대하는 최선의 수는 아니라는 뜻이다. 싸울 것인지 도망칠 것인지를 판가름하는 맥락적 요소는 편도체amygdala에서 부호화되는데, 편도체는 **분노**RAGE와 **공포**FEAR를 모두 매개한다.[15]

대부분 포유류는 태어난 직후부터 무서운 대상을 선천적으로 '안다.'

예를 들어 갓 태어난 설치류는 고양이 털 한 가닥에 노출되어도 얼어붙는다. 비록 고양이를 경험한 적이 없고, 고양이가 쥐를 다루는 방식에 대해서도 아는 바가 없지만 말이다. 그 이유는 자명하다. 만약 각각의 쥐가 고양이에게 어떻게 반응해야 하는지 경험을 통해 배워야만 한다면, 쥐는 멸종할 것이다. 다시 한번 우리는 감정이 지닌 엄청난 생물학적 값어치를 목도하고 있다.

우리 인간은 높거나 어두운 장소, 스르르 기어서 다가오는 생물 따위의 위험에 공포를 느끼며, 여느 포유류와 다를 바 없이 본능 및 반사인 얼어붙거나 도망지는 행동으로 회피한다. 앞서 논의한 혈관미주신경성 차단 반사와 달리 이러한 '탈출' 행동은 가쁜 호흡, 증가하는 심박수, 내장에서 근골격계로 재배치되는 혈류를 통해 촉진된다. (따라서 극도의 공포와 내장 조절력 상실은 연관된다.) 다른 감정과 마찬가지로 공포라는 의식적 느낌은 우리가 점점 안전해지고 있는지, 안전으로부터 벗어나고 있는지를 알려 준다.

처음 사례가 발표되었을 때 20대 중반이었던 S. M.이라는 환자의 사례가 흥미롭다. 그녀는 양측 편도체에 칼슘이 침착되는 희귀한 유전질환인 우르바흐-비테Urbach-Wiethe 증후군을 앓고 있었다. 그녀는 공포를 느끼지 않았다.

> [그녀는] 수많은 범죄 행위나 외상적 사건, 목숨이 위험한 사건에 휘말렸다. 칼끝이나 총구가 겨누어지는 일들이 있었고, 가정 내 폭력 사건에서 거의 죽을 뻔했으며, 여러 차례 노골적인 살해 위협을 받았다. 이 많은 상황에서 목숨을 잃을 뻔했음에도 S. M.은 절박함이나 위급함 혹은 여타의 행동 반응적 징후, 즉 정상적이었다면 그 사건들에 결부되었을 법한 징후들을 전혀 나타내지 않았다. S. M.이 살면서 이례적일 정도로

> 외상적 사건을 빈번히 겪은 까닭은 … 주변에 도사린 위협의 기미를 알아차리거나 잠재적 위험 상황을 피하는 법을 익히는 데 현저한 장애가 있다는 그녀 측의 사유에 기인한다.[16]

내가 태어난 곳과 가까운 남아공 외딴 구석의 나마쾰란트Namaqualand라는 지역에는 우르바흐-비테 증후군의 발병률이 이례적으로 높았기 때문에 나는 그 환자들을 많이 연구할 수 있었다. (어느 독일계 식민지 정착민에 의해 이상 유전자가 유입되었고, 이후 고립된 공동체 내에 축적되었다.) 나는 이 환자들이 꾸는 꿈이 특별히 흥미롭다는 사실을 발견했다. 이들의 꿈은 짧고, 단순하며, 소망이 발현되어 있었다. 내가 연구한 환자 가운데 한 사람은 남편이 무직이었는데, '남편이 직장을 얻어 굉장히 기뻐하는' 꿈을 꾸었다. 또 다른 사람은 장애아의 어머니였는데, '딸이 걸을 수 있게 되어 매우 기뻐하는' 꿈을 꾸었다. 아버지가 사망한 또 다른 이는 '아버지를 다시 봐서 정말 기뻐하는' 꿈을 꾸었다. 이 꿈들은 우르바흐-비테 증후군 환자에게서 나타나는 전형적인 것인데, 이들은 거침없이 상상함으로써 자신의 욕망을 마주하는데 위험이 따르리라고는 전혀 예상하지 않는다.[17]

대부분은 특정한 **공포**FEAR를 촉발하는 대상을 가지고 태어나는 듯 보인다. 절벽에서 뛰어내릴 때 혹은 독사를 집어 들 때 어떤 일이 벌어지는지 각자 경험을 통해 배워야 한다면 어떨지 상상해 보라. 그런 까닭에 우리는 이를 실행에 옮기길 꺼리는 선조를 두게 된 것이다. 실행에 옮겼던 이들은 후손을 남기지 못한 관계로 우리의 조상이 되지 못했다. 우리에겐 이 유산을 감사히 여겨야 할 충분한 이유가 있는 것이다.

하지만 그 *외에* 또 어떤 것을 두려워해야 하는지 반드시 익혀야 한다. 우리는 아찔한 높이에서 떨어지는 일이나 독사에 물리는 일 외에도 비슷하게 해로울 수 있는 것에 대해 생각하기를 포함한 경험을 통해 배운다. 예를 들어 전기 소켓이나 그로 인한 쇼크는 진화적으로 예측된 것이 아니지만, 위험하기는 독사와 매한가지다. 또한 공포를 느낄 때 본능적인 반응을 보충해서 무엇을 *더 해야* 하는지도 익혀야 한다. 우리를 좌절하게 만드는 모든 대상을 공격하는 것이 적응적이지 못하듯, 겁이 나는 모든 것 앞에서 얼어붙거나 도망치는 것 역시 적응적이지 못하다. 이즈음에서 의식적인 느낌이 이 같은 학습 과정에 어떤 역할을 하는지 명확히 할 필요가 있겠다. 느낌은 어떤 방법이 통하고 어떤 방법은 통하지 않는지 너무 늦기 전에 알려 준다. 그리하여 살아남는 데 도움을 주는 것이다.

공포 조건화를 살펴보면 어떤 것이 의식적이고 어떤 것이 그렇지 않은지에 대한 추가적인 중요한 사실을 알 수 있다. 공포 조건화에서 특별한 양상 하나는 '단일-노출 학습'이라는 점이다. 전기 소켓 속으로 손가락을 찔러 넣는 일을 두 번 다시 하지 않는 것은 단 한 번의 경험으로 족하기 때문이다. 그 이유는 쉽게 알 수 있다. 첫 번째 시도에서 요행히 살아남았다면 그 경험을 왜 반복하겠는가? 하지만 감정의 밑바탕이 되는 여타의 모든 생물학적 기전과 마찬가지로, 이를 '선언적인' 의미에서 지각할 필요는 없다. 조건화는 그저 자동적으로 일어날 따름이다. 왜냐하면 **공포**FEAR 조건화에는 대뇌피질이 개입할 필요가 없기 때문이다. 이는 해마(선언적 장기 기억을 축적하는 데 필요한 피질 구조물)가 성숙하기 이전인 초기 아동기에도 일어날 수 있다. 이런 까닭에 신경학적으로 건강한 사람들도 클라파레데의 경우처럼 영문도 모른 채 뭔가를 두려워하게 된다.

인지과학자들은 '무의식적' 학습 때문이라고 했지만, 앞서 언급했듯 이는 그들이 정동을 간과했기 때문에 나온 주장에 불과하다. 사람이 스스로 공포를 느끼는 이유가 무의식적인 것은 사실이지만, 연관된 느낌에 대해서는 역시 의식적일 수밖에 없다. 의지가 깃든 행동을 길잡이 하는

데 필요한 것은 오직 느낌뿐이다. 앞서 소개한 단어 플래시 실험을 떠올려보자. '살인자'나 '강간범' 같은 단어를 식역 이하에서 얼굴 A와 함께 제시하고, '배려하는'이나 '관대한' 같은 단어를 얼굴 B와 함께 제시한 뒤 시험 참가자들에게 둘 중 하나를 고르게 하면, 참가자들은 이유를 말할 수 없음에도 불구하고 한쪽을 선호하게 된다. 이러한 선택을 길잡이 하는 것은 '직감'인데, 이때 느낌은 쉽게 간과되기 때문에 '추측'과 같은 단어로써 인지적으로 묘사된다.[18]

이런 식으로 '무의식적 감정'을 둘러싼, 인지과학에서 곤혹스러워하는 점을 상당 부분 설명할 수 있다. 무의식적인 것은 *감정*이 아니라 감정이 가리키는 *인지적인* 것이다. 생각하기와 관련해 앞서 살펴본 바와 같이 느낌이 무엇에 관한 것인지 아는 것은 분명 도움이 되지만, 그런 통찰이 필수적이지는 않다. 실제로 때로는 행동하기 전에 생각을 하지 않는 편이 더 나을 수도 있는데, 생각에는 시간이 필요하기 때문이다.

공포-조건화에도 똑같은 이치가 적용된다. 일단 무언가에 대해 공포를 학습하게 되면, 특히 그 이유를 의식적으로 알지 못하는 경우 그 연결은 거의 되돌릴 수 없다. 조지프 르두Joseph LeDoux가 인상적으로 표현했듯이 공포 기억은 '지울 수 없다.'[19] 이는 무의식적 기억 전반에 관한 중요한 사실을 말해 주는데, 이에 관해서는 추후에 설명하겠다. 지금은 '비선언적' 기억(감정 기억과 절차 기억 등)은 잊기 어렵고, 같은 이유로 그것이 무의식적이라는 점만 언급하고자 한다. 이런 기억은 불확실성을 덜 수반하며(좀 더 일반화하기 쉬우며), 따라서 맥락에 따른 수정이 쉽지 않다. 후천적으로 습득한 행동이 전형적인 모습을 갖추고 자동화되는 까닭은 이 때문이다. 인지의 목적이 세상에서 욕구를 충족시키는 방법을 배우는 데 있다면, 자동화는 배움의 이상적인 형태다.

(5) 공황/비탄PANIC/GRIEF

분리 불안은 **공포**FEAR와는 다르다. 분리 불안은 본능적으로 어머니(혹은 주 양육자)와 애착을 맺는 영아기에 처음 나타난다. 공포 조건화와 달리 애착에는 6개월 정도가 소요되는데, 이 역시 합당한 생물학적인 이유가 있다. 일회성 양육으로는 누군가를 영원히 의지할 수 있다는 사실을 보여 주기에 충분하지 않기 때문이다.

포유류가 애착 대상으로부터 분리되면 '저항protest' 행동으로 시작해 '절망despair'으로 이어지는 전형적인 행동 순서가 나타난다. 저항 시기에는 고통 발성distress vocalisation 및 찾기 행동과 더불어 공황panic을 느끼는 것이 특징적이다. 공황은 흔히 '엄마는 어디 *있어?*'와 같은 분노와 결합해 또 다른 갈등을 유발하는데, 바로 **공황/비탄**PANIC/GRIEF과 **분노**RAGE 사이의 갈등이다. 한 감정은 양육자를 항상 가까이 두고 싶게 만드는 반면, 동시에 또 다른 감정은 그녀를 파괴하고 싶게 만든다. 죄책감, 즉 **분노**RAGE를 억제하는 *이차적인* 감정은 학습된 전형적인 결과다. 이는 이차적 감정(죄책감, 수치심, 시기심, 질투심 등)이 갈등 상황에서 어떻게 일어나는지 보여 주는 좋은 예다. 기본 감정과 달리 이러한 감정은 배럿의 연구가 보여 주듯 학습된 복합 구성물, 즉 감정과 인지의 혼합물이다.

절망 시기에는 무망감無望感, 말 그대로 '단념하는' 느낌이 특징적이다. 표준적인 설명은 다음과 같다. 만약 강아지가 울부짖으며 어미를 찾아 나설 때 속히 어미와 재회하지 못한다면, 취약한 강아지 입장에서는 포식자의 눈길을 끌게 되는 잠재적 위험이 행동의 이득보다 더 커지기 시작한다. 또한 강아지가 집에서 너무 멀리 떨어진 곳을 배회한다면, 어미가 돌아왔을 때 발견될 확률이 줄어든다. 여러 가지 통계적 측면을 고려할 때, 혈관미주신경계 활성중단vasovagal shutdown과 함께 일어나는 단념 상태가 고통에도 불구하고 대대로 전해 내려온 생존 전략이 된 것이다.

인간 아동이 분리를 겪을 때 나타나는 단계적 상황에 대해 정신분석가 존 볼비John Bowlby가 기술한 고전적인 설명은 다음과 같다.

> [저항…]은 즉시 시작될 수도, 지연될 수도 있다. 몇 시간에서 한 주나 그 이상 지속된다. 그 시기 동안 어린아이는 엄마를 잃어버린 것에 대해 급격히 고통스러워하는 듯 보이며, 자신의 한정된 자원을 총동원해 엄마를 되찾으려고 애쓴다. 보통 울음을 크게 터뜨리고, 스스로 침대를 흔들고, 사라진 엄마일지도 모르는 어떤 모습이나 소리 쪽으로 몸을 돌리고 간절히 바라본다. 그 모든 행동은 엄마가 되돌아올 것이라는 강한 기대감을 말해 주는 것이다. 그동안 아이는 자신을 위해 뭔가 해 줄 수 있는 여타의 사람들을 모조리 거부하는 경우가 잦다. 돌보는 이에 필사적으로 매달리는 예외적인 아이들이 일부 있기는 하지만 말이다.
>
> [절망…]은 저항에 뒤따라오는데, 여전히 잃어버린 엄마에게 집착하고 있음이 명백하나 아이의 행동에는 무망감이 증가하는 것이 보인다. 활발한 신체 움직임이 줄어들거나 사라지고, 단조롭게 울거나 이따금 울음을 보인다. 위축되고 활동적이지 않고, 주변 사람들에게 요구하지 않으며, 깊은 애도 상태에 놓인 것처럼 보인다.[20]

당연하게도 후자의 상태는 우울과 유사하며, 우울에는 흔히 죄책감이 동반된다. 그런 까닭에 판크세프나 나를 위시한 여러 사람은 **공황/비탄**PANIC/GRIEF이라는 두뇌 기전에 대한 설명을 새로운 기분장애 치료법을 개발하는 데 적용했다.[21] 화학적으로 '저항'에서 '절망'으로 옮겨 가는 것은 오피오이드opioids라 불리는 펩타이드peptides에 의해 매개되는데, 이는 도파민계 활성을 중단시킨다dopamine shutdown(효과는 156쪽 증례 참조). 우울이 **추구**SEEKING를 특징짓는 느낌과 정반대의 특징을 지닌 것은 이 때문이다.[22] 이 계통의 **공황**PANIC 쪽 구조물의 해부학적 궤적은 전측 대상회anterior cingulate gyrus에서 내려와 PAG에 다다르는데, PAG는 모든 감정 회로의 종말부다.[23] (어떤 방식으로 뇌간 PAG에서 모든 정동 사이클이 끝나며 또한 시작되는지에 대해서는 이후에 설명하겠다.)

이 오피오이드-매개 회로가 뇌 속의 더 오래된 진통 계통에서 진화했다는 사실이 흥미롭다. 상실에 대한 정신적 괴로움은 감각적 통증에 대한 신체 기전이 정교화된 것이다.[24] 이는 생명 안전장치인 감각적 정동과 감정적 느낌 사이에 끊김 없는 이행이 본디 존재한다는 것을 보여 주는 좋은 예다. 감정에 관해서라면 '가짜인 것'은 없다. 분리나 상실과 연관된 고통스러운 느낌은 경험으로 배운 것과 결합해 양육자가 필요한 포유류나 조류의 생존을 보장하는 중요한 역할을 한다. 이는 아동기 이후에도 적용된다. 방금 기술한 두뇌 회로는 평생에 걸쳐 애착 유대를 매개하는데, 불행하게도 여러 가지 형태의 중독 역시 매개한다.

(6) 보살핌CARE

보살핌CARE은 애착의 반대쪽 측면이다. 우리는 애정 어린 보살핌이 필요할 뿐 아니라, 우리 또한 아이들 특히 친자를 보살펴야 한다. 소위 모성 본능이라는 것은 우리 모두에게 존재하지만 똑같은 수준으로 존재하는 것은 아닌데, 평균적으로 여성에게서 더 높은 수준으로 보이는 화학물에 의해 매개되기 때문이다. 이 화학물은 에스트로겐oestrogen, 프로락틴prolactin, 프로게스테론progesterone과 옥시토신oxytocin으로 모두 임신 및 출산 시 극적으로 상승한다.[25] 또 주목할 만한 점은 **보살핌**CARE, **공황/비탄**PANIC/GRIEF 및 여성형 **욕정**LUST의 두뇌 화학물과 회로 간에 중첩되는 것이 있다는 사실이다.[26] 이 사실 하나만으로도 우울증이 남성보다 여성에게서 거의 세 배 가까이 더 흔하다는 것을 설명할 수 있다. 여성의 약 80%는 신체 중앙에서 왼쪽으로 아기를 안는 것이 '좋다'는 것을 어릴 때부터 어느 정도 알고 있지만, 남성은 아버지가 된 이후에야 이를 발견하는 경향이 있다.[27] 반면 전혀 경험이 없는 남자아이도 아기가 울 때 어떻게 해야 하는지 일반적으로 알고 있다. 아무리 남자아이라도 아기를 달래려고 손가락으로 쿡 찌르거나 발로 들지는 않는다. 할 수 있는 '좋은' 방법은 아기를 꼭 안고 달래는 소리를 내거나 흔드는 것임을 선천적으로 안다.

하지만 모든 부모가 깨닫듯이 이것만으로는 충분하지 않다. 아기를 잘 키워 내는 일에는 본능보다 많은 것이 필요하다. 그러므로 우리는 다른 감정과 마찬가지로 예측하지 못했지만 일어날 수 있는 수많은 상황에서 무엇을 어떻게 해야 하는지 경험을 통해 배워야만 한다. 다른 감정과 마찬가지로 이러한 점에서 우리가 하는 의사 결정은 보살핌과 염려라는 느낌에 의해 길잡이 된다. 느낌은 상황이 좋은 쪽으로 흘러가는지 나쁜 쪽으로 흘러가는지를 알려 준다. 보살핌의 욕동만으로 충분치 못한 또 다른 이유도 있는데, 모든 부모가 그러하듯 우리는 우리 아이에 대해 오로지 사랑만을 느끼지는 않기 때문이다. 그에 따른 갈등은 반드시 수많은 인지-감정적 과정을 통해 해소되어야 한다.

다양한 감정적 욕구들을 유연한 방식으로 조화시키고 받아들이는 법을 배우는 일이야말로 정신적 건강과 성숙의 기반을 결정한다. 예를 들어 지속 가능한 연인 관계를 생각해 보자. 이를 위해서는 **욕정**LUST 및 유아적 **공황/비탄**PANIC/GRIEF 형태의 애착이 서로 사려 깊게 통합되어야 한다(성적인 느낌과 애정 어린 느낌을 조화시키지 못할 때 성녀-창녀 콤플렉스[13])

---

13) 프로이트는 「성적인 삶에 있어서 가장 만연한 붕괴 형태(The most prevalent form of degradation in erotic life)」라는 논문에서 '사랑하는 대상에게는 욕망을 품지 않는 반면, 욕망하는 대상에게는 사랑을 느끼지 못하는' 대상 선택이 분열된 심인성 발기부전 환자의 사례를 논하며 이를 소개했다(역자 주).

가 생긴다). 애정 어린 유대는 두리번거리는 **추구**SEEKING 계통과도 조화시키기 어려울 뿐 아니라(새로운 사람이 주는 흥분 등), **분노**RAGE를 불러일으키는 피치 못할 좌절과도 조화시키기 어려우며(만연한 가정불화 등), 자애로운 **보살핌**CARE이라는 마음 씀씀이와도 갈등한다. 그런 식이다. 장기간 관계를 지속하는 일은 인간의 마음이라면 맞닥뜨릴 수밖에 없는 여러 가지 도전 가운데 하나의 사례일 뿐이다. 우리는 삶의 문제를 헤쳐 나가기 위해 감정을 나침반으로 사용한다. 경험으로부터 익힌 모든 것을 앞서 개괄한 다양한 형태로서 길잡이 하는 것이 느낌이다. 하지만 생물학은 이 와중에 우리에게 도움이 될 욕농 한 가지를 더 소개한다.

(7) 놀이PLAY

우리는 놀이가 필요하다. 자신의 영역을 주장하며 방어하고, 사회적 위계를 형성하며, 무리 내외의 경계를 만들고 유지하는 일은 놀이라는 매개체를 통해 이루어진다.

놀이가 생물학적 욕동이라는 것을 알게 되면 사람들은 흔히 놀란다. 하지만 모든 어린 포유류는 격렬한 놀이에 몰입한다. 만약 하루의 할당량을 채우지 못하면 마치 그 반동인 듯 다음 날 이를 보충하려 든다. 비록 포유류의 종에 따라 조금씩 형태를 달리하기는 하지만, 야단법석한 놀이가 어떤 것인지 우리는 모두 잘 알고 있다. 놀이 세션은 '초대'하는 자세 또는 몸짓으로 시작된다. 만약 상대가 받아들인다면, 이어서 게임이 벌어진다. 한 동물이나 아이가 상대를 기운차게 쫓는데, 엎치락뒤치락하며 서로 몸싸움을 벌이거나 간지럽히는 것으로 끝이 난다. 웃음이 터지거나 종에 따라 그에 상응하는 발성이 동반되면서 말이다. (심지어 쥐도 '웃는다.')[28] 그러고는 다시 일어나 이전과 반대로 서로를 다시 쫓는다. 이와 연관된 느낌 상태는 한결같이 동일하다. 재미라고 일컬어지는 느낌이다.

아이들은 놀이를 사랑한다. 하지만 경험적으로 보아, 대부분 놀이 상황은 울음으로 끝난다. 이는 생물학적인 관점에서 놀이가 무엇인지에 관한 주요 단서를 제공한다. 놀이는 사회적으로 허용되는 *한계를 발견*하는 데 의의가 있다. 놀이가 더는 즐겁게 느껴지지 않는다면, 대개는 상대가 '공정'하게 놀지 않는다고 판단한 경우다. 그럴 경우에는 더 놀 수가 없다. 한계에 도달한 셈이다. 그러한 한계를 표시하는 일은 안정적인 사회 집단을 형성하고 유지하는 데 매우 중요하다. 또한 우리 같은 사회적인 동물 종에서는 그룹 내 각 구성원이 살아남는 것이 그룹의 생존에 중요하다.

이러한 측면에서 한 가지 주요한 기준은 패권dominance이다. 어떤 놀이 상황에서도 참가자 중 한 명은 주도하는 역할을 하고, 나머지는 그에 따른다. 지배하는 쪽이 온종일 명령만 내리려고 고집하지 않는다면, 이는 양측 모두에게 재미있는 일이다. 허용 가능한 역할을 주고받는 비율은 대략 60 대 40인 것 같다. '60 대 40 규칙'의 호혜성은 복종하는 놀이 친구 쪽에 주도할 기회가 충분히 주어지기만 한다면 놀이가 계속 이어진다는 점이다.

이는 **놀이**PLAY의 두 번째 기능을 말해 주는데, 사회적 계급 곧 '위계 서열'을 정립하는 기능이다. 그에 따라 야단법석한 놀이는 발달에 따라 더 조직화되고 노골적인 경쟁적 게임으로 바뀐다. 물론 놀이가 야단법석한 게임류에만 국한되는 것은 아니다. 우리 인간은 가상 놀이에도 몰입하는데, 그 속에서 참가자는 다양한 사회적 역할을 시험 삼아 경험해 볼 수 있다(예를 들어 엄마/아기, 선생님/학생, 의사/환자, 경찰/도둑, 카우보이/인디언,[29] 성주/비천한 악당 등 항상 지위나 권력 서열이 존재한다는 점에 주목하라). 다른 포유류가 놀이할 때 상상 속에서 무슨 일이 일어나는지 우리는 알지 못한다. 하지만 그것들 역시 다양한 사회적 역할을 '시험 삼아 해 볼 것'

이며, 그렇게 함으로써 무사히 넘어갈 수 있는 행동과 그렇지 못한 행동을 학습하리라는 대담한 가설을 세워 볼 수 있을 것이다.

이는 **놀이**PLAY의 세 번째 생물학적 기능을 시사한다. 놀이를 하기 위해서는 타인이 어떻게 느낄지를 고려해야 하며, 놀이를 통해 그러한 고려에 익숙해진다. 만일 그렇지 못하다면 상대방은 함께 놀기를 거부할 것이며, 그 결과 놀이가 불러일으키는 큰 즐거움을 얻지 못하게 된다. 악동이 모든 장난감을 독차지할 수 있을지는 몰라도, 재미는 전혀 없을 것이다. **놀이**PLAY가 진화한 이유, 그리고 그토록 큰 즐거움이 놀이에 부여된 이유가 바로 이 때문인 것으로 보인다. 놀이는 유지 가능한 사회의 형성을 촉진한다. 한마디로 놀이는 *공감*을 발달시키는 주된 매개체인 것이다.[30]

놀이 삽화는 '가상적' 속성'as if quality을 잃을 때 갑작스레 끝난다. 만약 당신이 여동생을 어딘가에 가두고 열쇠를 던져 버렸다면, 60 대 40 규칙을 어겼을 뿐 아니라 더는 경찰과 도둑 *게임*을 하고 있지 않은 셈이다. 대신 여동생을 감금하는 중이다. 다시 말해 이러한 당신의 연관 행동은 **놀이**PLAY라기보다는 **공포**FEAR나 **분노**RAGE인 것이다. 같은 이치가 앞서 열거한 다른 게임들에도 마찬가지로 적용된다. 예를 들어 '의사/환자' 놀이는 그것이 실제 성행위로 넘어가기 전까지만 게임이다. 이후로는 **욕정**LUST이 지배하게 된다. **놀이**PLAY가 여타의 모든 본능적인 감정들 사이를 맴돌면서 감정을 시험해 보고 한계를 익힌다는 사실이 바로 **놀이**PLAY를 위한 단일한 두뇌 회로를 발견하는 일이 불가능했던 이유가 아닐까 싶다. 아마도 놀이는 모든 감정을 훈련하는recruit 듯하다.[31] 그럼에도 불구하고 놀이가 확실한 기본 본능 중 하나라는 것에 의문이 든다면 세르지오Sergio와 비비엔 펠리스Viven Pellis의 훌륭한 저서 『놀이를 좋아하는 두뇌The Playful Brain』를 읽기 바란다.[32]

다른 포유류와 매한가지로 인간 역시 선천적으로 영역을 주장하며 명확한 규칙이 있는 사회적 위계를 만든다는 사실을 떠올릴 때면 우리는 종종 불편해진다. (영장류의 행동을 관장하는 규칙은 놀랄 만큼 복잡하다.) 가족, 씨족, 군대, 심지어 국가 등 거의 모든 사회 집단은 이견이 없을 정도로 명백히 계층적이며 영역적이다. 역사상 언제나 그랬다. 집단 내에서 개인의 사회적 위치가 높으면 높을수록 그 집단이 지배하는 영역 내 자원에 대해 개인은 큰 접근성을 가지게 된다. 이러한 소견은 사적인 선호도의 문제가 아니다. 이는 사실의 문제다. 이러한 사실을 직시하지 않는다면 이를 다룰 수 없다. 감정적 욕동이 존재한다는 사실이 그 욕동을 조절할 수 없어 '정글의 법칙' 앞에 무릎을 꿇어야만 한다는 의미는 아니다. 다만 우리는 위험을 자초하는 이 감정적 욕동을 무시하고 있다.

놀이PLAY가 사회적인 규율을 어떻게 만들어 내는지 확인하는 것은 쉬운 일이다. 규율을 통해 단체 행동이 조절되고, 이를 통해 개개인의 욕구가 과도히 넘치는 것을 방지한다. 사회적 규율이 복잡한 형태의 소통을 어떻게 권장하는지, 따라서 상징적인 생각이 출현하는 데 기여하는지 확인하는 것 역시 쉬운 일이다. 놀이PLAY에 '가상적' 속성이 있다는 사실은 어쩌면 놀이가 '생각'이라는 것(실제 행위가 아닌 가상 행위라는 속성) 전반의 생물학적 전구물일 수 있음을 시사한다. 어떤 과학자들은 *꿈꾸기*가 야간의 **놀이**PLAY라고 믿는다. 즉, 본능적인 감정을 '가상' 세계에서 시험해 보는 것이다. 흥미롭게도 뇌간의 손상으로 인해 꿈꾸는 동안 수반되는 운동 마비가 없어진 REM 수면 행동장애 환자와 실험동물들은 다양한 본능적 정형 행동인 도망치기, 얼어붙기, 포식성의 달려들기 및 정동적 공격을 실행에 *옮긴다*enact.[14)]

---

14) 'as if quality'나 'enact'와 같은 용어는 정신분석적 치료 문헌에서 독특한 의미로 쓰인다. 야크 판크세프는 다른 책에서, 이를테면 『감정의 치유력(The healing power of emotion)』에서 놀이(PLAY) 체계를 정신 치료와 결부한 바 있다. 그런 이유로 영문을 병기했다(역자 주).

신체적 정동에는 특정한 생생함과 절박성이 깃들어 있어 우리가 그것들을 놓칠 리 없다. 이와 마찬가지로 감정적 정동 역시 의식적인 느낌을 통해 운용된다는 것을 이제는 알아차렸길 바란다. 비록 그게 무엇인지 항상 인식하는 것은 아니지만, 감정적 정동은 다양한 내면의 박차와 용솟음으로 우리가 행하는 수의적 행동 대부분을 조절한다. 수의적 행동의 핵심은 지금-여기에서 어떤 선택을 할지 결정하는 것에 있다. 만약 어떤 선택지가 더 좋은지 나쁜지를 말해 주는 평가 체계에 근거한 감정적 정동이 없다면 우리는 어떻게 선택지를 고를 수 있을까? 느낌이 행동에 기여하는 바는 바로 이와 같은 값어치를 부여하는 데 있다.

하지만 배경 감정 상태가 *인지적 측면*의 두뇌에 의해 항상 인식되는 것은 아니기에, 따라서 항상 자기 반성적으로 되뇌어질 수는 없기에 후향적으로 퍼즐을 맞춰 보기 전까지 우리는 더 큰 패턴을 확인하지 못한다. 여기서 '우리'라 함은 일반인만을 지칭하는 것이 아니다. 오히려 비전문가들은 실험적 사실에 관해 모르는 것이 당연하다. 우리 모두 일상생활에서 느낌의 결정적 역할을 쉽게 간과하는 것이 사실이지만, 지금 나는 오늘날의 주류 인지과학계를 지칭하고 있다. 인지과학자들은 으레 느낌을 간과한다.

다음 장에서 신경학적 측면을 살펴보겠지만, 의식에 관한 어떠한 과학적 설명이라도 느낌이 지닌 근본적인 역할을 무시하는 설명이라면 수박의 겉만 핥는 셈이다.

6장

근원

임상-해부학 짝짓기법에 근거해 신경심리학에서 기본적으로 가정하는 바는 다음과 같다. 특정한 정신 기능이 특정한 두뇌 영역에서 수행된다면, 그 영역 전체에 병변이 생길 경우 해당 정신 기능은 완전히 소실된다. 앞서 살펴본 바와 같이 의식에 관해서라면, 대뇌피질은 이 시험을 통과하지 못했다. 의식의 대뇌피질 이론에 관해서라면 사정은 더 나쁘다. 두뇌의 *다른 부위*에 병변이 생길 경우 의식이 완전히 소실되기 때문이다. 게다가 그 부위는 매우 작은 병변이면 족하다.

생리학자 주세페 모루치Giuseppe Moruzzi와 호레이스 마군Horace Magoun은 70여 년 전 고양이를 대상으로 뇌간의 '망상'(그물 같은) 중심부와 대뇌피질의 연결을 절단하는 조그마한 절개를 가할 경우 의식이 사라짐을 밝혀냈다.[1] 이 중심부는 약 5억 2,500만 년 전에 출연했음이 분명한데, 그 이유인즉 물고기부터 인간까지 모든 척추동물에서 발견되는 구조물이기 때문이다. 모루치와 마군의 발견 이래로 연구자들은 망상 활성계라고 알려진 이 중심부에 상대적으로 작은 병변이 생길 경우 혼수상태가 유발됨을 온갖 종류의 종에서 확인했다. 예를 들어 최근 데이비드 피셔David Fischer와 동료들은 뇌간 뇌졸중이 생긴 환자들에게서 상부 중간뇌교 피개upper mesopontine tegmentum 내 $2mm^2$ 크기의 자그마한 '혼수상태-특이적' 영역을 식별해 냈다([그림 1] 참조).[2]

두 가지 설명이 가능하다. 첫 번째는 뇌간 내에서 빼곡히 얽힌 이 중심부가 의식이 일어나는 장소라는 설명이다. 이 설명에 따르면 이 부위는 마음의 숨겨진 시발점이며, 본질적 근원이다. 나는 야크 판크세프와 마찬가지로 이 견해를 견지한다. 반면 두 번째 설명은 이 부위가 텔레비전 수상기의 전원 케이블과 비슷하다는 것이다. 텔레비전이 어떻게 작동하는지 이해하고 싶을 때 전원 케이블을 연구한다고 해서 딱히 깨달음을 얻지는 못하는 것처럼 이 부위가 필요조건이긴 하지만 충분조건은 아니라는 설명이다. 이 견해가 주류의 관점이다.

두 번째 선택지가 진실이라고 가정하면, 뇌간을 자극함으로써 의식이 켜지거나 꺼질 것이라 예상할 수 있다. 기껏해야 어떤 방식으로 의식을 좀 약화시킬 수 있을지도 모른다. 마치 전원이 약해졌을 때 TV 화면이 흐려지는 것처럼 말이다. 하지만 그런다고 해서 현재 송출되고 있는 방송 내용이 개작되리라 생각하지는 않는다. 그런데 파킨슨병 치료를 위해 65세 여성의 뇌간 망상핵에 전극을 심었을 때 다음과 같은 놀라운 반응이 개연성 있게 유발되었다.

> 5초 이내에 환자의 얼굴에서 극심한 슬픈 표정이 나타났다. … 비록 의식은 여전히 명료했으나, 환자는 우측으로 기대어 울기 시작했고 슬픔, 죄책감, 무가치감 및 무망감을 말로 표현했다. 이를테면 "머릿속에서 쓰러지고 있어요. 더는 살고 싶지 않고, 보거나 듣거나 느끼고 싶지도 않아

요."라는 식이었다. 왜 울고 있는지, 그리고 고통스러운지 물었을 때 그녀의 대답은 다음과 같았다. "아뇨 저는 삶이 지긋지긋해요. 할 만큼 했어요. 더 살고 싶지 않아요. 사는 게 구역질 나요. … 모든 게 쓰잘머리 없어요. 매 순간 아무런 가치가 없다고 느껴요. 이 세상이 무서워요." 왜 슬픈지 묻자 그녀는 이렇게 답했다. "지쳐요. 구석에 숨고 싶어요. 저 자신이 한탄스러워요. 물론, 저는 가망이 없어요. 제가 왜 당신을 성가시게 하고 있을까요?" … 자극이 멈춘 지 90초가 채 되지 않아 우울감은 사라졌다. 이후 5분 동안 환자는 약한 경조증 상태에 있었고, 검사자의 넥타이를 장난스럽게 잡아당기면서 함께 웃고 농담을 나누었다. 그녀는 이 상황 전체를 기억했다. [실제로 의도한 전극의 위치인 다른 뇌 부위를] 자극했을 때 이러한 정신의학적 반응은 유발되지 않았다.[3]

이 환자는 이전에 어떠한 정신의학적 증상의 병력도 없었다.

중심부 뇌간핵을 화학적으로 자극하거나 차단했을 때도 동일한 일이 벌어진다. 대부분의 항우울제(세로토닌serotonin 촉진제)는 망상 활성계 내의 봉선핵raphe nuclei으로 불리는 영역에 세포체가 존재하는 뉴런에 작용한다([그림 1] 참조). 이른바 세로토닌은 그곳에서 '공급된다.' 항정신병 약물(도파민dopamine 차단제)은 망상 활성계 내의 또 다른 부위, 즉 복측 피개 영역ventral tegmental area에 기반을 둔 뉴런에 작용한다([그림 2] 참조). 비슷한 이치가 항불안제에도 적용된다. 많은 약물이 또 다른 망상 활성계 부위인 청반locus coeruleus 복합체 내에 기반을 둔 뉴런에 의해 생산되는 노르아드레날린noradrenaline이라는 화학물질을 차단한다([그림 1] 참조). 이 뉴런들은 모두 뇌간의 망상 중심부 내에 무더기로 모여 있다. 만약 뇌의 이 부위가 단순히 의식을 켜고 끄는 역할만 한다면 정신과 의사들은 이 부위를 손보려 들지 않았을 것이다. 만약 이 부위가 하는 일이 그게 전부였다면, 오로지 마취과 의사들의 관심만 끌었을 것이다. 따라서 두 번째 설명은 틀렸다.

감정 상태를 보이는 뇌의 기능적 신경영상 역시 동일한 결론을 가리킨다. 예를 들어 **비탄**GRIEF, **추구**SEEKING, **분노**RAGE 및 **공포**FEAR 상태 동안의 양전자 방출 단층촬영에서는 뇌간 중심부를 비롯한 여타의 피질하 영역([그림 9] 참조)에서 대사 활동이 가장 높게 나타나는 반면, 대뇌피질은 비활성화되어 있다. 오르가슴 동안의 기능적 자기공명 영상 역시 똑같은 결과를 보여 준다. 이같이 강한 정동 상태에 상응하는 혈역학적 활동은 거의 전적으로 중뇌에 위치한다.[4]

병변 연구, 심부 뇌 자극술, 약리학적인 조작 및 기능적 신경 영상 모두 동일한 결론을 가리킨다. 뇌간의 망상 중심부가 정동을 발생시킨다. 따라서 분명 의식을 각성시키는 데 필요하다고 알려진 유일한 뇌 부위가 또 다른 정신 기능인 느낌에도 똑같이 강력한 영향력을 행사하는 것이다. 앞의 장에서는 느낌이 어떻게 의식적 경험에 스며드는지 설명했다. 의식이 다른 어떤 일을 더 수행하는지는 모르겠지만, (우리 내부에서 비롯되며 생물학적 욕구를 조절하는) 감정을 느끼고 다루는 일이야말로 의식의 주요 과제 중 하나로 보인다. 하지만 방금 살펴본 바에 따르면 살펴보면 정동의 신경학적 기원과 의식의 신경학적 기원은 최소한 서로 간에 깊이 얽혀 있는 듯하고, 실은 완전히 동일한 장치일 수도 있다. 감각을 통해 의식이 흘러들어온다는 고전적 경험주의자들의 시각과 상반되게, 그리고 그러한 시각을 바탕으로 하는 마이네르트의 주장과 상반되게 뇌는 '자체적으로 열기를 뿜어내고 있는 듯' 보인다.

우리 내부에서 차오르는 듯 보이는 신비로운 마음의 것, 이 근본적인 그릇을 뭐라고 불러야 할까? 제만Zeman이 지칭한 방식대로 '깨어 있는 상태'라고 할 수는 없는 노릇이다. 그렇다면 꿈꾸는 것도 깨어 있는 하나

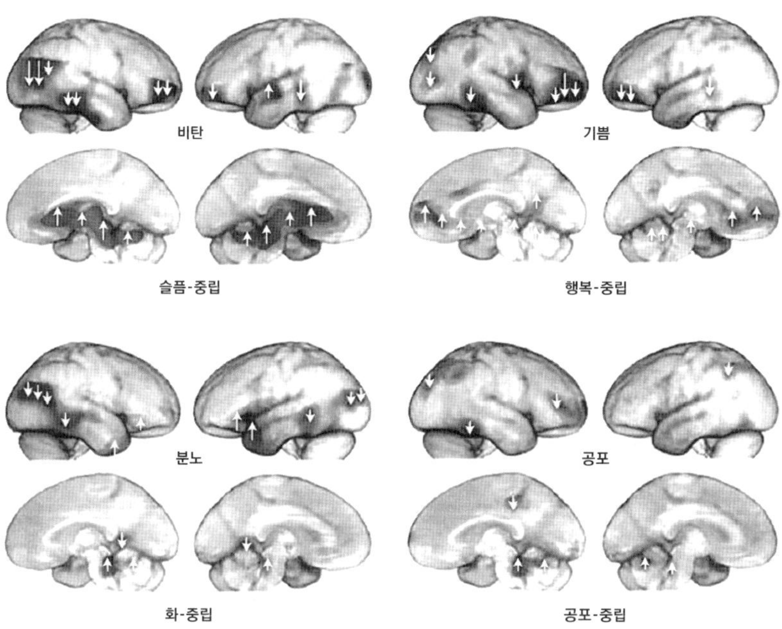

[그림 9] 네 가지 감정 상태의 뇌 PET 스캔 결과

네 가지 감정 상태의 양전자 방출 단층촬영 영상(안토니오 다마지오 제공). 위로 향하는 화살표는 증가한 활성 영역을, 아래로 향하는 화살표는 감소한 활성 영역을 나타낸다. '기쁨' 영상의 밝은 영역은 추구(SEEKING)계의 활성을 나타내는 것으로 보인다.

의 형태라고 기술해야 하는데, 이는 모순이다. 아울러 모루치나 마군이 불렀던 것처럼 양적인 '수준'이라고 할 수도 없는데, 앞서 설명한 사실에 따르면 강렬한 질적 양상 또한 수반되기 때문이다.

그렇다면 문헌에서 사용된 세 번째 용어인 '각성arousal'은 어떨까? 내 생각에는 중립적인 단어인 이 용어가 괜찮아 보인다. 깨어 있을 때나 꿈을 꿀 때 모두 각성이 수반된다. 그리고 각성은 '수준'이라는 용어처럼 질적인 양상을 배제하지 않는다. 실상 '각성'은 분명히 느낌을 시사한다.

그렇다면 각성은 무엇*인가*? 우리는 행동주의적 용어로 간단히 각성을 논해 왔다. 예를 들면 혼수상태, 식물 상태 및 완전히 반응하는 깨어 있는 상태를 구분하는 식이었다. 이는 일반적으로 글래스고 혼수 척도, 즉 환자의 개안 반응, 질문에 대한 언어적 반응 및 통증, 지시에 대한 운동 반응을 보는 검사를 통해 측정된다. 하지만 각성은 생리적으로 정의될 수도 있다.

뇌파[EEG]는 피질의 전기적 활성을 따라 그려낸 산물이다. 혼자 작동하게 둘 경우(망상 활성계와 단절된 상태에서 감각 입력을 처리할 때조차) 대뇌피질은 *델타*파 패턴을 만들어 낸다. 이는 대략 1초에 두 번 발생하는(2Hz 진동수) 일련의 고진폭 파형이다. 감각 입력이 부재한 상태에서 망상 활성계에 의해 자극될 경우, 대뇌피질은 전형적으로 세타 리듬(4~7Hz)[5]이나 알파 리듬(8~13Hz 진동수에서 비동기화된 파동, '비동기화'란 불규칙하다는 뜻)을 만들어 낸다. 외부 정보를 활발하게 처리할 때 대뇌피질은 전형적으로 베타 패턴(비동기화된 14~24Hz 진동수의 매우 낮은 진폭의 파형) 혹은 감마 패턴(25~100Hz의 매우 높은 진동수를 가진 낮은 진폭 파형)을 보인다. 감마는 의식과 가장 일반적으로 연관된 리듬이다.

오늘날에는 기능적 뇌영상을 사용해 생리적 각성을 측정할 수도 있는데, 이는 대사율 변화의 영역별 패턴을 지도화함으로써 말 그대로 두뇌 활동을 그려 내는 것이다. [그림 3]이 이 기술을 통해 다양한 수면 상태를 나타낸 것이다. [그림 3]의 아랫줄은 REM 수면 시 각성을 보여 주는데, 이는 (앞서 설명했듯이 REM 수면이 꿈에 고유한 것은 아니지만) 전형적으로 꿈 의식과 연관되며, 이는 위쪽 뇌간에 그 기원이 있다. 앞서 보여 준 몇몇 의식적 기본 감정 상태인 [그림 9]와 오르가슴 상태의 신경영상도 마찬가지로 뇌간의 각성을 보여 준다.

대뇌피질은 뇌간에 의해 각성되는 정도만큼만 의식화된다. 이 둘의

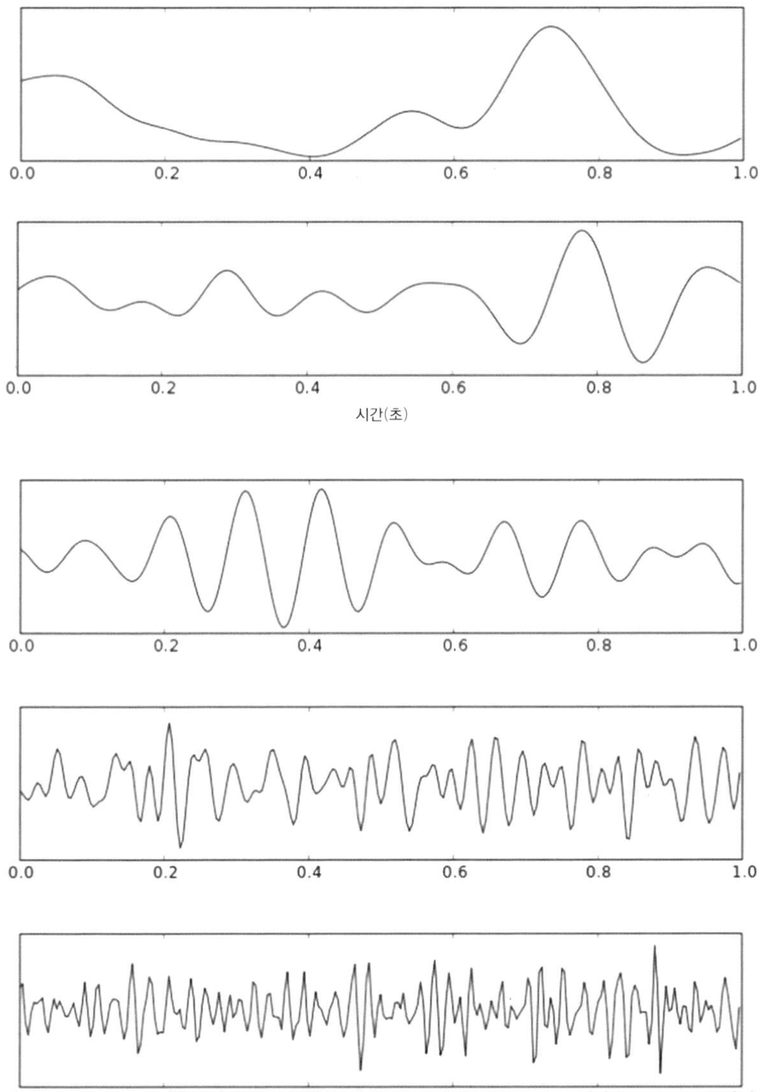

[그림 10] 대뇌피질 뇌파 활동의 전형적인 파형

EEG에 나타나는 피질 활동의 전형적인 패턴. 최소로 각성된 패턴(델타)은 가장 위에 그려져 있으며, 최대로 각성된 패턴(감마)은 가장 아래에 그려져 있다. 중등도의 패턴은 위에서부터 아래로 각각 세타, 알파, 베타다.

관계에는 위계가 존재한다. 피질 의식은 뇌간 각성에 의존한다. [그림 10]의 맨 위에 보이는 의식적 행동과 관련이 없는 델타파 패턴이 피질 내인성 활동에 의해 만들어지고, [그림 10]의 맨 아래에 보이는 의식과 강하게 연관된 감마 리듬이 망상 활성계 자체만으로 추동될 수 있는 것은 바로 이 때문이다.[6] 또한 [그림 3]의 윗줄 이미지에서 생리적 각성 감소가 의식 저하 및 수면 개시와 일치하는 반면, 아랫줄 이미지의 각성 증가가 꿈속 의식의 재등장과 일치하는 것 역시 이 때문이다. 이 사실에는 모순이 없다.

연관된 실제 두뇌 기전에 대해 좀 더 깊이 살펴보자. 그러기 위해서는 뉴런이 서로 소통하는 두 가지 방식에 대한 기본적인 차이를 소개할 필요가 있겠다. 이 차이점이야말로 의식에서 중요한 대목임이 드러날 것이다.

두뇌에 적당히 흥미를 품은 사람이라면 대부분 뉴런이 복잡한 네트워크를 따라 메시지를 전달한다는 사실을 알 것이다. 이 과정을 시냅스 전달이라고 부르는데, 시냅스를 건너서 메시지가 넘어가는 과정이 수반되기 때문이다. 이때 시냅스란 한 뉴런이 다른 뉴런으로 신호를 전달할 때 통하는 구조물이다. (시냅스라는 단어는 '결합하다'라는 의미의 그리스 어원에서 유래했다.) 시냅스 전달에서는 신경전달물질이라고 불리는 물질이 쓰이는데, 이들은 한 뉴런에서 다른 뉴런으로 이동해 시냅스 후 뉴런을 흥분시키거나 억제시킨다. 흥분과 억제는 문제의 물질이 무엇이냐에 달려 있다. (글루타메이트glutamate와 아스파르테이트aspartate는 흥분성 신경전달물질이며 감마-아미노뷰티르 산gamma-aminobutyric acid[GABA]은 억제성이다.) 만일 신경전달물질이 몰아닥쳐 후속 뉴런에서 흥분이 일어나면, 그 후속 뉴런은 자신의 신경전달물질을 네트워크 내에 있는 다음 뉴런으로 보낸다. 만일 흥분이 일어나지 않는다면, 아무 일도 일어나지 않는다. 따라서 신경전달물질은 급속히 분해되거나 시냅스 전 뉴런 속으로 되돌아가 효과 지속 시간을 한정시킨다. 이 과정을 '재흡수'라고 부른다.

시냅스 전달은 목표물이 정해져 있고, 이진법적이며(예/아니오), 신속하다. 이는 뇌 기능의 측면 가운데 디지털 계산을 가장 연상시키는 측면으로, 계산 신경과학 입장의 학자들이 그토록 주목해 온 이유를 설명해 주는 대목인지도 모르겠다. 하지만 그 자체는 본질적으로 의식과 무관하다. 다시 말해 의식적이든 의식적이지 않든 간에 이러한 유형의 신경전달은 대뇌피질에서 일어난다. 그리고 이는 각성과는 거의 아무런 관련성이 없다.

그다지 많은 사람이 알지 못하는 사실이 하나 있는데, 바로 시냅스 전달은 그것과 전혀 다른 생리적 과정의 지속적 영향 하에 일어난다는 것이다. 이렇게 다른 유형의 뉴런 활동은 *시냅스 후 조절*post-synaptic modulation이라고 불린다. 시냅스 전달과 달리 시냅스 후 조절은 산란하고, 완전히 화학적이며, 전형적으로 컴퓨터에서 구현되는 방식과는 전혀 다르게 작동한다. 이는 망상 활성계로부터(그리고 여타의 피질하 구조물로부터, 심지어 일부 비신경학적 신체 구조물로부터) 내인적으로 일어난다. 이는 온통 각성과 관련되어 있다.

이 과정에서 핵심 요소는 신경조절물질이라 불리는 계열의 물질이다. 신경전달물질과 달리 신경조절물질은 뇌 속에서 광범위하게 퍼진다. 즉, 개별적인 시냅스를 향하기보다는 오히려 전체 뉴런 집단의 인근에 전방위적으로 방출된다.[15] 특정한 '채널'을 통해 메시지를 보내는 대신, 네트워크를 휩쓸고 지나가며 피질의 전반적인 '상태'를 조절한다. 예를 들

15) 일부 신경조절물질은 신경전달물질로도 작용할 수 있다.

어, [그림 3]에서 윗줄과 아랫줄 이미지(서파 수면 대 REM 수면)나 [그림 9]에서 보이는 네 가지 감정 상태(**비탄**GRIEF 대 **추구**SEEKING 대 **분노**RAGE 대 **공포**FEAR)의 피질은 서로 다른 상태에 놓여 있다. 이러한 상태에서 피질은 정보를 각각 다르게 처리한다. 따라서 잠들었을 때 누군가가 우리의 이름을 부르는 경우, 완전히 깨어 있을 때와 매우 다른 반응을 보이게 되는 것이다.[7] 비슷한 이치로, 우리가 **추구**SEEKING 상태에 놓여 있을 때와 **공포**FEAR 상태에 놓여 있을 때 낯선 사람이 접근할 경우 어떤 반응을 보일지 생각해 보자. 전자의 경우에는 낯선 사람을 반갑게 맞거나 심지어 대화를 시작할지도 모르지만, 후자의 경우 시선을 돌리고서 낯선 사람의 눈에 띄지 않기를 바랄지도 모른다.

'채널'과 '상태'를 구분하는 것은 뉴런 간의 소통 방식 두 가지를 약식으로 표현할 때 유용한 방법이다.[8] 대뇌피질의 *상태*는 피질 속 채널 내에서 전달되는 메시지의 세기에 차별적으로 영향을 끼친다. 어떤 의미에서 피질 상태는 다양한 채널이 얼마만큼 '큰 소리로' 대화하는지를 조정한다([그림 11] 참조). 똑같은 소리라 할지라도(예를 들어 누군가가 당신의 이름을 부르는 소리) 깨어 있는 동안에는 피질 내로 널리 퍼져나가지만, 수면 시에는 청각 피질 내에 한정되는 까닭이 바로 이 때문이다. 또한 낯선 사람을 맞닥뜨렸을 때 **공포**FEAR 상태와 **추구**SEEKING 상태에서 각기 다른 두뇌 네트워크가 각성되는 까닭 또한 이 때문이다.

이것이 우리가 각성이라고 부르는 것의 핵심이다. 하지만 피질 각성은 상향 및 하향 조절이 모두 가능하기에 전달이 완전히 억제되는 정도에 이를 수도 있다. 이는 매일 밤 잠들 때 일어나는 일이다. (그런 까닭에 일부 생리학자는 '각성'보다 '조절'이라는 용어를 선호한다.) 따라서 각성은 어떤 시냅스 임펄스를 전달할지, 그리고 전달한다면 얼마만큼 강하게 전달할지를 결정한다. 잠들거나 깨어 있을 때 당신의 이름이 불리는 예시에서

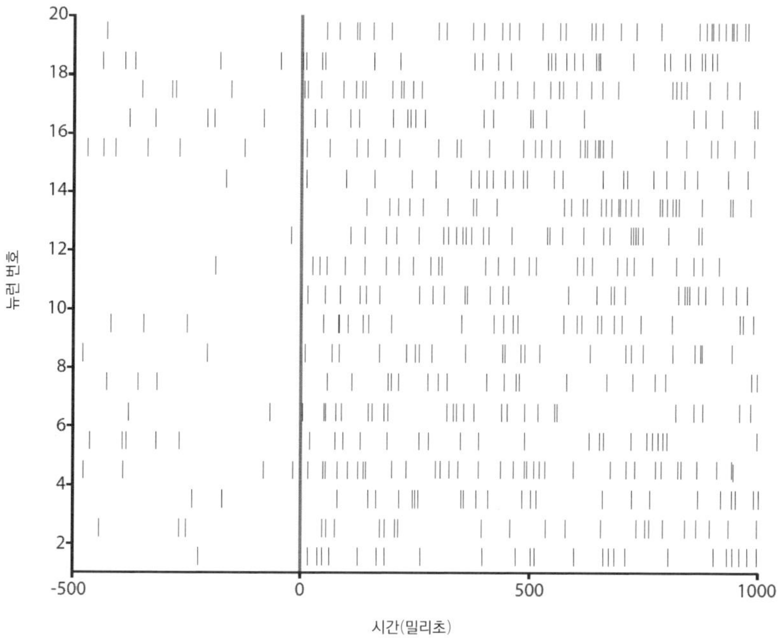

[그림 11] 뉴런 스무 개의 스파이크 열

이 그림은 시각 자극이 주어졌을 때 (가로 x축에 표시된) 1.5초 동안 (세로 y축에 표시된) 뉴런 20개의 스파이크 트레인을 나타낸 것이다. 자극은 (두 번째 수직선으로 나타낸) x축의 시간 0에서 주어졌다. 자극이 없을 때 평균 6Hz의 기저 발화율을 보이던 뉴런들은 이 시점에서 30Hz로 평균 발화율이 증가했다. 스파이크 트레인은 뉴런이 발화하거나(=스파이크) 발화하지 않는 것(=침묵)을 순서대로 배열한 것이다. 이는 정보적인 디지털 시퀀스로 표현될 수 있다. 스파이크는 '1', 침묵은 '0'이다. 예를 들어 부호화된 스파이크 트레인은 '001111101101'처럼 읽힐 수 있다. 이때 처음의 '00'은 자극이 주어진 후 첫 번째 스파이크가 있기까지의 잠복기를 나타낸다. 주목할 점은 발화율이 자극 자체만으로는 결정되지 않는다는 것이다. 발화율은 자극, 뉴런의 장기 강화나 장기 억제(친숙한 자극인지 아닌지 여부), 그리고 현재의 조절 수준 사이에서 벌어지는 상호작용으로 결정된다. 시냅스 후 조절을 통해 조정이 일어나는 것은 뉴런에 각성이 작용한 덕분이다. 이러한 이유로 각성이 하향 조절될 경우 여기에 묘사된 자극은 동일한 뉴런이라 할지라도 아무런 반응도 이끌어 내지 못할 수 있다. (Image from 'Simulating Neural Spike Trains' by Praneeth Namburi, Praneethnamburi.com, 5 February 2015 © Praneeth Namburi 2015. Reproduced with permission from Praneeth Namburi)

살펴본 것처럼 말이다.

시냅스 전달은 이진법적(온/오프, 예/아니오, 1/0 등)으로 작동하지만, 시냅스 후 신경조절은 특정한 뉴런의 무리가 발화할 가능성에 *차등*grade을 *부여한다*. 즉 시냅스 후 신경조절은 뉴런 무리 내에서 무엇인가가 일어날 통계적인 확률을 바꾸는 것이다. 이렇게 확률적이고 아날로그적인 발화율 조정은 길게 뻗은 뉴런의 도처에 있는 수용체에 의해 조절된다. 신경전달물질과 달리 신경조절물질은 상대적으로 느리게 작용하고 오래 지속되는 효과를 보인다. 이는 화학물질 자체가 오래 남는 것이기 때문이기도 하지만, 더 자주 발화하는 채널은 시간이 흐를수록 발화 가능성이 늘어나기 때문이기도 하다. 만약 네트워크 내 특정 부분을 촉진시킨다면, 그 부분은 하향 조절을 받을 시점이 도래할 때까지는 어느 정도 촉진된 상태로 머물러 있다. 이는 신경가소성에 영향력을 끼치며, 학습이 일어나는 방식에도 중요한 대목이다. 각성 상태는 다양한 가르침을 두뇌의 채널 안 더 깊은 곳까지 새겨 넣는다. 그러므로 예를 들어 낯선 목적지를 찾으려 불안에 떨며 애쓰는 첫 여정이 기억에 남을 확률이 이후 그 장소를 습관적으로 방문할 때에 비해 높은 것이다.

신경조절물질은 어디에서 나오는 것일까? 이들은 다양한 호르몬을 생산하는 뇌하수체, 부신, 갑상선 및 성선을 포함한 온갖 신체 부위와 수많은 펩타이드를 생산하는 시상하부에서 나온다. 하지만 뇌의 관점에서 본 '각성'의 가장 중요한 공급처는 망상 활성계다. 망상 뇌간 각성에서는 다섯 가지 잘 알려진 신경조절물질이 분비되는데 *도파민*dopamine(복측 피개 영역ventral tegmental area과 흑질substantia nigra에서 주로 공급), *노르아드레날린*noradrenaline(청반 복합체locus coeruleus complex에서 주로 공급), *아세틸콜린*acetylcholine(중간 뇌교 피개mesopontine tegmentum 및 전뇌 기저핵basal forebrain nuclei에서 주로 공급), *세로토닌*serotonin(봉선핵raphe nuclei에서 주로 공급) 그리고 *히스타*

민histamine(조면유두체 시상하부tuberomammillary hypothalamus에서 주로 공급)이다. 이 화학물질 가운데 몇몇의 역할이 앞서 살펴본 장에서 두드러졌던 것은 우연이 아니다. 각각의 물질 및 다양한 아형이 존재하는 연관 수용체가 조절 각성의 다양한 양상을 만들어 내는 것이다. 이 다섯 가지 이외에도 수많은 것이 존재한다. 대부분은 느리게 작용하는 호르몬 및 펩타이드로 뇌 속에 백여 종류가 존재하며, 이들은 각각 특정한 신경계를 조절한다.

이 모든 신경조절물질의 작용은 상응하는 수용체 및 수용체 아형의 존재에 따라 결정된다. 다시 말해, 신경조절물질은 뇌 전반에 두루두루 널리 퍼지지만, 오로지 상응하는 수용체를 가진 세포에만 영향을 미친다. 각성을 투박하고 무딘 과정으로 생각해서는 안 된다. 각성은 공간적으로나 시간적으로나 고도로 다측면적이고, 여러 차원에 걸쳐 펼쳐지는 현상이다. 신경조절물질에 의해 운반되는 잠재적 메시지는 수많은 두뇌 속 네트워크를 떠돌지만, 마치 진통제처럼 오로지 필요한 부위에서만 이용된다. 예를 들어보자. 당신은 이 책을 읽는 동안 모든 종류의 배경 자극에 주의를 기울이지는 않지만, 그 자극은 감각계에 의해 처리되고 있다. 하지만 만약 당신이 어머니이고 당신의 갓난아기가 울기 시작한다면, 울음은 책을 향해 있던 집중을 중단시키고, 즉시 아기를 의식하게 한다. 이는 특정 호르몬과 펩타이드, 즉 에스트로겐, 프로게스테론, 프로락틴 및 옥시토신 수준이 증가해 있기 때문인데, 이 물질들은 아기를 가졌을 때 뇌 속에서 떠돌며 뇌의 상태를 변화시킨다(뇌 속 **보살핌**CARE 체계를 활성화한다).[16)]

신경조절물질은 오로지 실제 존재하는 신호만을 상향 또는 하향 조

---

16) 이는 위니컷(D. W. Winnicott)의 일차적 모성 몰두(primary maternal preoccupation)에 관한 신경과학적 설명으로 보인다(역자 주).

절할 수 있다. 즉, 현재 활성화된 채널만 조절할 수 있는 것이다. 신경조절물질은 광범위하게 방출되지만 ① 상응하는 수용체를 가지며, ② 현재 활성화된 뉴런에만 영향을 끼칠 수 있다. 동일한 조절물질이라 해도 서로 다른 부위에 다른 수용체 종류가 위치한다면 다른 효과를 나타낸다. 뇌간 및 내분비 체계뿐만 아니라 신경 회로 자체 내에서 방출된 신경전달물질에 의해 특이성은 더 증가된다. 앞서 나열한 각성에 관여하는 가장 잘 알려진 다섯 가지 신경조절물질의 공급원은 대부분 망상 뇌간 내에 위치한다. 호르몬은 신체 내 다른 부위에서 기원하며, 주로 혈행을 타고 누뇌에 도달한다. 펩타이드는 좀 더 특이한데, 이들 중 많은 것이 시상하부에서 기원한다. 각 펩타이드는 서로 다른 작용을 하며, 이 역시 수용체 유형과 부위에 따라 달라진다. 그중 다수는 고도로 집중된 방식으로 기본 감정을 조절하는데, 5장의 미주에 목록이 수록되어 있다.

이번 장에서는 현재까지 두 가지 질문을 다루었다. 각성은 해부학적으로 *어디에서* 나타나느냐는 질문과 각성은 *어떻게* 생리적으로 일어나느냐는 질문이다. 대답인즉, 각성은 주로 뇌간과 시상하부에서 발생하며, 신경전달 조절에 의해 전뇌forebrain를 깨운다. 5장의 개요를 반복하자면, 각성이 일어나는 까닭은 어떤 일을 수행하게끔 마음에 가해지는 내인적 요구에 반응하기 위해서다. 이 요구는 뇌의 중심부로 수렴하는 다양한 '오차' 신호의 형태를 취한다. 이러한 신호 가운데 대부분은 자동적 혹은 무의식적으로 다루어지며, 자동적 반응으로 충분치 않은 상황에서만 의식적인 반응을 요구한다. 이는 이번 장의 주된 질문을 떠오르게 만든다. 즉, 자동적인 반사가 자유의지가 담긴 느낌으로 변하는 일종의 마술적인 전환은 어디에서 일어나는가?

이제부터 묘사하고 설명하려는 바는 확정된 것이 아니다. 사실 그 자체가 아직 완전히 확실해진 것이 아니기 때문이다. 그럼에도 불구하고 현재의 신경과학적 지식은 전체 그림의 대략적인 윤곽을 밝혀내기에 충분할 만큼 진전이 있었다. 이 연구의 선구자는 야크 판크세프이고, 안토니오 다마지오가 그 뒤를 이었다. 다마지오는 큰 그림을 보는 재능을 타고났으나, 자동적인 반사가 수의적 행동으로 신비롭게 도약하는 일을 뇌가 어떻게 만들어 내는지에 관해 우리가 가장 큰 빚을 지고 있는 신경과학자는 비요른 메르케르라고 생각한다. 그는 조류, 설치류, 고양이와 영장류를 비롯한 다양한 종류의 척추동물에서 뇌간 각성과 지향orienting 기전을 연구했다.

식물성 깨어 있음에서 정동성 각성으로 전환되는 일은 중뇌 중심도관을 둘러싸고 있는 조그마하고 촘촘히 들어찬 뉴런들의 매듭, 즉 뇌의 모든 정동 회로가 수렴하는 부위인 수도관주위 회백질periaqueductal grey [PAG]의 정상적 작동에 달린 것으로 보인다(이 구조물의 위치는 [그림 6] 참조). 따라서 PAG 내에 국소 병변을 가진 환자들은 '텅 빈 정신-정동의 허공을 응시'한다.[9]

> 광범위하게 PAG를 손상시킬 경우 모든 의식 활동의 극적인 악화가 [초래된다]. … 예를 들어, 제4뇌실에서부터 상방으로 실비우스 수도를 통과해 간뇌(diencephalon)의 뒤쪽 끝에 이르기까지 병변을 만드는 전극을 찔러 넣는 초창기 연구에서 고양이와 원숭이는 의식에 현저한 결손이 발생했다. 이 동물들에게서는 *의도적으로 보이는 어떠한 행동도 나타나지 않았고, 감정적 자극에 대한 반응이 광범위하게 결손된 양상*이 만들어졌다.[10] 뇌 속 더 고위부 가운데 다른 곳을 손상시킬 경우 의식이 사용하는 [인지적] 도구에는 결손이 생길 수 있으나, 의도성을 만들어 내는 근간 그 자체는 전형적으로 손상되지 않았다. 하지만 PAG 병변의 경우

에는 다른 어느 부위보다 더 작은 뇌 조직을 파괴하는 것만으로 이런 일이 초래되었다.[11]

방금 묘사한 상태가 바로 '식물 상태'다. 식물 상태와 혼수상태의 주된 차이점은 식물 상태의 경우 깨어있음wakefulness이 보존된다는 것이다. 하지만 24시간 간격의 수면/기상 주기는 또 다른 하나의 자율 기능일 뿐이다.[12] 식물 상태를 다른 말로 '무반응성 깨어 있음unresponsive wakefulness'이라 부르는 이유가 바로 이 때문이다. 이는 일견 모순적 표현처럼 보이며, (식물성) 깨어 있음과 (정동적) 각성 간의 결정적인 차이를 보여 준다. 판크세프는 위의 인용문에서 각성을 '의도성intentionality'이라고 일컬었다.[13] 이는 내가 '각성'이라는 용어를 '깨어 있음'이나 의식 '수준'이라는 용어보다 선호하는 또 다른 이유이기도 하다. '각성'은 감정적 반응성 및 의도성이라는 의미를 아우르는데(명백히 시사하기까지 하는데), 여기서 다시 한번 살펴보았듯이 감정적 반응성과 의도성은 의식적 행동의 핵심에 놓여 있다.[14] 정동적 각성은 자유의지를 가능케 한다. 이것이 바로 PAG가 자동적 식물 기능에 추가하는 것이다.

어떻게 그럴 수 있을까? PAG는 망상 활성계의 일부가 아니지만, 바로 그 옆에 놓여 있으며 서로 복잡하게 연결되어 있다.[15] 망상 활성계의 핵과 PAG의 주된 차이는 전뇌에 대한 정보 흐름의 방향이 서로 반대라는 점이다. 망상 활성계에서는 주로 피질을 향해 *위쪽*으로 영향력을 가하지만, 피질에서는 PAG를 향해 *아래쪽*으로 신호를 다시 전달할 뿐이다.[17)]

PAG는 뇌 속의 모든 정동 회로가 최종적으로 모이는 지점이다. 따라서 전뇌는 망상 활성계에 의해 각성되는 반면, PAG는 (굳이 말하자면) 전뇌에 의해 각성된다. 망상 활성계와 PAG는 각각 전뇌 각성의 시발점과 도착점으로 생각해 볼 수 있겠다.

그러므로 PAG는 정동에 관한 '하행' 네트워크의 종착점으로 개념화할 수 있으며, 이는 뇌간의 신체 모니터링 신경핵 및 망상 활성계가 이루는 '상행' 및 '조절성' 정동 네트워크와 대조적이다.[16] 이는 PAG야말로 근골격 및 내장 효과기로 정보를 보내 '진정한 감정'을 일으키는 모든 정동 회로의 주된 출력 센터라는 것을 의미한다.[17] (이러한 기능에 대한 최신 지견을 정확히 묘사하기 위해 권위 있는 리뷰들을 직접 인용할 것이다.) 정동에 관한 하행 네트워크는 '감정에 휩싸인 상태에서 유발되는 특정 운동 행동과 더불어 심박, 호흡, 발성, 짝짓기 행위의 조절에 관여한다.'[18] 이 네트워크 내에서 PAG의 역할은 '현저한salient 자극에 대해 전뇌와 하부 뇌간 사이에서 소통하는 *접점*으로 작용하는 것'이다.[19] 이러한 측면에서 볼 때, PAG는 '생존적 측면에서 눈길을 끄는 것survival salience과 관련된 정보를 *균형화시키거나 이행시키기*' 위한 센터라고 개념화할 수 있다.[20] 달리 표현하자면 PAG는 '외부의 스트레스 요인에 노출되었을 때 다양한 대응 전략을 *조정하는*' 기능을 한다.[21] PAG는 '감정성을 만들어 내는 신경계가 대규모로 *조합되는 장소를 제공*'한다.[22] 그러므로 PAG는 '말초로부터 들어오는 정보와 고위 중추로부터 오는 정보를 *통합해*, 항상성을 유지하기 위한 방어로서의 개체 반응'에 중심적인 역할을 수행한다.[23]

이를 최대한 단도직입적으로 말하자면, 모든 *정동 회로는 느낌과 감*

---

17) 이 책 전반에 걸쳐, '위', '아래', '고위', '하위', '상행', '하행' 등의 단어가 사용되고 있는데, 이는 가치 판단이 아닌 해부학적 위치 표시를 의미한다. 여타의 신체 장기와 달리, 두뇌는 구조상 위계를 이루고 있다. 두뇌는 고고학 발굴지와 다소 비슷하게 층을 이루고 있으며, 더 오래된 층이 새로운 층으로 덮여 있다. 그러므로 이 책의 원제를 『The Hidden Spring(숨겨진 샘)』으로 정했다. 뇌간의 가장 깊은 중심부에는 진화적 용어로 가장 고대의 구조물들이 간직되어있으며, 피질의 최고위부에는 가장 최근의 구조물들이 간직되어 있다. 이는 더 아래의(더 오래된) 구조물들이 더 위의(더 새로운) 구조물들보다 덜 중요하다는 뜻이 아니다. 오히려 기능적으로 이야기할 때, 최상위 전뇌 구조물들은 단지 최하위 뇌간 구조물들이 정교화된 것일 뿐이다.

정적 행동의 주된 출력 센터인 PAG로 수렴한다. 그런 까닭에 '두뇌의 이 부위에 가해진 저강도의 전기 자극은 다른 어떠한 뇌 부위에 가해진 자극보다 훨씬 더 다양한 협응적 감정 행동을 나타내게끔 동물을 각성시킨다.'[24]

이를 살펴보면, PAG를 이루는 저低분화 기둥들poorly differentiated columns은 14mm 길이로 뇌간의 중심 수도central canal를 둘러싸고 있다. 무색의 액체가 통과하며 흐르는 중심 수도는 이를 처음으로 기술한 17세기 해부학자의 이름을 따 실비우스 수도aqueduct of Sylvius라 부른다. 중뇌의 가운데에 위치한 까닭에 PAG라는 이름을 얻었다. '수도관 주위 회백질peri-aqueductal grey'은 말 그대로 '수도를 둘러싸고 있는 회백질'을 뜻한다.[25] 이 원시적인 뇌 중심부야말로 프로이트가 '그 가장 깊숙한 내부'라고 묘사했던 부위임이 틀림없다. PAG는 기능적으로 볼 때 두 집단의 기둥으로 나뉜다.[26] 그중 하나는 뒤쪽에 위치한 것으로, 싸움이나 도망 반응, 혈압 상승 및 비오피오이드성 통증 완화와 같은 *능동적인* '대처 전략'이나 방어적 행동과[27] 연관된다.[28] 바로 이곳이 **공포**FEAR, **분노**RAGE 그리고 **공황/비탄**PANIC/GRIEF 회로가 종착하는 장소다. 앞쪽의 기둥은 저반응성을 수반한 경직, 장기간의 '질병 행동sick behaviour', 혈압 하강 및 오피오이드성 통증 완화와 같은 수동적인 대처/방어 전략과 연관된다. **욕정**LUST, **보살핌**CARE 그리고 **추구**SEEKING 회로가 이 앞쪽 기둥 내에 종착한다.

PAG는 정동 출력으로 나아가는 *최종적인 공통 경로*다. 그러므로 PAG는 일단 다양한 정동 회로 및 조건화된 관련 행동이 실행 계획에 이바지하고 난 후 무엇이 다음번에 실행되어야 할지를 '선택해야' 한다.[29] PAG는 반드시 정동 체계에 의해 전달된 잔존 오차 신호들을 평가해 이러한 결정을 내려야 한다. 즉, 생존 및 번식이라는 궁극적 생물학적 필요성에 근거해, 필요한 바를 PAG에 알리는 각각의 오차 신호를 바탕으로,

서로 경쟁하는 선택지 가운데서 판단해야 한다. 간략히 말하자면, PAG는 반드시 다음 행동 순서를 위해 *우선해야 할 사항을 결정해야* 하는 것이다.

하지만 행동 우선순위를 순전히 욕구만으로 결정할 수는 없다. 이러한 욕구는 반드시 *맥락을 고려해야* 하며, 욕구와 욕구 사이에서뿐만 아니라 가용한 기회의 측면에서도 그러하다.

앞서 이야기한 호흡 조절의 예를 떠올리며, 내부적인 맥락을 고려해 보자. 만약 질식 경보와 동시에 목마름을 느낀다고 할 때, 목마름보다는 질식 공포가 우선시되어야만 한다. 하지만 슬픔과 동시에 목마름을 느낀다면 목마름이 우선시될지도 모른다. 이번에는 외적인 맥락을 고려해 보자. 만약 질식 공포를 경험할 경우 배경 맥락은 필요한 것을 말해 준다. 이를테면 기도 폐색을 해결해야 할 상황인지, 이산화탄소가 가득한 방에서 탈출해야 할 상황인지 말해 주는 것이다. 어떤 일이 벌어졌을 때 내가 몸담고 있는 외부적 맥락은 타당한 자료가 되며, 이를 통해 다음에 무슨 행동을 취할지 거듭 결정을 내리게 된다.

5장에서 정동에 대해 정의한 바를 기억해 보자. 정동은 사람이 일반적으로 정동이라고 생각하지 않는 많은 것도 포함한다. 이를테면 질식 공포와 목마름은 단순한 체성 감각이 아니다. 그것은 분리 불안 같은 것과 다를 바 없이 내재된 값어치, 즉 생물학적인 좋음과 싫음을 전달한다. 통증은 정동의 내재된 값과 그 외부수용성 맥락을 구분하는 데 있어 유용한 예시가 된다. 불쾌한 통증의 *느낌*은 통증을 정동으로 만드는 반면, 외부수용적 체성 감각은 '통증이 왼손에서 느껴져'처럼 통증 자극의 *위치*를 전달한다. 이는 철학적인 구분이 아니다. 두 가지 양상은 독립적으로 조작될 수 있는데, 이를테면 PAG와 두정엽 피질을 각각 자극하는 식으로 가능하다. 따라서 어떤 임상 상황에서는 아무런 통증의 느낌 없이

왼손이 핀으로 찔렸다는 것을 인지하는 일이 가능하다.[30]

이러한 배경에서 비요른 메르케르는 굉장히 중요한 점을 밝혔다.[31] 비록 PAG가 해부학적으로는 대뇌피질 아래 위치하지만, 기능적 측면에서는 그 정점에 있다는 것이다. 피질 및 여타의 전뇌 구조물이 각자의 인지 작업을 수행한 *이후*, 즉 그것들이 실행에 이바지하는 각자의 결과물을 제출한 이후에야 '다음으로 무엇을 할 것인지'에 대한 최종적인 결정이 중뇌 수준에서 내려진다. 이러한 결정은 정동적 느낌의 형태를 취하며 PAG에 의해 생겨나는데, 이는 이전의 행동 순서 동안 만들어진 어떠한 인지적 전략도 덮어쓸 수 있다. PAG는 매 순간 다음 순서를 결정하고 조정할 정동을 선택한다. 예를 들어, 내가 신경심리학자로 출근한 첫날 나는 환자들의 병상으로 돌아와 기록을 읽으리라고 *인지적*으로는 다짐했지만, 실제 *정동적*으로 일어난 일은 실신한 것이었다.

물론 삶이 끊임없는 위급 상황으로만 이루어진 것은 아니다. 대개는 기본값으로 설정된 **추구**SEEKING 활동(배경에 깔린 호기심이나 몰입)이 보편적일 때가 많다. 하지만 위급 상황에 처할 경우, 욕구를 전하며 중뇌에 도달하는 오차 신호 무더기가 전부 동시에 느껴질 수는 없다. 왜냐하면 모든 것을 동시에 *행할* 수는 없는 노릇이기 때문이다. 이것이 바로 PAG가 지닌 우선순위화 기능의 핵심이다. 오차 신호 가운데 어떤 것이 현재 주어진 환경에서 가장 유의한가? 당면 과제 가운데 과연 어떤 것이 지연되어(혹은 자동적으로) 다루어져야 하며, 또 상황을 헤쳐 나가는 내내 어떤 것을 느껴야 하는가?

현재 환경이 고려되어야 한다는 요구는 자연스럽게 추가적인 어떤 기관을 필요로 하게 되었다. PAG는 결정을 내릴 때 상구superior colliculi로 알려진 인접 중뇌 구조물의 도움을 받는다([그림 6] 참조). 상구는 PAG의 바로 뒤에 위치하며 여러 개의 층으로 나뉘어 있는데, 각각 체성감각에서 유래한 간단한 지도를 제공한다. 아래층은 신체의 운동 지도를 제공하는 반면 위층은 공간 감각 지도를 담당한다. 이 두 층은 어우러져 일부는 대뇌피질로부터, 일부는 시신경 같은 피질하 감각-운동 영역으로부터 도달한 외부수용적exteroceptive 세상을 상당히 압축되고 통합된 표상으로 조합해 낸다([그림 6] 참조). 그러므로 PAG가 *주관적인*(욕구) 상태를 감시하는 것과 거의 흡사한 방식으로 상구는 시시각각의 *객관적*(감각 및 운동) 신체 상태를 정제된 형태로 표상한다. 메르케르는 PAG, 상구 및 중뇌 운동 영역 사이에서의 이러한 정동/감각/운동이 만나는 접점을 두뇌의 '결정 삼각부decision triangle'라고 불렀다.[32] 판크세프는 이를 지각적 존재가 되는 근원, 즉 **원초 자기**primal SELF라고 불렀다.[33]

다음에 무엇을 할 것인지에 대한 중뇌의 결정은 뇌의 정동 회로로부터 오는 피드백과 *더불어* 감각-운동 지도로부터 오는 피드백을 바탕으로 내려지는데, 각 피드백은 '지금 처해있는 상황'에 관한 다양한 측면을 최신화해 알려 준다. 2시간 동안 진행된 강의를 마칠 때 즈음 갑작스레 요의를 느꼈다는 예시를 상기해 보라. 그 순간 기회를 감지한 나의 신체적 욕구가 느껴졌고, 의지를 품은 욕동으로 변했다. 짧게 말하자면 중뇌 결정 삼각부가 내적 및 외적 상태를 고려했기에, 현재의 욕구뿐 아니라 현재의 기회에 근거해서도 행동의 선택지 가운데 하나를 우선 처리한 것이다.

상구의 가장 아래층은 안구의 움직임을 조절하는 지도로 구성되어 있다. 이 지도는 본질적으로 위층에 놓인 다른 감각 지도보다 더 안정적인데, 다른 지도들이 이 지도를 바탕으로 보정하기 때문이다. 그렇게 함으로써 주관적인 감각 경험의 특징인 단일화된 '관점'을 확립하게 된다. 실제로 안구는 초당 약 3회씩 움직이는데, 눈을 얼마나 많이 두리번거리든 우리가 안정적인 시각적 장면 안에서 자신을 경험할 수 있는 이유는 바로 이 때문이다. 아울러 장면이 안정적이라는 것은 우리가 지각하는 바가 실재를 바탕으로 구성된 관점인 장면일 뿐 실재 자체는 아니라는 사실을 추측하게 해 준다. 우리가 우리 머릿속에서 살고 있는 것처럼 경험하는 이유도 바로 이 때문이다.[34] 지각이 지닌 가상적 속성에 대해서는 10장에서 좀 더 자세히 설명하겠다.

맹시와 관련해 살펴보았듯 상구의 지도, 즉 메르케르가 감각-운동 세계를 그리는 '2차원 화면을 닮은 지도'라고 불렀던 지도는 인간에게 무의식적으로 존재한다.[35] 이 지도는 '목표물 편위target deviation' 방향의 표상, 즉 각 실행 사이클에서 초점이 되는 목표물 정도만 담고 있으며 주시gaze, 주목attention 및 행동 지남력action orientation을 만들어 낸다. 화이트는 이를 '현저성saliency' 지도 혹은 '우선순위priority' 지도라고 불렀다. 판크세프는 '휴식 상태에서 벗어나는 순간, 활동 수행 태세 상태로서 표상되어 다가오는' 이유가 이에 기인한다고 설명했다.[36] 나로서는 이보다 더 나은 표현이 떠오르지 않는다.

우리를 둘러싼 세상에 관한 지각적 의식은 적절히 각성된 대뇌피질의 도움이 있어야 가능한데, (정동적 의식과는 달리) 수두무뇌증 환아나 제피질 동물들에게는 이 부분이 결여되어 있다. 상구는 잠재적 목표물과 활동에 대해 지금-여기 상황의 간결한 지도를 제공하는 반면, 대뇌피질은 각 활동 과정이 순차적으로 펼쳐질 때 길잡이로 사용될 세세한 '표상'을 제공한다. 이렇게 고도로 분화된 상 외에도 전뇌 피질하 구조에는 다양한 *무의식적* 활동 프로그램이 존재한다. 이는 상이 아닌 '절차'나 '반응'으로 불리는 것들이다. (예를 들어 자전거를 탈 때 혹은 친숙한 장소를 찾아갈 때 의존하는 자동화된 부류의 기억을 생각해 보라.) 이러한 것들은 *피질하* 기저핵, 편도체 및 소뇌에 주로 부호화되어 있다. 기억들은 단순히 과거의 기록이 아니다.[18] 생물학적으로 말해 기억들은 과거에 관한 것이지만, 또한 미래를 *위한* 것이다. 그것들은 모두 본질적으로 우리의 욕구를 만족시키기 위한 목적을 지닌 *예측*인 것이다. 이 요지에 대해서는 이어지는 장에서 계속 설명하겠다.

중뇌의 정동 선택을 통해 활성화되는 운동 경향성은 단순한 반사나 본능을 방출하는데 이는 아기나 수두무뇌증 환아, 또는 여러 동물이 하는 행동의 전부다. 하지만 알다시피 이러한 자동적 행동은 개체가 발달하는 동안 경험을 통한 학습을 거쳐 개별화된 조절력 아래 놓이게 된다. 그리하여 틀에 박힌 반응은 좀 더 유연한 선택지 목록으로 보강되는 것이다. 새로운 실행 사이클마다 일어나는 일련의 행동적 순서에는 전뇌를 통한 조절 수준이 점점 덧붙여지며, 절차적인 '반응'에서부터 표상적인 '기억의 상'에 이르기까지 상방으로 펼쳐진다. 이 과정을 통해 메르케르가 '형체가 갖추어진 단단한 사물로 구성된, 완벽히 이어진, 파노라마적인 3차원 세계'라고 부른 것이 나타난다. 우리에게 익숙한 현상학적 경험의 세상이 만들어지는 것이다.[37]

장기 기억은 미래를 위해 작동하는 것임을 기억하길 바란다. 일단 중뇌 결정 삼각부가 각각의 직전 행동으로부터 돌아온 간결한 피드백 흐름을 평가하고 나면, 그다음으로 활성화하는 것은 광범위한 *피드포워드* 과정이다. 이는 반대 방향으로 펼쳐지는데, 전뇌의 기억 체계를 통해서, 선택된 행동 과정에 관한 *예측하는 맥락*을 만들어 낸다. 이것이 학습에서 창출되는 전부다. 다시 말해, 욕구가 우리를 세상 속으로 이끌 때 우리는 *새로운 사이클마다 세상을 백지상태에서 다시 발견하는 것이 아니다*. 만

18) 저자는 명시적 기억과 암묵 기억을 차례로 언급하고 있기에 기억'들'이라는 복수형을 그대로 남겨 번역했다(역자 주).

연한 환경 속에서 선택된 욕구를 충족시키기 위해 과거의 경험에 근거해 행동했을 때 뒤따를 것으로 예상되는 감각적 결과에 관한 예측값 집합을 활성화하는 것이다.

그렇다면 수의적 행동에는 *실제* 행동으로 옮길 때 뒤따를 결과에 대해 우리가 *예측*한 바를 테스트하는 과정이 수반된다. 둘을 비교함으로써 오차 신호가 발생하게 되는데, 우리는 예측을 재평가할 때 이 오차 신호를 사용한다. 그 과정에서 행동을 진행하며 그에 따라 행동 계획을 조정한다. 이것이 '수의적' 행동의 모든 것이다. 즉, 수의적 행동이란 각각의 행동이 불러일으킨 결과에 의해 매개되어, 불확실성이라는 조건 아래 무엇을 할지를 결정하는 것이다. 이 과정에는 정동적으로 느껴진 결과와 지각적으로 감지된 결과가 모두 관여하는데, 정동적 잔여 오차 신호와 감각-운동 잔여 오차 신호가 모두 중뇌 결정 삼각부로 수렴하는 까닭이 바로 이 때문이다. 수의적 행동을 조절하는 정신과정을 일컬을 때 제이콥 호위Jakob Hohwy가 사용한 '현재를 예측하기'라는 용어를[38] 나는 좋아한다.

내가 지금 이야기하는 바에 관한 임상적인 인상을 얻기 위해 2장에서 묘사한 증례인 코르사코프 정신증을 앓던 전기 기사 S에게 일어난 일을 떠올려보자. 그는 내 사무실의 창문 밖을 보았을 때 요하네스버그가 보이리라 예상했다. 그의 기억장애 때문이다. 그는 최근의 사건에 맞춰 예측 모델을 최신화할 수 없었다. 실제로 목격한 눈 내린 런던의 풍경이 품었던 예상과 맞아떨어지지 않았지만, 그는 마음을 바꾸지 않았다. 그는 들어오는 오차 신호를 무시했고, 원래의 예상을 고수했다. "아뇨, 저는 제가 요버그Jo'burg에 있다는 걸 알아요. 당신이 피자를 먹고 있다고 해서 이탈리아에 있는 건 아닌 것과 같죠."라고 대꾸하면서 말이다. 다시 말해 그의 두뇌는 오차 신호를 하향 조절해 버렸다. 따라서 자신의 실행 프로그램을 조정하지 않았고, 울음을 터뜨리는 것으로 귀결되었다. 경험으로부터 배우는 데 실패했기 때문이다. 만약 그의 가족과 의사들이 그의 모든 욕구를 살피지 않았다면, 분명 그는 죽었을 것이다.[39]

대부분의 사람은 지금-여기here-and-now를 지각할 때 예측, 주로 장기 기억에 의해 만들어진 예측을 통해 끊임없이 길잡이 되고 있음을 알아차리지 못한다. 하지만 사실이다. 외부의 감각 기관으로부터 내부의 기억 체계로 신호를 전파하는 뉴런의 수가 그 반대 방향으로 전파하는 뉴런보다 훨씬 더 적은 이유는 바로 이 때문이다.[40] 예를 들어 외측 슬상체lateral geniculate body(안구로부터 시각 피질 혹은 그 반대 방향으로 정보를 중계하는 부위)로 들어오는 연결과 외측 슬상체에서 나가는 연결의 비는 대략 1 대 10이다. 말초에서 들어오는 감각 신호와 *잘 맞아떨어지*는 예측 신호에 의해 많은 일이 처리되는 것이다. 이는 엄청난 양의 정보 처리 과정을 절약하고, 따라서 대사량을 줄여 준다. 두뇌가 에너지 공급 총량의 20%를 소모한다는 것을 고려할 때, 이는 매우 유용한 효율화 방안이다. 굳이 세상의 모든 것을 이전에 단 한 번도 맞닥뜨려 본 적 없듯이 취급할 이유가 있겠는가? 그 대신에 두뇌는 들어오는 정보 가운데 예상과 *잘 맞아떨어지지* 않는 부분만 내부로 전파하는 방식으로 작동한다. 그런 까닭에 오늘날 지각은 종종 '환상'이나 '조절된 환각'으로 묘사된다. 지각은 *예측된* 시나리오로 시작한 다음, 그 이후에야 들어오는 신호와 맞아떨어지게끔 조정된다.[41] 이런 의미에서 고전적인 해부학자들의 말이 옳았다. 피질 처리 과정은 주로 '기억의 상'을 활성화시키는 것으로 구성되어 있으며, 다음에 올 지각 및 행동 사이클을 예측하기 위해 적절히 재조정된다.

여기서 내가 말하는 바는 인간뿐만 아니라 모든 척추동물에 적용되는 이야기다. 심지어 뇌나 신경계를 지닌 모든 생명체에 적용될지도 모르겠다.

(예를 들어 곤충은 우리의 망상 활성계와 매우 유사한 기능을 하는 뇌 구조를 지니고 있다.)[42] 지금까지 우리는 의식의 근본적인 형태가 정동임을 알았으며, 이때 정동은 예측 불가한 상황에서 우리가 나아가는 길을 '느끼게' 해 준다. 하지만 내인적인 정동이 어떻게 의식적 외부수용으로 변하는 것일까?

판크세프는 경험의 두 가지 양상 사이의 진화적 가교가 '감각 정동'(통증, 역겨움, 놀람 등)에 의해 만들어졌으리라 주장했다. 감각 정동은 내적인 느낌인 동시에 외적인 감각이다. 이들은 특정한 느낌에 의해 특화된, 선천적으로 값어치가 부여된 지각이다. 그러므로 통증은 역겨움과 다르게 느껴지고, 당신은 그 느낌에 각기 다르게 반응한다. 느껴지는 바에 따라 움츠리거나 구토하는 등 다르게 반응하는 것이다. 판크세프의 관점에 따르면 이러한 진화적 가교 위에서 의식은 지각 전반으로 확장되는데, 의식이 정동에 맥락을 입혀 주기 때문이다. 결국 외부 세계는 우리에게 필요한 가치를 부여받는데, 이는 우리가 그곳에서 욕구를 충족시켜야 되기 때문이다. 세상은 *정동과 결부되어* 가치를 부여받는다.

그러므로 '왜 지각, 행동 및 인지가 느껴지는가?'라는 질문에 대한 나의 대답은 '정동에 맥락을 입혀 주기 때문에 느껴진다'이다. 우리의 지각적 경험은 마치 '나는 *저것에 대해* 이렇게 느껴'라고 말하는 것 같다.[43] 지각은 이른바 적용된 불확실성이다. 이는 정동적 의식과 지각적 의식이 '동일한 화폐'를 사용한다고 한 메르케르의 표현을 그럴듯한 이야기로 만들어 준다. 그것은 서로 다른 종류의 느낌이다. 그럼에도 불구하고 그것은 아무튼 느낌이다.[44] 나는 여기서 오직 *의식화된* 지각에 한해 이야기하고 있다. 오감이라는 우리의 지각적 의식(시각, 청각, 촉각, 미각, 후각)을 의미하기 위해서는 조금 더 나아가야 하는데,[45] 지각적 의식은 우리 감각기관에 의해 등록된 서로 다른 카테고리의 외부 정보에 질감을 부여하기 위해 진화한 것이다.[46] 그런 점에서는 이전 장에서 논의한 일곱 종류의 정동적 의식, 즉 포유류에게 있어 다양한 카테고리의 감정적 욕구에 질감을 부여하는 정동적 의식과 꼭 마찬가지다.

하지만 피질성 지각은 *통각*apperception이라는 사실을 기억하는 것 역시 중요하다. 의식 내에 등장하는 것은 말초에서 전달된 날것 그대로의 감각 신호가 아니다. 오히려 감각 신호 및 그로 야기되는 결과에 관한 기억의 자취로부터 유래된 예측적 추론물이다. 이른바 느낌이라는 것은 안정화된 피질 추론물로 퍼져 나가 '정신적 고체mental solids',[47] 즉 지각 속에서 드러나는 외부 세계라고 부르는 것을 창조해 낸다는 사실이야말로 정동과 의식적 지각이 가진 현상학적 질감의 차이를 부분적으로 설명한다. 이 주제에 관해서는 10장에서 다시 다루겠다.

뇌의 내적 모델은 우리가 세상에서 방향을 읽는 데 사용하는 지도이며, 실제로 예상/기대하는 세상을 *생성해 내는* 지도다. 하지만 스스로 예측한 바를 액면 그대로 받아들일 수는 없다. 실제로 내적 모델이 생성한 '예상 내용'에는 두 가지 측면이 존재한다. 한편으로는 예측한 실제 내용 자체가 있고, 다른 한편으로는 그 내용의 정확도에 대해 품는 *신뢰 수준*이 있다. 모든 예측은 확률적이므로, 예측에 결부된 *예상된 불확실성*의 정도 역시 부호화되어야 한다. 예측 자체는 전뇌의 장기 기억 네트워크에 의해 공급되는데, 이는 과거라는 렌즈를 통해 현재를 여과시킨다. 하지만 두 번째 차원, 즉 신뢰 수준을 조정하는 일은 조정 각성에 의해 이루어지는 작업의 본질이다.

환자 S의 증례에서 망가진 것이 바로 이 기능이었다. 그는 자신이 예측한 바를 너무 많이 신뢰했다. 다른 말로 바꾸어 표현하면, 그는 자신의 의학적 상태로 말미암아 오차 신호에 불충분한 가중치를 두고 그 신호에 충분히 *주의*를 기울이지 않았다.[48] 어떻게 그럴 수 있을까? 어떤 의미에서 우리는 이미 다른 각도에서 이에 대해 살펴보았다. 신경 신호를 조절한다는 것은 그 세기를 더 강하게 하거나 약하게 조정한다는 의미다. 이는 중뇌의 결정 삼각부가 어느 신호를 끌어올릴지 선택하는 시점에서 일어난다. 중뇌 삼각부는 망상 활성계를 통해 신호의 세기를 조절한다. 애초에 기준이 되는 신호의 세기는 예상된 맥락에 상응하는 것이다. 하지만 실제(경험한) 맥락이 서서히 밝혀지면, 신호의 세기는 조정되어야 한다. 이는 오차 신호의 신뢰도가 증가할 경우 오차를 초래한 예측의 신뢰도는 감소되어야 한다는 의미로 이어진다. 만일 화재경보기가 울렸으나 불이 난 낌새가 전혀 없다면 경보나 낌새 가운데 어느 하나는 분명 잘못된 것이며, 불일치 상황에 대해 어떻게든 판정을 내려야 한다. 이것이 중뇌 결정 삼각부에서 벌어지는 일이다. 상충하는 주장을 평가하고 하나의 승자를 선언한다. 이 과정을 통한 결과는 망상 활성계에 의해 전뇌로 전달된다. 이때 망상 활성계는 예측한 바를 근거로 작동하는데, 신경조절물질을 자욱이 방출해 장기 기억 네트워크 내의 신호를 정밀하게 조정하며, 특정한 예측치가 저장되는 전뇌 채널을 상향 조절하고 다른 채널은 하향 조절한다. 이는 결국 경험을 통한 학습이 일어나게 한다. 이런 방식으로 우리는 시행착오를 통해 세상에 대해 생성된 모델을 계속 향상시켜 나간다.

불확실한 세상 속에서 우리가 하는 일은 모두 오르락내리락하는 신뢰 수준에 따라 길잡이 된다. 우리는 특정한 방식으로 행동할 때 무슨 일이 벌어질지 스스로 잘 안다고 생각한다. 하지만 정말로 그럴까? 만약 우리가 품은 확신이 일정 역치 이하로 떨어진다면, 우리는 행동하지 않거나 방침을 변경할 것이다. 외부수용 영역에서 예상한 그대로라면 사정이 좋게 흘러가고 있는 것이며, 불확실성이 만연하다면 사정이 나쁘게 흘러가고 있는 것이다. 예측에서 신뢰도가 증가하는 것은 좋은 것이며, 신뢰도가 떨어지는 것은 나쁜 것이다. 그러므로 우리는 예상함에 있어 불확실성을 최소화하려고 노력한다.

앞서 보았듯이 지각 및 행동은 계속 진행하는 가설-검증 과정의 일종이다. 그 속에서 두뇌는 지속적으로 오차 신호를 억제하고 가설이 사실임을 확정하려고 애를 쓴다. (1장에서 살펴보았듯이 실험 과학 자체도 이러한 일상 과정의 체계화된 버전에 불과하다. '만약 가설 X가 참이라면, Z를 수행할 때 Y가 발생해야 한다.') 가설이 더 많이 확정될수록 더 많이 신뢰할 수 있고, 요구되는 각성의 정도가 줄어든다. 즉, 덜 의식적으로 될 수 있다. 행동 순서를 자동화할 수 있으며, 기본 모드 상태로 잦아들 수 있는 것이다. 하지만 만약 예측하지 못한 상황, 즉 예측 모델로는 믿을 만한 어떠한 실마리도 찾을 수 없어 보이는 상황에 놓여 있음을 깨닫는 순간, 행동한 이후에 뒤따르는 결과는 상당한 돌출 자극이 된다. 그리고 자동 조종을 중단하고 촉각을 곤두세우는 상태hyper-aware로 들어간다. 행동한 후 뒤따르는 결과의 느낌을 줄곧 느끼는 동안 결정 삼각부는 조심스레 예측을 조정하고 새로운 선택을 한다.

그러므로 느낌은 모든 의식, 즉 정동적인 의식과 인지적인 의식 모두에 있어 공통적인 요소로 남는다. 느낌의 기능은 행동 프로그램의 성패 또는 성공 여부 및 그와 연관된 맥락을 평가하는 것에 있다. 하지만 모든 실패가 똑같이 유의한 것은 아니다. 느낌은 '상대적으로 덜 중요한 사태와 결부된 것'보다 '생존에 직결된 값의 불확실성과 연관된 것'이 훨씬 강렬하다. '내 앞에 가는 차가 이제 좌회전을 할 거야'와 같은 식의 오판은 예측 위계상의 말초 수준에서 다루어질 수 있는데, 위계의 말초 수준에서는 비교적 큰 오차라 할지라도 용인될 수 있다. 그러므로 이때는 정동이 변하기보다는 소위 주의注意, attention가 달라지는 일이 벌어진다. (물론 주의 역시 똑같이 망상 뇌간에 의해 조절된다.) 그러나 만약 당신 앞에 가던 차가 갑자기 사고를 낼 것처럼 보인다면, 오차는 정동 반응을 각성시킬 가능성이 크다. 뭔가에 주의를 기울일 수도, 뭔가에 주의가 사로잡힐 수도 있다. 후자의 경우 놀람이나 섬뜩한 느낌이 동반되는데, 이 느낌은 지금 적용되고 있는 잘못된 예측을 고쳐 쓴다. 세상에 관한 자신의 모델이 두 번 다시 똑같은 불쾌한 의외성surprise을 발생시키지 못하게끔 보장하기 위해 예측을 고쳐 쓰는 것이다.

이것이 바로 생리적 수준에서 의식이 두뇌 속에서 작동하는 방식이다. 이 설명이 만족스럽지 않아 보일지도 모르겠다. 우선 한 가지 이유는 심신 문제에 대한 철학적인 접근법에 그다지 너무 신경 쓰지 않았기 때문이다. 나는 일부 철학자가 의식의 '이중 양상'이라고 부르는 것 사이의 관계, 즉 왜 의식의 객관적 생리에 주관적인 현상적 느낌이 동반되는지에 관해 다루지 않았다. 과학자들은 어떤 종류의 두 가지 데이터 세트 사이에서 이와 같은 규칙적인 상관관계가 관찰될 경우 단일한 기저의 원인을 찾으려 든다. 어째서 그 현상들이 함께 일어나는지 *설명하려고* 한다. 의식의 생리학적 양상과 심리학적 양상 간의 규칙적인 연결 고리를 이해하려면 더 깊이 들어가야 한다. 심리학과 생리학이라는 학문적 제약을 뛰어넘어야 한다. 전형적으로 우리 과학자들은 형이상학이 아닌 물리학으로 고개를 돌림으로써 그렇게 하고 있다.[49] 지금과 같은 경우 우리가 요구하는 해답은 엔트로피라는 물리학에서 찾을 수 있다.[19)]

---

19) 미주를 따라가지 않은 독자라면 지금 이 시점에서 365쪽의 부록을 보고 싶을지도 모르겠다. 다소 전문적인 내용이지만 부록은 7장으로 넘어가는 데에 유용한 가교 역할을 한다.

7장

자유 에너지 원리

한 실험실에서 과학자들이 대형 모니터를 주시하고 있다. 화면에는 수많은 점이 소용돌이친다. 파랑, 빨강, 보라 등 색깔도 다양하고 크기도 제각각이다. 그러나 떼 지어 다니는 이 점들의 움직임에서 어떤 패턴도 읽어내기 어렵다. 점들은 가스 구름처럼 뿜어져 나와 서로 뒤엉키며 모니터 위 가상의 공간을 아무렇게나 채운다. 하지만 전자시계가 시간의 흐름을 초 단위로 기록하고, 화면 아래와 왼쪽에 있는 두 축이 각 점의 위치를 표시한다. 그렇다면 '측정 가능한' 무언가가 일어나고 있다는 뜻인데, 이 같은 혼돈 속에서 점들의 움직임을 도대체 어떻게 정량할 수 있을까?

물리학자들은 이러한 현상을 '추계적인stochastic' 과정이라고 부른다. '추계적'은 사실상 '무작위적'과 같은 뜻이기 때문에 별반 도움이 되는 설명은 아니다. 그런데 계속 바라보니 작은 점이 큰 점보다 굼뜬 게 눈에 띈다. 마치 서로 다른 곡조에 맞춰 춤을 추고 있는 것 같다. 이때 한 신경과학자가 지시를 내리고 컴퓨터 기술자가 키보드에 무언가를 입력하자 화면 속 소용돌이가 돌연 멈춘다. 기술자는 조심스럽게 데이터를 저장하고, 신경과학자가 부탁한 대로 다시 어떤 숫자들을 휘리릭 입력한다. 그러자 작은 보조 모니터에 새로운 수식이 표시된다. 신경과학자의 말에 따르면 '부분계subsystem 간의 국소 상호작용'을 조정하는 중이란다.

또다시 입자들의 구름이 화면 왼쪽 아래에서부터 소용돌이치기 시작한다. 혼돈의 순간도 잠시, 이번에는 알기 쉬운 패턴이다. 처음에는 주로 바깥쪽으로 뻗어 나가던 색색의 점들이 점점 뭉치더니 화면 중앙으로 자발적으로 수렴해 하나의 덩어리를 이룬다. 약간의 상상력을 가미하자면 찌르레기 같은 새들이 대열을 지어 날아가는 모습 같기도 하다. 입자들의 운동은 마치 사열식에서 군인들이 정해진 위치를 사수하려고 서로 떠미는 듯 점점 더 제한되다가, 드디어 네 개의 동심원이라는 명확한 구조가 출현하기 시작한다. 한가운데는 남색 점들이 있고, 그 주위를 빨간색, 다시 보라색 점들이 둘러싼다. 하늘색 점들은 가장 바깥쪽 경계를 이룬다. 그 외의 공간에는 작고 검은 점들이 아무 일도 없다는 듯 헤엄쳐 다닌다. 신경과학자는 짐짓 기뻐하며 기술자에게 화면을 정지시켜 달라고 부탁한다. 시뮬레이션이 시작된 지 약 21분 만이다.

이곳은 칼 프리스턴이 과학센터장을 맡고 있는 런던 퀸 스퀘어Queen Square의 웰컴Wellcome 인간 뇌영상 센터다. 지금 우리는 프리스턴의 초대를 받아, 다양한 힘이 가해질 때 물리적 부분계 간에 발생하는 단거리 상호작용을 시뮬레이션하는 흥미로운 실험을 지켜보았다.

이 가상 입자들은 아무런 의도 없이mindless(무차별적인 것은 아님) 서로를 당기거나 밀어낸다. 그런 점에서는 실제 원자 및 분자의 행동 규칙과 유사하다. 분명한 것은 이러한 상호작용이 혼돈*에서* 질서를 만든다는 것이다. 태고적 원시 수프에서 생명이 처음 출현했을 때도 이러한 자발적 질서가 발생한 것으로 추측된다. 하지만 지금 이 실험은 진화 연구소가 아닌 신경과 및 신경외과 국립병원 잔디밭 건너 어느 인지 신경과학 연구소에서 수행되고 있다. 도대체 이 가상 입자가 뇌와 어떤 관련이 있는지 궁금하지 않은가?

프리스턴의 설명은 이러하다. 액체가 냉각되면 결정結晶이라는 '자기조직계'를 이룬다. 그런데 세포 같은 생명체도 이보다는 복잡하지만 결국에는 공통된 기전에 의해 출현했다는 것이다. 프리스턴은 이를 '자유 에너지 최소화free energy minimisation'라 부른다. (이에 관해서는 잠시 뒤 설명하겠다.) 인간을 포함한 모든 자기조직계의 근본 목적은 단 하나, 계속 존재하는 것이다. 프리스턴은 우리가 자유 에너지를 최소화함으로써 존재를 지속한다고 믿는다. 이러한 기본적인 자기 보존 기전이 점점 더 복잡하게 발현된 것이 바로 결정 구조, 세포, 두뇌라는 것이다.[1] 실제로 우리가 정신생활이라 부르는 것의 상당히 많은 측면이 원시 단계의 생명에서부터 나타난다. 그렇다면 뇌가 정신에 기여하는 바가 무엇인지 모호해 보일 수 있다. 하지만 자유 에너지라는 개념을 잘 붙든다면 의문은 풀린다.

칼 프리스턴은 내 일생의 연구에 큰 틀을 잡아 준 위대한 과학자 가운데 마지막 인물이다. 그는 내가 보기에 천재가 분명하며, 객관적으로도 오늘날 전 세계에서 가장 영향력 있는 신경과학자다. 학계에서 학자의 영향력은 그 사람이 쓴 논문의 영향력을 측정하는 'h 지수h-index'로 계산할 수 있다.[2] 대략적으로 h 지수가 박사학위를 취득한 이후 연수보다 크다면 학자로서 잘해 나가고 있는 셈인데, 프리스턴의 h 지수는 무려 235로, 그 어떤 신경과학자보다 높다.[3] 그가 처음 명성을 얻은 것은 '통계적 매개변수 사상statistical parametric mapping'이라는 기법을 개발하면서다. 이 기법은 오늘날 기능적 뇌영상 분석법이 이토록 널리 활용되게 만든 일등 공신이다. 하지만 그에게 훨씬 더 큰 명성을 가져다준 것은 '예측 부호화predictive coding' 및 자유 에너지 원리에 관한 연구였다.

나날이 치솟는 그의 유명세에도 불구하고, 나는 수년 동안 그저 먼발치서 관심을 갖는 정도였다. 그러던 중 2010년 그가 신경정신분석에 관심이 있던 나의 지인 로빈 카하르트-해리스Robin Carhart-Harris라는 젊은 정신약리학자와 함께 논문을 한 편 발표했다. 논문의 주장은 프로이트의 욕동 에너지('정신 에너지psychical energy') 개념이 자유 에너지 원리에 부합한다는 것이었다.[4] 앞서 설명했듯이 프로이트는 육체적 욕구가 정신 에너지로 바뀌는 원리에 관한 '개념을 구축하는 데 전적으로 실패했다'고 기꺼이 인성한 바 있었다. 프로이트는 이 에너지가 증가·감소·전치·방출될 수 있으며, 따라서 '비록 그 양을 측정할 방도가 없지만' 물리량으로서의 모든 특성을 지녔다고 썼다.[5] '여러 정신 과정을 정량적으로 결정된 상태로 나타내는 것'이 프로이트가 본래 품었던 (하지만 포기한) 의도임을 생각할 때, 두 사람의 논문은 나에게 경천동지할 충격이었다. 만약 정신 에너지가 열역학적 자유 에너지 변화와 정말로 동형isomorphic이라면, 틀림없이 측정할 수 있고 물리 법칙으로 환원할 수도 있을 거란 생각이 들었다.

그때부터 프리스턴의 초기 저작들을 탐독하기 시작했고, 이윽고 그를 만나러 나섰다. 그 후 몇 년 동안 우리는 런던과 프랑크푸르트에서 여러 차례 접선해 정신생활에서 정동의 역할에 관해 이야기를 나누었다. 당시 프리스턴은 거의 모든 이들과 마찬가지로 여전히 대뇌피질에 중점을 두고 연구하고 있었다. 그가 발견한 예측 기전도 거의 전적으로 *인지* 기능에 한정되어 있었다. 예를 들어, 뉴런의 상호 소통 방식을 예측 부호화로 설명한 그의 유명한 논문 제목이 "*대뇌피질* 반응의 이론A theory of cortical responses"인 것도 바로 이 때문이다.[6] 하지만 솔직히 고백하건대, 그때까지만 해도 그의 수많은 논문을 완전히 소화할 만큼 시간을 내어 읽지 못했다.

2017년 내가 참여한 신경정신분석학회에서 연례 학회의 기조 강연

자로 프리스턴을 초청했다. (그해 학회는 런던의 유서 깊은 유니버시티 칼리지University College 병원에서 열렸으며, 예측 부호화가 주요 주제였다.) 나로서는 평소처럼 능숙히 마무리 발언을 하려면 물리학을 어느 정도 숙달해야 했다. 그래서 프리스턴의 여러 저술 가운데 왕립학회Royal Society 학술지 하나에 실린 매우 전문적인 논문을 꼼꼼하게 다시 읽었다. 논문의 제목은 "이른바 생명이라는 것Life as we know it"이었다.[7] 각고의 노력 끝에 나는 처음으로 그 내용을 제대로 이해하는 데 성공했다. '*의도성*intentionality의 기본 법칙을 일련의 수식으로 환원하는 것'이 논문의 목표였다.

논문의 함의는 나를 전율케 했다. 이 방정식들이 내가 찾던 그 돌파구를 마련해 줄 것만 같았다. 학회가 끝난 직후, 나는 프리스턴에게 서신을 보내 함께 머리를 맞대고 의식을 자유 에너지 원리로 설명해 보자고 제안했다. 다행히도 그가 동의했고, 우리는 공동의 견해를 담은 논문을 함께 집필하기 시작했다.[8]

프리스턴과 내 연구의 연결 고리는 *항상성*homeostasis이다. 앞서 설명했듯이 우리는 생리학적으로 수용 가능한 범위 내에 머물러야 한다. 체온 조절을 예로 들어 보자. 우리의 체온은 아무 값이나 될 수 있는 게 아니라 반드시 36.5~37.5℃ 사이의 한정된 범위 내에 있어야 한다. 그보다 너무 뜨거워지거나 차가워지면 사망한다. 심부 체온이 주변의 온도와 같아지도록 내버려 두어서는 안 되는 것이다. 냉수 욕조에 온수를 부으면 둘은 분리된 상태를 유지하지 않고 이내 섞여 미지근해진다. 하지만 우리는 주변과 섞이지 않은 채로 존재하며 (살아 있으려면 반드시 그래야 한다) 이를 위해서는 일[20)]이 요구된다. 혼수상태 환자들은 이 일을 수행하지 못해

20) 에너지 소모(역자 주).

과체온증 등으로 사망한다. 말 그대로 몸이 과열되는 것이다.[9] 혈중 기체 농도 조절, 체액 및 에너지 균형, 기타 여러 신체 과정도 똑같은 이치다. 5장에서 보았듯이 이는 감정적 욕구에도 적용된다. *감정적* 욕구도 육체적 욕구만큼이나 '생물학적'이다. 수용 가능한 감정 범위 내에 머물기 위해서는 일을 해야 한다. 양육자 근처에 붙어 있고, 포식자에게서 달아나고, 버거운 장애물을 제거해야 한다. 환경이 어느 수준의 예측 가능성을 넘어서는 경우, 각종 느낌이 이러한 것을 하는 데 필요한 일을 조절한다.

방금 설명한 기전은 항상성의 확장된 형태일 뿐 전혀 복잡할 게 없다([그림 12] 참조).

모든 항상계homeostat는 *수용기*receptor(앞선 예시에서는 체온을 측정하는 곳), *조절 중추*control centre(체온을 어떻게 수용 가능한 범위인 36.5~37.5℃ 내로 유지할지 결정하는 곳), *작용기*effector(범위를 벗어났을 때 되돌아가기 위해 필요한 일을 수행하는 곳)라는 단 세 가지 요소로 구성된다. 항상성 기전은 너무나 단순하기에 물리 법칙으로 환원할 수 있다. 그리고 그것이 '이른바 생명이라는 것'을 지배하는 기본 법칙이라는 게 프리스턴의 논문이 주장하는 요점이었다.

나는 기대감에 부풀었다. 이 법칙들이 정동의 기저에 놓인 예측하기 힘든 형태의 항상성까지 확장된다면, 의식도 설명할 수 있을 것 같았다. 의식적 행동의 외부에서 관찰 가능한 요소(중뇌의 결정 삼각부 및 망상 활성계의 객관적 *생리*)와 내부에서 관찰 가능한 요소(의사 결정을 이끄는 주관적 *느낌*)를 모두 서술할 수 있을 듯했다.

이 지점에서 나는 다마지오와 결별해야 했다. 그는 다른 어떤 신경과학자보다도 정동이(따라서 의식도) 근본적으로 항상성의 한 형태라는 사실에 주목한 인물이다. 나의 추론은 거기서 한 발짝 더 나아갔는데, 다마지오는 이를 받아들이지 않았다.[10] 나의 추론은 의식이 항상성의 일종

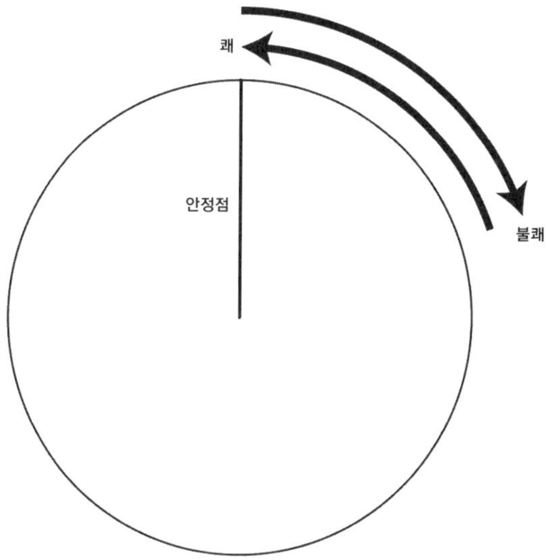

[그림 12] 느낌 항상성

안정점은 계의 수용 가능한 범위를 나타낸다.

이며, 항상성이 물리 법칙으로 환원될 수 있다면 의식 현상도 환원 가능하다는 것이었다. 천체를 비롯한 자연계 만물의 움직임과 마찬가지로 의식의 기전 역시 법칙으로 설명할 수 있으며, 따라서 확률 수준에서라도 어느 정도 예측 가능하리라고 확신했다. 나와 프리스턴이 쓴 논문 초고를 다마지오가 읽은 날, 그의 사무실에서 우리는 고뇌에 찬 대화를 나눴다. 다마지오는 내가 왜 의식을 그의 말대로라면 '알고리즘'으로 환원하려 하는지 이해하지 못했다. 아인슈타인이 "신은 우주와 주사위 놀이를 하지 않는다"라며 양자역학을 비판했던 것처럼, 다마지오의 반응 역시 자신이 직접 내놓은 이론의 함의에 거부감을 느끼는 전형적 사례에 해당했다.[11]

당시 내가 다마지오에게 간략히 설명했던 논거를 잠시 소개하고자 한다.[12] 하지만 제대로 설명하려면 먼저 자유 에너지 원리를 이해하는 데 토대가 되는 물리학을 소개할 필요가 있다. 심호흡을 크게 하고, 이제 본격적으로 시작해 보자.

항상성의 핵심은 생명체가 좁은 범위의 물리 상태에 머물러야 한다는 것이다. 그 상태는 수용 가능한 상태, 가치 있거나 선호되는 상태, 프리스턴에 따르면 '기대expected' 상태에 해당한다. 우리는 아무 물리적 상태에나 있을 수 없다. 이 생물학적 필수 조건은 이른바 *엔트로피*무질서도라는 기초 물리 개념과 깊은 관련이 있다. 많은 사람이 '*엔트로피*'가 무질서, 소멸, 분해 등을 향한 자연스러운 경향이라고 직관적으로나마 이해하고 있다. 얼음이 녹고, 배터리가 닳고, 당구공이 멈추고, 뜨거운 물과 차가운 물이 섞여 미지근해지는 것은 엔트로피의 법칙 때문이다.

항상성은 그와 반대 방향으로 작동한다. 즉, 엔트로피에 대한 저항이다. 항상성은 우리를 좁은 범위의 상태에 머물게 한다. 그래서 소멸하지 않고 체온을 유지하고 삶을 영위할 수 있다. 모든 생명체는 물리학의 기본 원리 중 하나인 열역학 제2법칙에 맞서 싸워야 한다.

열역학 제1법칙은 에너지 보존에 관한 것이다.[13] 에너지는 생성되거나 파괴될 수 없으며, 한 종류에서 다른 종류로 변환되거나, 한 곳에서 다른 곳으로 흐를 수 있을 뿐이다. (아인슈타인이 밝혀냈듯이 에너지는 물질로도 변환될 수 있다.)

열역학 제2법칙에 따르면, 자연적 과정은 언제나 비가역적이다.[14] 따라서 미지근한 물은 뜨거운 물과 차가운 물로 다시 분리될 수 없다. 같은 원리로, 석탄이 타면서 나온 열에너지와 그 과정에서 낭비된 에너지는 석탄으로 되돌아갈 수 없다. 엔트로피 때문이다. 거시적 수준에서 엔트로피는 *항상 증가한다*.[15] 시간의 방향성과 흐름 자체도 엔트로피와 관련이 있을 가능성이 크다.

열역학에서는 에너지를 유용한 에너지와 유용하지 않은 에너지로 나눈다. 에너지의 '유용성'은 일을 수행하는 능력에 의해 정의된다. 가령 석탄을 태우면 석탄 속 에너지가 열을 생성한다.[16] 그 열에너지는 물을 끓여 증기를 만들고 엔진을 구동할 수 있다. 하지만 각각의 과정에서 일부 에너지가 손실된다. 즉, 모든 에너지를 일에만 사용할 수는 없다.

이러한 사실을 종합할 때, 물리계 내부의 유용한 에너지가 줄어들면 엔트로피가 증가함을 알 수 있다.[21)] 이는 계가 일을 수행할 수 있는 능력이 항상 감소함을 의미한다. 따라서 엔트로피는 유용한 에너지의 손실과 관련이 있다. 엔트로피가 증가할수록 일을 수행할 에너지가 없어지기 때문이다. 열역학 제2법칙은 모든 자연적 과정에서 유용한 일을 수행하는 동안 일부 에너지가 유용한 에너지가 되지 못하고 손실된다는 사실을 알려 준다.[17]

앞서 사람들이 '엔트로피'를 어떻게 직관적으로 이해하는지 설명했다. 하지만 물리학에서는 그보다 형식적이고 구체적으로 엔트로피를 정의한다. 엔트로피의 정의는 계가 몇 가지 상태를 차지할 수 있느냐와 관련되어 있다.[18] 엔트로피는 동일한 거시 상태를 만들 수 있는 미시 상태의 수가 몇 가지인가에 따라 결정된다. 간단히 말해, *가능한 미시 상태가 적을수록 엔트로피는 낮다.*

항상성은 인간과 같은 물리계가 취할 수 있는 거시 상태의 범위를 제한하고, 유효한 일을 수행함으로써 생명을 유지시킨다. 따라서 엔트로피는 일을 수행할 능력을 잃게 한다는 점에서 생명체에게 '해로운' 존재

21) 열역학 제1법칙에 따르면, 유용하거나 유용하지 않은 에너지의 합은 일정하다. 그러나 제2법칙에 따라 거시적 수준에서 엔트로피는 증가한다(역자 주).

이며, 엔트로피에 맞서는 것이 생명체의 가장 기본적인 기능이다.

이 개념을 설명하기 위해 물리학자들은 일반적으로 다음과 같은 예시를 든다. 압축된 기체가 작은 구멍을 통해 진공 용기 속으로 유입되는 상황을 상상해 보자. 기체 분자는 무작위로 퍼지면서 용기 속 가용한 공간을 채워 나간다. 시간이 지날수록 각 분자가 존재할 수 있는 장소가 늘어난다. 이 과정을 되돌려 기체를 원래대로 만들 유일한 방법은 압축이라는 일을 수행하는 것이다.

특정 순간에 각 분자가 존재할 수 있는 위치의 수로 엔트로피를 바라보면, 이는 확률 개념으로 이어진다. 엔트로피가 증가하면 각 분자가 특정 위치를 점유할 통계적 확률이 감소한다. 기체가 팽창할수록 각 분자의 위치를 예상하기가 더 어려워진다. 즉, 엔트로피의 증가는 예측 가능성의 감소다.

위 사실은 아주 중요하다. 왜냐하면 열역학 법칙과 달리 확률 법칙은 물질뿐만 아니라 모든 것에 적용되기 때문이다. 용기 속 기체의 엔트로피를 확률적으로 정의할 수 있는 것처럼, 심리학적 의사결정 과정과 관련된 엔트로피도 확률적으로 정의할 수 있다. 두 경우 모두 가능한 결과의 무작위성이 증가하면 엔트로피도 따라 증가한다. 팽창하는 기체, 그리고 늘어나는 의사결정 선택지의 '엔트로피'는 본질적으로 *같다*. 자연에는 눈에 보이지 않거나 만져지지 않는 것도 존재한다. 하지만 이들 역시 똑같은 확률 법칙을 따른다. 현대 물리학에서는 물질이 더는 기본 대상이 아니며, 고전적인 입자 개념은 쓰이지 않는다. 이러한 현대 물리학이 확률을 근간으로 삼고 있는 것은 어쩌면 당연한 일이다.[19]

앞선 예시에서 처음에는 압축된 기체 분자들이 서로 가깝게 밀집되어 있다. 이때 각 분자의 실제 위치는 팽창한 후보다 더 적은 *정보의 비트*bit 수로 기술할 수 있다. 정보과학에서는 '2진수binary digit', 즉 비트가 정보의 기본 단위로 쓰인다. 1비트는 예/아니오, 켬/끔, 음/양 등 상반되는 두 값 중 하나를 취할 수 있다. 보통은 1과 0으로 표현된다.[20]

처음 압축된 기체는 비교적 적은 정보만으로 설명할 수 있다. 하지만 기체가 팽창함에 따라 각 분자가 점유할 수 있는 상태의 수가 늘어난다. 따라서 엔트로피 역시 비트 단위로 측정할 수 있다(일반적으로 온도 및 열용량을 물리적으로 측정해 도출한다). 물리계의 미시 상태(각 분자의 상태를 모두 모은 것)를 기술하는 데 드는 정보가 많을수록 열역학적 엔트로피도 커진다. 간단히 말해, *계를 기술하기 위해 답해야 하는 이진(예/아니요) 질문이 많을수록 엔트로피는 크다*. 따라서 계의 미시 상태가 낮은 확률값을 가지면, 계에 대한 개별 측정은 높은 확률값을 가질 때보다 더 많은 정보를 알려 준다. 계의 상태 전체를 기술하기 위해 더 많은 이진 질문에 답해야 하기 때문이다.

엔트로피가 최소가 될 때는 모든 이진 질문에 대한 답이 완전히 예측 가능할 때, 즉 측정을 통해 아무런 정보도 얻을 수 없을 때다. 일반적인 동전 던지기의 정보량은 1비트다. 앞면이 나올 확률이 50%이기 때문이다. 그런데 동전의 양쪽 면이 모두 앞면이라면 앞면이 나올 확률이 100%이므로 동전을 던져도 아무 정보도 얻지 못한다. 답이 완전히 예측 가능하다면 정보는 주어지지 않는다. 엔트로피는 계를 여러 번 측정했을 때 얻을 수 있는 평균 정보량에 해당한다. 즉, 엔트로피는 그 측정의 *평균 정보*이자 *평균 불확실성*이다.

뇌파를 보면 엔트로피가 의식의 신경과학을 이해하는 데 얼마나 중요한지 알 수 있다. 동기화되고 느린 뇌파 패턴은 비동기화되어 불규칙하고 빠른 뇌파 패턴보다 더 질서 정연하고 예측 가능성이 높다. 따라서

'낮은 각성' 패턴은 '높은 각성' 패턴보다 더 적은 정보를 담고 있다([그림 10] 참조). 높은 *각성 패턴이 더 많은 불확실성을 담고 있는 것이다.*[21] 이에 따라 식물인간 환자보다 최소 의식 상태에 있는 환자의 뇌가 뇌파의 엔트로피값이 더 크다.[22] 어찌 보면 당연한 일이다. 대뇌피질의 각 부위는 깊은 잠을 자고 있을 때보다 깨어 있을 때 정보를 더 많이 주고받기 때문이다. 하지만 여기서 이상한 점이 하나 있다. 생물은 엔트로피에 저항해야 한다. 그런데 더 많은 정보가 더 많은 불확실성, 즉 높은 엔트로피를 의미한다면, 생물학적으로 말해 깨어 있는 것이 깊은 수면보다 바람직하지 않다는 말이 된다.[23] 지금은 이 말이 직관에 어긋나는 것 같겠지만, 차차 이 역설을 이해하게 될 것이다.[24]

엔트로피와 정보의 관계를 공식화한 사람은 전자공학자이자 수학자인 클로드 섀넌Claude Shannon이다. 섀넌은 이 공식을 사용해 혼자 힘으로 '정보'를 물리학에 통합했고, 이후 정보는 양자역학의 기본 개념이 되었다.[25] 섀넌의 연구를 본 물리학자 에드윈 톰슨 제인스Edwin Thompson Jaynes는 열역학적 엔트로피가 정보 엔트로피의 응용 *형태*라고 주장했다.[26] 즉, 섀넌의 정의가 열역학적 정의보다 더 근본적이라는 것이다. 정보 동역학에서의 추상적인 정의가 열역학에서의 구체적인 정의보다 더 널리 적용될 수 있다. 따라서 열역학 법칙은 *더 심층적인 확률 법칙의 특수 사례*로 볼 수 있다. 열역학 법칙은 뇌와 같은 물질적(만지거나 볼 수 있는) 계에만 적용되지만, 정보 법칙은 정신과 같은 비물질적(만지거나 볼 수 없는) 계에도 적용된다.

하지만 확률과 정보는 서로 다르다. 섀넌은 정보에는 통신이라는 한 가지 요소가 더 수반된다고 보았다. 정보과학의 토대가 된 그의 주요 논문의 제목이 "통신의 수학적 이론A mathematical theory of communication"인 것도 그 때문이다.[27] 확률은 그 자체로 존재하는 반면, 통신에는 정보 *제공자*

와 정보 *수신자*가 둘 다 필요하다. (통신의 주체가 꼭 사람일 필요는 없다. 가령 책과 같이 수신자가 학습할 수 있는 정보를 지녔다면 정보 제공자가 될 수 있다.)

이는 의식이 *단지* 정보일 뿐이라는 이론적 가정에 심각한 문제를 제기한다.[28] 의식이 (통합 정보든 무엇이든 간에) 정보라면, 그 정보의 제공자와 수신자가 누구냐는 것이다. 이것이 내가 인지과학자들의 정보 흐름 모델에 만족하지 못하는 이유다. 인지과학자들은 *주체*, 즉 정보 수신자가 누구인지를 묻지 않는다. 인지과학은 그런 식으로, 올리버 색스의 표현처럼 정신을 배제해 버린다.

하지만 이런 식으로 경험의 주체를 제외하고 나면, 관찰자가 없는데 애초에 정보 처리(질문하고 답하기)가 어떻게, 왜 발생하는가라는 더 큰 질문이 등장한다. 이것이 어쩌면 오늘날 인지과학이 직면한 가장 큰 난제일 것이다.

섀넌이 정보가 엔트로피임을 발견한 후 물리학자 존 휠러John Wheeler는 우주를 '참여적participatory' 관점으로 바라볼 것을 제안했다.[29] 휠러는 우리가 무슨 질문을 던지느냐에 따라 사물이 각자의 형태(관찰 가능한 현상)로 나타난다고 주장했다. 따라서 현상은 목격자, 참여적 관찰자, 질문자의 눈에만 존재한다. 휠러는 이를 "존재는 비트로부터 일어난다Its arise from bits"('존재'란 관찰 가능한 *대상*을 말함)라는 격언으로 표현하기도 했다.[30] 그러므로 정보는 단순히 물리 법칙과 관련되어 있을 뿐 아니라, 모든 *관찰 가능한 현상*의 기초가 된다는 점에서 '물리적'이다. 추상적인 존재인 힘과 에너지를 우리가 관찰하고 측정할 수 있는 것 역시 이 때문이다. "우리가 실재라고 부르는 것은 예/아니요 질문을 던지고 장치에서 유발된 반응을 기록한 뒤 그것을 분석하는 마지막 순간에 출현한다. 요컨대 … 모든 물리적인 것은 정보이론에서 기원한다."[31]

신경계의 감각 기관은 우리가 우주에 던지는 질문에 대해 '장치 유발 반응'을 생성한다. 그리고 그 감각 반응이 우리가 경험하는 현상, 즉 '사물'을 만들어 낸다. 따라서 경험은 정보 수신자(참여적 관찰자)와 정보 제공자, 즉 질문자와 질문에 대한 응답 간의 통신에서 출현한다. 하지만 모든 의문이 풀린 것은 아니다. *그 질문자는 어디에서 왔는가?*

흥미진진하지 않은가? 논의를 계속하기 전에 지금까지 살펴본 내용을 크게 세 가지로 정리해 보자. 지금까지 크게 세 가지를 설명했다. 첫째, 물리계의 평균 정보가 그 계의 엔트로피다. (즉, 계의 엔트로피는 그 계의 물리 상태를 설명하는 데 필요한 정보의 양을 측정하는 척도다.) 둘째, 생명체는 엔트로피에 저항해야 한다. 첫 번째와 두 번째를 종합하면, *우리는 정보 처리량을 최소화해야 한다*는 것을 알 수 있다. (물론 여기서 말하는 정보는 섀넌이 말한 정보다. 다시 말해, 우리의 *불확실성*을 최소화해야 한다.) 앞으로 9장까지 다룰 모든 내용이 간단하지만 놀라운 이 결론에서 비롯된다.

세 번째 중요한 결론은 생명체가 항상성 기전을 통해 엔트로피에 저항한다는 점이다. 외부 사건 속에서 우리는 자신의 생물학적 상태를 질문(측정)함으로써 생존 가능성에 대한 정보를 수신한다. 답이 불확실할수록(더 많은 정보를 포함할수록) 나쁜 징조다. 항상성, 즉 좁은 범위의 기대 상태를 유지하는 데 실패했음을 의미하기 때문이다.

질문의 속성은 종種에 따라 다르다. 가령 상어는 수중 호흡이 가능하지만 인간은 아니다. 따라서 상어와 인간은 서로 필요한 것이 다르며, 기대 상태 역시 다르다. 이러한 요구 조건은 자연 선택에 의해 결정된다. 넓게 보면 항상성의 핵심은 내가 속한 종의 진화적 틈새시장niche에 머무르는 것이다. 그렇기에 각 종은 '내가 여기서 숨을 쉴 수 있을까?'와 같은 질문을 던져야 한다. 그 질문에 대한 답에 우리의 생존이 달려 있는 셈이다.

그나저나 생물학적 요구 조건을 어째서 기대 혹은 *기댓값*으로 해석해야 할까? 지금은 이런 표현이 어색해 보일 수 있지만, 나중에는 이것이 여러 이론을 잇는 중요한 연결 고리임을 깨닫게 될 것이다. 개체의 관점이 아닌 진화 자체의 관점에서 보자. 자연 선택은 각 종을 자신만의 생태적 지위(틈새시장)에 적합하게 만들었다. 그래서 각 생물의 생존 여부는 그 종의 자연 서식지에 지속적으로 존재하는 것에 의해서만 결정된다. *즉, 우리가 공기를 필요로 하는 것은 공기의 존재를 기대할 수 있기 때문이다.*

다시 주요 논점으로 돌아가자. 참여적 관찰자는 어디서 왔는가? 다시 말해, 질문 던지기 행위는 물리학적 측면에서 어떻게, 왜 출현하는가?[32]

먼저 자기조직화 개념의 역사를 간단히 살펴보자. 자기조직이라는 용어가 처음 사용된 것은 철학자 임마누엘 칸트Immanuel Kant의 1790년 저서 『판단력 비판』에서였다. 칸트는 생명체의 '목표aim'와 '목적purpose'이 외부에서 주어진 것이 아니라 내재해 있으며, 이것이 참이려면 그 생명체의 구성 기전이 하나의 수단임과 동시에 그 수단의 목적이어야 한다고 주장했다. 또한 칸트는 이러한 '목적론적teleological' 존재(내재적 목표와 목적을 지닌 존재)는 반드시 의도적으로 행동할 것으로 보았다. "그러한 산물은 위의 조건에서만 자기조직적 존재, 즉 물리적 목적physical end[22)]이 될 수 있다." 그러한 존재가 어떻게 생겨날 수 있는지는 과학의 설명 범위 밖에 있다고 칸트는 말했다. 뉴턴이 천체의 움직임을 설명했을지언정 '풀잎의 뉴턴' 같은 인물은 나오지 않을 것이라는 말도 남겼다.

이후 다윈이 자연 선택을 발견했다. 오늘날 알려져 있듯, 자연 선택은 *생존*과 *번식*이라는 내재적 목표와 목적을 만들어 낸다. 생존과 번식

---

22) 다른 존재의 목적이 아닌 자기 자신이 스스로 목적인 존재(역자 주).

은 자기조직의 두 가지 발현 형태와 다름없다.[33] 다윈의 통찰 덕에 과학은 목적론적 존재의 기원과 구성을 탐구할 수 있게 되었다.[34] 이제 남은 일은 이론의 뼈대에 살을 붙이는 것뿐이다.

20세기 중반 '사이버네틱스(인공두뇌학)'라는 분야를 창시한 수학자 노버트 위너Norbert Wiener는 섀넌의 정보이론에 *피드백*이라는 개념을 추가하는 중요한 업적을 이루었다. 위너는 물리계가 자신의 행위로 인한 결과를 피드백받음으로써 목적('기준 상태')을 달성할 수 있다고 보았다. 피드백은 기준 상태에서 *벗어난* 정도를 측정하는 오차 신호error signal를 담고 있다. 이 신호는 계의 행동을 조절해 올바른 방향으로 가게끔 한다. 따라서 항상성은 음성 피드백이라는 점에서 사이버네틱스 원리의 구체적인 사례인 것이다.

윌리엄 로스 애쉬비William Ross Ashby는 앞서 소개한 통계물리학 개념에 이 피드백 개념을 접목해 자연에서 어떻게 자기조직이 발생하는지 밝혀냈다.[35] 애쉬비는 수많은 복잡 동역학계가 자동적으로 하나의 안정점을 향해 나아간다는 사실을 보여 주었다. 그는 이 안정점을 주변 상태 가운데 존재하는 마치 '분지盆地'와도 같은 '끌개attractor'라고 불렀다. 시간이 더 흐르면 그러한 계는 *제한된 범위의 상태에* 국한된다.

이제 더는 일부 상태에 국한되려는 이 성질이 낯설지 않을 것이다. 이는 엔트로피를 저항하려는 경향과 다름없다. 프리스턴은 이 경향이 더욱더 정교한 자기조직화를 촉발한다고 설명한다. 이 장의 서두에서 묘사한 원시 수프 시뮬레이션에서 프리스턴은 부분계 사이에서 이 경향의 발생 가능성을 엿보았다. 그는 부분계가 다음 세 단계를 따라 행동한다는 것을 관측했다.

(1) 단거리 상호작용에 관한 매개변수에 의해 점들이 화면 전체에 흩뿌

려졌다.

⑵ 다른 일부 매개변수에 의해 점들이 안정적인 결정 구조로 합쳐졌다.

⑶ 나머지 매개변수에 의해 좀 더 복잡한 행동이 나타났다. 점들은 하나로 합쳐진 이후, 다시 서로를 거칠게 밀치면서 역동적 구조에서 특정 위치를 점유했다.

다음은 프리스턴이 직접 묘사한 내용이다. (전문 용어는 신경쓰지 않아도 된다. 그저 그가 본 시각적 인상을 전달하고 싶을 뿐이다.)

> 이러한 행동은 기체와 같은 행동(부분계들이 가끔 상호작용할 수 있을 정도로 가까워지는 경우)에서부터 용광로와 같은 모습에 이르기까지 다양하다. 후자일 때는 부분계가 퍼텐셜 우물의 바닥에서 서로를 밀어붙인다. 이때 부분계들은 너무 가까워져서 역제곱 법칙에 의해 산산이 부서진다. 이는 핵물리학의 아원자 입자 충돌을 연상시킨다. 매개변숫값이 특정 범위 내일 경우, 이러한 산발적·임계적 사건들로 인해 입자들의 동역학은 비어고딕적(nonergodic) 성격을 띤다. 즉, 예측할 수 없는 높은 진폭으로 계속 요동친다. 또 다른 범위에서는 상호작용이 억제되어 구조적 엔트로피가 낮은 결정형 구조가 나타난다. 그러나 대부분 매개변숫값 범위에서, 입자들의 앙상블(ensemble)은 무작위 전역 끌개(global attractor)에 가까워지면서(보통 약 1,000초 후) 어고딕(ergodic) 행동[23]을 보인다. 일반적으로 부분계들은 처음에는 마치 빅뱅처럼 서로 밀어내다가 중심을 향해 모여든다. 이후에는 국소 상호작용에 의해 재조직화가 일어난다. 부분계들은 이웃과의 충돌이 너무 심하지 않도록

---

23) 예측 가능하고 안정된 상태(역자 주).

> 이리저리 (때로는 주변부로) 이동한다. 동역학 측면에서 이러한 일시적인 동기화는 동역학적 폭발(dynamical bursting)의 파동으로 볼 수 있다. … 간단히 말해서, 입자들의 운동과 전기화학적 동역학은 태양 표면의 플레어와도 유사한, 쉼 없이 들끓는 수프처럼 보인다. 하지만 여기에 그것 이상의 자기조직화가 일어나고 있을까?[36]

그의 마지막 질문에 대한 답은 '그렇다'인 것으로 드러났다. 밀도가 높아진 부분계는 주변 환경으로부터 분리되고, 이후에는 복잡한 동역학적 구조를 형성한다. 우선 핵심부와 표면의 두 동심원으로 이루어진 계층 구조가 형성된다. 이후 표면은 다시 두 층으로 나뉜다([그림 13] 참조). 표면의 안쪽 층은 핵심부와 그리고 바깥쪽 층은 주변 환경과 흥미로운 상호작용 패턴을 보인다. 바깥 표면의 상태는 주변 환경의 영향을 받고, 이는 다시 내부 계의 상태에 영향을 준다. 하지만 그 반대의 일은 일어나지 않는다. 즉, 핵심부는 바깥 표면에 아무런 영향을 주지 못한다. 마찬가지로 안쪽 표면의 상태는 핵심부의 상태에 인과적 영향을 받고 다시 주변 환경의 상태에 영향을 주지만, 이 영향 역시 단방향적이다. 이러한 단방향적 인과성은 마르코프 블랭킷Markov blanket이라 불린다.[37] '마르코프 블랭킷'이라는 통계 개념은 상태의 집합을 두 부분집합으로 나눈다. 이로 인해 계의 상태는 내부 상태와 외부 상태, 즉 계와 계 외부not-system로 구획partitioning되고, 그 결과 계 내부의 상태는 외부 상태로부터 격리된다. 계 내부는 블랭킷의 상태를 보면서 외부 상태를 *간접적*으로 '감각'할 수 있을 뿐이다. 그뿐만 아니라, 마르코프 블랭킷 자체도 외부 집합의 상태에 인과적으로(직접적으로) 의존하는 '감각' 상태와 그렇지 않은 '활성' 상태로 나뉜다.

마르코프 블랭킷이 생성되면 계의 상태는 내부, 활성, 감각, 외부의

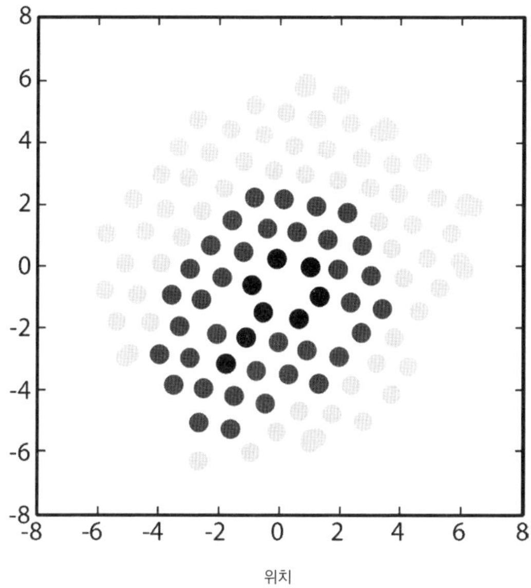

[그림 13] 마르코프 블랭킷을 가진 자기조직계

이 그림에서 계의 핵심부는 검은색 점으로, 그 주변 층은 짙은 회색 점으로 나타나 있다. 여기서 짙은 회색 점이 블랭킷에 해당하며, 연한 회색 점은 계의 주변 환경에 해당한다. (프리스턴의 원본 이미지에서는 블랭킷이 여러 층으로 나누어져 있었다. 참고를 위해 밝히자면, 외부 점은 하늘색, 내부 점은 남색, 감각 점은 보라색, 활성 점은 빨간색이었다.) (Image from 'Life as We Know It' by Karl Friston, Journal of the Royal Society Interface, 10, 6 September 2013, https://royalsocietypublishing.org/doi/10.1098/rsif.2013.0475, CC BY)

네 가지 유형으로 나뉜다. 여기서 외부 상태는 자기조직체에 속하지 않는다. 결정적으로 이 네 가지 상태는 서로 순환적인 인과 관계를 맺고 있다. 외부 상태는 블랭킷의 감각 상태를 통해 내부 상태에 영향을 미치고, 내부 상태는 활성 상태를 통해 다시 외부 상태와 연결된다. 이러한 순환적인 방식으로 내부 상태와 외부 상태는 서로에게 인과적 효과를 준다. 달리 말하면, 활성 상태가 외부 상태에 영향을 주면 감각 상태가 그 결과를 피드백함으로써 계의 다음 행위를 조절한다.

이는 살아 있는 유기체의 지각/행동 사이클을 연상시킨다. 또한 6장에서 소개한 망상 활성계, 전뇌, 중뇌 결정 삼각부 사이의 순환적 인과성과도 유사하다. 이는 우연이 아니며, 추상적 모델의 중요성을 잘 보여 준다. 추상적 모델은 다양한 대상에 숨어 있는 형식적 규칙성을 드러낸다. 이를 통해 우리는 생명체의 구조를 새로운 관점에서 이해할 수 있다.

사실 마르코프 블랭킷은 우리 주변 어디에나 있다. 세포막과 그 세포로 이루어진 피부와 근골격계는 일부에 불과하다. 모든 세포소기관, 기관 및 기관계는 마르코프 블랭킷의 성질을 보인다. 다른 기관계를 조절하는 뇌(실제로는 신경계 전체) 역시 마찬가지다. 사실 뇌는 다른 모든 블랭킷을 둘러싸고 있기 때문에 일종의 *메타-블랭킷*이라고 부를 수도 있겠다. 자기조직계는 언제나 더 작은 자기조직계로 구분될 수 있다. 물론 무한히 쪼갤 수 있는 것은 아니지만, 꽤 많은 단계로 이루어져 있다. 수십억 개의 작은 항상계가 각자의 마르코프 블랭킷에 둘러싸여 있는 상태, 이것이 바로 생명의 기본 얼개다.

'질문 던지기가 물리적인 측면에서 왜, 어떻게 발생하는가?'에 대한 해답에 점점 가까워지고 있다. 지금까지의 내용을 보자면, 복잡 동역학계의 자기성selfhood은 마르코프 블랭킷과 깊은 관련이 있음이 명확하다. 자기조직계는 다른 것들로부터 분리되는 과정에서 생겨난다. 계와 환경이 분리되면 계는 자신의 상태만 감지할 수 있으며, 블랭킷의 감각 상태를 통해서만 외부 세계를 간접적으로 '알 수 있다'. 자기조직의 이러한 속성은 주관성의 필수 전제 조건이다.

단, 자기 보존성과 격리성을 구분할 필요가 있다. 자기조직계의 자기 보존성, 즉 환경으로부터 자신을 분리해 존재를 적극적으로 유지하려는 경향은 *자기성*의 단초가 된다. 한편, 자기조직계의 격리성, 즉 감각 상태를 통해서만 외부 세계를 감지할 수 있다는 사실은 *주관성*(격리된 자기로서 일인칭 '시점')의 근간이 된다.

물론 모든 자기조직계가 *감응적* 주관성을 지녔다는 뜻은 아니다. 우리는 아직 의식적 자기조직계가 어떤 특성을 띠어야 하는지, 또 그 특성을 어떻게 식별할지 알지 못한다. 하지만 의식까지 가지 않더라도 마르코프 블랭킷이 '타자의 마음 문제'를 물리학적으로 설명하기 위한 시발점인 것만은 분명하다. 계의 상태와 외부 세계의 상태를 분리해 계의 내외부가 서로의 상태를 알지 못하도록 숨기는 것이 마르코프 블랭킷의 본질이기 때문이다.[38]

프리스턴의 원시 수프로 돌아가 보자. 프리스턴은 복잡 동역학적 자기조직계를 자발적으로 생성했다. 이후 그는 이 앙상블에서 계의 내부 상태로부터 외부 상태를 *예측*할 수 있는지 검증했다. 예측이 가능하다면, 계의 내부 상태가 시간에 따라 외부 상태를 *모델링*했다는 것을 의미한다. 달리 말하자면, 외부 사건을 내부에 *표상*represent했다는 뜻이다. 대단해 보이지만 별 뜻은 아니다. 단지 계가 외부 사건의 패턴에 적응했다는 의미다. (단순화하자면 이렇다. 나무가 자란 방향을 보면 주로 바람이 어디로 부는지 예측할 수 있다. 나무가 바람에 맞추어 특정한 각도로 자라기 때문이다. 이때 나무의 각도는 평균 풍향을 '표상'한다.)

프리스턴은 시뮬레이션 유기체 내부 부분계의 기능적 상태를 살펴보았고, 그러한 예측 능력이 있음을 발견했다. 그의 말을 들어보자.

> [외부 사건을] 예측하는 내부 동역학은 사건이 일어나기 전에 발생하는 요동으로부터 출현하는 듯하다. 내부 사건이 외부 사건을 모델링하고 있다는 증거다. 흥미롭게도, 내부 상태로부터 가장 멀리 떨어진 부분계가 가장 잘 예측했다. 이 예시는 내부 상태가 어떻게 먼 곳의 사건을 추론하거나 파악하는지를 보여 준다. 이는 우리가 음파를 통해 청각적 사

> 건을 인지하거나 물고기가 환경의 움직임을 감지하는 방식과 다르지 않다. 움직임을 가장 안정적으로 예측할 수 있었던 부분계는 앙상블의 주변부(앙상블 내에서 움직임의 자유도가 가장 높은 곳)에서 가장 유의미했던 부분계였다. 부분계의 이러한 움직임은 마르코프 블랭킷을 통해 광범위 동기화 방식으로 내부 상태와 결합된다.[39]

계의 내부 상태가 물리적으로 멀리 떨어진 사건을 모델링한 것이다. 이러한 동시성을 관찰한 프리스턴은 내부 상태가 '추론' 능력을 보인다고 결론지었다.

이 추론 능력이 자기조직계의 가장 중요한 특성이다. 외부 상태를 알 수 없어도 마르코프 블랭킷 덕분에 계의 내부 상태를 확률적으로 표상할 수 있다. 따라서 계는 *자기 감각 상태의 숨은 원인*을 스스로 추론할 수 있다. 이는 동물의 지각 기능과 닮았다. 이를 통해 계는 내부 상태를 기반으로 *목적에 알맞은 행위*를 외부 환경에 가할 수 있다. 이 역시 동물의 운동 기능과 유사하다.

계는 이러한 방식으로 외부 환경의 훼방에 맞서 스스로 유지하고 재생시킨다.[40] 자기조직계는 자신과 자신의 각 부분에 목적을 부여할 수 있다. 이것이 바로 마르코프 블랭킷에서 활성 상태가 하는 일이다. 활성 상태는 계가 하나로 통합되어 유지되도록 환경을 통제한다. 이처럼 마르코프 블랭킷이 존재한다는 사실만으로도 독립된 자기, 주관적 관점, 목표, 감각 및 행동 능력이 나타난다. 요컨대 *행위 주체성*agency이 생겨나는 것이다.[41] 하늘색(외부) 점들이 보라색(감각) 점들을 통해 남색(내부) 점들에 영향을 주고, 남색 점들은 다시 빨간색(활성) 점들을 통해 하늘색 점들과 맞물린다. 물론 이 시뮬레이션만 보면 아직 와닿지 않을 수도 있다. 하지만 생물학적 자기조직계가 감각 상태의 숨겨진 원인을 (무의식적으로라도)

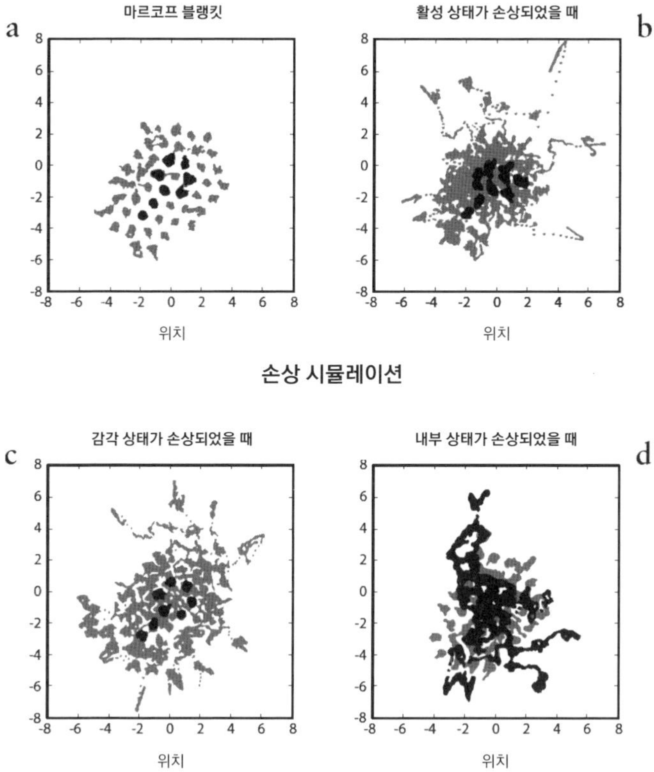

[그림 14] 마르코프 블랭킷의 손상에 따른 엔트로피적 효과
자기조직계의 마르코프 블랭킷에 약간의 손상을 가했을 때 나타나는 엔트로피적 효과.

추론해야 하는 이유는 분명하다. 그러지 않으면 그 생명체는 존속할 수 없기 때문이다. 외부 세계의 인과적 의존성을 모델링해 생존에 적합한 행동을 하는 것은 모든 생명체의 의무다.

바로 이 지점에서 '기대 상태'라는 개념이 등장한다. 생물학적 자기조직계가 항상성을 유지하는 이유도 여기에 있다. 항상성은 자기조직화와 함께 출현한 것으로 보인다. 마르코프 블랭킷의 감각 및 활성 상태는 각각 자기조직계의 수용기와 작용기에 해당하고, 외부 상태에 대해 계가 생성한 모델은 조절 중추에 해당한다.

생물학적 자기조직계는 세계에 대한 모델을 생성하고 그것을 반드시 검증해야 한다. 기대하던 답이 나오지 않았을 때 재빨리 다른 행동을 취하지 않으면 죽는다. 그러므로 기대 상태로부터의 편차야말로 휠러가 말한 '장치 유발 반응'의 근본 형태인 것이다. 이것이 바로 질문 던지기의 원천이다. 요컨대 *자기조직화가 참여적 관찰자를 만들어 낸 것이다*. 자기조직계는 늘 스스로 질문을 던진다. '그 행동을 하면 내가 생존할 수 있을까?' 대답이 불확실할수록 나쁜 신호다.

마르코프 블랭킷의 활성 상태는 항상성을 통해 계를 존속시킨다. 프리스턴의 시뮬레이션에서 자기조직계의 블랭킷을 손상시켰을 때 어떤 일이 일어나는지 보면 이를 분명하게 알 수 있다. 프리스턴은 블랭킷의 감각 상태가 활성 상태에 영향을 주지 않도록 선택적으로 차단했다([그림 14]의 b-d 참조). 마르코프 블랭킷의 활성 상태가 비정상적으로 기능하면 엔트로피적 혼돈이 발생하고, 계는 곧바로 해체된다. 일종의 죽음이다.

지금까지 우리는 모든 동역학적 자기조직계의 기본 구조를 통계물리학 개념을 토대로 공식적 용어로 개괄했다. 프리스턴은 이를 다음과 같이 요약한다. "*마르코프 블랭킷을 지닌 모든 어고딕 무작위 동역학계는 능동적으로 구조적·동역학적 통합성을 유지하려는 듯한 행동을 보인다.*"[42] ('어고딕'이란 제한된 상태만을 점유한다는 뜻이다.) 이는 앞서 칸트가 언급한 기준도 충족한다. 마르코프 블랭킷은 자기조직계가 시간이 지나도 존속되는 목적이자 수단이며, 자연적으로 일어난다. 이러한 계는 비록 매우 원시적(또한 무의식적)일지라도 마음을 가진 것처럼 보이기도 한다.

만일 이것이 사실이라면, 단거리 상호작용을 통해 결합된 부분계의 모든 임의 앙상블에서 자기조직화를 관찰할 수 있어야 한다. 프리스턴의 원시 수프 실험의 시사점이 바로 그것이다. 프리스턴은 실험을 통해 모든 생물학적 자기조직계의 네 가지 기본 속성을 다음과 같이 정립했다.

(1) 어고딕적이다.
(2) 마르코프 블랭킷을 갖추고 있다.
(3) 능동 추론을 할 수 있다.
(4) 자기 보존적이다.

이 장의 제목인 자유 에너지 원리란 정확히 무엇일까? 설명하기 매우 난해한 개념이라는 점은 분명하다. 프리스턴의 논문 「이른바 생명이라는 것」을 읽을 때도 느낀 점이지만, 그의 공식들은 참으로 추상적이면서도 모호하다. 따라서 이 책에서는 온전히 문장으로만 설명하려 한다. 공식이란 관계를 서술한 것에 지나지 않으므로, 언제든지 문장으로 옮길 수 있다. 자유 에너지의 기본 공식은 인간뿐 아니라 모든 생명체의 중심 목표와 삶의 목적을 담고 있는 만큼 적어도 한 번은 볼 가치가 있다.

$$A = U - TS$$

여기서 A는 자유 에너지, U는 총 내부 에너지, T는 온도, S는 엔트로피다.

이 수식이 뜻하는 바는 무엇일까? 열역학에서 계의 자유 에너지는 계가 가진 에너지의 총량에서 이미 일에 사용되어 더는 자유 에너지 상태가 아닌 양을 뺀 값이다.[43] 따라서 이 공식은 '자유 에너지는 총 내부 에너지에서 이미 사용된 에너지를 뺀 값과 같다'로 옮길 수 있다. 이보다 더 간단한 설명이 있을까? 자유롭지 않은 에너지('속박된bound 에너지')를

제외했을 때 남는 것, 그것이 바로 자유 에너지다.[44]

간단한 열역학적 상황에서는 이 공식으로 자유 에너지를 정확하게 계산할 수 있다. 하지만 실제 화학에서는 온도와 압력이 다양하고, 반응에 의해 분자가 새로 형성되기도 하기 때문에 상황이 다소 복잡하다. 그래서 화학자들은 약간 다른 공식을 사용한다.[45] 둘을 구분 짓기 위해 학자들은 고전적인 열역학적 자유 에너지를 베를린 물리학회의 주요 회원인 헤르만 폰 헬름홀츠Hermann von Helmholtz의 이름을 따서 '헬름홀츠 자유 에너지'로, 화학적 자유 에너지는 '깁스Gibbs 자유 에너지'로 부른다.

프리스턴은 자유 에너지를 *정보* 맥락에서 정량하기 위해 세 번째 공식을 만들었다. 나는 이를 '프리스턴 자유 에너지'로 부르고자 한다. 공식에 따르면, '프리스턴 자유 에너지는 평균 에너지에서 엔트로피를 뺀 값'과 같다.[46] 여기서 '평균 에너지'는 특정한 모델에서 어떤 사건의 *기대* 확률을, '엔트로피'는 그 사건의 *실제* 발생 확률을 의미한다. 따라서 프리스턴 자유 에너지는 데이터 표본(일련의 사건)으로부터 얻을 것으로 기대되는 정보량과 실제로 얻은 정보량의 차이와 같다. (예측 시스템의 엔트로피는 그 계의 평균 정보이며, 정보의 증가는 확률의 감소를 의미함을 상기하라.)[47] 따라서 "프리스턴 자유 에너지는 평균 에너지에서 엔트로피를 뺀 값과 같다"라는 문장과 "헬름홀츠 자유 에너지는 총 내부 에너지에서 일을 하는 데 쓸 수 없는 에너지를 뺀 값과 같다"라는 문장은 사실상 같은 말이다.[48] 이는 프리스턴 자유 에너지와 헬름홀츠 자유 에너지가 기본적으로 동일하기 때문이다. 단, 헬름홀츠 자유 에너지에서는 계와 환경 간에 *열역학적* 교환이 일어나는 반면, 프리스턴 자유 에너지에서는 *정보*가 교환된다는 차이가 있다.[49]

생명체가 엔트로피를 최소화해야 하고 엔트로피가 평균 정보라면, 생명체는 최소한의 정보만을 처리해야 한다는 결론이 나온다. 즉, 예상치 못한 사건을 최소화해야 하는 것이다. 이를 전문 용어로 '의외성surprisal'이라고 한다. 엔트로피와 마찬가지로 의외성도 확률에 따라 감소한다. 따라서 확률이 낮아지면 의외성은 높아진다.[50] 의외성이 특정 사건의 발생이 얼마나 희귀한 일인지를 나타낸다면, 엔트로피는 그 사건이 (평균적으로) 얼마나 희귀할 것으로 예상되는지를 나타낸다.[51] 따라서 엔트로피와 마찬가지로 의외성도 생명체에게 해로운 존재다. 용어에 겁먹을 필요는 없다.[52] 최대한 쉽게 말하자면 이렇다. 우리가 생명체로서 점유할 것으로 *기대되*는 상태를 벗어났다면(예를 들어 체온이 36.5~37.5°C를 벗어났거나, 폐에 물이 찼다면) 의외의 상태에 놓인 것이다. 애초에 그 상태에 놓일 확률이 낮기 때문이다.

자기조직계는 정보 흐름을 최소화해야 한다. 더 많은 정보를 처리해야 한다는 것은 예측 모델의 불확실성이 높아졌음을 의미하기 때문이다. 불확실성은 의외성으로 이어진다. 의외의 사건은 생존을 위협할 수 있으므로 해롭다. 그렇다면 어떻게 해야 정보 흐름과 의외성을 최소화할 수 있을까? 그냥 못 본 체하면 되지 않을까? 불행히도 그렇지 않다. 프리스턴 자유 에너지는 *계가 모델링한 세계*와 *실제 세계*의 작동 방식 간의 차이를 정량하는 척도다. 그러므로 계는 최대한 실제 세계와 일치하는 모델을 세워서 프리스턴 자유 에너지를 최소화해야 한다. 다시 말해, 외부 세계에서 획득한 감각 데이터와 모델이 예측한 감각 데이터 사이의 차이를 줄여야 한다. 그렇게 하면 세계와 모델 간의 '상호 정보'는 최대화되고 불확실성은 최소화된다.

한 가지 방법은 *외부 세계를 예측하는 모델을 개선*하는 것이다. 예측 오차를 생성 모델에 피드백하면 다음번에는 더 나은 예측값을 생성할 수 있다. 오차를 적게 범하면 모델에 피드백해야 할 오차도 적어지므로 정보 흐름도 적어진다. 따라서 '상호 정보'는 내가 예측한 대로 세상이 움직이고 있는지 질문을 던지고 답을 얻는 소통의 결과물이다.

인간과 같은 생명체는 마르코프 블랭킷에 의해 외부 세계와 격리되어 있기 때문에 모델과 실제 세계를 직접 비교할 수 없다. 그래서 우리는 의외성을 최소화하는 전체 과정을 머릿속에 구현함으로써 질문 던지기 과정에서 흐르는 정보의 '제공자'이자 '수신자'로 활약해야 한다.

이를 위해 우리는 상대 엔트로피를 측정한다. 즉, 어떤 행위에 대해 예측된 감각 상태와 실제 행위를 한 뒤의 감각 상태 사이의 차이를 정량한다. 그 결과 주어지는 값이 바로 프리스턴 자유 에너지다. 프리스턴 자유 에너지의 값은 항상 양수이며, 의외성보다 크다.

우리가 얻을 수 있는 유일한 데이터는 감각 정보뿐이다. 감각 정보는 우리 머릿속에서 생성된 신경 신호, 즉 수십억 개의 1과 0의 형태로 되어 있다. 이 데이터로부터 우리는 세계의 인과 구조를 추론해야 한다. 우리는 마르코프 블랭킷에 덮인 존재이므로, 절대 진리가 아닌 확률 분포 따위에 의존할 수밖에 없다. 따라서 프리스턴 자유 에너지가 항상 의외성보다 크다는 사실이 중요하다. 그래서 우리 뇌는 알 수 없는 진리에 대한 근사치를 통계적 계산으로 구할 수 있다.

프리스턴의 원시 수프 실험에서 보았듯이, 생성 모델은 자기조직계와 함께 생겨난다. 그래서 자기조직계는 '자증적自證的, self-evidencing' 체계라고 불리기도 한다. 왜냐하면 이들은 자신의 생존 가능성과 관련해 세계를 모델링한 다음, 해당 모델에 대한 증거를 찾기 때문이다. 이를테면 "나는 생각한다. 그러므로 나는 존재한다"가 아니라 "나는 존재한다. 그러므로 내 모델은 잘 작동한다"인 것이다.[53] 앞서 설명한 것처럼 각 생명체의 자기 모델은 종에 따라 어느 정도 결정된다. 인간인 우리는 일반적으로 상어가 서식하는 상태와는 완전히 다른 상태에 있다. 인간이 수백 미터 심해에서 숨을 쉬는 자신을 발견할 가능성은 매우 낮지만, 상어에게는 그렇지 않다. 따라서 같은 감각 상태라도 종에 따라 의외성(희박성)이 높을 수도, 낮을 수도 있다.

'세계 속의 자기' 모델의 성능은 그 모델이 자기 체계로 하여금 얼마나 외부 세계에 잘 대처하게 하는지, 그리하여 수용 가능한 범위 내에 잘 머물게 하는지에 달려 있다. 외부 세계에 잘 대처할수록 자유 에너지는 낮아진다. 자유 에너지가 낮으면 계의 에너지를 자기 보존을 위한 쓸모 있는 일에 더 많이 투입할 수 있다.[54] 따라서 자유 에너지 원리는 우리 같은 생명체가 어떻게 항상성을 유지함으로써 열역학 제2법칙에 저항하는지를 수학적 용어로 설명해 준다.

그뿐만 아니라 자유 에너지 원리는 자기조직계가 자신을 스스로 증명하는(과장하자면, 스스로 내성內省하는) 또 하나의 방식을 설명해 준다. 자기조직계는 반드시 *자신의* 상태를 질문해야 한다. '이 행동을 하면 내 자유 에너지는 어떻게 될까?'라는 물음을 끊임없이 던져야 한다. 이 질문에 대한 답에 따라 계가 한동안 어떤 행동을 할지 결정된다.[55] 이는 모든 수의적 행동의 인과적 기전이다.[56]

놀랍게도 프리스턴의 원시 수프가 지닌 능력은 여기서 끝이 아니다. 지금껏 우리는 가장 기본적인 자기조직계조차도 비非의식적인 자아, 주관성, 주체성, 목적(살아남기)을 갖추고 있음을 보았다. 이들은 외부를 지각하고 필요에 따라 행동한다. 그런데 빠뜨린 것이 하나 있다. 이들에게서 일종의 이성理性도 보인다는 사실이다. 자기조직계는 통계학의 베이즈Bayes 방법을 따른다.

토머스 베이즈Thomas Bayes는 영국의 성직자이자 신학자다. 그는 확률에 대해 놀라운 통찰을 발견했지만, 생전에 그 내용을 발표하지는 않았다. 1763년 그의 사후에 논문이 출판된 이후에야 그의 혜안이 사람들에게 알려졌다. 그것은 바로 세계에 대한 *최선의 추측*을 만들고 수정하기 위해서는 *배경지식*과 *현재 증거*를 함께 사용해야 한다는 것이다. 프리스턴의 용어로 말하자면, 감각 표본을 수집한 뒤 이를 생성 모델에서 도출된 예측과 비교하고, 그에 따라 우리의 신념을 갱신해야 한다는 것이다.

이를 수식으로 표현하면 다음과 같다.[57]

$$P(A|B) = \frac{P(B|A)P(A)}{P(B)}$$

베이즈 정리를 말로 옮기자면, '한 묶음의 데이터에 대해 두 가지 가설이 있을 때, 두 가설의 확률 비율은 이들의 조건부 확률의 비율에다 첫 번째 가설이 두 번째 가설보다 데이터를 더 잘 예측하는 정도를 곱한 값과 같다'고 할 수 있다.

더 쉽게 말하자면, 가설과 증거가 주어졌을 때 가설의 *가능도*likelihood와 *사전*prior 확률을 함께 고려해 가설의 확률을 수정해야 한다는 것이다. '가능도'란 가설의 예측과 실제 증거가 얼마나 잘 들어맞는지를 뜻하고, '사전 확률'은 가설에 대한 배경지식(즉, 새로운 증거를 고려하기 전에 그 가설이 맞을 확률)이다. 그 결과 주어지는 것이 가설의 *사후*posterior 확률이다. 대립하는 두 가설이 있을 때는 사후 확률이 높은 쪽을 택해야 한다([그림 16] 참조).

가령 당신이 남아프리카공화국의 케이프타운 공항에 있는데 요하네스버그행 비행기에서 친구 테레사를 닮은 사람이 내리는 것을 보았다고 가정해 보자. 이때 그 사람이 테레사라는 것이 가설에 해당하고, '가능도'는 그 사람이 테레사라고 가정했을 때 그녀가 당신이 본 모습처럼 생겼을 확률이다. 그런데 당신은 테레사가 런던에 살고 있다는 사실을 알고 있다. 이로 인해 가설의 '사전 확률'은 확 줄어든다. 그래서 당신은 우

연히 테레사를 닮은 다른 사람이었을 거라 결론('사후 확률')을 내린다.[58]

신경과학에서 베이즈 정리의 가장 큰 시사점은 지각 추론(이는 무의식적임)이 실생활에서 어떻게 작동하는지, 또한 실제 감각-운동 과정에서 신호가 어떻게 전달되는지 설명해 준다는 것이다. 뇌 회로는 유입되는 감각 신호를 감쇠시키기 위해 *비유가 아니라 진짜*로 사전 확률 분포를 계산하고 감각 뉴런에 예측 메시지를 끊임없이 보낸다. 무언가를 지각할 때도 우리는 예측된 분포와 실제 분포를 비교해 *진짜*로 사후 확률을 계산한다. 그 결과 도출된 추론, 그것이 지각의 *실체*다.[59] 즉, 지각은 유입되는 감각 신호를 스스로 생성해 이를 설명해 해치워 버리려는 노력이다. 이것이 오늘날 많은 신경과학자가 우리 뇌를 '베이즈주의적Bayesian 뇌'라 부르는 이유다.

앞서 우리는 '정보'와 물질세계의 관계에 대해 논의했다. 정보는 눈으로 보거나 만질 수는 없지만, 그 존재는 누구도 부정할 수 없다. 물리계의 행동은 전적으로 정보 흐름에 의해 *결정된다*. 따라서 프리스턴 자유에너지를 최소화하면 깁스 자유 에너지와 헬름홀츠 자유 에너지도 동시에 최소화된다. 왜냐하면 예측 오차를 줄이면 정보 흐름이 감소하고, 뇌의 각 부분과 몸 전체의 *신진대사 비용*도 절약되기 때문이다.[60] 이는 뇌 활동이 엄청나게 많은(온몸의 에너지 중 20%) 에너지를 소모하기 때문이기도 하지만, 뇌에서 벌어지는 통계적 자유 에너지 최소화 과정이 우리 몸과 세계 사이의 생리적 에너지 교환을 조절하기 때문이기도 하다.[61] 이러한 에너지 교환에도 신진대사 비용이 든다. 따라서 우리 뇌는 (장기적으로 볼 때) '게으르다'고 표현할 수 있다. 더 적게 일하고 더 많은 것을 취할 기회를 얻고자 혈안이 되어 있기 때문이다.[62]

이는 뇌의 기능을 최대로 간략화해 서술한 것이다. 그러나 삶을 영위하려면 뇌는 에너지 자원을 보존하는 것 이외에도 해야 할 일이 많다.

5장에서 설명한 에너지 균형 외에도 다양한 생물학적 요구도 만족시켜야 한다. 그 요구들을 맞추려면 외부 세계에서 일을 수행해야 한다. 차차 살펴보겠지만, 인간과 같은 복잡한 유기체를 특징짓는 다양한 요구 조건은 의식과 떼려야 뗄 수 없다.

이 장에서 우리는 예측 오차의 억제가 항상성의 필수 기전이라는 것을 살펴보았다. 그러므로 자유 에너지를 최소화하는 것은 모든 항상계의 기본 과제다. 프리스턴의 자유 에너지 방정식은 프로이트가 정량할 수 없다고 생각했던 '욕동', 즉 '신체와 연결되어 있음으로 말미암아 어떤 일을 수행하게끔 마음에 가해지는 요구의 척도'에 대한 정량적 정의였다. 이제 우리는 욕동을 숫자로 표현할 수 있게 되었다. 자신의 자유 에너지를 최소화하는 것이 생명체가 보이는 모든 수의적 행동의 기본 원동력이다. 이 원칙이 생명체의 모든 행동을 지배한다.

프리스턴이 수식으로 간결하게 표현했듯이, 자유 에너지 원리에 따르면 변화 *가능한*(계에 속하는) 모든 양은 *반드시* 자유 에너지를 최소화하는 쪽으로 변화하게 된다.[63] 이는 단순한 하나의 공식을 넘어 하나의 법칙이다. "자기조직계에서 모든 변량은 자유 에너지를 최소화하는 방향으로 변화한다." 나는 이것을 프리스턴의 법칙이라 칭하고 싶다. 이 법칙을 활용하면 정신생활의 모든 측면을 수학적으로 분석할 수 있다.

이제 의식을 형식적·기계론적으로 정의할 준비가 거의 끝났다. 하지만 그 전에 먼저 우화 한 편을 듣고 가자.[64]

8장

예측형 계층 구조

구조역학 엔지니어인 이브 페리에퀴덕트Eve Periaqueduct는 시市의 댐 누수를 예방하고 수리하는 일을 맡았다.[24] 궁극적으로는 인근 마을에 물과 전력을 안정적으로 공급하고 홍수를 막는 것이 목적이지만, 그녀는 그것까지는 모른다. 아니, 애초에 알 필요도 없다. 어떻게든 댐의 누수를 최소화하는 것을 유일한 임무로 여길 뿐이다. (대학에서 댐의 누수를 막으면 댐의 엔트로피가 최소화된다고 배우기는 했다. 하지만 일상 업무에서 그런 추상적 지식은 쓰일 리가 없다.)

그녀의 고용주는 수리에 필요한 장비를 제공하고, 몇 명의 동료를 붙여 팀을 꾸려 주었다. 또한 댐의 가장 취약한 지점이 어디인지, 언제 무엇을 해야 하는지를 전임자가 정리해 둔 지침서도 주었다. 그녀와 동료들은 약한 곳을 사전에 파악하고 자연적 누수가 발생하면 즉시 막으면서

24) 페리에퀴덕트는 '수도관 주위'라는 뜻으로, 뇌에서 PAG의 역할을 빗댄 것이다(역자 주).

댐을 부지런히 유지 보수한다. 그렇게 수년이 지나자, 그녀는 예상치 못한 누수 중 일부가 일정한 규칙을 따른다는 것을 알게 된다. 이에 그녀는 지침서를 *갱신하고*, 누출을 예측하고 예방하는 데 더욱더 능숙해진다. 그 결과 댐의 유지 비용을 절감하는 데도 성공한다.

진취적인 성격의 소유자인 이브는 자신이 기록해 온 누수 패턴이 기후 조건과 상관이 있다는 사실을 깨닫는다. 알고 보니 그녀의 기록은 자신도 모르는 사이 시의 기후를 *모델링하고* 있었다. (즉, 그녀의 기록과 날씨 간에 '상호 정보'가 존재한다.) 의도하지는 않았지만 외부 세계에 대한 모델이 형성된 것이다. 날씨의 패턴이 댐의 누출 패턴과 일치했기 때문이었다.

이를 알게 된 이브는 기상학 전공자를 추가로 채용하고 다른 장소에 '날씨 감지부'라는 새로운 부서를 만든다. 날씨를 더 잘 예측하면 장기적으로 수리 비용이 절감될 거라는 기대에서다. 그 결과, 그녀의 팀에는 새로운 위계가 생겨났다.

새로 생긴 부서 덕에 그녀의 예측 모델은 기대 상황에 더 민감하게 반응할 수 있게 되었다. 날씨 감지부 직원은 자신의 업무가 누수 방지와 관련이 있음을 알 필요가 없다. 그저 날씨의 변화를 예측하는 작업에만 집중하면 된다. 이브는 전임자가 물려주었고 자신이 갱신한 지침서를 토대로 일기예보 차트를 만들어 날씨 감지부 직원들에게 주었다. 여기서 그녀가 준 것이 댐 누출 패턴이 아니라 예상되는 날씨 조건에 관한 차트임에 주목하라.

이브는 보고서를 읽는 데 시간을 낭비하고 싶지 않다. 그래서 새 부서 직원들에게 기대 조건과의 *편차*가 발생했을 때만 피드백 보고서를 올리라고 지시한다. 이브는 이 보고서를 '오차' 보고서라 불렀다. 그녀는 오차 보고서를 읽은 뒤 일기예보 차트를 갱신하고, 업데이트된 차트를 다시 날씨 감지부로 돌려보낸다. 그 결과 날씨 감지부 직원들뿐만 아니라 이브의 업무량도 대폭 줄어들었다.

이제 날씨 감지부 직원들은 주어진 임무에 효율적으로 집중하게 되었다. 날씨 감지부는 업무를 수행하기 위해 댐과 가까운 곳에서 먼 곳까지 다양한 장소에 기압계, 온도계, 강수량계 등 여러 기상 측정 장비를 설치한다. 이 장비들은 수집 변수(기압, 온도, 습도 등)가 일기예보에 따라 설정된 예상 범위를 벗어날 때만 날씨 감지부에 신호를 보낸다. 이렇게 하면 또다시 비용이 절감된다. 장비 검침을 위해 고용된 직원(또 다른 계층)이 날씨 감지부에 '오차' 신호를 전송한 장비만 방문하면 되기 때문이다. 그리고 날씨 감지부는 이러한 신호를 세심히 기록해 각 장비의 예상 범위를 주기적으로 조정함으로써 절차를 더 *자동화*할 수 있다. (즉, 직원을 파견하게 만드는 신호의 발생 빈도를 줄일 수 있다.)

어느새 날씨 감지부 직원들은 측정값이 언제나 고정 혹은 규칙적으로 바뀌는 것은 아니며 *맥락*에 따라 달라진다는 사실을 알게 된다. 그 결과, 그들의 알고리즘은 점점 더 섬세해지고 복잡해진다. 예를 들어 '기압이 낮으면 예상 강수량을 늘리되 이는 겨울에만 적용한다'는 식이다. 하지만 검침원과 조정원은 날씨 감지부의 전체 업무에 대해 아무것도 알 필요가 없다. 이들의 유일한 임무는 날씨 감지부에서 받은 최신 지침에 따라 장비를 검침하고 조정하는 것이다. 날씨 감지부가 일기예보의 적중률에 관한 보고서를 이브에게 보내고 이를 활용해 그녀가 누수 패턴을 좀 더 확실히 예측하고 댐 보수 작업을 더 효율적으로 수행한다는 사실은 이들과는 하등 관련이 없다.

그런데 인근 마을 주민들은 일기예보를 댐과는 전혀 무관하게 그들의 목적을 위해 활용한다. 이 때문에 주민들은 날씨 감지부가 야외 활동 계획을 짜는 데 도움을 주기 위해 존재한다고 오해한다.

이브 페리에퀴덕트는 시간이 지남에 따라 댐 누수 패턴이 날씨뿐만 아니라 지진과도 관련이 있다는 사실을 알게 된다. 그래서 그녀는 '지진 감지부'라는 두 번째 팀을 꾸린다. 이 팀은 지각 변동 등을 모델링하고 예측하는 일만 담당한다. 그래서 자체적으로 '감각' 장비를 설치·보정·감독·조정한다. 날씨 감지부가 그랬듯이, 또한 이브 자신이 그랬듯이 이 팀 역시 복잡한 기록들을 수집해 업무 일부를 자동화하고, 예측하지 못한 단기 변동에만 집중하기로 한다. (물론 마을 주민들도 지진 예보를 유용하게 활용한다. 그것이 팀의 목적은 아니었지만.)

이러한 일들이 이어지다 보니, 어느새 여러 부서로 이루어진 복잡한 예측형 계층 구조가 출현했다. 각각의 부서는 또다시 하위 계층으로 나뉘며, 이들은 단순히 댐을 넘어 외부 세계의 다양한 변수를 수집한다. 각 층은 상위 계층으로부터 전달받은 최신의 예측 지침만을 따르며, 자신이 맡은 변수가 기대 상태에서 얼마나 벗어났는지만을 보고한다. 이브의 입장에서 보면, 이들 감각 부서로부터 주어지는 종합 보고서는 서로 관계성을 맺고 하나의 맥락을 이룬다. 때로 이브는 특정 보고서를 더 높은 우선순위에 두기도 한다. 한정된 시간과 자원으로 모든 사건을 다룰 수는 없기 때문이다.

이 와중에도 이브는 자신의 중장기 스케줄에 맞추어 댐을 유지 관리한다. 이 스케줄에서 벗어나는 경우는 감각 부서들의 보고서로부터 종합된 예측이 실제와 맞지 않았을 때뿐이다. 각 부서는 수집한 데이터 표본이 기존의 예측에서 벗어날 때만 이브에게 피드백 보고서를 보낸다. 이는 검침원과 조정원도 마찬가지다.

그런데 이브가 구축한 이 모든 메시지 전달 및 스케줄 갱신 절차는 베이즈 법칙을 따른다. 현재 증거(감각 표본)를 배경지식(사전 가설)과 종합해 외부 세계에 대한 최선의 추측(사후 가설)을 구축하고 수정하기 때문이다.

시간이 지날수록 이브는 반복되는 일에 싫증을 느낀다. 그러다 어느새 은퇴를 앞둔 나이가 되었다. 그녀는 '떠나기 전에 아예 더 나은 댐을 새로 만들면 어떨까?' 하고 생각한다. 그래서 그녀는 시청에 전화를 걸어 묻는다. "여보세요. 거기에 혹시 '번식' 부서가 있던가요?"

매우 기본적인 자기조직계에서도 정신의 존재를 연상케 하는 많은 기능이 나타난다. 하지만 실제 두뇌의 작동 원리를 이해하기 위해서는 여러 체계가 어떻게 서로에게 도움을 주면서 하나의 구조로 맞물릴 수 있는지 살펴볼 필요가 있다. 프리스턴은 신경계가 이브 페리에퀴덕트의 조직과 작동 방식이 매우 유사한 반복적인 예측형 계층 구조임을 밝혀냈다. 뇌의 여러 복잡한 기능은 궁극적으로 이처럼 몇 가지 간단한 기전으로 환원될 수 있다. 제이컵 호위Jakob Hohwy의 말을 들어보자.

> 뇌는 스스로를 유지하기 위해 환경적 요인이 개체에 미치는 장·단기적 영향을 억제하려고 필사적이고도 정교한 노력을 펼친다. 그 과정에서 외부 세계에 대한 풍부하고 다층적인 표상이 암묵적으로 출현한다. 이것이 정신에 대한, 또한 자연 속에서의 우리의 지위에 대한 아름답고도 소박한 묘사다.[1]

인지과학에서 '암묵적'이란 *무의식적*과 동의어임을 밝혀 둔다.

뇌는 세계 속 자신에 대한 모델을 세운다. 그 모델의 핵심부에서는 그 종의 수용 가능 범위에 대한 예측이 생성된다[2]([그림 15] 맨 왼쪽 참조). 이러한 예측은 자율 반사의 형태로 체화된다. '내가 이 행동을 하면 체온이 대략 37℃가 될 거야.' 이 핵심부를 둘러싼 그다음 계층(왼쪽에서 두 번째)에서 뇌는 본능 행동을 생성한다. (이는 기본 감정에 대한 요약에서 언급한 선천적 예측의 형태를 띤다.) 또 그다음 계층에서 뇌는 (비선언적 장기기억 체계로부터) 습득된 불수의적 행동을 생성하고, 다음으로는 (선언적 장기기억 체계로부터) 수의적 행동을 생성한다. 마지막 가장 바깥 계층에서는 '현재를 예측'하는 가장 불확실하고 즉각적인 행위가 (단기기억 체계에 의해) 생성된다.

물론 이는 단순화한 설명에 불과하다. 뇌의 예측형 계층 구조는 그보다 훨씬 더 많은 위계로 이루어져 있다. 또한 여러 곳에서 병렬적으로 정보가 처리되기도 한다. 하지만 몇 가지 일반적인 원칙은 있다.

첫 번째 원칙은 뇌가 외부 세계의 사건을 예측하고 '설명해 해치우려' 한다는 것이다. 뇌는 처리할 가치가 없는, 예측 가능하고 정보가 없는 신호를 억제한다. 각 계층은 새로운 소식으로 가치가 있는, 예기치 못한 정보만을 바로 위층으로부터 수신한다. 이러한 피드백을 예측 오차라 부른다.

두 번째 원칙은 이 계층 구조가 전개될수록 점점 더 작은 시공간적 규모를 다루게 된다는 점이다. 핵심부의 예측은 모든 상황에 적용되는 반면, 주변부의 예측은 일시적이며 특정 대상만을 목적으로 한다. 뇌의 예측은 뇌간과 변연계의 신체 모니터링 신경핵에서 시작해[3] 기저핵과 변연계를 거쳐 신피질로 이어지며, 수용 범위가 매우 좁은 말단 기관의 감각 수용체(망막의 간상세포와 원추세포 등)에서 끝난다. 주변부에서는 장기적인 보편성 대신 단기적인 정확성과 복잡성이 우선시된다. 보편성은 더 깊은 수준의 예측에서 나타난다.

이와 밀접하게 관련된 세 번째 원칙은 예측의 가소성에도 위계가 존재한다는 것이다. 핵심부 예측은 바뀌지 않지만, 주변부 예측은 바뀔 수 있다. 가장 주변부의 예측이 즉각적으로 갱신될 수 있다면, 중간 계층은

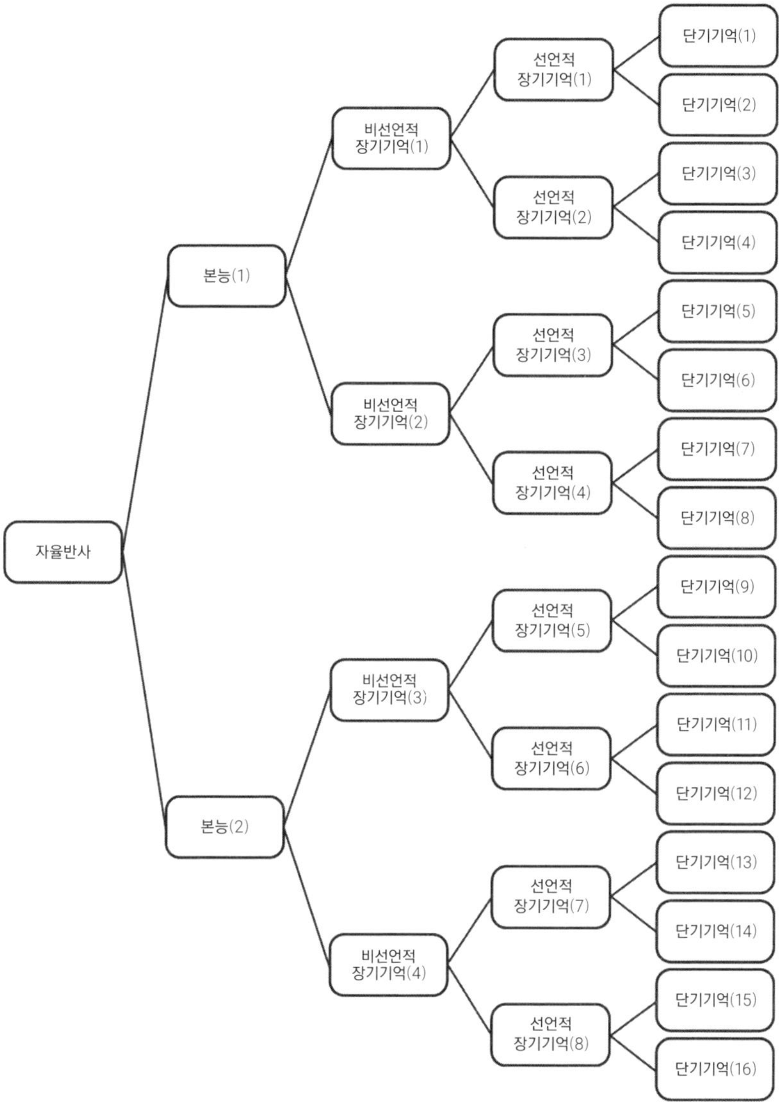

[그림 15] 예측형 계층 구조의 개요도

계층 구조는 느리게 변하는 자율 신경 핵심부에서 출발해 빠르게 변하는 감각-운동 주변부로 확장된다. 예측 신호는 핵심부에서 주변부로(왼쪽 → 오른쪽), 예측 오차는 반대 방향으로(오른쪽 → 왼쪽) 흐른다.

약간의 가소성을 갖는다. 다시 말해, 뇌의 항상성 유지 장치의 '제어 센터'(자기 모델)는 계속 스스로 갱신하되, 핵심부에 가까워질수록 변화하지 않으려는 경향성을 보인다. 주변부로 갈수록 가소성이 증가하는 것은 *계층적 예측 모델*의 주요한 장점이다.

지금까지 명확하게 언급하지 않은 네 번째 원칙은 무언가를 지각할 때는 학습할 때와 *반대 방향*으로 정보가 처리된다는 것이다. 예측 모델을 있게 한 인과적 의존성 그 자체를 뒤집음으로써 뇌는 지각 추론을 형성한다. 즉, 머커가 말한 '모양을 가진 사물들로 이루어진, 매우 명료하고 파노라마처럼 펼쳐진 3차원 세계, 즉 우리에게 익숙한 현상적 경험의 세계'를 만들어 낸다.[4] (이러한 추론은 [그림 15]에서 왼쪽에서 오른쪽으로 전달된다.) '예측 모델을 뒤집는다'는 것은 쉽게 말해 지금까지 배운 것을 토대로 무언가를 예측하는 것을 가리킨다. 이브 페리에퀴덕트가 날씨 및 지진 데이터를 활용해 댐 너머 세계의 상태를 추론한('지각한') 것과 같은 원리다.

지각은 *내부에서 외부로*, 언제나 주체의 관점에서 이루어진다. 즉, 지각은 기존의 맥락에서 새로운 정보를 능동적으로 해석하는 통각apperception의 과정이자 추론의 과정이며, 베이즈주의적 가설 검증의 일종이다.[5] 이를 최초로 파악한 헤르만 폰 헬름홀츠는 이를 '무의식적 추론'이라고 불렀다. 우리가 보는 것은 실제 존재하는 것에 대한 '최선의 추측'이며, *현재 우리가 세계에 던지고 있는 질문에 대한 우리의 예상 답안이다.*

뇌는 유입된 신호의 가장 그럴듯한 원인을 블랭킷 너머의 미지 세계에 직접 접촉하지 않고 추론해야 한다. 오직 감각 상태(신경 신호, [그림 11] 참조)의 변화 패턴을 보고 실제 세계와 자신 사이에 존재하는 규칙성을 설명하는 확률 모델을 세우고, 생존을 위한 최선의 행동을 결정해야 한다. 이 행동은 다시 새로운 감각 데이터를 생성하며, 뇌는 다시 그 데이터로 모델을 갱신한다. 모델은 불완전하기 때문에 수정이 불가피하다. 그 결과 또다시 새로운 행동이 결정되고, 이 과정이 계속 되풀이된다.

그러므로 행동은 생성 모델이 만든 가설을 검증하는 실험으로 볼 수 있다. 예측한 감각 데이터가 실험에서 나오지 않으면 신경계는 데이터를 더 잘 설명하기 위해 예측을 변경하거나, 원래 예측에 확신이 있는 경우 더 나은 데이터를 얻어야 한다. 즉, 감각 입력 신호를 바꿀 만한 다른 행동을 해야 한다.

예측을 바꾸거나, 입력을 바꾸는 것. 이 두 가지 선택지가 각각 지각과 행동의 기본 기전이다.

위의 세 문단은 7장과 이 장의 주요 토대였던 추론에 대한 고정관념을 바로잡아준다. 대뇌피질의 기능을 토대로 뇌의 작동 방식을 연구해 왔던 대부분 과학자와 마찬가지로, 나 역시 거의 전적으로 베이즈주의적 *지각* 추론에만 주목했다. 하지만 능동 추론이란 것도 존재한다. 행동을 도출하는 것이 지각의 주요 목적이므로 (적어도 생물학에서는) 능동 추론이 주된 것이고, 지각 추론은 그다음이라 말할 수 있다.

앞서 말했듯이 베이즈주의적 뇌는 두 가지 방식으로 예측 오차에 대응한다. '사전' 예측을 바꾸거나 입력 신호를 바꿈으로써, '사후' 확률이 감소하는 상황에서 가설과 데이터를 더 잘 합치하게 만든다. 이 두 가지 선택지의 차이는 통계적 *적합*fit*의 방향*이 다르다는 점이다. 오차는 예측 내용이 감각 입력과 맞게 바뀌면 줄어들고, 또한 감각 입력이 예측에 맞게 바뀌어도 줄어든다. 물론 실제 생명체는 이 두 가지 선택지를 항상 번갈아 가며 사용한다. (들쥐가 풀숲을 헤집고 다니다가 갑자기 멈추어 주위를 둘러보고, 다시 헤집고 다니기를 반복하는 모습을 생각해 보라.) 지각과 행동은 보기보다 유사한 개념이다.

몸은 신경계의 마르코프 블랭킷의 '바깥'에 존재하는 숨겨진 외부 세계다. [그림 15]의 예측 구조에는 *내부* 장기를 작동시키는 말초 내장 수용기와 작용기에서 끝나는 일련의 계층도 포함되어야 한다. 따라서 뇌의 세계 모델은 다른 모든 인과적 변수와 더불어 신체적 자아와 몸의 향후 상태 예측에 관한 내용도 담아내야 한다. (앞의 예시에서 신체 움직임과 혈중 산소량 균형에 대한 암묵적인 모델이 없었다면 연기가 자욱한 방에서 빠져나올 수 없었을 것이다).

또한 행동은 뇌가 신체의 모든 근육과 기관에 거창한 공지 사항을 전달하는 식으로 이루어지는 것이 아니다. 실제로 근육과 분비샘은 계층 구조를 따라 예측 오차를 그만 전달할 때까지 수축 및 분비를 계속한다. 따라서 신체의 근골격계 및 내장 '행동' 기관은 예측 모델의 예상과 실제 결과의 차이로 인한 오차 신호에 통제된다. 즉, 예측 오차의 억제는 지각뿐만 아니라 행동에도 적용된다.[6]

프리스턴의 법칙을 상기해 보자. 자기조직계에서 변화 가능한 모든 양은 자유 에너지를 최소화하는 방향으로 변화한다. 그런데 중뇌의 '메타 항상계'에 의해 조율되는 여러 신체 항상계는 우리 몸을 생존 가능한 범위 내에 유지시키는 생명 유지 기전의 핵심이므로 이들의 조절 범위는 절대 바뀌지 않는다. 그렇다면 프리스턴의 법칙이 맞는다면 *계 내부의 다른 무언가가 변화해야 한다*. 이것이 욕동과 *행위* 간의 불가분 연결성에 대한 공식적·기계론적 설명이다. 그리고 이것이 예측형 계층 구조가 있어야만 하는 이유다. 또한 계층 가운데 일부는 고정되어 있고 나머지 일부만이 변화할 수 있는 이유다.[7]

하지만 지각이 배제된 맹목적인 행동은 별 쓸모가 없다. 행동은 자기 모델이 생성한 지각의 도움을 받아야 한다. 베이즈 법칙은 이 예측 모델이 구현되고 계속해서 갱신되는 방식과 이유를 설명해 준다. 유입되는 오차 신호로부터 예측을 만들고 시간에 따라 미세한 뉘앙스를 반영하는 이 과정은 학습의 기본 토대이기도 하다. 이러한 계의 동역학적 특성은 행동이 지각에 우선함을 보여 준다. 사전 예측(앞서 말했듯이 그중 일부는 바뀔 수 없음)의 확률을 높일 수 있는 것은 행동뿐이기 때문이다.

베이즈 법칙은 이른바 '배경지식'이라는 가정에서 출발한다.[8] 그렇다면 생명체가 세계에 대한 증거를 수집하기 전, 초기의 배경지식은 어디에서 오는 것일까? 답은 각 종에게 핵심 '기대 상태'가 *선천적인* 항상성 안정점(진화적 조상의 생존률에 의해 결정된 값)의 형태로 부호화되어 있다는 것이다. 우리는 성공한 과거 세대의 수혜자다. 이 과거 세대가 우리 존재의 가장 기본적인 전제를 결정한 것이다.

하지만 그들의 유산에 안주할 수는 없다. 정동과 행동의 연결성은 우리로 하여금 실패하더라도 도전하고 또 도전할 것을 주문한다. 우리 내면 가장 깊은 생물학적 욕동의 요구는 아주 무자비해서, 그것을 잠재울 방법은 만족시키거나 아니면 죽거나 둘 중 하나밖에 없다. 죽음을 택할 게 아니라면, 반사와 본능을 보완해 욕구를 충족할 수 있는 *또 다른* 방법을 기필코 개발해 내야 한다. 다른 대안은 없다. 다시 말해, 경험을 통해 배워야 한다는 것이다. 다행히도 우리 인간은 학습 능력이 유별나게 우수한 뇌를 타고났다.

이 모든 사실이 시사하는 바는 이렇다. 정동이 실제로 항상성 기전에 의해 작동한다면, 즉 정동이 실제로 '신체와 연결되어 있음으로 말미암아 어떤 일을 수행하게끔 마음에 가해지는 요구의 척도'라면, 정동이 자유 에너지 최소화의 근본 수단임이 틀림없다. 따라서 정동은 의지적 행동의 매개체이자 모든 정신생활의 원천이다.

앞서 밝혔듯이 경험학습은 세계에 대한 계층적 모델을 형성하며, 이 모델을 뒤집으면 세계에 대한 예측이 생성된다. 하지만 여기서 끝이 아니다. 예측을 *검증*하는 과정이 남아 있기 때문이다. 검증은 예측 오차를 만들어 내고, 이 오차는 모델을 갱신하는 데 사용된다. 이것이 '경험으로부터' 배운다는 말의 참뜻이다. 예측 오차는 현재 가설이 예측하지 못한, 즉 계가 자체적으로 생성하지 못한 감각 신호다. 이것이 감각 데이터 가운데 가장 현저한 의미를 갖는다.

이때 대부분 인지과학자는 모든 감각 데이터가 외부수용적exteroceptive, 즉 외부 환경에 관한 것이라고 가정하는 실수를 범한다. 우리에게 가장 중요한 예측 오차(감각 입력)는 우리 *내부로부터* 유래한다는 사실을 간과한 것이나. 예를 들어 심부 체온이 예상치에서 벗어나면 외부 세계에 예기치 못한 사건이 터진 것과 동등한 '감각' 피드백이 일어난다. 질식 경보를 유발하는 항상성 오차 신호도 마찬가지다. 이러한 신호는 지각이 아니라 정동을 생성한다. 프로이트가 말했듯이 전뇌는 일종의 '교감 신경절'이다. 이 문제에 관해 내 동료 연구자들은 대뇌피질 오류로 인해 계속되는 혼란에 빠져 있다.[9] 의식의 모든 요소는 내생적으로 형성된다. 의식의 근원은 정동이며, 그다음에 지각으로 확장되어 지각 추론을 평가한다.

마침내 다음 질문에 답할 차례다. 이 장에서 설명한 자연적인 자기보존 기능이 왜, 어떻게 *의식적이 되는가*? 우리는 정동과 느낌이 의식의 기저에 있음을 안다. 하지만 어떠한 형식적·기계론적 법칙이 느낌을 유발하고, 그리하여 의식까지 발생시키는가?

9장

의식은 왜, 어떻게 생겨나는가?

생명체는 '내가 이 행동을 하면 내 자유 에너지는 어떻게 될까?'라는 근본 질문을 언제나 스스로 던져야 한다. 그런데 여기서 그 행동이란 무엇인가? 생명체는 아무 행동이나 취하는 것이 아니라, 현재의 욕구에 의해 결정된 유한한 선택지 중 하나를 택한다. 욕구와 행동은 밀접하게 연관되어 있다. 욕구마다 필요한 행위가 서로 다르기 때문이다. 배가 고프면 음식을 먹어야 하고, 피곤하다면 쉬어야 한다. 하지만 우리는 고작해야 한 번에 한두 가지 행동만 할 수 있으므로, 다음 행위를 선택하기 위해서는 긴급한 정도에 따라 여러 욕구에 순위를 매겨야 한다.

그런데 이 순위 매기기가 생각보다 쉽지 않다. 두 가지 이유 때문이다. 첫째, 일반적으로 인간과 같은 복잡한 유기체의 욕구는 정해진 순서대로 충족될 필요가 없다. 식사와 수면 중 어느 것이 더 중요할까? 무엇을 어떻게 고려하느냐에 따라 답은 얼마든지 달라질 수 있다. 둘째, 복잡한 유기체의 욕구 중 대다수는 매번 똑같은 행동으로 충족되지 않는다.

예를 들어 수프를 먹는 것과 생옥수수를 먹는 데 필요한 기술은 서로 다르다(재배하거나 요리하는 데 필요한 기술과 자원은 말할 것도 없다). 이 두 가지 이유로 인해, '다음에 무엇을 할까?'에 대한 답은 맥락에 따라 계속 달라진다. 그렇기에 내부 욕구의 우선순위는 *우세한 외부 조건*과 발맞추어야 한다.

다행히도 우리는 배고픔, 갈증, 두려움, 분노 등의 상태에서 해야 할 행동에 대한 예측을 지니고 태어났다. 이러한 타고난 예측은 '반사 신경' 및 '본능'이라 불리며, 그 내용은 종마다 다르다. 본능은 분명 생존에 유용한 도구이지만, 실제 우리 삶의 다양성과 복잡성을 다룰 만큼 유연하지는 않기 때문에 보완이 필요하다. 이것이 바로 경험학습의 역할이다.

앞서 우리는 경험학습과 정동의 법칙Law of Affect 사이의 연결성을 살펴보았다. *예상치 못한* 상황에서 우리는 감정가affective valence(무엇이 생물학적으로 '좋고 나쁜가'에 대한 우리의 느낌)를 사용한다. *수의적* 행동, 느낌과 직관을 사용해 예상치 못한 삶의 여러 문제를 헤쳐 나가는 것, 이것이 의식의 생물학적 기능이다. 의식은 어둠 속에서 우리가 나아갈 길을 제시한다. 단, 이러한 기능을 수행하려면 의식은 욕구에 뿌리를 둔 내면의 정서를 외부 세계의 표상과 연결해야 한다.

각성에 사물에 대한 느낌 및 의식적 지각이 수반되는 이유가 바로 이것이다. 6장 말미에서 언급했듯이 '물리적 우주의 틀 속에 주관적 경험을 어떻게 포함할 것인가?'라는 거대한 미스터리를 풀기 위해서는 생리 현상과 심리 현상을 모두 기계론적 원인으로 환원해야 한다. 또한 그 원인을 밝히기 위해서는 *물리학*만이 가능한 심층적인 추상화 과정이 필요하다. 이에 나는 7장과 8장에서 이러한 통합적 기전을 공식화했다.

이제 이 설명을 마무리할 때가 온 것 같다. 자기조직화와 항상성만으로 의식이 발생하는 이유와 방식을 설명할 수 없다면, 무엇이 더 필요할까? 위에서 설명한 생물학적 *욕구의 우선순위* 결정 과정은 자유 에너지 최소화와 어떤 관련이 있을까? 또한 어떻게 그 과정의 결과가 자기조직계에 *모종의 느낌*을 가져다줄 수 있을까?

이 질문에 대한 답은 앞서 강조한 대로 우리 인간과 같은 복잡한 생명체가 다양한 욕구를 가지고 있다는 사실에서 출발한다. 우리 몸은 여러 내부 하위계로 이루어져 있으며, 각 하위계는 고유한 항상성 기전에 의해 조절된다. 또한 모든 하위계는 전체 자유 에너지 계산에 필요한 오찻값 산출에 기여한다. 이 오찻값이 바로 우리의 생물학적 욕구다. 이 욕구들이 정동의 형태로 느껴질 때, 우리는 그 욕구가 긍정적·부정적 '*값어치*valence'를[25] 지녔다고 표현한다. 이 값어치는 우리에게 좋거나 나쁘게 느껴진다는 점에서 주관적이다. 행동주의자들은 쾌감과 불쾌감을 보상과 처벌 자극으로 재정의함으로써 이 개념을 객관화하려 했지만, 그들의 시도가 틀렸음을 우리는 안다. 자극의 값어치는 자극 자체에 있는 것이 아니며, 어디까지나 주관적이고 질적인 것이다. 어떤 사람에게는 짜릿한 자극이 다른 누군가에게는 끔찍하게 싫을 수 있다.

그렇다고 해서 값어치를 정량하는 것이 아예 *불가능*할까? [그림 12]를 보면, 화살표가 오른쪽으로 멀어질수록 불쾌감이 더 커진다. 따라서 우리는 특정 순간에 0.3의 배고픔값, 0.2의 갈증값 등을 띨 수 있다(두 값 모두 작을수록 좋다). 정서 과학자들은 그 값을 피험자가 리커트 척도Likert scale 등을 사용해 쾌감과 불쾌감을 스스로 평가하게 함으로써 수시로 측정하고 있다. 이러한 척도는 주관적이라는 한계가 있지만, 어쨌거나 정동이 *원칙적으로* 정량 가능한 것은 맞다. 그렇다면 정동은 왜 정성적·질적

---

25) 정서적 선호 방향성, 유인가(誘因價)라고도 불림(역자 주).

이어야 하는가 하는 의문이 남는다. 자기조직계가 '장치 유발 반응'(내부 상태)을 양의 형태로 처리할 수 있다면, 질적 속성의 역할은 무엇인가? 이 물음은 물리주의적 우주관으로는 설명할 수 없는 정신의 요소를 뜻하는 '감각질qualia'이라는 철학적 개념과도 맞닿아 있다.

이 질문에 대한 답은 욕구가 단순한 방식으로 결합되거나 합산될 수 없다는 사실에 숨어 있다. 우리의 다양한 욕구는 하나의 공통분모로 통분通分될 수 *없다*. 여러 욕구를 합당하게 고려하려면 각각의 욕구를 비슷한 규모로 놓고 개별적으로 평가해야 한다. 0.3의 배고픔과 0.1의 갈증을 더해 0.4의 욕구 총량을 구한 뒤 그 총량을 최소화하는 식의 단순한 접근은 불가능하다. 왜냐면 각각의 욕구는 다른 욕구를 통해서가 아니라 자체적으로 충족되어야 하기 때문이다. 에너지 대사와 수분 보충과 체온 조절은 각기 다르며, 생존을 위해서는 이들을 모두 만족시켜야 한다. 행동신경과학자 에드먼드 롤스Edmund Rolls가 말했듯이 "음식이 주는 보상이 다른 보상보다 *항상* 훨씬 더 강력했다면 동물이 물을 마시지 않을 것이므로 그 유전자는 살아남지 못했을 것이다."[1]

이로 미루어볼 때 생물학적 자기조직계의 바람직한 선택은 자신의 욕구(오찻값)를 *범주*로 구분하는 것이다. 범주형 변수들은 서로 *질적*으로 구분된다. A와 B의 두 가지 유형의 오차가 있다고 가정해 보자. 그런데 앞서 말한 이유로 인해 A의 값이 0.8인 상황과 B의 값이 0.8인 상황은 서로 동등하지 않다. 그렇다면 둘은 범주형 변수로 취급해야 한다. 이를 통해 계는 장기적으로 각각의 오차에 대해 적절한 가중치를 부여하고, 또한 맥락에 맞게 우선순위를 지정할 수 있다. 따라서 복잡한 자증적 체계는 그것을 구성하는 여러 항상계를 (마치 서로 다른 '색깔'이나 '맛'을 부여하듯) 범주화해 각각을 서로 독립적으로 계산한 후 결괏값의 우선순위를 정하는 것이 합리적이다.

여러 욕구가 자유 에너지의 총합에 기여하는 양은 각기 다르다. 그뿐 아니라 각각의 양은 맥락에 따라 동물에게 다른 영향을 준다. (가령 어떤 상황에서는 식욕이 수면욕보다 우선하지만, 다른 상황에서는 그렇지 않다.) 이는 모든 예측 기계의 숙적인 '불확실성'을 크게 증대시킨다. 불확실성의 증가는 모든 자기조직계에 위험한 상황이다. 계의 종말을 예고하기 때문이다. 불확실성이 증가하면 더 많은 계산 복잡성(더 많은 정보 흐름, 즉 더 많은 엔트로피)이 요구된다. 따라서 서로 다른 양의 상대적 가치가 시간에 따라 변화하는 상황에서 (현재는 A의 가치가 B보다 높지만, 항상 그렇지는 않은 경우) 범주화는 선택이 아닌 필수다.

그렇다면 예측 가능한 모든 상황에서 생존을 위한 상대적 요구 조건을 계산하고 이를 바탕으로 행동의 우선순위를 자동으로 결정하는 극도로 복잡한 모델 알고리즘의 진화를 상상해 볼 수 있다. 하지만 이렇게 복잡한 모델은 모든 측면에서 비용이 너무 많이 든다. 복잡성으로 인해 결과 계산에 시간이 오래 걸린다면, 생사를 가르는 급박한 상황에서 치명적일 수 있다. 또한 많은 정보 처리 능력을 요구하기 때문에 더 많은 에너지 자원을 필요로 한다는 점에서도 불리하다. 모델의 복잡성이 선형적으로 증가할 때 계산 자원이 기하급수적으로 증가하는 이러한 현상을 통계학자들은 '조합적 폭발combinatorial explosion'이라 부른다.

게다가 어느 복잡한 모델이 특정 상황에서 무슨 일이 일어날지 정확하게 예측했다고 해도 나머지 다른 상황에서도 같은 정확도를 보이기는 어렵다. 통계학 용어로 표현하자면, 지나치게 복잡한 모델은 데이터 표본을 '과적합overfit'한다. 이브 페리에퀴덕트의 댐 누수 예측 모델은 몇 주가 아니라 무려 몇 년에 걸쳐 수집된 방대한 데이터에서 계산된 장기적 평균값을 기반으로 세워졌다. 이는 그녀의 모델을 단순화했고, 따라서 그 모델은 더 일반화될 수 있었다. 오컴의 면도날 원칙(절약의 법칙)[2]에 따라,

우리에게는 단순한 예측 모델이 필요하다. 지금 당장뿐만 아니라 다양한 상황과 맥락에 적용하려면 모델을 단순화하는 과정이 필수적이다.

이처럼 예측 모델은 단순해야 한다. 하지만 아인슈타인이 말했듯이 "가능한 한 모든 것을 단순화하되, 가능한 만큼만 그렇게 해야 한다."[3] 어떻게 하면 복잡성과 정확성 사이의 적절한 균형을 찾을 수 있을까? 통계학에서 주로 사용하는 방법은 구획화compartmentalization다. 구획화는 다양한 방식으로 이루어진다. 예를 들어, 우리 시각계의 일부는 보이는 사물이 *무엇인지*를 계산하고, 다른 일부는 그 사물이 *어디* 있는지를 계산한다. 따라서 움직임으로 인해 모양, 크기, 방향이 변하더라도 그것을 하나의 사물로 지속해서 인식할 수 있다. 하지만 구획화 능력의 가장 중요한 장점은 여러 욕구와 그에 따른 예측(기대 자유 에너지의 주요한 원천)의 우선순위를 시간에 따라 범주별로 매기고, 순위가 높은 구획에 계산 자원을 집중 투자할 수 있다는 점이다.

바로 이것이 각 정동이 *연속적인 쾌락값*hedonic valence(유쾌하거나 불쾌한 *정도*)뿐만 아니라 *범주적 특질*(가령 갈증, 분리 불안, 역겨움은 서로 다른 느낌을 줌)을 띠는 이유에 대한 통계역학적 설명이다. 양과 질을 함께 지녔다는 점, 이것이 정서적 감각질의 본질적인 특징이다. 좀 더 자세하게 표현하자면, 모든 정동은 주관적이고, 값어치를 띠며, 질적이다. 정동이 무슨 문제를 해결하기 위해 진화했는지 고려하면, 그럴 수밖에 없다.

정서적 범주 선택과 우선순위 설정 과정은 기계의 작동 모드와 유사하다. 비행기가 '이륙', '순항', '난기류', '착륙' 등의 모드에서 각각 어떻게 작동하는지 생각해 보라. 주어진 변수의 가짓수는 그대로지만, 각 변수에 적용되는 *가중치*는 상황마다 달라진다. 예를 들어, 정확한 비행 고도는 순항 중일 때보다 착륙 시 훨씬 더 중요하다. 이브 페리에퀴덕트의 댐도 마찬가지다. 겨울 모드와 여름 모드, 지진 모드와 비지진 모드일 때 댐은 각기 다른 스케줄에 따라 운영된다. 지진 상황에서 이브는 자동화된 계절별 일반 스케줄을 중단하고 '지진 비상' 스케줄을 실행해야 한다.

6장의 생리학 용어로 설명하자면, 다양한 작동 모드는 뇌의 *상태* 기능에 해당한다. 앞서 설명했듯이 중뇌 결정 삼각부는 정서적 뇌 상태('질식 경보' 모드 등)를 선택한다. 이러한 상태 선택은 PAG가 '현재 유입되는 오차 신호(욕구) 중 어느 것이 나의 자유 에너지를 최소화할 가능성을 최대화하는가'를 판단하는 과정에서 일어난다. 즉, *지금 당장* 어떤 욕구가 가장 중요한지를 판단하는 것이다. 그에 대한 답은 여러 오차 신호의 상대적 강도뿐만 아니라 범주(모드 또는 상태) 간의 중요도 차이에 의해서도 결정되는데, 이 중요성은 반드시 *맥락에 따라* 판단되어야 한다. 이때 맥락 정보는 상구에서 주어진다.

오늘 내가 겪은 일을 하나 소개하겠다. 아침 7시에 조깅을 하러 나갔다. 집을 막 나설 때는 동이 트기 전이었지만, 한 시간 동안 뛰고 나자 주변이 밝아졌다. (지금은 겨울이고, 여기는 서식스 교외다.) 조깅을 시작하면서 농가 옆 들판을 지나는데, 양 한 무리가 나를 발견하고는 서로 뒤엉켜 넘어질 정도로 혼비백산해 도망쳤다. 하지만 돌아오는 길에 똑같은 들판을 지나는데 그때는 양들이 나를 거들떠보지도 않았다. 나의 존재가 어둠이라는 맥락에서는 놀람의 대상이었지만, 날이 밝자 그저 지루한 풍경의 일부가 되고 만 것이다. 요약하자면, '사람이 나를 향해 달려온다'는 사건의 중요도가 맥락에 따라 바뀐 것이다. 밤에는 그 사건이 우선시되어 양들이 **공포**FEAR 모드에 빠지지만, 낮에는 그렇지 않으므로 양들은 기본 모드인 **추구**SEEKING 모드에 계속 머문다.

이러한 것들이 계의 다음 행동을 결정한다. 다시 말해, 생성 모델이 (우선순위가 매겨진) 해당 범주의 불확실성을 해결하기 위해 어떠한 *활성* 상태를 선택할지 결정한다. 가령 계가 '현재 조건에서는 이 범주에 대해서 복잡하더라도 정확한 계산이 필요하다'라고 판단할 수 있다. 그렇다면 계(양 떼)는 **공포** 작동 모드로 진입하고, 해당 상황에서 생성 모델이 내놓을 수 있는 최선의 전략인 '도망치기'를 실행한다. 그런 다음 그 상황에 대해 여태껏 학습한 모든 것(기대 맥락)을 고려한 후, 최선을 바라되 최악을 대비한다. 즉, 향후 전개될 상황에 따른 변동성도 염두에 두고서 신중하게 계획을 실행한다.

결정적으로 **공포** 모드로의 전환은 최우선 욕구가 정동이 되었음을, 즉 의식되었음을 의미한다. 왜 그럴까? 욕구가 의식되는 것은 그 욕구의 *기대 결과와의 편차*를 예측형 계층 구조 전체에 걸쳐 느끼기 위함이다. 이것이 바로 정동이다. 정동은 계가 '현재 유입되는 오차 신호 중 어느 것이 나의 자유 에너지를 최소화할 가능성을 최대화하는가?'라고 자문했을 때 그 질문에 대한 '장치 유발 반응'이다.

내가 대부분의 시간을 보내는 남아프리카공화국에서는 이 기전을 진화시킨 자연조건에서 정동 선택이 작동하는 과정을 목격할 기회가 많다. 내가 말하는 기회란 우거진 자연 보호 구역 속의 사자와 영양 간의 관계가 아니라(물론 그 역시 좋은 관찰 대상이기는 하지만), 매우 불평등하고 문제투성이인 남아프리카공화국 사회에서 일어나는 일들이다. 나를 죽이려는 사람에게서 도망치는 것이 최우선 욕구인 상황이 무슨 느낌인지 남아프리카인들은 잘 안다. 그 순간에 당신의 수의적 행동은 공포감에 지배된다. 그리고 그 공포감이 향후 당신 행동의 성패에 대한 가늠자로 기능한다. 요의尿意와 같은 다른 욕구는 무의식적·불수의적 수준으로 격하된다. 그래서 바지에 소변을 보더라도 개의치 않게 된다.

우리의 목표는 정서적 각성이라는 심리적·생리적 현상을 수학적으로 기술 가능한 일련의 기계론적 원리로 환원하는 것이다. 6장에서 나는 중뇌 결정 삼각부가 욕구의 우선순위를 정하면 전뇌의 자기 모델이 그 욕구가 충족될 기대 맥락을 생성한다고 설명했다. 이 '기대 세계'는 두 가지 조건을 만족해야 한다. 첫째로 예측의 실제 내용을 표상해야 하고, 둘째로 예측의 신뢰도를 부호화해야 한다. 전자는 과거의 관점으로 현재를 조명하는 전뇌의 장기기억 네트워크에 의해 수행되며, 그 원리는 7장에서 설명한 대로다. 후자, 즉 신뢰도의 조정은 '각성'에 의해 통제된다. 이제 그 각성을 지배하는 법칙을 세워 보자.

지금까지 내가 규명한 첫 번째 기전은 가장 중요한 행동 범주(가장 효과적인 작동 모드 또는 상태)가 선택되는 기전이다. 이는 특정 정동의 감각질이 복잡한 자기조직계의 행동을 조절하는 방식을 설명해 준다. 그 결과 감각-운동 계획이 생성되고, 그 계획에 따라 계는 '최선을 바라되 최악에 대비'하게 된다. 어떠한 인과적 기전에 의해 이 과정이 조절되는가?

먼저 주목해야 할 점은 다른 모든 것과 마찬가지로 예측에 대한 신뢰도 역시 *경험에 의해 학습된다*는 것이다. 그러면 예측에 대한 신뢰도를 다시금 예측하는 것도 가능하다. 예측 부호화를 위해서는 특정 행동에서 수반될 것으로 기대되는 여러 감각 상태에 확률을 부여하고, 그 확률을 이후 실제로 관찰된 감각 정보의 분포와 비교해야 한다. 이는 앞서 설명한, 우리가 자신의 자유 에너지를 최소화하는 방법인 베이즈주의적 '가설 갱신' 기법의 본질이다.

모델과 표본 데이터가 얼마나 잘 들어맞는지 판단하기 위해서는 단순히 분포의 *평균*을 비교하는 것만으로는 부족하며, *평균값의 분산*도 함께 고려해야 한다([그림 16] 참조). 표본의 분산이 크면 적합도의 신뢰도가 떨어진다. 가령 한 언론사에서 "왕이 서거했다"라고 세 번 연속으로 보도했다면, 많은 사람이 그 보도를 심각하게 받아들일 것이다. 가령 그 언론사가 처음에 서거를 보도했다가 이내 정정하고, 세 번째 가서야 "마침내 서거한 듯하다"라고 인정한다면, 우리는 그 보도를 덜 중요하게 여길 것이다. 표본 데이터의 분포가 좁고 *정밀*할 때, 예측된 분포와 실제 데이터의 차이에 대한 판단이 용이해진다.

궁극적으로 우리가 지향하는 것은 세계와의 상호작용에서 *정밀함* precision이다. 따라서 우리 모델에는 *정밀도를 예측하는* 기전이 있어야 한다. 이 기전은 주어진 오차 신호의 정밀도를 우리가 자체적으로 부여한 정밀도와 비교해 그에 맞는 '가중치'를 부여한다. 이 가중치(상대적 신뢰도)에 따라 실제 오차 신호가 우리의 예측에 미치는 영향이 결정된다. 외부에서 주어지는 오차 신호의 신뢰도가 높아질수록 현재 행동 계획의 신뢰도는 낮아진다. 반면, 상대적 중요도를 판단하기 어려운 모호하고 예상치 못한 변화는 기존의 결정에 별다른 영향을 주지 않는다. (상대적 신뢰도값은 능동적 기대와 지각적 기대, 외재적 기대와 내재적 기대 등 프리스턴의 법칙에 포함된 다른 모든 값에도 부여될 수 있다.)[4] 이는 *추론에 대한 추론*, 즉 기댓값의 신뢰도에 대한 학습을 수반한다는 점에서 이차 베이즈 추론이라 할 수 있다.

정밀도를 조정하는 것은 예측 모델이 *신뢰할 만한* 학습 신호(믿음직한 뉴스 보도)에 기반해 추론을 내놓게 하기 위함이다. 신호의 신뢰도가 높다면 사전 가설을 수정할 수 있어야 하고, 그렇지 않은 신호는 가설을 수정할 수 없어야 한다. 신뢰도는 계층 구조를 타고 내부로 전파되는 오차 신호의 강도에 영향을 준다. 신뢰도(정밀도)가 높을수록 신호의 강도가 세지므로, 그 신호가 계의 핵심부에 잔여 오차를 전달해, 그 결과 생성 모델을 갱신할 가능성도 커진다. 반대로 신뢰도(정밀도)가 낮은 신호, 이른바 '잡음'은 감각 기관 수준에서 차단되어 무시된다.

즉, 우리는 오차 신호 중에서도 정밀도가 높은 신호를 최소화해야 한다. 달리 말하자면 눈에 띌 만한 실수를 저지르지 말아야 한다는 뜻이

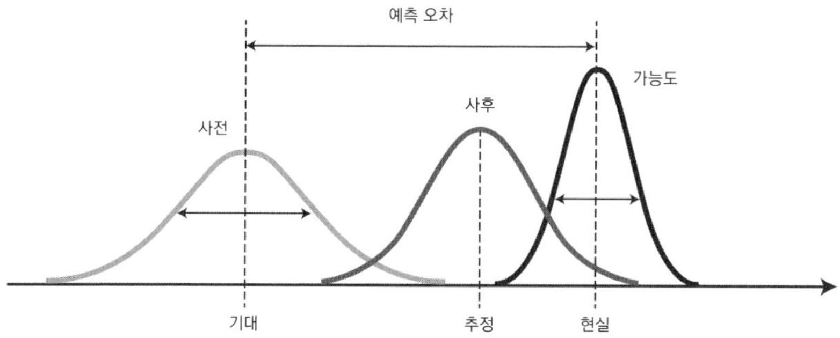

[그림 16] 사후 예측

사전 예측(왼쪽)과 감각 데이터 표본(오른쪽)의 비교를 통해 사후 예측(가운데)이 도출된다. 세로 점선은 각 분포의 '평균'을, 가로 화살표는 '분산'을 나타낸다. 위 그림에서는 사전 분포의 예상 분산이 크므로(왼쪽 화살표가 김) 사전 예측의 신뢰도가 낮고, 감각 데이터 표본의 실제 분산이 좁으므로(오른쪽 화살표가 짧음) 데이터의 신뢰도가 높다. 감각 데이터의 정밀도(분산의 역수)가 더 높으므로, 사후 예측은 오른쪽으로 이동한다. 감각 데이터의 정밀도가 더 낮다면 사후 예측은 더 적게 이동하거나 아예 이동하지 않는다. (Image from 'Modeling Emotions Associated with Novelty at Variable Uncertainty Levels: A Bayesian Approach', Hidesyoshi Yanagisawa, Oto Kawamata, and Kazutaka Ueda, Frontiers in Computational Neuroscience, 24 January 2012, https://www.frontiersin.org/articles/10.3389/fncom.2019.00002/full)

다. 유일한 방법은 세계 모델과 감각 데이터 표본 간의 상호 정보를 늘리는 방향으로 생성 모델을 개선하는 것이다. 다시 말해, 예측의 정밀도를 최대화한 다음, 그 예측을 확증하는 높은 정밀도의 데이터를 구해야 한다. *우리는 우리의 행동을 유도하는 신념의 신뢰도를 최대화해야 한다.* 이를 '정밀도 최적화'라고 한다.

우리는 경험학습을 통해 정밀도 최적화를 달성한다. 출처와 시점에 따라 특정 소식의 신뢰도를 판단하고 그에 맞추어 예측을 조정하는 법을 배워야 한다. 가령 우리는 낮에는 시각 신호를 밤에는 청각 신호를 더 신뢰하며, 따라서 각각에 더 큰 가중치를 부여한다. 그렇게 하도록 학습했기 때문이다. 마찬가지로 시각 정보가 밤보다 낮에 더 정확할 거라고 기대한다. 이를 '기대 정밀도'라고 한다. 밤에는 시각이 정밀하기를 기대하지 않기 때문에 어떤 사물이 뿌옇거나 희미하게 보이더라도 별다른 생각 없이 받아들이지만, 만약 낮에 똑같은 시각 경험을 한다면 뭔가 심각한 일이 생겼다고 여길 것이다.

가령 이브 페리에퀴덕트의 직원들이 겨울에 기압이 떨어지면 강수량이 증가하지만 여름에는 그렇지 않다는 사실을 알게 되었다고 상상해 보자. 그렇다면 이들은 여름 중의 기압 강하가 '잡음'일 가능성이 크다고 여길 것이다. 즉, 여름에는 기압계 수치가 덜 정확할 것이라 *기대할 것이다*. 만약 그 기대가 틀린 것으로 드러난다면, 이들은 기대 정밀도 수준을 재조정할 것이고, 이로 인해 사후 예측에도 변화가 있을 것이다. 좀 더 정동과 관련된 예를 들어 보자. 위에서 언급한 양 떼는 낮에는 인간이 자신에게 달려와도 해를 끼치지 않는다는 예측을 신뢰하도록 학습했다. 하지만 밤에는 그 예측에 대한 신뢰도가 감소하기 때문에 기대 정밀도가 낮게 설정된다. 만약 어둠 속에서 나를 계속 마주치더라도 해를 입지 않는 경험이 반복된다면, 이들은 정밀도값을 재조정해 밤중에 자신을 향해 달려오는 인간에 대한 예측을 변경할 것이다. 다른 모든 것과 마찬가지로, 맥락 의존성 역시 학습될 수 있다.

위의 예시에서 알 수 있듯이 이러한 유형의 학습은 *요동치듯 변화하*는 맥락 속에서 이루어진다. 맥락의 변화를 예측하는 모델이 없다면 자기조직계는 환경의 변화 속에서 오래 살아남을 수 없다. 생성 모델은 맥락 변동의 동역학을 담아내야 하고, 정밀도를 예측하는 법도 학습해야 한다. 또한 다른 모든 두뇌 과정과 마찬가지로, 정밀도 조정 과정도 프리스턴의 법칙을 따라야 한다.

정밀도는 수집된 감각 정보의 출처 또는 특정 행위의 예상 결과에 대한 신뢰도를 뇌가 표현하는 방식이다. 정밀도값은 변동성에 대한 기댓값을 나타낸다. 즉, 정밀도는 *불확실성에 대한 표상*이다. 이 오차 신호를 현재 맥락에서 얼마나 확신할 수 있는가? 지금 당장 이 오차 신호에 얼마만큼의 *가중치*를 부여해야 하는가? A와 B의 오차 신호가 둘 다 0.8이라면 *현재 조건에서* 무엇이 더 중요한가?

앞서 생리학적 원리를 살펴보았듯이 중뇌의 결정 삼각부가 욕구의 우선순위를 정하면, 전뇌의 자기 모델은 최우선 순위 욕구가 충족되는 기대 맥락을 생성한다. 이 기대 세계는 두 가지 요소로 구성되어 있다. 첫째는 예측의 실제 내용이고, 둘째는 그 예측에 대한 계의 신뢰도다. 지금까지 신뢰도가 정량화되는 방식을 알아보았으니, 이제 이를 각성의 생리학적 기전에 관한 설명과 합쳐 보자.

결정 삼각부가 지금 가장 중요한 욕구를 선택하면 계의 정서 상태가 결정되고, 이에 따라 전뇌의 장기기억 체계가 기대 맥락을 생성해 망상 활성계가 작동하기 시작한다. 기억 체계는 기대 맥락의 *기준 정밀도값*을 설정하고 이를 예측형 계층 구조 전체에 적용한다. 그러면 전뇌는 일련의 신경조절물질을 분비해 이온 통로들을 활성화하거나 억제함으로써 뉴런의 발화율을 조절한다. 이 발화율에 따라 현재 예측과 그에 대한 오차에 부여될 가중치가 정해진다. 즉, 오차가 얼마나 '큰 음량으로' 전달될지를 결정한다. 다시 말해, 정밀도값은 다양한 계층에서 전개되는 일련의 행위에 따른 기대 결과를 계가 *얼마나 확신할 수 있는지*를 결정한다. 이를 토대로 계는 최선을 바라되 최악을 대비한다.

처음에는 놀랄 만한 일일지라도, 익숙해지고 나면 많은 것이 예상 가능해진다. 하지만 최선을 바라고 최악을 대비하는 것이 우리가 할 수 있는 전부라면, 예측이 애초부터 *불가능한* 것도 있을 수밖에 없다. 그렇다면 계는 신뢰도를 실시간으로 조정할 수 있어야 한다. 즉, 사건의 전개에 맞추어 각성을 *조절해야* 한다. 이것이 내가 소개할 두 번째 기전이다.

앞서 언급했듯이 ('조합적 폭발'에도 불구하고) 가능한 모든 상황에서 생존을 위한 상대적 요구 조건을 계산하고 이를 바탕으로 각 행위의 우선순위를 정하는 극도로 복잡한 모델 알고리즘의 진화를 적어도 이론적으로는 상상해 볼 수 있다. 하지만 *불확실성 그 자체가* 행동 선택의 주요 결정 요인이라면 어떻게 해야 할까? 가령 우리가 새로운 상황에 직면할 때, 이러한 조건에 놓일 수 있다. 야생에서도 드문 일이 아니다.

생리학에서의 '각성 조절'을 전산학자들은 '정밀도 가중치 설정'이라고 부른다.[5] 이 둘은 정확히 같은 개념이다. 앞서 보았듯이 정밀도가 높은 신호란 6장에서의 '세기가 큰' 신호, 즉 *강한* 신호와 다름없다. 따라서 오차 신호의 신뢰도는 *예상 강도에서 얼마나 벗어났는지*에 따라 조절되어야 하며, 우리는 그 편차를 최소화해야 한다. 모든 항상성 오차 신호와 마찬가지로, 결과가 예상대로라면 (생명체에게) '좋고', 불확실성이 우세하면 '나쁜' 것이다.

우리가 일련의 행위를 전개함에 따라, 망상 활성계는 기준 신뢰도 수준을 *재조정*한다. (이브 페리에퀴덕트 예시의 검침원과 조정자의 관계와 같다.) 즉, 예상 불확실성의 변동에 기초해 감각-운동 맥락의 변화가 '감지'되고 계의 신뢰도 가중치가 조정된다. 각성의 변화는 수집된 예측 오차의 추정 신뢰도를 반영한다. 따라서 정밀도값의 변동을 보면 새로운 정보를 담고 있는 신호의 신뢰도 변화를 추정할 수 있다. 프리스턴의 법칙에 따라 이 값들은 계의 나머지 모든 기능과 행동을 결정한다.

이를 토대로 알 수 있는 것은 *정밀도 최적화야*말로 *신호 간의 전반적인 우선순위가 결정되는 통계역학적 기반*이라는 것이다. 즉, 정밀도를 최적화하는 것이 중뇌 결정 삼각부와 망상 활성계의 주요 역할이다. 이를 통해 PAG에 유입된 여러 오차 신호의 우선순위가 결정되고, 가장 중요한 욕구가 정서적으로 자각되며, 기대 맥락 속에서 기대 정밀도에 의해 일련의 선택이 이루어진다. 그런데 이번에는 예기치 못한 감각 사건에 기초해 정밀도를 최적화해야 한다.

이러한 설명이 다소 추상적으로 들릴지도 모르겠다. 하지만 일상에 비추어 보면 이것이 사실임이 자명해질 것이다. 우리의 경험 중 대부분은 나의 예상이 실제와 어긋났음을 눈치챘을 때 생겨나는 순간적인 작은 느낌들, 그리고 둘의 간극을 좁힐 방법을 찾으려는 인지적 탐색 과정이다. 가령 당신이 이메일을 보내야 하는데 손이 휴대전화 화면의 딱딱한 촉감을 감지하지 못한다면, 그제야 당신은 자신도 모르게 휴대전화를 찾고 있었음을 자각한다. 그런데 휴대전화가 근처에 없다면, 휴대전화를 어디에 두고 왔는지 생각하기 시작한다. "5분 전까지 부엌에 있었잖아, 거기 두고 온 걸까?"

좀 더 정서와 관련된 예를 들어 보자. 오늘 밤 당신은 '애인이 될 수도 있는 상대'를 만난다. 어쩌면 이번 만남을 계기로 상대의 마음을 완전히 사로잡을 수 있을지도 모른다. 당신은 발생 가능한 사건의 순서를 상상하고 행동 계획을 세운 뒤, 최선의 결과가 있기를 소망한다. 물론 어떻게 될지 확신할 수는 없지만, 여태껏 상대와 교류했던 경험을 바탕으로 생각하자면 성공 가능성은 약 70%인 것 같다.

상대와 저녁 식사를 하는 동안 당신은 동생과 식사할 때와는 전혀 다른 감정적 기조로 전혀 다른 요소에 주의를 기울일 것이다. 당신의 구애에 긍정을 나타내는 상대의 사소한 신호 하나하나에 희열을 느낀다. 계획이 성공할 거라는 확신이 높아진다. 그런데 갑자기 상대가 하품하며 시계를 쳐다본다. 이건 무슨 뜻일까? 이 행동에 어느 정도의 비중을 두어야 할까? 갑자기 찬물을 뒤집어쓴 느낌이 든다. 지금껏 나타났던 징후가 모두 오해인 걸까? 그때부터 당신은 상대의 모든 자세와 몸짓을 면밀히 뜯어보기 시작한다. 이제부터는 약간의 거절 징후라도 보이면, 똑같이 무관심한 척하며 자존심을 살리는 플랜 B를 실행해 최악의 상황에 대비할 것이다. 그러다가 상대와 눈이 마주친다. 이심전심일까? 그렇다! 상대가 당신의 손을 부드럽게 만지고, 당신의 심장 박동이 빨라진다. 다행히도 오늘 밤엔 플랜 A를 고수할 수 있겠다.

지금 당장의 최우선 욕구(이 예시에서는 **욕정**)가 현재 불확실성의 가장 현저한 근원이다. 불확실성의 원인에 대한 추론은 정동의 형태로 의식화된다. 해당 욕구를 충족시키려는 행위에 대한 신뢰도의 변동이 느낌에 의해 조절되어야 하기 때문이다. 느낌은 내가 지금 상황에서 얼마나 잘하거나 잘못하고 있는지를 알려 준다. 같은 이유로 신뢰도의 변동을 야기하는 맥락 변화 역시 의식해야 한다. 이것이 앞서 내가 행위과 지각에 대한 외현적 자각을 *맥락화된 정동*이라고 표현한 이유다. 이제 우리는 비로소 그 의미를 형식적·기계론적으로 이해할 수 있다. 이는 모두 느껴진 불확실성felt uncertainty과 다름없다.

여기서 특별히 주목해야 할 점이 하나 있다. '변동을 야기하는 맥락 변화 역시 의식해야 한다'는 사실이 의식 경험의 양면성을 설명해 준다는 것이다. 우리는 단순히 어떠한 느낌을 느끼는 것이 아니라, *특정 대상에 관한* 느낌을 느낀다. '무엇에 관한 느낌인지'도 공통된 단위(불확실성)에서 감각되어야 한다. 맥락이 자유 에너지에 대한 불확실성의 주요 근원이기 때문이다. 자유 에너지 최소화의 '경제학'은 공통된 '화폐 단위'를 필요로 한다.

이러한 사실은 의식이 그저 자기조직계의 '실제' 동역학에 대한 어떤 주관적 관점이 아니라, 그 자체로 명확한 인과력을 가진 기능임을 보여 준다. 욕구의 *느낌*은 (단순한 욕구의 존재 여부와 달리) 욕구 주체의 다음 행동에 커다란 영향을 준다. 정동은 불확실한 조건에서 순간순간 동물이 무슨 행동을 할지 좌우한다. 외현 지각의 근본 목적은 정동에 의해 유도된 행동에 맥락을 부여하고, 그 행동들과의 *관계에 따라* 주체에 의해 감각되는 것이다.

이것은 주의의 핵심 기능이기도 하다. 주의 집중 역시 정동 선택과 비슷한 원리로 작동한다. 단, 주의 집중은 외부 세계의 대상에 적용된다는 차이가 있다. 가령 우리의 시선은 불확실성을 줄이려는 욕구에 의해 움직인다. 그래서 우리의 안구는 시야에서 더 정확한 정보가 발견될 가능성이 큰 영역을 따라간다.[6] 간단히 말해, 더 강한 신호가 주의를 끈다. 즉, 더 높은 정밀도를 부여받는다.

현저성saliency의 작동 방식 역시 이와 같다. 외부 세계의 어떤 특징이 '현저하다'는 것은 그 특징을 파악하면 계의 현재 최우선 가설과 관련한 불확실성이 최소화된다는 뜻이다. 또한 상황이 예상대로 전개되면서 가설의 신뢰도가 최대화된다는 뜻이다. 따라서 능동적 행위 주체는 자연스레 자신의 가설을 확증하는 것을 목표로 세계에 대한 정보를 수집하게 된다.[7]

이 가설들은 결국 욕구를 어떻게 스스로 충족할 것인지에 관한 것이다. 따라서 각 종은 자신만의 지각적 세계를 선택하게 된다. 각 종의 지각적 지향점은 그 종에게 중요한 것에 의해 결정된다. 따라서 인간, 상어, 박쥐는 서로 다른 주관적 세계 속에서 살아간다. 사물이나 사건은 오직 우리가 그것을 알아차릴 때만 지각되는데, 종마다 중요시하는 대상이 서로 다르기 때문이다. 우리는 수집된 감각 표본만을 볼 수 있다.[8] 칠레의 생물학자 프란시스코 바렐라Francisco Varela는 이를 두고 "각 종은 자신의 문제 영역을 스스로 창출하고 구체화한다"라고 미려하게 표현했다.[9]

이것은 정밀도가 수동적으로 결정될 수 없음을 시사한다. 즉, 우리는 어떤 신호가 강한지 아무 예상 없이 지켜보기만 할 수 없다. 생성 모델을 사용해 정밀도를 추론한 뒤 그 값을 *할당해야* 한다. 주의는 정밀도 설정 그 자체라 해도 과언이 아니다. 우리는 무언가에 주의를 '빼앗길' 수도, '가할' 수도 있다.[10] 예를 들어 잠들 때 우리는 능동적으로 감각 오차의 정밀도를 거의 0에 가깝게 낮춘다. 그러나 충분히 놀랄 만한 일이 생기면 여전히 잠에서 깨어날 수 있다. 반대로 난해한 글을 읽을 때는 중요한 내용을 놓칠까 봐 능동적으로 주의를 증폭하기도 한다.

프리스턴과 나는 2018년 논문에서 우리의 의식 이론을 소개하면서 기존에 자유 에너지 계산식에 쓰이던 일부 기호를 변경했다(7장 미주 참조). 이는 1895년 "곧 자연과학이 될 심리학의 토대를 마련하고자, 즉 정신 과정을 구체적인 물질 입자의 정량적 상태로 명확히 표현하려" 했던 지그문트 프로이트의 발자취를 계승하고 있음을 보여 주기 위함이었다.[11]

위 인용구는 프로이트의 「과학적 심리학을 위한 프로젝트」의 서두에서 따온 것이다. 그 논문에서 프로이트는 지각, 기억, 의식, 행동을 담당하는 네 가지 가상의 신경계를 상정하고 이를 각각 φ, ψ, ω, M으로 나타냈다. 외부 자극은 Q로 표현했다. 프리스턴과 나는 이 용례를 따라 자증적 체계 내부의 성분을 다음과 같이 나타냈다.[12]

$Q\eta$ = (계의 내부 상태에 의해 모델링된) 외부 상태

φ = 감각 상태

M = 활성 상태

Ψ = 예측

ω = 정밀도

또한 우리는 두 가지 요소를 추가했다.

> e = (φ 및 그에 대한 예측 Ψ에 기반한) 예측 오차
>
> F = (e와 ω에 기반한) 프리스턴 자유 에너지[13]

이 값 중 어느 것도 외부 상태를 직접적으로 나타내지 않는다. 자기조직계의 관점에서 외부 상태는 *숨겨져* 있기 때문이다. 따라서 앞으로 우리는 외부 상태와는 독립적·자율적으로 계 자체의 내부 상태($Q\eta$, ω) 및 마르코프 블랭킷의 상태(φ, M)만으로 정신의 동역학을 기술할 것이다. 이제 자증적 체계의 동역학을 정밀도 최적화에 기반해 공식화해 보자.

우선 위의 기호들로 프리스턴 자유 에너지를 정의하는 두 가지 식을 소개하겠다. 첫 번째 방정식은 '자유 에너지는 특정 활성 상태로 말미암은 일련의 감각 상태에 대한 발생 확률의 음의 로그로 근사할 수 있다'는 것이다.[14] 두 번째 방정식은 '자유 에너지의 기댓값은 정밀도의 음의 로그에 (대략) 비례해 감소한다'는 것이다.[15] 자유 에너지를 최소화하는 것이 자증적 체계의 동역학 핵심임을 유의하라.

이러한 관계를 고려하면, 자증적 체계가 예측 오차를 줄여 자유 에너지를 최소화하는 방법이 총 세 가지임을 알 수 있다.

(1) 감각(φ)이 계의 예측과 일치하게 만들기 위해 M을 변경한다. 이는 행동이다.

(2) 예측(ψ)을 더 잘하기 위해 *외부 세계에 대한 표상*($Q\eta$)을 바꾼다. 이는 지각이다.

이 둘은 앞서 설명한 방법이다. 그런데 한 가지 방법이 더 있다.

(3) 유입되는 예측 오차(e)의 크기에 맞추어 정밀도(ω)를 조정한다.

이것이 바로 의식이라는 것이 내 주장이다.[16]

프리스턴과 나는 계의 *신뢰도*에 대한 이 최종적 최적화 과정이 자유 에너지에 대한 인식 및 판단(이는 감각 경험의 근간이 됨)과 관련이 있다고 생각한다. 위 세 가지 동역학에 대한 각각의 방정식은 미주를 참조하길 바란다.[17] 그중에서도 세 번째에 대한 방정식이 특히 중요한데, 문장으로 서술하자면 다음과 같다. "시간에 따른 정밀도(ω)의 변화율은 정밀도를 변경할 때 자유 에너지(F)가 얼마나 변화하는지에 따라 달라진다. 그래서 정밀도가 자유 에너지를 최소화하려 하는 것처럼 보인다.[18] 자유 에너지 최소화 과정의 속도는 분산(정밀도의 역수) 및 예측 오차의 제곱합 간의 차와 같다."[19] 쉽게 말해 이 방정식은 행동 및 지각과 더불어 *정밀도의 지속적인 조정이 어떻게 프리스턴의 법칙을 구현하는지* 보여 준다. 즉, *의식이 행동, 지각, 모델 갱신에 영향을 줌으로써* 자유 에너지를 최소화하는 과정을 정량한다.

이 동역학을 시각적으로 나타낸 것이 [그림 17]이다.

개념적으로 정밀도는 자유 에너지 최소화와 예측 오차 활성화의 핵심 결정 요인이다. 정밀도는 어떠한 예측 오차가 선택될지 결정한다. 따라서 궁극적으로 우리가 세상을 표상하는 방식과 그에 따른 행동까지 결정한다. 정밀도가 '각성'이라면(실제로 그러함), 이는 신뢰도 최적화가 항상 내생적인 과정일 수밖에 없는 이유를 형식적·기계론적으로 설명해 준다. 의식은 *반드시* 내부로부터 비롯되어야 한다.[20]

이 과정은 다양한 모습으로 구현된다. 이번에는 생물학적(생리학적 및 심리학적) 용어로 다시 살펴보자. *외부수용* 영역에서 위 과정은 감각 정밀도의 증감에 따라 주의가 집중되거나 감퇴하는 형태로 나타난다.[21] 고

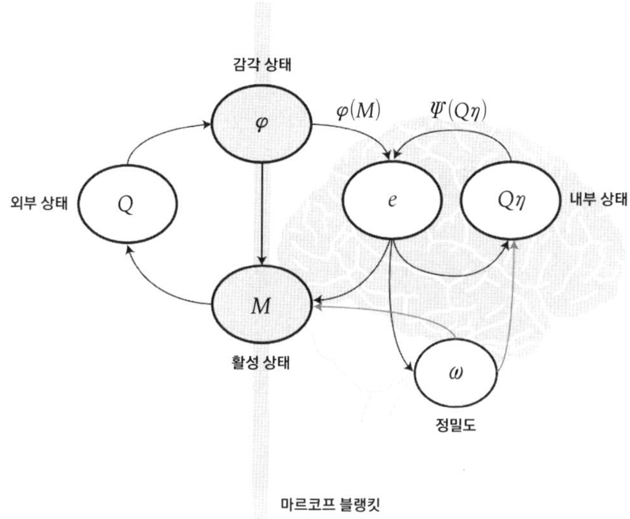

[그림 17] 정밀도 최적화를 수행하는 자증적 체계의 동역학

각 기호에 대한 설명은 본문을 참조하라. (Q는 외부 실재 자체를 나타낸다. 계의 관점에서 외부 세계는 숨겨져 있으므로, 방정식에 Q가 직접적으로 등장하지 않는다.)

고유수용 영역에서는 목표 선택 및 달성과 관련된 행동 유도성affordance(사물을 사용할 수 있는 방식들)의 정밀도에 해당한다.[22] *내부수용* 영역에서는 소위 '육감', 즉 현재 발생한 내부수용 신호에 대한 최선의 해석을 결정한다.[23] 단, 유의해야 할 점은 이 세 가지 모두(외부수용, 고유수용, 내부수용) 의식 없이도 발생할 수 있다는 점이다. 의식은 이들에 대한 *느낌*이다.

요약하자면 정밀도의 임무는 표상(및 기대)을 *각성*시키는 것이다. 정밀도가 없다면 예측 오차는 지각 정보의 통합 또는 동기 부여된 행동을 유발할 수 없다. 다시 말해, 정밀도가 없다면 예측 오차는 계의 다른 부분으로 전파될 수 없다. 예를 들어 올리버 색스의 무운동 함구증akinetic mutism 환자들에게서 보이는 현상이 바로 이것이다.

정밀도를 이와 같이 정의하면 6장에서 설명한 신경조절 기전과도 연결된다. 이들 기전은 변성 의식 상태[24] 및 꿈[25]을 생성하며, 의식을 변화시키는 약물(향정신성 약물 및 환각제)의 표적이기도 하다.[26] 또한 의식의 '전역 작업공간' 이론의 신경조절 버전(4장 참조)에도 어느 정도 타당성을 부여한다.[27]

오늘날 급성장 중인 계산 정신의학 분야에서도 정밀도의 정신병리학적 역할은 중요한 탐구 주제다.[28] 앞서 살펴본 환자 S의 사례를 떠올려 보자. S는 오차 신호에 너무 적은 가중치를 부여하는 것이 문제였다. [그림 17]에 따르면, S의 결정 삼각부와 망상 활성계(ω)는 예측 모델($Q\eta$)에 너무 많은 가중치를 부여하고 예측 오차(e)에는 너무 적은 가중치를 부여했다. 그리고 이것은 그가 경험하는 느낌들과 매우 밀접한 관련이 있었다.

의식을 이렇게 기계론적인 용어로 서술하는 것이 어색하게 느껴질 수도 있다. 지금까지 내가 설명한 것은 현상적 경험 자체가 아니라 그 경험의 근간이 되는 법칙이기 때문이다. 나는 이들 법칙을 설명함으로써 의식이 어떠한 평행 우주에 존재하는 것이 아니라 자연의 일부이며, 과학의 범주 밖에 있는 것이 아님을 보여 주고 싶었다.

자, 이제 우리는 루비콘강을 건널 것이다.

이번 장에서는 의식이 왜, 어떻게 발생하는지에 관한 질문을 (생물학적이 아니라) *형식적·기계론적*으로 탐구하고 있다. 더 구체적인 질문은 다음 두 가지다. 첫째, 앞서 설명한 생물학적 욕구 우선순위 결정 과정이 자유 에너지 최소화 *법칙*과 왜, 어떻게 관련되는가? 둘째, 이 기계론적 과정이 도대체 왜, 어떻게 자기조직계로 하여금 모종의 느낌을 느끼게 하는가? 두 가지 중 첫 번째 질문은 앞서 몇 쪽에 걸쳐 통계물리학의 관점에서 해결했다. 이제는 위의 통계역학적 과정이 왜, 어떻게 경험의 느낌을 생성하는지 설명할 차례다. 단순한 정보 처리 체계가 어떻게 느낌을 느낄 수 있을까? 이를 설명하려면 관점의 도약이 필요하다. 바로 앞에서 설명한 기계론적 동역학을 *계의 입장에서* 생각해 보는 것이다. 사실 많은 자연과학자가 이러한 관점의 전환을 꺼린다. 나는 이것이 과학, 특히 정신과학의 발전을 저해하고 있다고 여기지만 말이다. 이 장에서 지금까지 계의 동역학을 삼인칭의 객관적 관점에서 바라보았다면, 이제는 일인칭, 즉 자증적 체계의 주관적 관점에서 바라보자. 계의 시점을 받아들이고, 계와 *공감*하자는 것이다.[29]

이러한 관점의 도약이 필요한 이유는 크게 두 가지다. 첫째, 느낌 경험은 오직 주관적 관점에서만 인식될 수 있다. 따라서 주관적 관점을 배제하면 마음의 가장 본질적인 특징을 과학에서 제외하는 셈이 된다. 과거 행동주의자들이 한 일이 바로 이것이며, 그로 인해 지난 반세기 동안 신경과학은 의식에 관해 어떠한 유의미한 성과도 거두지 못했다. 둘째, 앞서 우리는 자증적 체계의 주관성이 어떻게 생겨나는지를 형식적·기계론적 용어로 살펴보았다. 이러한 자증적 체계의 자기성을 근거로 계의 주관적 관점을 취할 수 있다.

좀 더 명확히 말하자면 자유 에너지와 그것을 이루는 정밀도는 오직 계 내부적으로, 계의 주관적 관점에서만 경험될 수 있다. 경험을 *경험 그 자체*의 형태로 외부에서 객관적으로 관측하는 것은 불가능하다.

또한 나는 그러한 계의 자기성이 의도성을 갖는 이유와 방식을 인과적 법칙에 따라 설명한 바 있다. 앞에서 설명한 동역학을 갖춘 자기조직계는 생존이라는 목표와 목적, 즉, 가치 체계를 가지고 있다. 그리고 그 가치 체계는 모든 생명의 근간이 되는 가치 체계와 동일하다.

역동적 자기조직계의 의도성은 계로 하여금 주변의 엔트로피 섭동과 관련해 자신의 상태가 어떠한지 스스로 질문하도록 *강제*한다. 이것이 그러한 계가 '자증적'인 이유다. 이들은 '내가 이 행동을 하면 내 자유 에너지는 어떻게 될까?'를 *반드시* 자문해야 한다. 척추동물과 같이 더 복잡한 자증적 체계는 그 질문을 *다양한* 범주형 변수에 대해 던져야 한다. 따라서 질문에 대한 답(생명에 필수적인 통계치)은 양적 속성과 *질적* 속성을 모두 띠어야 한다. 마지막으로, 우리는 그 답에 대한 *신뢰도* 수준을 조절해야 한다.

다소 추상적이고 기술적인 용어로 설명하기는 했지만, 이는 전혀 복잡한 것이 아니다. 모두 일상에서 경험해 본 것들이다. 우리는 세상을 돌아다니면서 모든 것이 나의 예상과 일치하는지 확인하고, 그렇지 않을 때는 어떻게든 그 차이를 좁히려고 노력하며, 그 과정에서 짧은 느낌들의 요동침을 느낀다. 이것이 결국 경험의 본질이 아닌가?

복잡한 자증적 체계의 주관성과 의도성에 대한 모든 사실을 종합하면 다음과 같은 결론에 도달할 수 있다. 우리 인간과 같은 체계가 스스로 질문을 던지면 그 질문에 대한 (훨러의 정의에 따른) 장치 유발 반응이 주관적으로 일어나는데, 그 반응에는 실존적 가치와 다양한 질적 속성이 담겨 있어야 한다. 우리가 인식하는 반응, 즉 '현상'은 지속적으로 변동하며, 그에 대한 우리의 신뢰도는 주관적이어야 하고, 값어치가 부여되어야 하며, 질적 속성을 띠어야 한다.

바로 이것이 의식적 경험의 정체다. 적어도 인간을 포함한 척추동물, 그리고 일부 종에게 장치 유발 반응은 느낌이 된다.

느낌 역시 *진화했다*는 사실을 기억하라. 의식이 처음 태동했을 때는 '너무 뜨겁다는 느낌'과 같이 매우 단순한 현상만 생겨났을 것이다. 과열된 계의 죽음을 예측하는 감각적 증거의 정밀도가 증가하면 계는 '너무 뜨겁다'는 느낌을 받는다. 이러한 기본적인 형태의 정동이 심층적인 예측형 계층 구조를 통해 정교해지면서 궁극적으로 머커가 말한 "형태를 지닌 사물들이 파노라마처럼 펼쳐진 매우 명료한 3차원 세계, 즉 우리에게 익숙한 현상적 경험의 세계"를 생성하기까지 아주 오랜 세월이 걸렸다.

그러한 세계 속에서 우리는 앞에서 소개한 동역학을 갖춘 계로서의 느낌을 경험하며 살아가고 있다. 느낌이란 끊임없이 변동하고, 실존적 가치를 지니며, 차별화된 질적 속성과 신뢰도를 가진 주관적 상태다. 그리고 이것이 바로 의식의 기본 요소다. 그럴 수밖에 없는 이유를 이제 우리는 안다.

10장

다시 대뇌피질로

지금껏 여러 차례 살펴보았듯이 대뇌피질 오류는 상당히 많은 악영향을 초래했다. 초창기 행동 신경과학자들이 대뇌피질의 광활함에 넋을 놓지 않았다면, 혹은 정신생활이 기억 심상 간의 연상에서 기인한다는 철학적 관념에 눈멀지 않았다면, 의식의 진짜 근원을 훨씬 더 일찍 발견했을지도 모른다. 지금으로부터 100년도 더 전에 살았던 프로이트가 상당히 많은 퍼즐 조각을 가지고 있었다는 사실은 정신과학의 역사에서 애석한 아이러니다. 프로이트의 눈앞에는 수많은 신경학적·심리학적 단서가 펼쳐져 있었다. 그러나 의식에 관해서만큼은 그조차 대뇌피질에 대한 집단적 집착의 굴레에서 벗어나지 못했다. 이 강박관념으로 인한 폐해는 단순한 시간 낭비 이상임을 주지해야 한다.

그럼에도 대뇌피질이 중요한 기능을 담당하는 것은 분명하다. 우리의 일상 경험은 대뇌피질의 정보 처리 역동과 밀접하게 얽혀 있다. 이 장에서는 많은 오해의 대상이 되어 버린 뇌의 최상층부인 대뇌피질로 되돌아가, 이것이 우리의 의식 이론에 어떻게 기여하는지 살펴보고자 한다. 차차 소개하겠지만, 일상 경험의 보편적 특징 중 상당수는 대뇌피질에서 비롯된 것이 맞다. 단, 그 방식이 기존에 우리가 생각했던 것과 다를 뿐이다.

대뇌피질의 역할을 보여 주는 가장 명확한 예시는 우리가 경험하는 세계가 대뇌피질의 표상으로부터 생성된다는 점이다. 다소 기이하게 들릴지 몰라도 우리는 예측 부호화 체제 속에서 마음의 재료로 지어진 *가상 현실*을 지각한다.

우리의 상식에 비추자면 다소 급진적인 관념이지만, 지각 경험이 자체적으로 생성된다는 개념은 오늘날 신경과학에서 널리 받아들여지고 있다. 1993년 시각 신경과학자 세미르 제키Semir Zeki가 색각色覺을 두고 한 말이 그 예다. 그는 색이 '*뇌의 속성*, 뇌가 물체의 외부 표면에 부여한 속성, 사물의 특정한 물리적 속성에 대한 뇌의 해석'이라고 주장했다.[1] 그리고 다음과 같이 말하기도 했다.

> 긴 파장의 빛[26)]으로 조명된 조각을 따로 떼어 놓고 바라본다고 가정해 보자. … 이 조각은 어떤 파장대의 빛에 대해서도 높은 밝깃값을 생성한다. 왜냐하면 이 조건에서 뇌가 비교할 수 있는 유일한 대상은 조명을 받은 조각에서 반사된 빛과 어두운 주변부이기 때문이다. 긴 파장의 빛은 높은 밝깃값을 생성하는 반면, 중간 파장 및 짧은 파장의 빛은 존재하지 않으므로 밝깃값을 전혀 생성하지 않는다. 따라서 신경계는 그 조각에 빨간색을 할당(assign)한다.[2]

---

26) 빨간색 계열(역자 주).

제키의 어휘 선택에 주목하라. 뇌는 빛의 상대적인 세기와 파장에 관한 질문을 던진 후, 그곳에 빨간색을 할당한다. 뇌는 숫자에 기반해 세계를 채색한다. 소리, 맛, 체감각, 냄새 등 다른 지각 양식의 현상적 속성도 마찬가지다. 뇌는 이 질적 속성들을 외부 세계에 할당한다.

독자 가운데 상당수는 지금 눈앞에 보이는 책이라는 대상이 실제로 '거기'에 있지 않다는 사실을 받아들이기 쉽지 않을 것이다. '아니라면 종이에 적힌 이 단어들에 대한 나의 인식이 도대체 어디서 오는 것이냐?'라고 반문할 수도 있겠다. 그런데 지금 당신이 보고 있는 것과 당신이 받는 시각 입력 신호는 서로 거의 닮지 않았다. 시각 신호는 빛의 파동이 망막에 영향을 주는 데서 시작된다. 망막의 광감수성 세포(막대세포와 원뿔세포)는 빛에 반응해 신경 자극을 만들어 낸다. 시신경을 따라 대뇌피질로 전달되는 것은 빛 자체가 아닌 신경 자극이다. 이때 신경 자극은 스파이크 트레인의 형태로 전달된다([그림 11] 참조). 당신은 왜 이 신호의 나열(001111101101)을 움직이는 이미지의 형태로 경험하는가?

망막 자극에 반응하는 외측슬상체[LGN] 및 그로부터 자극을 '투사' 받는 후두엽의 일차 시각 피질은 위상적으로 배열되어 있다.[27] 그렇다면 뇌가 망막 표면을 *지도화함으로써* 이미지를 생성할 가능성을 상상해 볼 수 있다([그림 6] 참조). 그런데 시신경이 뻗어 나오는 망막 중심부 근처에는 막대세포와 원뿔세포가 없다. 그렇다면 당연히 우리의 시야는 가운데에 검은 구멍이 나 있어야 한다. 그 구멍은 어떻게 메워졌을까? 우리는 '맹점'의 내용을 맥락과 기억으로부터 추론해 채워 넣는다.[3]

더 엄밀히 말하자면, 앞에서 '시야는'이 아니라 '시야들은'이라고 복

27) 망막의 공간 정보가 보존되어 있다. 즉 조직의 각 부위가 시야의 특정 영역에 대응된다(역자 주).

수형으로 썼어야 맞다. 우리의 시야는 두 개이기 때문이다. 그렇다면 왜 사물이 두 개로 보이지 않는가? 이는 눈이 두 개인 것과는 무관하다. 만약 두 시야가 거의 비슷하다면 그 둘을 어렵지 않게 겹칠 수 있겠지만, 실상은 그렇지 않다.[4] 실제로는 양쪽 망막에서 왼쪽 절반에 위치한 세포는 왼쪽 후두엽에, 오른쪽 절반에 위치한 세포는 오른쪽 후두엽에 연결된다.[28)] 즉, 양쪽 시각 피질은 서로 다른 망막 표면(왼쪽 절반과 오른쪽 절반)[5]을 표상하며, 그 둘은 좌우뇌를 나누는 세로틈새라는 균열에 의해 해부학적으로 분리되어 있다. 그런데 왼쪽 시야와 오른쪽 시야가 어떻게 하나의 이미지로 통합되어 보이는 것일까? (뇌들보를 가로질러 두 시각 피질을 잇는 뉴런이 이를 조정하는 것은 맞지만, 뇌들보가 없어도 하나의 상만 본다.)[6] 또한 시야의 내용이 후두엽에 표상될 때 상하좌우가 뒤집힌다는 것도 문제다. 그뿐만이 아니다. 머리의 움직임은 말할 것도 없거니와, 우리의 시선도 1초에 약 세 번씩 이리저리 옮겨 다닌다. 이러한 와중에 어떻게 우리는 시각적 장면을 올바른 방향으로 뒤집어서 안정적으로 지각하는 것일까?

우리가 보는 것과 대뇌피질에 주어지는 감각 입력이 전혀 유사하지 않다는 사실은 그 둘을 변환하는 기전이 손상된 환자들을 통해 명확히 알 수 있다. 오래전 나는 심한 부비동염으로 인해 전두엽에 양측성 농양이 생긴 12세 소년 WB의 사례를 보고한 바 있다.[7] 이 환자는 세상이 180도로 뒤집혀 보이는 경험을 주기적으로 겪었다. 이 증상과 징후는 내가 1805년 이후의 전 세계 문헌을 뒤져 찾아낸 총 21건의 사례 보고에 서술된 것과 동일했다. 그래서 우리는 주관적 경험에 대한 환자의 설명을 어느 정도 믿을 수 있다(객관적 증거는 [그림 18] 참조).

28) 원문에는 반대로 기재되어 있으므로 바로잡음(역자 주).

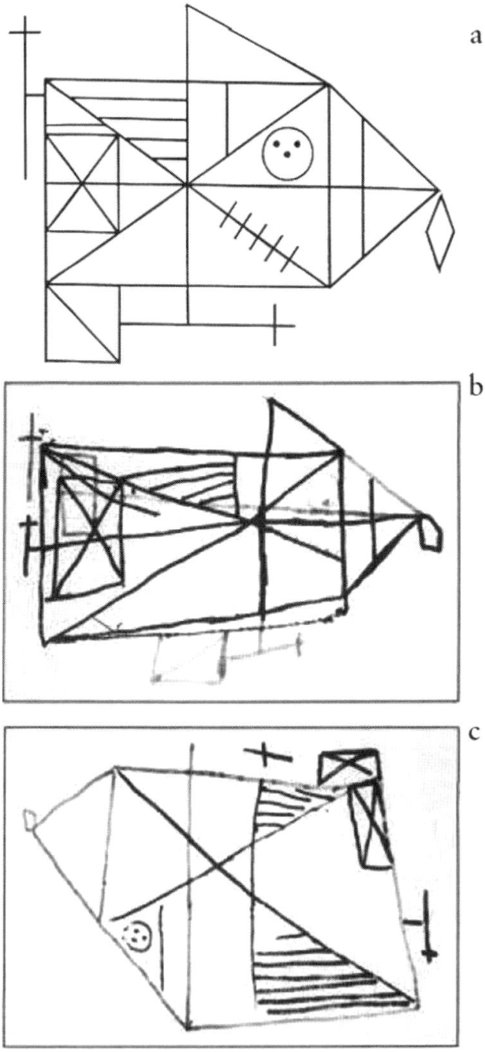

[그림 18] 시각이 역전된 아동이 그린 레이 복합도형

(a) 환자 WB에게 제시한 레이 복합도형. (b) 환자가 그림 a를 따라 그린 그림. (c) 환자가 그림 a를 기억해 내어 그린 그림. 위 그림들은 WB의 세계 예측 모델이 역전되어 있다는 객관적 증거다. 안 그래도 기억해 내기 어려운 레이 복합도형을 구태여 어렵게 거꾸로 그릴 이유가 없지 않을까?

현재 나의 박사과정 학생인 에이미 돌먼Aimee Dollman은 훨씬 더 흥미로운 환자를 연구 중이다. 이 사례는 아직 분석 중이고 미출판 상태이기 때문에 아주 자세히 소개하기는 어렵다. 어쨌거나 이 환자는 고지능의 젊은 여성으로, 후두엽에 피질 이상 발생(비정상적인 해부 구조) 소견이 있다. 그런데 이 여성은 앞에서 내가 설명한 것과는 달리 세상을 시각 피질에 배열된 대로 본다. 특히 시각 기억(예측 모델)을 사용할 때 그러하다. 그녀는 좌우 시야를 따로, 상하좌우가 뒤집힌 채로 (서로 정렬되지도 않은 채로) 경험한다. 우리는 수정 추론을 통해 좌우 시야의 방향을 바로잡고 둘을 합치지만, 외부 세계에 대한 그녀의 시각 모델은 *그러한 추론을 하지 못하므로* 잘못된 예측을 만들어 낸다. 그래서 그녀는 다른 감각들과 어긋난 시각 경험을 한다. 그녀는 때때로 (특히 기차나 비행기를 탈 때) 몸이 움직이는 방향을 헷갈려하고, 주변 환경을 탐색할 때 중대한 오류를 범하기도 한다. 그뿐만 아니라, 빠르게 변화하는 시각 데이터로부터 고정된 대상을 추론하는 데도 어려움을 느낀다. 가령 단어의 글꼴이 계속 바뀔 때 그 단어의 철자를 마음속으로 추려 내거나, 조명과 시야각이 계속 바뀔 때 누구의 얼굴인지 파악하는 것을 힘들어한다.

다시 말해, 그녀의 시각 피질은 정상인과 동일하게 정보를 받아들임에도 불구하고, 잡음 많은 감각 신호를 일반화해 고정된 대상을 자동으로 추론하지 못한다(예 : 익숙한 얼굴을 인식하기). 그녀는 평생 이러한 이상을 겪으면서 이를 보완하기 위한 정교한 방법을 개발해 왔다. 그녀의 시각 '연합association' 피질이 양쪽 시야를 *자동적*으로 회전시켜 통합하지 않기 때문에 그녀는 *의도적인* 추론을 통해 세계에 대한 표상을 조정한다. 예를 들어, 표식이 없는 지도에서 특정 도시의 위치를 짚어 보라고 하면 그녀는 "*느껴지*는 위치를 얘기할까요? 아니면 *아*는 위치를 얘기할까요?"라고 답한다. 그녀는 무언가가 서쪽에 있다고 '느껴지면' 실제로는 동쪽에 있다는 것을 '알고' 있는 것이다.

하지만 이런 희귀한 신경 장애보다는 관련 연구에 일반적으로 활용되는 현상인 *양안 경쟁*을 통해 지각이 뇌에서 자체 생성된다는 주장을 뒷받침해 보겠다.

양안 경쟁 현상이 처음 보고된 것은 1593년이며, 무의식적 추론에 관한 헬름홀츠의 연구에서 자주 쓰였다.[8] 이 현상은 거울 입체경으로 각 눈에 서로 다른 그림을 동시에 보여 줄 때 발생한다. 왼쪽 눈에는 얼굴을, 오른쪽 눈에는 집을 보여 주면, 이러한 인공적인 조건에서 '쌍안정적 bistable' 시각 경험이 발생한다. 즉, 두 상이 겹치지 않고 서로 *번갈아* 나타난다. 집과 얼굴이 융합된 하나의 사물(집-얼굴)을 보는 것이 아니라 집, 얼굴, 집, 얼굴을 차례대로 보게 된다. 이는 뇌로 전달되는 객관적 신호와 그로 인해 생성되는 주관적 지각물의 차이를 명확하게 보여 준다. 이를 두고 헬름홀츠는 다음과 같이 말했다. "이러한 경우에 [시각 신호에 대한] *해석*은 변동하며, 그래서 관찰자는 고정된 망막 이미지에 대해 서로 다른 경험을 번갈아 겪는다."[9] 색각과 마찬가지로, 우리가 경험하는 것은 감각 입력에 대한 추론이지 감각 입력 그 자체가 아니다.

넓은 의미에서는 케이프타운 공항에서 영국인 친구 테레사를 '보았을' 때처럼 일상에서도 이와 유사한 일이 일어난다. 이러한 착각은 우리의 지각 중 대부분이 *기대*에 의해 생성됨을 보여 준다. 베이즈주의적 용어로 설명하자면, 양안 경쟁은 감각 데이터에 가장 잘 부합하는 *사전 가설*(집-얼굴을 보고 있을 가능도가 높음)이 *배경지식*(집-얼굴이라는 것이 존재할 확률이 낮음)과 일치하지 않을 때 가설이 기각된다는 것을 알려 준다. 집을 보고 있다는 추론이 집-얼굴을 보고 있다는 추론보다 우세하므로, 우리는 집을 경험하게 된다. 그러나 이 사후 가설을 다시 새로운 사전 가설로 삼아서 검정하면, 감각 증거 중 절반과 들어맞게 된다. 우리의 배경지식에서 얼굴을 보게 될 확률과 집을 보게 될 확률은 다르지 않다. 그래서 우리는 마음을 바꾸어 얼굴을 보고 있을 거라고 추론하고 그 결과 얼굴을 경험한다. 그러나 이 새로운 가설을 검정해 보면 또다시 감각 증거의 절반을 설명하지 못한다. 그래서 이 같은 과정이 되풀이된다.

양안 경쟁에 대한 베이즈주의적 해석은 오늘날 널리 받아들여지고 있다. 특별히 흥미로운 점은 두 이미지가 합쳐진 것이 *실제로도* 어색하지 않은(사전 확률이 높은) 경우, 예를 들어 카나리아와 새장 이미지를 양쪽 눈에 따로 보여 주면 사람들은 곧바로 혼합된 이미지(새장 속에 있는 카나리아)를 지각한다는 사실이다.

이처럼 우리가 지각하는 것은 감각된 입력 신호와는 다르다. 우리가 지각하는 것은 추론이다. 또한 그 추론 중 대부분은 과거 경험(기대 경험)에서 유래한 대뇌피질의 예측 모델을 토대로 도출된다.[10]

이를 보면 대뇌피질이 의식에 무엇을 가져다주는지 알 수 있다. 그렇다면 그 반대는? 의식은 대뇌피질에 무엇을 제공할까?

나는 인지 의식이 근래에 발견된 '기억 재공고화memory reconsolidation'라는 신경 기전에 의해 생성된다고 생각한다. 내가 보기에는 이것이 너무도 명백한데, 어째서 아무도 이를 언급하지 않는지 모르겠다.[11] 이 개념 역시 프로이트의 저술에서 기원을 찾을 수 있다. 프로이트는 "*의식은 기억의 자취를 대신해 출현한다*"라고 썼다.[12] 단, 프로이트가 말하려던 바는 나의 주장과 조금 다르다. 프로이트 역시 당대의 모든 신경학자와 마찬가지로 대뇌피질 오류에 갇혀 있었기 때문이다.[13] 그럼에도 그가 진실에 얼마나 근접했는지 놀라지 않을 수 없다.

앞서 보았듯이 정동이 마음에 요구 조건을 부과하면 인지가, 더 정확히 말해 *의식적* 인지가 요청된 일을 수행한다. 일이 끝나고 불확실했던

(최우선 순위의) 신념에 대한 신뢰도가 회복되면, 생성 모델은 다시 자각의 임계점 아래에서 자동적으로 동작하기 시작한다.[14] 이는 내가 연거푸 언급했던 *경험학습*의 기전이다. 그리고 이것이 바로 인지에서 의식의 핵심 역할이다. 어떻게 해야 할지 모르는 상황에 처하면, 우리의 의식이 전면에 등장해 적절한 수의적 행동을 파악하면서 상황을 신중히 헤쳐 나간다. 그러한 성공 경험으로부터 얻은 교훈이 점차 자동화되면 더는 의식이 필요치 않게 된다.[15]

지금 설명한 인지적 작업은 자동화된 행동보다 *느리다*는 점에 유의하길 바란다. 이는 수의적 행동과 불수의적 행동, 의식적 인지와 무의식적 인지, 느껴진 욕동과 자율 반사 사이의 본질적인 차이점이다. 이들 중 전자는 *덜 확실하기* 때문에 더 많은 시간이 필요하다. 자동적 행동을 수행하려는 경향을 유예시키고 이를 마음속(단기기억)에 저장하는 이 과정은 이른바 '작업 기억'에 해당한다. 작업 기억은 말 그대로 느낌을 마음속에 담아 두는 것이다. 정동이 마음에 부과되는 요구라면, 의식적 인지는 일 자체에 해당한다. 따라서 정동은 인지를 수반할 뿐 아니라 결국 인지 자체가 *된다*. 이때 '일'은 계가 예기치 못한 문제를 헤쳐 나가는 동안 자동적 행동을 억제하고 의도가 바뀌지 않게 *안정화*한다. 이는 환경에 적응하는 데 상당한 이점으로 작용하는데, 우리의 생성 모델이 (아직) 예측할 수 없는 다양한 실제 문제에 대해 현실적인 해결책을 찾도록 돕기 때문이다. 이 안정화 과정이 *바로* 대뇌피질의 기능이다.[16] 대뇌피질은 불확실성을 다루는 일에 특화되어 있다.

그렇다면 자기조직계의 관점에서 *의식이 있는 상태는 바람직하지 않다*. [그림 12]에서 바깥쪽 화살표는 일에 대한 요구의 증가(부정적인 정동)를, 안쪽 화살표는 요구의 감소(긍정적인 정동)를 나타낸다. 그러나 가장 이상적인 상태는 요구가 *전혀* 없는 안정점이다. 7~9장에서 우리는 이를 기계론적으로 공식화하기 위한 토대를 마련했다. 자유 에너지가 최소화된 상태가 생명체에게 이상적인 상태다. 최소한의 의외성, 최소한의 욕구가 이상적이라는 것이다. 정동은 현재 중요한 욕구가 무엇인지를 계 내부에 알리는 것과 같다. 따라서 느낌은 생명체가 욕구를 해소하고 죽음을 피할 수 있게 하므로 이롭다. 물론 가장 *이상적인* 상태는 모든 욕구가 느껴지기 전에 자동으로 *충족되는*, 즉 *불확실성이* 없는 상태다. 이러한 이론상의 이상적 상태에서 우리는 아무것도 느끼지 않는다. (사실 대부분의 신체적 욕구가 이런 식으로 자율 조절되어 충족되고 있다.) '이론상의 이상적 상태'라고 표현한 이유는 상당수 욕구, 특히 감정적 욕구에 대해서는 그러한 상태에 도달하기가 절대로 불가능하기 때문이다. 이는 **추구**SEEKING 욕동만 보아도 그렇다. 우리에겐 불행한 일이 아닐 수 없다.

한 가지 다행인 점은 오차 신호의 정밀도가 높을수록 생성 모델에 더 많은 영향을 끼친다는 것이다. 정밀도가 높은 오차 신호는 우리가 무언가를 *잘못하고* 있으며 큰 변화가 필요함을 보여 준다. 따라서 같은 실수를 반복하지 않도록 학습할 기회를 제공한다. 이것은 부모님과 선생님이 우리에게 늘 가르치던 '반면교사'와 다르지 않다. 그들은 우리가 망각에 빠지지 않게 하고자 했던 것이다. 하지만 인지에서 *의식이 바람직하지 않다*는 사실은 여전하다. 우리가 추구하는 것은 쾌락(욕구의 감소)이 아닌 좀비 상태(욕구의 소멸)인 셈이다. 욕구가 없다는 것은 예측이 완벽했음을, 즉 오차가 없음을 의미한다. 그렇다면 유입 신호의 정밀도를 높일 필요도 없고, 따라서 느낌도 없다. 비로소 평화가 찾아온다.

"의식이 기억의 자취를 대신해 출현한다"라던 프로이트의 격언이 이제는 이해될 것이다. 즉, *자동 행동이 오차를 초래할 때*, 다시 말해 행동을 유발하는 기억의 자취(예측)가 기대한 결과를 일으키지 않았을 때 *의식이 출현한다*는 것이다. 오차를 처리하려면 해당 예측을 반드시 *갱신해야* 한다. 따라서 대뇌피질의 의식은 '*현재 진행 중인 예측 작업*'이라 할 수 있다. 기억의 자취가 의식된다는 것은 그것이 갱신되고 있음을 뜻한다. 그렇다면 그것은 이제 기억의 자취가 아니다. 그러므로 의식은 기억의 자취 대신에 출현하는 것이다.[17]

20세기 후반, 학자들은 기억 갱신의 신경생리학적 원리를 '보상 예측 오차'라는 관점에서 해석했다([그림 19] 참조).[18] 하지만 2000년 이후로는 '재공고화'라는 이름하에 이것의 생리학을 더욱 면밀히 파악하게 되었다.

기억 갱신의 기초가 처음 발견된 것은 1960년대에 전기 충격 요법electroconvulsive shock therapy[ECT]으로 공포 기억을 제거할 수 있다는 사실이 밝혀지면서다. ECT는 기억을 회상한 직후에 충격을 가할 때만 작동한다.[19] 이는 외현화된(활성화된) 공포 기억이 잠재 상태를 반환하는 과정을 ECT가 방해함을 시사한다. 공포 기억이 활성화된 상태에서 충격이 가해지면 기억이 지워진다. 기억을 떠올리는 중에는 그 기억이 말 그대로 더는 *자취가 아닌* 것이다. 기억이 활성 상태가 되면 그 자취가 불안정해지므로 더는 기억이 아니게 된다.

2000년대에 이 현상이 다시금 주목받고 재공고화라 명명되면서 이 같은 과정이 실제로 일어남이 확인되었다.[20] 장기기억 자취가 활성화된 상태에서 단백질 합성 억제제를 투여하면 기억 자취는 사라진다. (단백질 합성 억제제는 *새로운* 장기기억 자취의 형성을 차단한다.) 공포 기억뿐만 아니라 다른 종류의 기억도 마찬가지다. 일반적으로 장기기억은 활성 상태가 되면 불안정해진다. 이것이 장기기억이 갱신되는(그리고 한 번 더 굳어지는, 즉 재공고화되는) 원리다.

지난 20년 동안 재공고화에 대해 매우 방대한 연구가 이루어졌다. 재공고화는 인간과 설치류뿐 아니라 닭, 물고기, 게, 민물 달팽이, 꿀벌에

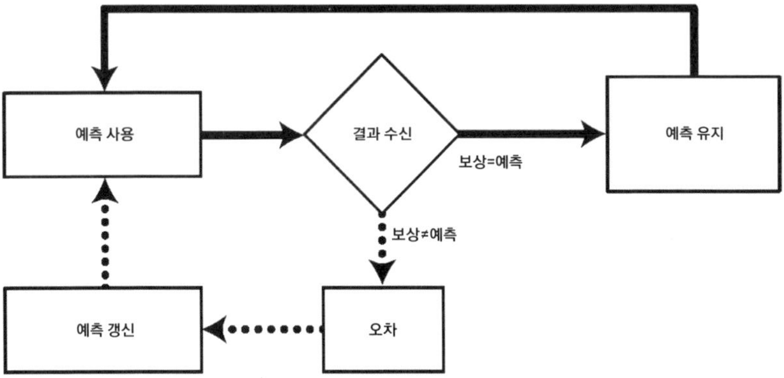

[그림 19] 보상 예측 오차를 통한 학습의 모식도

예측을 사용하면 둘 중 하나의 결과로 이어진다. 예측 오차가 존재하면(결과와 예측이 불일치) '예측 갱신'으로 이어진다. 오차가 없는 경우에는(결과와 예측이 일치) 예측이 유지되고, 따라서 행동도 바뀌지 않는다. 재공고화는 '예측 갱신'에 해당한다.

서도 일어난다. 더욱이 척수의 통증 처리 경로에서도 유사한 현상이 일어나는 것으로 밝혀졌다. 이는 재공고화가 중추 신경계의 기본 작동 원리일 가능성을 시사한다.

장기기억에는 단기기억과 달리 새로운 단백질의 합성이 필요하다. 이들 단백질은 시냅스 전달이 여러 차례 반복되면서 합성된다. 그런데 시냅스 전달은 다시 망상 활성계, 즉 각성에 의해 조절된다.[21] "함께 발화하면 함께 연결된다"라는 유명한 헤브의 법칙Hebb's Law대로다.[22] '활성화된' 기억은 각성된 기억이고, 각성된 기억은 더는 기억이 아니며 불확실 상태에 놓인다. 내가 강조하려는 점은 대뇌피질 내부 기억 자취들을 불안정화하는 것이 결국 인지 의식의 핵심이며, 이러한 불안정성은 *각성의* 산물이라는 것이다. 이처럼 우리는 여러 방향에서 접근했지만 대뇌피질의 작동이 근본적으로 무의식적이라는(자체적으로는 일련의 알고리즘에 불과하다는) 하나의 결론에 연거푸 도달하고 있다. 의식은 전적으로 뇌간에서 비

롯된다.[23]

그렇지만 우리가 일종의 좀비 상태를 추구하는 듯하다는 점은 여전하다. 인지의 이상적인 형태가 자동 상태라면 되도록 빨리 의식을 없애야만 한다. 그렇다면 대뇌피질의 인지는 어떻게 *무의식적*이 될까?

간단한 예를 들어보겠다. 시선의 움직임과 무관하게 고정된 세로 선이 눈앞에 나타난다면 어떻게 될까? 우리의 눈은 보통 초당 3회 움직이며 그에 따라 눈앞의 모든 것도 초당 3회 갱신된다. 이는 예측형 계층 구조의 가장 주변부, 곧 자유도가 가장 큰 곳에서 발생한다. 이처럼 예측 불가능한 상황에서 모델은 '예측'이라는 말이 무색할 정도로 엄청나게 빠른 속도로 갱신된다. 그래서 그렇게나 많은 인지 작업이 감각-운동 주변부에서 수행되는 것이다.

그렇다면 어떤 대상이 계속 그 자리에 보이도록 시각 자극을 고정시키면 어떻게 될까? 놀랍게도 자극이 계속 주어져도 그 대상은 몇 초 만에 시각 자각의 *의식에서 사라진다*. 이는 1950년대 미국 심리학자 로린 릭스Lorrin Riggs와 영국 물리학자 로버트 윌리엄 디치번Robert William Ditchburn에 의해 입증되었고, 이후 다른 감각에서도 비슷한 효과가 관찰되었다.[24] 자극이 인식에서 소멸하는 까닭을 이제 쉽게 유추할 수 있다. 완벽히 예측 가능한 자극은 정보를 전달하지 않기 때문이다. 예측의 정밀도가 최대가 되면 그 오찻값은 0이 된다. 앞서 말했듯이 뇌에는 이것이 항상성에 관한 이상적 상태다.

눈과 머리 움직임에 따른 자극을 고정시키기 어렵기 때문에 우리가 직접 릭스-디치번 실험을 따라 할 수는 없다. 그 대신 위키백과에 '라일락 체이서lilac chaser 착시'를 검색하면 이러한 시각적 소멸의 또 다른 예시를 찾을 수 있다.[25] 착시 이미지를 띄운 후 화면에서 약 20cm 떨어져 중앙 십자가에 시선을 고정하면 이내 주변을 회전하는 원들이 사라진다. 이는 시각계가 이 원들을 잡음으로 추론해 회색 배경보다 낮은 정밀도를 할당하기 때문이다.

이 이미지는 원들의 소멸 이외에도 두 가지 착시를 더 일으킨다. 분홍색 원이 초록색으로 바뀌어 십자가 주변을 회전하는 것을 볼 수 있는데, 이 원은 실제로 초록색이기는커녕 존재하지도 않는다. 위키백과에는 이 현상의 기전도 기재되어 있으며, 결국 정밀도 가중치 설정으로 요약된다. 이러한 현상은 우리가 보는 것이 외부에서 유입된 그대로가 아니라 뇌에서 생성된 것임을 다시금 예증한다.[26]

이 현상을 5장에 있는 선천적 운동 사전 정보인 반사 신경과 본능의 갱신에 관한 단락과 연결해 보자. 선천적 예측은 우리에게 분명 도움이 되지만, 복잡한 세상을 전부 다룰 수는 없기 때문에 경험학습으로 보완해야 한다. 학습에는 의식이 필요하다. 의식을 통해 새로 습득한 예측에 대한 확신이 점차 향상되기 때문이다. 하지만 모든 학습의 궁극적 목표는 이렇게 습득한 예측도 *자동화*하여 반사나 본능처럼 작동하게 만드는 것이다. 우리는 적어도 기존 예측만큼의 신뢰도와 범용성을 갖춘 새로운 예측을 만들어 내려고 분투한다. 습득된 예측은 그 성능에 따라 시스템 *공고화*를 통해 자동화된다. 이러한 의미에서 공고화는 재공고화와 반대되는 개념이다. 재공고화는 말 그대로 자취를 '엮었던' 단백질을 분해해 공고화된 자취를 풀어내는 과정이기 때문이다.

이 과정은 비선언적 기억 체계 수준에서도 발생한다. 경험학습의 목표는 최대한 많은 장기기억을 선언적 상태에서 비선언적 상태로 전환하는 것이다. '선언적'이라 함은 '의식으로 되돌아올 수 있음'을 뜻하기 때문이다. 따라서 앞서 내가 좀비 상태가 인지의 이상적 목표라고 말한 것의 본질은 깊게 공고화하는 것이 학습의 이상적 목표라는 의미다. 비선언적 기억은 기억 형태 가운데 가장 *믿을 만하다*. 가장 적은 일을 필요로 하고, 복잡성을 최소화하며, 가장 널리 일반화할 수 있다(8장 참조). 불확실성이 가장 낮으므로 시간 지연도 가장 적고, 따라서 실행 속도가 가장 빠르다.

물론 세부적으로 들어가면 이보다 조금 복잡하다. 먼저, 모든 공고화가 선언적 기억 체계에서 비선언적 기억 체계로 방향성을 갖는 것은 아니다. 많은 장기 예측이 *곧바*로 비선언적 기억으로 공고화되며, 대부분의 학습은 선언적 체계와 비선언적 체계에서 동시에 일어난다. 다음으로, 비선언적 기억에는 여러 유형이 있으며 이들의 작동 방식은 서로 다르다. 예를 들어 '절차적' 학습은 무차별적인 반복을 통해 이루어진다. 그래서 자전거 타기와 같은 기술이나 습관은 '배우기도 어렵고 잊기도 어렵다.' 그러나 일부 비선언적 감정 반응은 잊기 어려운 것은 똑같지만, 단 한 번의 노출만으로도 습득될 수 있다. 공포 조건화가 그 예다. (다른 감정 학습은 더 느리다. 가령 애착 관계 형성에는 약 6개월이 걸린다.) 잊기 어렵다는 점은 비선언적 기억의 가장 중요한 특징이다. 하지만 공고화는 여러 기억 체계에서 각기 다른 과정을 수반한다. 마지막으로, 비선언적 기억은 오직 *인지적* 차원에서만 '무의식적'이다. 습득된 감정 반응이 촉발되면 우리는 무언가를 느낀다. 단지 그 느낌이 무엇에 관한 것인지, 어디에서 왔는지 모를 뿐이다(3장 참조).

비선언적 기억의 가장 중요한 특징은 단어 그대로 비선언적이라는 것이다. 비선언적 기억은 절차적 *반응*을 생성하는 반면, 선언적 기억은 *이미지*의 경험을 생성한다.[27] 이는 둘의 해부학적 구분과도 일치한다. 선언적 기억은 대뇌피질에서 일어나고, 비선언적 기억은 대뇌피질 하부에서 일어난다.[28] 대뇌피질 하부의 기억 자취는 이미지의 형태로 인출할 수 없다. 대뇌피질에는 감각-운동 말단 기관과 일대일 대응되는 지도가 존재하는데, 피질 하부 기억 자취는 이러한 지도로 구성되지 않았기 때문이다. 피질 하부의 기억 자취들은 비교적 단순한 고정관념을 수반한다. 앞서 소개한 수두증 아동과 대뇌를 절제한 동물의 학습된 행동이 그러하다.[29] 이러한 기억은 마음속에 떠올릴 수 없다. 즉, '생각 가능한' 대상이 아니다.

반면 대뇌피질 기억 체계는 언제나 그것이 표상하는 예측 시나리오를 되살릴, 말 그대로 재경험할 준비를 한다. 다시 말해, 선언적 기억은 장기적 자취를 손쉽게 의식적인 작업 기억의 단기적 상태로 반환한다. 이는 대뇌피질의 예측을 갱신할 뿐 아니라, 불확실한 상황에서 행동을 결정하기 위해서이기도 하다.

피질 하부 기억 자취는 피질 기억 자취보다 정밀도값이 바뀔 가능성이 작기에 더 신뢰도가 높다. 이는 피질 하부 기억 자취가 정확도보다는 단순함을 추구하도록 최적화되었기 때문이다. 따라서 더 폭넓은 상황에 일반화할 수 있다. 하지만 거기에는 대가도 따른다. 단순한 모델일수록 변화하는 맥락에서의 정확도가 떨어진다.[30] 반면 대뇌피질에 의한 예측은 상대적으로 복잡한데, 이는 높은 가소성과도 일맥상통한다. 한마디로 대뇌피질은 *맥락*에 적응하는 데 특화되어 있다. 대뇌피질은 예상치 못한 상황에서도 모델의 정확성을 빠르게 회복한다.[31] 물론 여기에도 다시금 대가가 따른다. 의식적으로 경험될 가능성이 클수록 자동성은 줄어든다. 가소성은 커지지만 인지적 비용도 커진다는 의미다. 의식은 에너지를 소모하고 느낌을 생성하므로, 뇌는 의식적 경험을 되도록 최소화하려 한다. 바로 눈앞에 있는 자극을 사라지게 할 정도로 말이다.

그렇지만 우리 머릿속에서 일어나는 많은 일은 정보적·열역학적 효율성이라는 이상과는 거리가 멀다. 느낌, 지각과 더불어 우리 의식에서 가장 두드러지는 요소는 바로 *생각*이다. 생각이 대뇌피질에서 비롯되는 것은 분명해 보인다. 하지만 생각이란 도대체 무엇일까? 생각 중 상당수가 뚜렷한 쓸모가 없어 보이는 것은 왜 그럴까?

지금까지 소개한 나의 인지 이론은 가상 세계를 생성하는 기억 체계의 능력에 중심을 두고 있다.[32] (대뇌피질 정보 처리의 각 단계를 포함한) 예측형 계층 구조의 각 층은 더 상위 단계에서 내려보낼 데이터의 예측값을 생성할 수 있다. 이는 지각과 상상이 근본적으로 다르지 않음을 뜻한다. 주관적 관점에서 보면, 꿈속 세계와 실제 창밖의 세계는 거의 차이가 없다.[33] 우리의 뇌는 필요에 따라 가짜 현실을 지어낼 수 있다. 아마 지금도 그러할 것이다. 여러분이 이 글을 읽고 의미를 생각하는 중에도, 혹은 지금 딴생각을 하고 있더라도.

잡념의 존재는 자유 에너지 의식 이론을 반박하는 근거로 보이기도 한다. 앞서 나는 우리가 강하고 우선순위가 높은 매우 *현저한* 오차 신호만을 의식하게 된다고 말했다. 생물학적 변수를 정상 범위 내로 유지하려면 반드시 반응해야 하는 신호 말이다. 하지만 우리는 종종 무의미한 생각을 하곤 한다. 심지어 내면의 독백이 방해가 되기도 한다. 그런데 잡념이 어떻게 자유 에너지를 최소화한다는 말인가?

역설적이게도 잡념은 생성 모델의 *효율*을 높이기 위해 일어난다. 자유 에너지 원리에 따르면, 효율적인 모델은 최소한의 자원만으로 자기조직화를 수행할 수 있어야 한다. 이는 곧 외부 세계에서 주어지는 감각 데이터 표본을 잘 예측하는 가장 단순한 모델을 찾는 것으로 귀결된다. (오컴의 면도날 원칙을 기억하라.)

가장 단순한 모델은 수의적 행동으로부터 자연적으로 생겨나지 않는다. 수의적 행동은 마구잡이식으로 일어난다. 따라서 경험학습 과정에서 형성된 불필요한 시냅스 연결을 *가지치기*하면 단순성이 높아진다. 시냅스 연결을 도로 잘라 내는 이유는 잡음이 많이 낀 데이터에 모델을 '과적합'해서 비보편적이고 약한 상관관계를 불필요하게 보존하는 것을 피하기 위해서다. 이때 가지치기에 쓰이는 가위가 바로 기억 공고화 및 재공고화 기전이다. 기억을 활성화함으로써 그 기억을 강화, 변경, 심지어 삭제할 수도 있다.

잡념은 이를 위한 방법 중 하나다. 잡념은 특정한 외부 자극이 없을 때 발생하는 자발적 전뇌 활동('휴식 상태resting state' 또는 '기본 모드default mode'라고도 함)을 동반한다. 이러한 뇌 활동은 우리가 살아가는 대부분의 시간 동안 '우리 자신의 심적 공간에 대한 창의적 탐험' 형태로 배후에서 진행된다.[34] 이러한 사고 형태는 꿈과도 상당 부분 겹친다.[35] 참고로 꿈은 대뇌피질을 가진 모든 종에서 일어나는 것으로 보인다. 현실 세계에서 살아가는 자신을 심상화할 줄 아는 모든 동물은 꿈이라는 끝없는 시뮬레이션 세계를 배회하는 능력도 있다.[36] '배회하기'는 **추구**SEEKING 욕동과 긴밀히 연결되어 있다. 따라서 이는 욕동이 수면 중에도 계속 존재함을 보여 준다. 외부 사건에 맞서 싸울 필요가 없는 야간에 기본 모드 활동을 수행하는 게 더 안전하다는 것은 자명하다.

이 모든 것은 우리가 구축한 세계 모델이 심지어 잠자는 동안에도 계속 변화한다는 사실을 보여 준다. 강한 감각 입력이 없더라도 구조화된 신경 활동은 계속되므로, 생성 모델에 대한 지속적인 탐색 및 검증이 이루어진다. 이러한 탐색을 통해 깨어 있는 동안 직면했던 문제에 대해 새롭고 우아한 반응, 즉 (오컴의 면도날에 근거해) 더 단순하고 *효율적인* 해답이 도출될 수 있다는 것이 앤디 클라크Andy Clark의 주장이다. "새로운 생각과 창의적 문제 해결의 기원이라는 깊고 오래된 미스터리에 이것이 일말의 힌트가 되지 않을까?"[37]

이러한 자기생성적 과정에서 의식이 담당하는 역할은 지각 및 경험학습의 경우와 동일하다. 공고화되어 있던 예측을 불확실 상태로 되돌리는 재공고화를 수반한다는 것이 모든 의식적 인지 과정의 공통점이다. 이는 (문제 해결의 한 형태인) 꿈이 의식적인 이유이기도 하다.[38]

하지만 생각의 종류에는 잡념만 있는 것이 아니다. 두 번째 유형은 *의도적* 상상이다. 생각 대 행동이라는 전통적 대립 구도에서 행동의 대척점에 해당하는 인지 과정이 바로 상상이다. 상상은 행동을 *대신해* 일어나는 생각이다. 즉, 신경계가 상상 속 문제를 스스로 헤쳐가는 동안에는 운동 충동이 억제된다. 무언가를 상상할 때 우리는 운동 예측 오차를 최소화하기 위해 정밀도를 조정한다.[39] 무언가를 숙고한다는 것은 결국 어떤 행동의 여파를 *미리* 가늠하기 위해 그 행동을 하는 자신을 그려 보는 것이다. (5장에서 교장 선생님을 때리는 상상을 했던 예시가 그러하다.)

우리는 어떻게 미래를 상상할까? 상상은 과거를 기억하는 것과 거의 비슷한 방식으로 일어난다. 그런데 통념과 달리 우리의 기억은 '상상된 과거'일 때가 상당히 많다. 일화 기억은 *구성적* 과정이며, 현재의 목표와 맥락이 회상되는 내용에 큰 영향을 준다. 따라서 과거는 현재 예측해야 할 사항에 맞게 선택적·편향적으로 재현된다. '기억 카트리지가 사라진' 환자 S의 경우가 매우 좋은 예시다. 그의 병증은 정상적인 기억 기능을 가능케 하는 기전을 과활성화시켰다. 그래서 그의 일화 기억은 과도하게 자기중심적이 되었다.

물론 기억 카트리지 같은 건 존재하지 않는다. 마음속 시간 여행을 관장하는 신경계는 *해마*를 중심으로 작동한다. 해마는 무의식적인 대뇌피질 기억 과정에 일인칭 시점이라는 질적 속성을 부여하는 데 결정적인 역할을 한다.[40] 일화 기억에 관한 최신 연구에 따르면, 해마는 과거를 회상하는 것만큼이나 미래를 상상하는 데도 관여한다.[41] 그래서 데이비드 잉바David Ingvar는 우리가 '미래를 기억한다'고 표현했으며,[42] 대니얼 샥터

Daniel Schacter는 해마가 일화 기억을 담당하는 다른 뇌 구조와 더불어 미래에 대한 '구성적 일화 시뮬레이션'의 구축에 도움을 준다고 보았다. 이는 '과거 사건의 세부 사항을 새로운 시나리오로 유연하게 재조합'하는 과정을 동반한다. 샥터는 미래를 상상하는 능력이 과거를 기억하는 것보다 일화 기억 체계에 더 큰 적응적 가치를 부여한다고 주장한다. 그는 또 뇌가 '과거와 현재의 정보로 미래를 예측하도록 설계된 근본적으로 *미래지향적인* 기관'이라고 말했다.[43] 이제는 이러한 말들이 익숙하게 들릴 것이다.

생각의 마지막 세 번째 유형은 언어를 이용한 사고다. 이 능력은 인간 인지의 가장 고유한 특성이기도 하다. 보통 우리는 언어를 의사소통 도구로 여긴다. 틀린 설명은 아니다. 하지만 언어는 무엇보다도 추상화를 위한 도구다. 일부 철학자는 이러한 언어의 '부차적' 기능을 초超소통적supra-communicative이라고 부른다. 하지만 나는 전前소통적pre-communicative이라는 표현이 더 적합하다고 생각한다. 추상화 과정 없이 어떻게 말(발성과는 다른 개념임)이 출현할 수 있는지 나로서는 상상하기 어렵다. 언어는 단순히 기존의 생각을 표현하는 것이 아니라 새로운 생각을 형성한다.

게리 루피안Gary Lupyan과 에밀리 와드Emily Ward의 실험은 언어의 이러한 기능을 잘 보여준다. 이들은 양안 경쟁과 유사하게 이중 안정적 지각을 형성하기 위해 '연속 섬광 억제'라는 기법을 사용했다. 이때 한쪽 눈에는 고정된 이미지가 제시되고, 반대쪽 눈에 제시되는 이미지는 계속해서 바뀐다. 그러면 고정된 이미지는 변화하는 이미지로 인해 의식되지 않는다.[44] 실제 실험에서 연구자들은 피험자의 한쪽 눈에 의자, 호박, 캥거루와 같은 익숙한 사물을 보여 주고, 반대쪽 눈에는 갖가지 낙서를 보여주었다. 그랬더니 낙서에 의해 고정된 이미지가 의식되는 것이 억제되었다. 그리고 연구자들은 낙서를 보여 주기 직전에 피험자에게 ① 억제될 사물을 일컫는 단어(호박을 보여 주면서 '호박'), ② 다른 사물의 단어(호박을 보여 주면서 '캥거루'), ③ 단순 잡음 중 하나를 들려주었다. 그랬더니 ②와 ③의 조건에 비해 ①의 조건에서 피험자들이 고정된 사물을 의식적으로 보았다고 보고할 확률이 유의하게 높았다. 잘못된 단어를 들으면 억제된 사물을 볼 확률이 오히려 더 낮아졌다. 이는 '언어적 표지 관련 정보와 유입되는 (상향식) 신경 활동이 서로 일치할 때, 언어가 지각을 하향식으로 강화해 원래라면 보이지 않았을 이미지가 자각되도록 촉진하기 때문'이라고 설명할 수 있다.[45] 다시 말해 언어가 지각 이미지의 정밀도 가중치를 높인다는 것이다.

이 기전의 능력을 보여 주는 또 다른 사례는 우리가 (이 실험뿐만 아니라 실제로도) 매 순간 '내적 발화' 과정을 통해 표지를 하향식으로 자기 자신에게 제공한다는 것이다. 이러한 방식의 강화는 비선언적 점화의 한 형태다. 그런데 흥미롭게도 단어로 점화하는 것이 구체적인 이미지로 점화하는 것보다 의식에 훨씬 더 강력한 영향을 미친다. 백문이 불여일견이라는 속담과 달리, 사진 한 장이 백 마디는커녕 한 마디 말보다 가치가 떨어진다는 것이다. 이는 가령 '개-스러움dog-ness'을 판단함에 있어 추상적 관념이 (예측형 계층 구조에서 더 심층부에 있으므로) 이미지보다 더 많은 기능을 수행할 수 있기 때문으로 추정된다. 실제로 루피안은 단순히 개가 짖는 소리를 들었을 때보다 '개'라는 단어를 들었을 때 연속 섬광 억제를 극복할 가능성이 유의하게 높음을 발견했다.[46] 추상적 관념은 광범위한 영향을 미친다. 피험자가 동영상을 시청하는 동안 '사람'보다 '차량'에 집중하도록 암묵적으로 점화하면, 이 언어적 점화는 전체 뉴런 집단이 특정 종류의 사물의 존재 여부에 더 민감하게 반응하도록 조율한다.[47] 단어는 특정 의미론적 범주 전체를 강화하는 힘을 지녔다. 실제로 이러한 범주 가운데 대다수는 언어적 표지가 없으면 생각할 수도 없고, 따라서 지각할 수도 없다. 지금 이 책에서 다루는 추상적 개념들이 가장 극명한 사례일 것이다. 어느 누가 자유 에너지를 직접 보았겠는가? 하지만 일단 '자유 에너지'를 생각할 수 있게 되면, 그 작용이 어디에서나 눈에 들어오기 시작한다.

고작 한두 개의 단어가 할 수 있는 일이 이 정도라면, 수백 개의 단어가 조합되면 어떤 일이 벌어지겠는가? 대표적인 예가 개인적 서사personal narrative의 잠재력이다. 개인적 서사란 삶의 흐름과 의미에 관해 자기 자신에게 말하는 추상화된 이야기를 말한다. 앤디 클라크는 "그러한 서사가 우리 자신에 관한 예측을 구성하는 모델의 고차적 요소로 기능해 미래의 행동과 선택에 영향을 미친다"라고 말했다.[48]

물론 일반적으로 이러한 서사는 일생에 걸쳐 어머니를 시작으로 타인과 공동으로 구축된다. 여기서 언어의 소통 기능이 등장한다. 정밀도는 우리 자신의 생성 모델뿐만 아니라 (비슷한 추상화 능력을 가진) 타인의 모델에 의해서도 인위적으로 조작될 수 있다. 이러한 언어의 두 번째 기능을 클라크는 '지속적 상호 예측'이라 칭한 반면, 안드레아스 뢉스토프Andreas Roepstorff와 크리스 프리스Christ Frith는 '스크립트 공유' 또는 '상부간top-top 행동 통제'라 일컫는다.[49] 요컨대 한 사람의 정밀도를 조절하는 추상적 표지는 수고스러운 상향식 학습을 건너뛰고 다른 사람의 정밀도에 직접 전달될 수 있다.

이에 대한 근거로 뢉스토프와 프리스는 원숭이와 인간의 특징을 비교한다. 인간 피험자는 언어 지시로 과제를 수행할 수 있는 반면, 똑같은 과제를 원숭이가 수행하도록 지식을 주입하려면 고된 훈련 과정이 필요하다. 이들이 예로 든 카드 정렬 게임의 경우, 인간은 몇 분간의 언어 지시만으로 목표 행동을 습득하지만, 원숭이는 조작적 조건화 훈련을 무려

1년 동안 받아야 한다. 뇌영상 결과에 따르면, 이 실험에서 인간과 원숭이가 실제 과제를 수행할 때 사용하는 뇌 영역, 즉 인지 기능 집합은 서로 같다. 둘의 차이는 오직 그 과제를 습득하는 방식에 있다.

이외에도 언어는 많은 것을 동반한다. 언어는 이 책에 실린 관찰, 이론, 수식을 비롯한 다양한 정밀도 개선 기법의 토대가 된다. 단어(및 각종 기호, 수학적 기호 등)가 있기에 한 개인이 평생 습득한 모델은 고정된 대상으로서 다른 사람에 의해 동시대뿐만 아니라 수 세대에 걸쳐 체계적으로 검토·개선될 수 있다. 언어는 일반성과 구체성을 경이로울 정도로 세세하게 구분하므로, 예측형 계층 구조 자체를 의식에 투영하게 한다. 상징 능력이 없는 종은 이렇게나 강력한 인지 보조 기능을 사용할 수 없다. 언어가 없는 과학, 기술, 문화를 상상하기란 불가능에 가깝다.

나는 언어가 주로 **놀이** 욕동에서 진화했을 것으로 추정한다. 5장에서 우리는 놀이가 어떻게 사회적 규칙을 형성하는지 살펴보았다. 규칙은 집단행동을 통제함으로써 각 개인의 욕구가 과도해지는 상황으로부터 우리를 보호한다. 60 대 40 규칙은 선천적·사회적 규칙이다. 이는 호혜성과 상호성을 요구하므로 공감 능력, 즉 타자의 마음을 읽는 능력의 발달을 촉진한다. 사회적 규칙이 후천적으로 구축되려면 그것을 표현하기 위한 복잡한 의사소통이 필요했을 것이고, 이것이 상징적 사고의 출현을 야기했을 것임을 어렵지 않게 추측할 수 있다. 인간이 영장류의 전형적인 생활 방식인 수렵 채집에서 벗어나 농작물을 심고 가축을 기르며 영구 정착지에 거주하기 시작하면서, 인공적 규칙의 발달에 대한 압력이 기하급수적으로 증가했다. 이 변화는 불과 1만 2,000년 전에 일어났으므로, 우리는 진화적으로 준비가 되어 있지 않았다. 우리에게 주어진 것은 단 하나, **놀이** 욕동뿐이었다. **놀이** 욕동은 사회적 서열의 형성에 중요한 역할을 하기 때문이다.

따라서 대뇌피질이 기본 감정 가운데 놀이에 가장 많이 기여한다는 점은 매우 흥미로운 사실이 아닐 수 없다.[50] 놀이의 '가상적' 특질은 이 장에서 설명한 대뇌피질 기전이 없이는 불가능하다. 어쩌면 놀이는 생각(모든 가상 및 실제 행동)과 전체 문화생활의 생물학적 전구체일지 모른다.

눈치 빠른 독자라면 지금 소개한 내용이 프로이트의 '이야기 치료'에서 언어의 역할에 대해 시사하는 바가 있음을 눈치챘을 것이다. 환자의 개인적 서사에 표적 개입하는 것이야말로 이야기 치료의 본질이다. 내가 보기에 정신치료 역시 '지속적 상호 예측'의 한 형태로서 놀이의 일종이다. 하지만 이를 전부 설명하려면 별도의 책 한 권이 더 필요할 테니 이쯤에서 갈음하겠다.

이 장을 마무리하기 전에 대뇌피질 의식과 뇌간 의식 간의 본질적인 *차이점*을 마지막으로 살펴보자.

판크세프는 사람들이 특정 색과 느낌을 연결 짓는 경향성에 주목했다.[51] 가령 우리는 보통 붉은 계열 색은 따뜻하다고, 푸른 계열 색은 차갑다고 말한다. 과연 이것이 우연한 현상일까? 이 경향을 뒤집을 수 있을까? 빨강이나 파랑은 시각적 특질이지만, 따뜻함과 차가움은 외부수용성 체성 감각의 일종이다. 그런데 이 둘은 역겨움, 고통, 놀라움 등 판크세프가 말한 '감각적 정동'과도 밀접한 관련이 있다.[52] 여러 이유에서 따뜻함과 차가움의 쾌락적 측면은 생물학적 가치를 담고 있다. 예컨대 타인과 가까이 있으면 따뜻하고, 섹스도 따뜻하며, 불도 따뜻하다. 추정컨대 불과 얼음과 관련된 색들 역시 이러한 방식으로 정서적 의미를 획득했을 것이다. 잘 익은 과일과 덜 익은 과일의 색깔도 마찬가지다. 판크세프는 이러한 연관 관계가 지각적 감각질의 진화적 기원이 남긴 유산이라고 추측했다. 의식적 지각물이 오직 감각적 정동뿐이던 시기의 흔적이라는 것이다.

하지만 잘 익은 과일이나 뜨거운 불과 같은 외부 지각 대상에 대한 연합적 가치 판단이 주는 느낌은 정동이 주는 느낌과 전혀 다르다. 정동은 선천적이지만, 외부 지각물의 가치 판단은 후천적이다. 지각물의 시각적 및 기타 지각적 특성은 경험주의적 차원에서 정동과 '연합'된다.[53] 그렇게 우리는 세계에 가치를 부여한다. 이러한 연합 중 *일부*는 자연의 규칙성을 따르지만(빨강, 불, 과일의 익음과 특정 쾌감 간의 관계 등), 이조차도 후천적으로 습득되므로 개개인의 경험에 따라 달라질 수 있다.

간단히 말해, 이러한 연합은 *맥락적*이다. 일례로, 불이 늘 이로운 존재는 아니다. 그래서 빨강과 같은 따뜻한 색은 때로는 섹스와 같이 좋은 것을 나타내기도 하고, 때로는 위험과 같이 나쁜 것을 나타내기도 한다. 그래서 '열띤'이라는 형용사는 '섹스'와 '공격'을 동시에 수식할 수 있다. 개인적 연합 관계로 갈수록 이러한 현상은 더욱 심화되며, 이를 통해 각자의 주관적 상징체계가 만들어진다. 이는 리사 펠드먼 바렛의 논리와도 일치한다.

일부 지각적 특질이 정서적 가치와 연합된 것은 그 특질이 감각적 정동으로부터 기원한 흔적이라는 것이 판크세프의 견해였다. 그러나 붉은빛이나 따뜻함과 같은 지각적 특질을 에로틱한 느낌과 연결 짓거나 푸른빛이나 차가움을 슬픈 느낌과 연결 짓는 과정에서 기존의 선천적인 연결이 끊어진다는 사실을 잊지 말아야 한다. 그렇기에 우리는 색과 정동의 연합을 쉽게 조건화할 수 있다.

자연의 특성을 일정 부분 반영한 집단 수준에 존재하는 연합 관계의 규칙성은 그림, 음악, 춤과 같은 예술의 토대가 되었을 것이다. 우리는 감각적 정동과 그것이 마음속에 불러일으키는 함의를 활용해 이러한 예술의 시각·청각·체감각적 특질을 향유한다. 의식을 '느껴진 불확실성'으로 정의하고 보면, 미적 경험에서 의외성의 역할이 짐짓 흥미롭게 다가온다. 유머도 마찬가지다. 지루한 예술 작품이란 웃음의 포인트를 미리 알고 듣는 농담과 같다. 하지만 이 주제들도 너무 방대하기에 이쯤에서 갈무리하겠다.[54]

지각적 감각질은 *그 자체로는* 쾌락적 값어치가 없고 다만 정동과의 관계에 따라 값을 획득한다는 점에서 정서적 감각질과는 다르다. 늘 우리의 대뇌피질을 들쑤시는 빛과 음파가 모두 의식적으로 경험되지는 않지만,[55] 경험되는 경우에는 *맥락*의 형태로 느껴진다. (180~181쪽 참조).

시삭이란 결국 정밀도를 최적화하는 항상계의 내포적 계층 구조 속에서 스파이크 트레인의 확률 분포에 관한 추론적 통계를 계산하고 그 확률을 비교하는 과정이다.[56] 이 계층 구조는 '장치 유발 반응'을 우리 마음속에 그래픽으로 표현한다. 이것이 존 휠러가 말한 *현상*이다. 이 현상들이 모여 우리 각자의 앞에(또한 우리 각자에 의해) 표시되는 가상 현실이 만들어진다. 뇌의 표면에서 심부에 이르기까지 서로 얽히고설킨 수십억 개의 작은 항상계29)의 휴식 상태는 기대 맥락에 대한 우리의 *신뢰도*를 나타낸다. 맥락이란 최우선 욕구를 해결하려 할 때 '나'라는 마르코프 블랭킷 너머에서 무슨 일이 일어날 것인지에 대한 나의 기대다. 욕구의 우선순위 설정은 그와 관련된 신념, 즉 기대 결과에 기반한 인지 작업을 촉발한다. 우리가 의식적으로 지각하는 것은 이 기대 맥락이 아니라, 기댓값과의 최우선 *편차*가 심층적 계층 구조 위에 내포적으로 표시된 결과물 nested display이다.

계층 구조의 말단에서는 이러한 변동이 항상 일어난다. 현재를 완벽하게 예측하기가 거의 불가능하기 때문이다. 우리는 감각-운동적 기대

---

29) 뉴런(역자 주).

치의 주요한 양상에 대한 신뢰도의 변동을 색과 소리 등의 형태, 즉 인간이 계산할 수 있는 외부수용적 범주 변수의 나열로 경험한다. 여기에는 외부 세계에 대한 지각뿐만 아니라, 우리 몸을 표상하는 아바타의 고유수용적 기대 상태로부터의 편차도 포함된다. 외부 세계에 대한 경험과 마찬가지로 몸에 대한 경험 역시 가상이기 때문이다.[57]

지각 및 고유감각의 정밀도 예측 오차는 (그것이 현저한 경우) 외부수용성 감각질의 형태로 인식된다. 반면, 감각-운동 과정을 생성하는 표현형적 신념에 대한 신뢰도의 변화는 정동 형태로 경험된다. 어떤 과제에 임하든 우리는 스스로 얼마나 잘하고 있는지를 순간순간 감지한다. 지금 당신도 그렇지 않은가? 이 문장을 읽는 동안 당신의 내면에서는 변화가 일어나고 불확실성이 오르내리기를 반복한다. 불확실성이 너무 커졌다면 글 읽기를 잠시 멈출 것이다. 불확실성의 근본적 특질인 정동을 우리는 일생에 걸쳐 느끼며 살아간다. 그리고 그것이 궁극적으로 모든 행동을 조절한다.

결국 우리의 일상 경험은 오직 이것으로만 이루어졌다고 해도 과언이 아닐 것이다.

11장

어려운 문제

물리학자 폴 데이비스는 다음과 같이 말했다.

> 생명의 미스터리한 많은 속성 가운데 의식 현상은 특히 더욱 놀랍다. 의식 현상의 근원은 현재 과학이 직면한 가장 어려운 문제이자 2,500여 년에 걸친 탐구에도 불구하고 거의 풀리지 않은 유일한 질문이다. … 의식은 과학의, 더 나아가 존재의 제1문제다.[1]

다른 많은 과학자도 이와 비슷한 말을 남겼다. 이들은 의식 문제를 가리켜 경건함을 담아 '어려운 문제hard problem'라 부른다.(경외감이 담긴 표현인) '어려운 문제'란 우리의 '기쁨과 슬픔, 기억과 야망, 개인으로서의 정체감과 자유 의지'[2] 같은 실존에 대한 경험이 왜, 어떻게 뇌세포에서 일어나는 생리적 과정에서 비롯되는가 하는 것이다. 뇌세포는 다른 신체 기관을 구성하는 세포와 근본적으로 다르지 않다. 그렇다면 뇌세포는 어떻게 '나'를 존재하게 할까?

'어려운 문제'는 전혀 새로운 것이 아니다. 어쩌면 인류의 모든 미스터리 가운데 가장 오래되고도 진정성 어린 질문일 것이다. 과거 사람들은 동일한 질문을 '내 영혼이 어떻게 내 몸에 들어올 수 있는가?'와 같은 식으로 던졌다. 이 물음을 현재의 형태로 처음 제기한 것은 1995년 철학자 데이비드 차머스였다. 그의 말을 들어 보자.

> 일부 유기체가 경험의 주체임은 부정할 수 없는 사실이다. 그러나 어떻게 이들이 경험의 주체가 되는가 하는 질문에는 답하기 어렵다. 우리의 인지 체계가 시청각 정보를 처리할 때 왜 우리는 짙푸른 색이나 가온 다(middle C) 음과 같은 시청각 경험을 할까? 심상을 향유하거나 감정을 경험하는 *주체로서의 느낌*이 존재하는 이유를 어떻게 설명해야 할까? 경험이 물리적 기반에서 생겨난다는 것은 널리 합의된 바이지만 경험이 왜, 어떻게 출현하는지에 대해서는 흡족한 설명이 없다. 물리적 정보 처리가 어째서 풍부한 내면세계를 일으켜야 할까? 객관적으로는 이 당위성이 불합리해 보이지만, 실제로는 그러한 일이 일어난다.[3]

차머스의 서술은 철학자 토머스 네이글의 초기 논문인 「What is it like to be a bat?박쥐가 되는 것은 어떤 느낌인가?」(1974)로부터 지대한 영향을 받았다. 네이글은 주관적 경험이 주는 '~로서의 느낌something-it-is-like-ness' 측면에 주목했다. 그는 "어떠한 유기체가 의식적 정신 상태를 가질 필요충분조건은 그것이 되는 느낌, 그 유기체로서*의* 느낌을 정의할 수 있는 것"이라고 말했으며, "물리적 심리 이론이 경험의 주관적 특성을 반드시 설명해야 한다고 볼 때, 그 방법에 대한 단서가 현존하는 개념 가운데 전무하다는 사실을 우리는 인정해야 한다"라고 덧붙였다. 네이글은 다음과 같이 결론 내렸다. "주관과 객관이라는 보편 문제에 대한 추가적인 고찰이 있기 전에는 그 어떤 물리적 심리 이론도 구상할 수 없을 것으로 보인다."

그로부터 20년 후 차머스가 이 '보편 문제'를 자신의 언어로 다시 서술한 까닭은 이제 신경과학자들이 의식을 실험으로 탐구하기 시작했기 때문이다. 신경과학자들은 1장에서 설명한 기술 발전을 토대로 '뇌세포는 어떻게 생리적 과정을 경험으로 전환하는가?'와 같은 질문에 답할 수 있을 것으로 믿었다. 그 작업에 착수한 최초의 과학자 중 한 명은 DNA의 구조를 공동 발견한 분자생물학자 프랜시스 크릭Francis Crick 경이다. 크릭은 차머스가 '어려운 문제'를 제기하여 물리주의자들에게 찬물을 끼얹기 불과 1년 전에 출간한 『놀라운 가설(부제 : 영혼에 관한 과학적 탐구)』이라는 책에서 이렇게 썼다.

> 놀라운 가설은 당신, 당신의 기쁨과 슬픔, 기억과 야망, 개인으로서의 정체감과 자유 의지가 *실제*로는 신경 세포 및 관련 분자로 이루어진 거대 집합체의 행동에 지나지 않는다는 것이다.[4]

차머스는 의식이 물리적 기반에서 발생한다는 주장에 정면으로 반대하지는 않았다. 방금 언급했듯이 그 자신도 '경험이 물리적 기반에서 생겨난다는 것은 널리 합의된 바'라고 인정했다. 다만 '왜, 어떻게 경험이 출현하는가에 대한 *흡족한 설명*이 없다'고 생각했을 뿐이다. "그 방법에 대한 단서가 현존하는 개념 가운데 전무하다"라던 네이글의 말을 되풀이한 것이다. 크릭은 현존하는 기술로 '의식의 신경상관물'을 손쉽게 발견해 그 흡족한 설명을 찾아낼 수 있으리라 믿었다. 또한 의식에 필요한 뇌 부위 및 그 부위의 특정 생리 기능을 분리함으로써 심신 문제를 과학적으로 해결할 수 있다고 여겼다. 그는 우선 의식의 여러 신경상관물 가운데 딱 하나, 의식적 *시각*과 무의식적 *시각*을 구분 짓는 두뇌 과정에 집중해 보자고 제안했다. 추후에는 이를 확장해 의식의 나머지 요소도 파악할 수 있을 터였다. 그의 제안은 충분히 합리적으로 보였다. 어쨌거나 뇌 어딘가에 시각 경험의 신경상관물이 존재하지 않겠는가?

지금까지 살펴보았듯이 시각 의식은 오직 *대뇌피질*에서만 일어난다. 단, 대뇌피질(및 상구)은 시각 자극을 무의식적으로 처리하기도 한다. 그렇다면 크릭이 말한 시각 의식 문제는 시각 피질이 정보를 *의식적*으로 처리할 때, 정보를 *무의식적*으로 처리하거나 상구가 정보를 처리할 때와는 다른 어떠한 일이 일어나는가 하는 간단한 물음으로 환원될 수 있다. 앞서 서술한 이유로 나는 크릭이 첫발을 잘못 내디뎠다고 생각한다. 해부학에 근거하자면, 피질보다는 뇌간, 시각보다는 정동에 초점을 맞추는 편이 나았을 것이다. 하지만 차머스가 이러한 접근법에 신중을 기해야 한다고 말한 근거는 이보다 좀 더 근본적인 차원의 것이었다.

이제는 인지 신경과학의 주류 접근법이 된 크릭의 접근법은 차머스가 말한 심신 문제의 '어려운' 부분을 건너뛰어 버린다. 의식의 신경상관물을 분리하는 것은 '쉬운' 부분이다. 이는 단지 경험과 *상관*correlate된 특정 두뇌 과정을 밝힐 뿐, 어떻게 그 과정이 경험을 *야기*cause하는지 설명하지 못한다. 신경생리학적 활동이 왜, 어떻게 의식의 경험을 *생성*produce할까?[5] 즉, 물질이 어떻게 정신이 *될까*? 이것이 심신 문제의 어려운 부분이다. 뇌가 시각 경험 도중에 신경 정보를 처리하는 원리를 신경과학적으로 규명할 수도 있겠지만, 그 설명이 두뇌 과정이 어떻게 경험으로 *바뀌는지*를 말해 주지는 않는다는 게 차머스의 주장이다. 또 다른 유명 심리철학자 존 설John Searle은 다음과 같이 물었다. "뇌는 어떻게 전기화학에서 느낌으로 넘어가는 고비를 극복하는 것일까?"[6] 이 질문은 반대로 되물어도 똑같이 난제다. '차를 끓이자'라는 생각이나 느낌 같은 비물질적 대상이 어떻게 차 끓이기라는 물리적 행위로 전환되는가?[7]

철학자들은 이를 설명적 간극explanatory gap[8]이라고 부른다. 이른바 '지식 논증'을 보면 쉽게 이해할 수 있는데, 말하자면 이렇다.[9] 선천적 시각장애인이지만 시각의 신경상관물에 관한 모든 것을 알고 있는 신경과학자 메리를 상상해 보자. 빛이 막대세포와 원뿔세포를 변화시켜 신경 자극으로 변환되는 과정, 이 자극이 LGN을 통해 대뇌피질로 전파되는 과정, 적절히 배열된 피질 기둥들이 그 정보를 처리하는 방식, 피질 기둥들이 대뇌피질 전반에 펼쳐진 다양한 정보 처리 모듈로 조직되는 원리, 이 모듈들이 잘 알려진 여러 시각 처리 흐름을 이루는 방식까지, 그녀는 시각 정보 처리와 관련된 모든 물리적 원리를 알고 있다. 하지만 그런 메리도 시각을 경험하는 게 *어떤 느낌인지*는 모른다. 태어날 때부터 시각장애인인 그녀는 빨강과 파랑의 경험적 특질과 같은 의식적 시각의 실제 요소를 절대 알 수 없다. 그러한 특질을 경험한 적이 없을 뿐 아니라, 시각의 신경상관물에 관한 어떠한 해부학적·생리학적 *지식*도 본다는 것이 어떤 느낌인지를 설명하지 못하기 때문이다. 만일 그녀가 기적적으로 시력을 회복한다면 기계론적 이해로는 짐작조차 하지 못했던, 시각에 관한 그야말로 완전히 새로운 것들을 배우게 될 것이다. 이처럼 *물리적 사실은 본다는 것이 어떻게, 왜 그러한 느낌을 주는지 설명하지 못한다*. 물리적 사실은 *내*가 아니라 *뇌*가 어떻게, 왜 시각 정보를 해독하는지를 말해 줄 뿐이다. 철학에서 말하는 이러한 '감각질'(주관적 경험의 느낌)의 물리적 토대가 환원 불가능한 것처럼 보인다는 점, 이것이 바로 어려운 문제이자 차머스가 말한 '의식의 핵심 미스터리'다.[10]

이 환원 불가능성을 두고 의사이자 철학자였던 존 로크를 포함한 수많은 사상가는 의식적 경험이 *물리적 우주에 속하지 않는다*고 판단했다.[11] 하지만 경험 감각질의 존재를 부정할 수는 없었으므로, 이들은 감각질을 실재를 이루는 *비물리적* 차원의 일종, 이른바 '부수현상epiphenomenon'이라고 낮잡아 불렀다.[12] 로크는 '역전된 스펙트럼 논증'에서 내가 빨간색을 볼 때 경험하는 감각질을 누군가는 파란색을 볼 때 경험하며, 내가 '파란색'이라고 부르는 감각질을 그가 의식적으로 경험하고 있음에도 불구하고 나와 마찬가지로 그 감각질을 '빨간색'이라고 부르는 것이 논리적으로 가능함을 지적했다. 설령 그렇더라도 *겉보기에 아무 차이가 없으리라*는 *것*, 정반대의 색 스펙트럼도 경험되는 감각질에 관해서는 서로 뒤바뀔 수 있다는 것이 이 논증의 요점이다. 그러므로 의식은 물리적 상관물로 설명할 수 없으며, 물리적 기전(이 경우에는 빛의 상대적 파장)과 심리적 감각질은 서로 인과적 관계를 맺고 있지 않다고 로크는 생각했다.

그렇다면 의식은 뇌의 인과적 구조를 건드리지 않고 뇌 속 물리적 사건의 연쇄를 따라 발생하는 부산물과도 같은 것이 된다. 로크는 17세기 인물이지만, 이 관점은 오늘날에도 유효하다. 철학자뿐만 아니라 다양한 분야의 사람들이 이렇게 생각한다. 실제로 최근 두 명의 유명 인지과학자가 "개인의 자각은 대기권의 물리 과정에 수반되되 영향을 주지는 않는 무지개와도 같다"라고 말한 바 있다.[13]

의식적 경험이 물리 세계의 작동에 아무런 역할을 하지 않는다면 의식은 왜 존재할까? 어쨌거나 뇌는 무의식적으로 정보를 처리한다. 그렇다면 자각이 거기에 기여하는 바는 무엇일까? 아무 변화도 주지 못하는데 두뇌 과정을 단순히 자각하는 것이 무슨 의미가 있을까?[14]

이것은 시각에만 국한되지 않는다. 의식이 단순히 두뇌 과정의 부수현상이라는 견해에 대한 가장 설득력 있는 실험 증거는 벤저민 리벳Benjamin Libet의 실험이다. 리벳은 피험자가 자신의 몸을 움직이겠다고 주관적으로 결정하기 약 0.3초 전에 관련 뇌파가 관측된다는 사실을 발견했다.[15] 즉, 내가 몸을 움직이기로 의식적으로 마음먹기 전에 그 움직임은 뇌에서 이미 물리적으로 개시되며, 움직임을 개시하는 주체는 '나'가 아니라는 것이다. 이 발견은 의식적 선택 곧 '자유 의지'가 환상임을 증명하는 근거로 널리 받아들여지고 있다. 자유 의지조차 없다면 의식에 남은 것은 도대체 무엇일까? 앞서 보았듯이 이에 대한 크릭의 답은 당신, 당신의 기쁨과 슬픔 등이 '실은' 존재하지 않는다는 것이다. 크릭은 이들 감각질을 물리적으로 잘 설명해 낸다면 이들을 *제거해 버릴* 수도 있다고 믿었다.

나는 의식적 감각질이 *일종의 평행세계에 존재한다*는 주장과 *애초에 존재하지 않는다*는 주장 둘 다 도저히 받아들일 수 없었다. 여러분도 그렇지 않은가? 당신은 당신의 의식이기 때문이다. 내가 나의 육체에 아무 영향을 주지 않는 무지개와 같다는 주장은 그야말로 터무니없다. '나'가 실제로는 뉴런의 활동에 불과하며 실재하지 않는다는 주장도 마찬가지다. 이 두 주장은 우리의 매 순간 경험과 모순된다.

'나'가 존재하지 않는다는 주장은 철학에서 가장 유명한 명제에도 정면으로 위배된다. 르네 데카르트는 ('의심의 철학'을 통해) *절대적으로 확신할 수 있는* 것이 무엇인가를 평생 고민한 끝에, 내가 존재한다는 사실이 의심할 필요 없는 *유일한* 사실이라는 결론에 도달했다. 이것이 그 유명한 "나는 생각한다. 고로 나는 존재한다"라는 명제다. 바꾸어 말하자면, "나는 경험한다. 고로 나는 존재한다."

이처럼 경험하는 자아가 존재하는 것은 분명한데, 이를 어떻게 우리의 물리적 우주관에 포함시켜야 할까? 이것이 차머스가 말한 어려운 문제의 또 다른 표현이다.

나는 철학자가 아니다. 의식의 신경학에 관한 나의 탐구 여정은 철학과는 무관했다. 또한 내가 읽은 철학 문헌 중 대다수가 내게는 난해했음을 고백하지 않을 수 없다. 그럼에도 이 책을 통해 '어려운 문제'에 대한 자연적이고 과학적인 해답을 제공하고자 했다. 물론 내가 의식의 형이상학에 관한 모든 난제를 풀었다는 말은 아니다. 앞으로 살펴보겠지만, 심오한 질문이 여전히 남아 있다. 하지만 자연적 과정이 다양한 요구 조건에 따라 전개되면서 어떻게 진화적 역사를 거쳐 우리의 사적인 내면세계와 같은 것을 탄생시킬 수 있었는지를 이 책이 충분히 제시했다고 생각한다.

그렇다면 이것은 차머스의 어려운 문제와 어떤 관련이 있을까? 나의 설명이 내부 세계와 외부 세계 사이의 설명적 간극을 어떻게 메울 수 있을까?

우선 기본적 관찰에서 출발하자. 지각, 기억, 언어와 같은 정신 기능에 관한 법칙은 주관적 데이터와 객관적 데이터에서 모두 *추상화될* abstracted 수 있다. 한 예로, 장기기억에 대한 과학적 추상화 모델인 리봇Ribot의 법칙은 우리의 *내부적* 경험에서 10년 전 일에 대한 기억이 10분 전 일보다 더 강하게 공고화한다는 관찰 결과를 설명해 준다. 그래서 나이가 들면 과거 사건보다 최근 사건을 더 잘 잊는 것이다. 이는 *외부적인* 생리학적 기억 자취에서도 똑같이 관찰된다. 10년 전 기억은 10분 전 기억보다 (리봇의 법칙과 정확히 같은 정도로) 더 강하게 공고화한다.[16] 따라서 리봇의 법칙 속 시간에 따른 기울기값은 심리적인 동시에 생리적이다. 단기기억에 대한 과학적 추상화 모델인 밀러의 법칙도 마찬가지다. 밀러의 법칙은 특정 순간에 우리가 단 7(±2)개의 정보 단위만 기억할 수 있다는 기억력의 한계에 관한 경험을 설명해 준다. 단기기억은 일반적으로 15~30초 동안만 지속되는데,[17] 이는 신경전달물질의 고갈이라는 생리적 현상과도 맞물려 있다.[18] 따라서 밀러의 법칙도 리봇의 법칙처럼 심리적이면서 생리적이라고 볼 수 있다.

정량화가 가능하며 수식으로 표현할 수 있는 이와 같은 법칙은 '기억'이라는 추상적 기능의 이중적 발현을 설명해 준다. 이는 '의식'에도 똑같이 적용된다. 의식의 현상적 측면이 자연적 대상이라면(아니면 대체 무엇이겠는가?), 그 역시 일련의 법칙으로 환원할 수 있어야만 한다.

이는 급진적이거나 괴벽한 주장이 아니다. 20세기 후반부터 신경학 분야를 장악한 인지과학은 전적으로 이 주장에 뿌리를 두고 있다. 1장에서 나는 다음과 같이 말한 바 있다.

> [인지적 '정보 처리 과정'의] 가장 흥미로운 대목은 그것이 굉장히 다양한 종류의 물리적 장치에서 구현될 수 있다는 점이다. 이는 마음의 물리적 본질에 대한 실마리를 던져 준다. 즉, 일종의 정보 처리 과정으로 파악되는 마음이 하나의 구조라기보다는 기능임을 시사한다. 이러한 관점에서 마음이라는 '소프트웨어' *기능*은 뇌라는 '하드웨어' 구조에 의해 구현되며, 동일한 기능이 컴퓨터와 같은 다른 기반에서도 똑같이 잘 실행될 수 있다. 따라서 뇌와 컴퓨터는 모두 *기억* 기능(정보를 부호화하고 저장)과 *지각* 기능(입력 정보를 저장된 정보와 비교함으로써 패턴을 분류) 그리고 *집행* 기능(그 정보에 대한 반응으로 무엇을 할지 결정)을 수행한다.

하지만 이어서 바로 이렇게 덧붙였다.

> 이것이 '기능주의'적인 접근법이라고 불리게 된 방법론의 강점이다. 하지만 그 접근법에도 약점이 존재한다. 동일한 기능이 컴퓨터에 의해 수행되더라도 컴퓨터는 감응적 존재가 아닌 만큼, 마음을 그저 정보 처리

과정으로 환원하는 것이 정말 타당한 일일까?

이는 곧바로 어려운 문제의 본질과 직결된다. 차머스는 *의식의 어려운 문제가 '기능주의적' 설명으로는 해결 불가능하다*고 말한다.

> 쉬운 문제들이 쉬운 까닭은 인지 능력 및 기능의 원리에 관한 것이기 때문이다. 인지 기능의 원리를 설명하려면 해당 기능을 수행할 수 있는 기전만 찾으면 된다. 인지과학의 방법론은 이러한 설명 방식에 적합하므로 의식의 쉬운 문제를 풀기에도 적합하다. 반면 어려운 문제가 어려운 까닭은 기능의 수행에 관한 것이 아니기 때문이다. 의식과 관련된 모든 기능의 원리를 밝힌다 해도 문제는 풀리지 않는다. … 기능의 수행에 관한 문제를 초월한다는 점이 어려운 문제를 어렵고도 유일무이하게 만든다. 경험과 관련된 모든 인지적·행동적 기능의 원리를 밝힌다 해도 … *왜 이러한 기능을 수행하는 것이 경험을 수반하는가* 하는 물음은 해결되지 않는다는 점에 유의하라. 기능에 관한 단순한 서술은 이 질문에 대한 답을 주지 않는다. … 왜 이 모든 정보 처리는 내면의 느낌 없이 '어둠 속에서' 일어나지 않는 것인가?[19]

4장에서는 의식의 기능을 수행하는 기전을 발견하기 위한 여러 시도가 실패했음을 살펴보았다. 그중 첫 번째 시도에 대한 차머스의 반응은 나머지 시도에 관해 그가 어떻게 생각하는지도 잘 보여 준다.

> 크릭과 코흐는 [동기화된 감마] 진동이 경험의 신경상관물이라고 주장한다. 그 주장 자체도 논쟁의 여지가 있지만 … 이를 수용하더라도 *설명적 질문*은 남아 있다. 감마 진동은 왜 경험을 일으키는가? 감마 진동과

경험 간의 설명적 연관성의 유일한 근거는 감마 진동이 결합과 저장에 주요한 역할을 수행한다는 것이다. 그런데 왜 결합과 저장 자체가 경험을 수반해야 하는지에 대한 설명은 전무하다. 결합과 저장이 왜 경험을 일으키는지 모를진대, 감마 진동에 대해 논의하는 것은 아무 도움도 되지 않는다. 반대로 결합과 저장이 경험을 일으키는 이유를 알고 *있다면*, 감마 진동과 같은 신경생리학적 세부 사항은 그저 장식에 불과할 것이다. 크릭과 코흐의 이론은 애초에 결합과 경험 간의 연관성을 *가정*함으로써 설득력을 확보했기 때문에 둘 간의 연관성을 설명하는 데 아무런 도움이 되지 못한다.[20]

또 차머스는 의식에 관한 두 번째 주요한 기능주의적 설명인 뉴먼과 바스의 '전역 작업공간' 이론(1993)에 대해서도 다음과 같이 비판했다.

바스는 경험의 내용이 작업공간의 내용과 정확히 같다고 가정한다. 하지만 이것이 참이라 하더라도 그의 이론은 왜 우리가 전역 작업공간 내부의 정보를 경험하는지를 설명해 주지 않는다. 이 이론이 제공하는 최선의 설명은 정보가 *전역적으로 접근 가능하*므로 경험된다는 것이다. 그렇다면 우리는 같은 질문을 다른 형태로 던질 수 있다. 왜 전역적 접근 가능성이 의식적 경험을 일으켜야 하는가? 언제나 그랬듯이 이 가교적 질문은 여전히 남아 있다.[21]

그래서 차머스는 다음과 같이 결론 내린다.

인지과학과 신경과학의 통상적인 설명 방법은 의식 문제를 해결하기에 충분치 않다. 이들 분야의 방법론은 인지 기능의 수행을 설명하기 위해

> 개발됐으며, 그 목적에는 잘 부합한다. 그러나 현재로서는 *오직* 기능의 수행을 설명하는 데만 적합하다. 어려운 문제에 대하여 일반적인 접근법은 아무 쓸모가 없다. … 경험을 설명하려면 새로운 접근법이 필요하다.[22]

여기서 그가 말하고자 하는 바를 분명히 할 필요가 있겠다. 차머스는 인지과학의 방법론이 오직 인지 기능의 작동 원리만을 서술할 수 있으며, 실제로 그 역할을 잘 수행하고 있다고 말한다. '인지 기능'이라 함은 지각, 기억, 언어 등을 의미한다. 그렇다면 *의식은 인지 기능이 아니다*. 차머스는 왜 그런 말을 했을까? 그가 말한 '의식'은 추상화된 *기능*이 아니라 *경험*, 즉 무언가를 지각하거나 기억하는 *느낌 그 자체*이기 때문이다.

만약 당신의 개인적 경험이 보통 사람의 경험과 같지 않은 것으로 밝혀진다면 어려운 문제는 사소해진다.[23] 많은 사람의 사적 경험을 수집해 평균을 구하고 공통분모를 찾아 그 공통분모를 기능적 용어로 설명하기만 하면 되기 때문이다. 사실 이것은 심리학자들이 늘 하는 일이다. 내가 작화증을 연구할 때도 그랬다. 나는 한 개인인 S의 주관적 경험에서 출발해 유사한 다른 환자들의 경험을 탐구함으로써 S의 경험을 일반화하고 공통분모를 추출했다. 이 접근법을 통해 작화증의 기능적 원리가 그 사람의 기분을 좋게 만드는 것이며, 작화증은 '소망충족적' 기능을 수행한다는 사실을 밝혀낼 수 있었다.

하지만 차머스는 순전히 주관적 현상이 일인칭 관점에서 일어난다는 사실을 문제 삼는 것이 아니다. 그는 어째서 *애초에* 기능이 경험을 수반해야 하는지를 묻는다. 그래서 차머스는 이렇게 썼다.

> 망막에 부딪친 전자기파를 시각계가 구분하고 분류할 때, 어떤 이유로

> 그 구분 및 분류[기능]가 선명한 빨간색의 감각으로 경험되는가? 우리는 이러한 기능이 수행될 때 의식적 경험이 발생한다는 것을 알지만, 그것이 발생한다는 사실 자체는 핵심 미스터리다. 기능과 경험 사이에는 *설명적 간극*(레빈이 1983년에 만든 용어임)이 있으며, 그것을 건너려면 설명적 가교가 필요하다. 기능만 설명하면 간극의 한쪽에만 머무르게 되므로, 가교의 재료는 다른 곳에서 찾아야 한다.[24]

뒤늦게 '골대를 옮기는' 잘못을 범하지 않으려면, 우리는 이 '설명적 가교'의 건설 목적을 명확히 설정해야 한다. 나와 프리스턴이 2018년 논문을 투고한 직후, '어려운 문제'의 해결이 임박했음을 선언한 세 명의 체코인 학자가 쓴 논문이 출판되었다. 이들의 예측은 그 해답이 자유 에너지 원리에 있다는 것이었다.

> 철학자와 신경과학자들은 아직 의식의 기능에 대한 명확한 이해나 일반적 합의에 이르지 못했다. 그 누구도 의식의 기능을 통합적 두뇌 이론에 기초해 서술한 바 없다. 이것이 의식이 여전히 미스터리로 남아 있는 주된 이유다. 그런데 그러한 통합적 이론이 오늘날 예측 부호화라는 형태로 대두되고 있다. … 이 이론 체계는 뇌를 예측 추론 장치로 바라본 헤르만 폰 헬름홀츠의 관점을 기반으로 삼는다.[25]

다만 저자들은 '불행히도 의식의 어려운 문제에는 열혈 지지자들이 늘 뒤따를 것이므로 문제가 완전히 사라지지는 않을 것'이라는 경고도 잊지 않았다. 이들은 다음과 같이 말했다.

> 실험 과학에서 도출된 결론이 [그 결론이 무엇이건 간에] 어려운 문제의

> 열혈 신봉자들을 완벽히 만족시킬 가능성은 희박해 보인다. 애초에 어려운 문제가 실험 과학의 한계를 핵심 논리로 삼고 있기 때문이다.

아닌 게 아니라 나와 프리스턴의 논문이 『Journal of Consciousness Studies의식 연구 저널』에서 첫 동료 심사를 받을 때도 한 심사자가 정확히 이렇게 말했다. "(차머스의) 어려운 문제는 형이상학적인 문제이므로 '해결'의 대상이 아니다." (이후 프리스턴은 나에게 이렇게 적어 보냈다. "어려운 문제는 해결이 아니라 경외를 위해 존재하는 것 같지 않은가?")[26]

물론 체코인 학자들이 빠져든 이 철학적 편견이 차머스의 탓은 아니다. 차머스의 1995년 논문의 마지막 문장은 이렇다. "어려운 문제는 분명 어려운 문제이지만, 영원히 풀리지 않을 이유는 없다."

그러면 이제 차머스가 생각하는 설명적 가교의 목표를 검토할 차례다. 우선 차머스 본인이 말한 조건은 이렇다. 차머스는 크릭과 코흐의 이론을 비판하면서 "[감마 동기화에 의한] 결합과 저장이 경험을 수반해야 하는 이유가 전혀 다뤄지지 않았다"라고 말했다. 따라서 어떠한 기능주의 의식 이론이 설명적 간극을 잘 해소했는지 평가하려면 "XYZ라는 기능이 왜 경험을 수반해야accompany 하는지 설명했는가?"를 질문하면 된다. 두 번째 이론을 비판하면서 차머스는 "왜 전역적 접근 가능성이 의식적 경험을 일으켜야 하는가? 언제나 그랬듯이 이 가교적 질문은 여전히 남아 있다"라고 말했다. 그러므로 우리는 다음 질문으로 어떠한 이론을 평가할 수 있다. "XYZ라는 기능이 왜 의식적 경험을 유발해야give rise to 하는지 설명했는가?" 우선은 이 두 가지 기준이 전부다.

하지만 이 두 가지가 전부라면, 차머스는 왜 "[경험의] 기능만을 설명하면 간극의 한쪽에만 머무르게 되므로, 가교의 재료는 다른 곳에서 찾아야 한다"라고 말했을까? 왜 기능에 대한 설명만으로 간극을 메울 수 없을까? 그런데 차머스의 말을 자세히 살펴보면 그가 서로 *다른 두 설명적 간극*을 혼용하고 있음을 알 수 있다. 따라서 간극을 메우려거든 둘 중 어느 간극을 메울지 명확히 정해야 한다.

첫 번째 간극은 생리 사건과 심리 사건, 즉 망막에서 전달되는 신호와 새빨간 느낌 사이의 설명적 간극이다. 실제로 우리는 *두 사건 모두 경험할 수 있다*. 망막에서 전달되는 신호(생리적 사건)를 관찰할 수도 있고, 새빨간 색(심리 사건)을 느낄 수도 있다. 이때 두 사건은 서로에 대한 설명을 제공할 수 없다. 둘은 *같은 대상을 관찰하는 서로 다른 방식이다*. 내가 나 자신의 존재를 내면적으로 경험할 때, 그 정신적 존재는 거울에 비친 나의 육체와는 다른 것일까? 또한 거울 속 나는 MRI 스캐너에 찍힌 나와 다른 존재일까? 나는 동의할 수 없지만, 많은 사람이 (심지어 철학자들도) 마치 뇌가 *우리가 경험하는* 실재에서 제외된 듯 말하고는 한다.[27] 이는 그들이 말하는 '뇌'가 실제 뇌가 아닌 다른 것을 뜻하기 때문이다. 그들은 보거나 만질 수 있는 물리적인 뇌가 아니라, 뇌에 대한 우리의 경험에서 *추상화된* 무언가, 즉 *기능적* 체계로서의 뇌의 특성을 지칭한 것이다.

그러므로 첫 번째 설명적 간극은 두 가지 관찰 시점 및 그와 연관된 *두 가지 형태의 경험* 사이의 간극이라 말할 수 있다.[28] 이는 귀로 천둥을 들으면서 눈으로도 번개를 보는 것에 빗댈 수 있다. 누구도 '천둥이 번개에서 출현한다는 것은 잘 알려진 사실이지만, 그 방식과 이유에 대한 만족스런 설명은 없다'라고 말하지 않는다. 마치 간이 쓸개즙을 만들듯이 번개가 천둥을 *만들지* 않는다는 것을 알기 때문이다. 우리는 번개와 천둥이 근본적으로 동일한 대상이 두 가지 방식으로 나타난 것임을 안다.[29] 시각 정보 처리에 대한 두 가지 경험도 마찬가지다. (적절한 실험 장비로) 외부에서 관찰하면 망막에서 전달되는 신호가 보이고,[30] 내부에서 관찰하면 새빨간 색이 보인다.

두 번째 설명적 간극은 경험(두 종류 모두)과 그 경험의 원인 사이의 간극이다. 새빨간 색이나 뉴런의 활성 상태와 같이 우리가 경험할 수 있는 것과 양자장quantum field처럼 경험할 수 없는 것 사이의 간극이기도 하다. 즉, 일인칭 시점과 삼인칭 시점 사이의 간극이다. 나의 경험을 삼인칭 시점으로 바라본다는 것은 경험에서 나 자신을 추상화해 그것을 더는 경험하지 않는 것이다. 삼인칭 시점은 뇌의 생김새나 마음속 느낌 그 자체가 아니라, 그 생김새나 느낌이 생겨난 이유와 방식을 설명하고자 하는 것이다. 이는 이 책에서 나의 관점이기도 하다.

눈치챘는지 모르겠지만, 앞의 인용문에서 차머스가 말한 간극은 이 두 가지 간극을 한꺼번에 가리킨다. 이는 혼란을 야기할 수 있다. 차머스는 두 가지 경험 유형(외부 관찰과 내부 관찰) 사이의 간극과 경험-기전 간의 간극을 구분하지 못했다. 이는 결과적으로 간극의 폭을 더 넓히고 말았다.

대다수 사람은 차머스가 말한 '기능'이 '물리적인 것'과 동의어이며, 따라서 '경험'은 반드시 비물리적 대상이라고 간주하는 것 같다. 하지만 '물리적인 것'이 관찰 가능한 신체 및 그 기관(뇌 포함)을 뜻한다면, 그 역시 '심리적인 것' 못지않게 경험의 대상이 될 수 있다.[30] 게다가 심리적 경험은 추상화를 통해 그 기능적 기전을 밝히고 심리학적 법칙을 세우는 것이 가능하다.

이는 생리학적 법칙도 마찬가지다. 생리학적 법칙 역시 경험, 곧 관찰 가능한 생리학 데이터가 추상화된 결과다. 이 두 가지 법칙은 모두 '기능'이라는 동일한 추상화 결과물로부터 만들어졌기 때문에 두 가지 범주의 경험에 비해 서로를 환원하기가 용이하다. 따라서 밀러의 법칙과 리봇의 법칙은 심리학적이면서도 생리학적이므로 하나의 방정식으로 환원될 수 있다. 경험 데이터와 설명 기전 사이의 중간 단계를 명확히 하지 않으면 어려운 문제가 실제보다 더 어려운 것으로 과장될 수 있다. 우리는 한 종류의 경험이 어떻게 다른 종류의 경험을 생성하는지 밝힐 필요가 없다. 두 종류의 현상(그것이 일인칭이든 삼인칭이든)을 한꺼번에 설명할 수 있는 기계론적 이론을 세우면 충분하다. 그런 뒤에 이론에서 도출되는 예측을 검증하면 된다.

차머스는 어려운 문제가 해결될 수 있음을 부정하지 않았다. 실제로 그는 해결책의 토대로 세 가지 원칙을 제시하기도 했다. (셋 중 하나는 12장에서 다시 다루겠다.) 우선 차머스는 '경험'을 이른바 '물리적 과정'으로 *환원*하는 방식으로는 결코 어려운 문제를 풀 수 없다고 말한다.

> 우리는 이미 물리적 과정과 경험 사이의 관계, 이들을 잇는 규칙성에 관한 핵심 지식을 이해할 준비가 되었다. 우리가 *환원적 설명을 제쳐두고*, 이 지식들을 테이블 위에 펼쳐 둔다면, 이들은 *비환원적* 의식 이론의 첫

---

30) 나는 뇌 수술을 처음 참관했던 날을 생생히 기억한다. 선배 의사들은 환자의 머리 한쪽을 삭발하고 두피에 황갈색 액체를 발랐다. 두피 위에 마커 펜으로 곡선을 그리고 그 선을 따라 메스로 능숙하게 절개한 다음 피부를 반대로 젖히자 두개골이 드러났다. 둥그런 뼈의 표면 위로 송골송골 흘러나오는 피를 의사들은 침착하게 닦아 냈다. 그런 다음 수동 드릴로 뼈에 큰 구멍을 네 개 뚫었다. 나는 드릴 끝이 뇌를 뚫고 들어갈까 봐 무서웠다. 그다음에는 가느다란 톱날을 구멍 하나에 넣고 다른 구멍으로 빼낸 뒤 좌우로 톱질을 시작했다. 살이 타는 냄새가 풍겼다. 이 과정을 네 번 반복하자 커다란 뼛조각이 네모나게 떨어져 나왔고 우리는 그 조각을 접시에 담았다. 그러자 경막이라는 두꺼운 막이 드러났다. 경막을 절개하니 다량의 출혈이 발생했다. 의사들은 차분하게 각 혈관을 소작해 지져서 지혈했다. 이윽고 수술의 하이라이트가 다가왔다. 경막을 커튼 벗기듯 벗겨 내자 옅은 분홍빛으로 주름진 대뇌피질이 드러났다. 각 주름에는 혈관이 뱀처럼 똬리를 틀고 있었다. 나는 마치 어느 대성당에 들어서는 듯한 경외감에 휩싸였다. 의사들은 젤리처럼 번들거리는 뇌의 주름을 전극으로 탐색하면서 환자와 몇 차례 짧지만 분명한 대화를 나누었다. 그러고는 이내 환자의 뇌를, 그의 마음을 잘라 냈다. 언젠가 나도 똑같이 해야만 할 일이었다.

> 퍼즐 조각으로서, 또한 궁극의 이론을 구성할 기본 법칙들의 제한 조건으로서 활약할 수 있을 것이다.[31]

만약 '비환원적' 설명이 심리 현상을 생리 현상으로 또는 생리 현상을 심리 현상으로 환원하려는 불가능한 시도를 멈추는 것을 뜻한다면, 그것은 바람직하다. 번개가 천둥으로 환원될 수 없듯이 심리 현상은 생리 현상으로 환원될 수 없다. 번개는 천둥을 *야기하지* 않는다. 두 현상은 서로 상관될 뿐이다. 이것은 쉬운 문제에 속한다. 그렇다면 우리는 두 현상을 각자의 기전으로 환원한 뒤, 물리 법칙을 위배하지 않는 선에서 두 기전의 공통분모를 찾아야 한다. 이것은 어려운 문제에 속한다.

그런데 차머스는 '비환원적'이라는 용어를 조금 다른 의미로 사용하는 듯하다. 차머스에게 비환원적이란 우리가 경험하는 심리 현상을 기능적 법칙으로 환원하는 것이 애초에 불가능함을 뜻한다.

> 비환원적 의식 이론은 물리 과정과 경험의 속성을 연결 짓는 다수의 *정신물리학 원리*로 구성될 것이다. 이 원리들은 물리적인 것에서 경험이 출현하는 방식에 관한 요약된 서술이다. 궁극적으로 이 원리들은 어떠한 물리계가 경험을 갖는지, 경험의 출현과 관련된 물리적 속성이 무엇인지, 특정한 물리계가 가질 것으로 기대되는 경험이 무엇인지 말해 줄 수 있어야 한다. 참으로 버거운 목표가 아닐 수 없다.

이것이 차머스의 첫 번째 원칙이다. 차머스는 이를 '구조적 일관성Structural Coherence 원칙'이라고 부른다. 이는 '경험의 속성'과 '물리적 과정의 속성' 간의 구조적 일관성을 말한다. 내가 보기에 이것은 서로 환원될 수 없는 두 종류의 현상을 일컫는 것으로 보인다. 그러나 차머스는 '물리계의 종류'와 '물리계와 연관된 경험'에 관해서도 논한다. 이는 *기능적* 체계와 경험 간의 일반적인 관계(후자가 전자에서 '출현'하거나 전자가 후자를 '생성')를 일컫는 것으로 보인다. 따라서 차머스에게 구조적 일관성 원칙은 '물리적인 것에서 경험이 일어나는' 방식을 지칭한다.

다시 말하지만, 차머스는 물리 현상과 '물리적'(기능적) 원인을 혼동하고 있다. 적절한 중간 단계를 거치지 않는 한, 그렇게 되면 경험이 물리적인 것에서 일어나지 *않는다*는 결론으로 귀결될 수밖에 없다. 앞에서 소개한 전형적인 기능주의 이론에서도 '물리적인 것'의 의미를 확대 해석했다. 이 이론들은 감마 진동의 동기화, 통합된 감각 및 전두두정 뇌 활동의 결합과 저장, 시상 판내핵에 의한 대뇌피질의 활성화, 시상피질의 '재유입 고리'와 같은 특정 *생리* 기전에서 심리 경험의 열쇠를 찾고자 했다. 천둥과 번개의 비유를 따르자면, 이는 시각의 기능적 기전을 토대로 청각 현상을 설명하고자 하는 것과 같다. 이 점에 한해서는 "기능만 설명하면 간극의 한쪽에만 머무르므로, 가교의 재료는 다른 곳에서 찾아야 한다"라는 차머스의 말이 타당하다.

생리학으로 심리학을 설명하려면, *두 가지* 현상 모두에서 우리 자신을 추상화한 뒤(두 현상의 기능적 기전을 추론) 두 결과물의 공통분모를 찾기 위해 다시 한번 우리 자신을 추상화해야 한다. 이때 우리는 두 가지 현상으로부터 서로 *같은 거리*를 유지해야 한다.(즉, 심리 및 생리 기능을 한꺼번에 설명할 수 있는 근본 기전을 추론해야 한다.) 그래야 현상과 기저 기전의 합일을 이룰 수 있다.

물론 반드시 그래야만 한다는 얘기는 아니다. 실제로 과학이 진보하는 방식은 이보다 좀 더 자유분방하다. 과학자들은 인과의 사다리 가운데 어딘가에서 무언가를 통찰하거나 발견한 뒤 빈칸을 채워 나가고는 한다. 하지만 중간 단계를 건너뛰면 어려운 문제를 '비환원적'으로 해결해야 한다는 필요성에 봉착하는데, 이는 불가능하다. 차머스가 던졌던 질문들을 다시 떠올려 보자. "물리적 정보 처리가 어째서 풍부한 내면세계를 *일으켜야* 할까? 신경생리학적 활동이 왜, 어떻게 의식의 경험을 *생성*할까?" 그런데 이 질문들은 비환원적으로 답하기가 불가능하다. 처음부터 그러한 사고의 틀 속에서 제기되었기 때문이다.

그러므로 차머스는 환원적인 해결책이 애초에 수립 불가능하다고 선언한다.

> 의식 이론은 경험을 근본으로 삼아야 한다. 모든 물리 이론은 의식이 없이도 잘 작동하므로, 의식 이론은 우리의 존재론에 근본적인 *무언가*를 새로 추가해야만 한다. … 경험의 비환원적 이론은 경험이 어떻게 세계의 물리적 특징에 의존하는지에 관한 여러 기본 원칙을 제시할 것이다. 물리 법칙은 이미 닫힌계를 이루고 있으므로, 이러한 *정신물리학* 원칙은 물리 법칙과 충돌하지 않을 것이며, 오히려 물리학을 보완할 것이다. 물리학 이론이 물리 과정을 설명한다면, 정신물리학은 그 물리 과정이 어떻게 경험을 일으키는지 말해 준다. 우리는 경험이 물리 과정에 의존함을 알고 있지만, 물리 법칙만으로 이 의존 관계를 유도할 수 없다는 것도 안다. 비환원적 이론에서 상정하는 새로운 기본 원칙들은 설명적 가교를 놓는 데 필요한 추가 재료를 제공한다. … 이 관점은 물리적 속성을 넘어서는 또 다른 기본 속성이 있다고 가정하므로 이원론의 일종이다. 단, 이원론의 순진한 형태로 볼 수 있다.[31)]

그 결과, 차머스는 섬뜩한 결론에 도달한다. '경험'을 '물리적인 것'

31) 기존의 물리학을 부정하지 않기 때문이다(역자 주).

(차머스의 정의에 따르면 '생리학적' 및 '기능적' 대상)으로 환원하는 것이 불가능하므로, *경험은 물리적 우주의 일부가 아니*라는 것이다. 이는 이원론의 순수한 형태, 데카르트와 로크가 주장했던 '순진하지 않은' 이원론과 유사한 관점이다.[32] 그래서 차머스는 '우리의 존재론에 근본적인 무언가', '물리적 속성을 넘어서는' *비물리적인* 무언가, 물리 법칙을 '보완할' 무언가를 의식이 추가해야 한다고 말한다. 당연하게도 나는 이러한 그의 주장에 동의할 수 없다. 지금까지 이 책의 내용에 비추어 보면 '모든 물리 이론이 의식 없이도 잘 작동한다'는 전제가 틀렸기 때문이다.

여기서 끝이 아니다. 차머스는 '경험'을 '물리적인 것'으로 환원할 수 없다는 입장을 취하면서도 (마치 그가 개념을 혼동했음을 보여 주려는 듯) 그 둘이 다른 무언가의 두 가지 양상이라고 말한다. 그가 말하는 그 '무언가'는 바로 *정보*다. 정보는 *생리학* 관점에서 비물리적이기는 하다. 하지만 통계역학의 *기능적* 관점에서는 물리적이다. 이것이 바로 차머스의 두 번째 원칙, 이른바 '이중 양상Double-Aspect 원칙'이다. 차머스는 이 원칙이 구조적 일관성 원칙보다 더 근본적이라고 본다.

> 내가 제시하는 기본 원칙은 *정보* 개념과 밀접히 관련되어 있다. 내가 말하는 정보는 섀넌이 1948년에 정의한 바와 같다. 정보가 있는 곳에는 *정보 공간*에 내포된 *정보 상태*가 있다. … 정보 공간은 추상적인 대상이지만, 섀넌의 정의에 따르면 서로 구분되는 물리 상태의 공간이 존재하고 그 상태 간의 차이가 인과 경로를 따라 전파될 수 있을 경우 정보가 *물리적으로 실체화되었다*고 볼 수 있다. … 이중 양상 원칙은 물리적으로 실체화된 정보 공간과 *현상적*(또는 경험적) 정보 공간이 직접적으로 동형 관계를 이룬다는 관찰에서 출발한다. 구조적 일관성 원칙의 경우와

> 마찬가지로, 현상적 상태 간의 차이는 물리 과정에 내포된 차이, 특히 전역적 가용성 및 제어와 관련된 인과 경로에 영향을 미칠 수 있는 차이와 직접적으로 대응하는 구조를 가지는 것을 볼 수 있다. 즉, 동일한 추상적 정보 공간이 물리 과정과 의식적 경험에 내포된 것이다. 이는 자연스레 정보(최소한 그 가운데 일부)가 물리적 양상과 현상적 양상이라는 두 가지 기본 양상을 띤다는 가설로 이어진다. 이는 하나의 기본 원칙으로서 물리적인 것으로부터 경험의 출현을 지지하거나 설명할 수 있다. 경험이 발생하는 것은 그것이 정보의 양상 중 하나이기 때문이며, 나머지 양상은 물리 과정 속에 실체화된 형태로 발견된다.

여기서 차머스는 정보가 '추상적'이라고 두 차례나 말한다. 따라서 '물리적인 것'의 두 가지 정의를 구분할 경우, 생리학적 및 심리학적 양상과 관련한 정보의 존재론적 지위가 전기와 천둥/번개의 관계와 동일함을 알 수 있다. 천둥과 번개가 전기 방전의 두 양상이듯, 망막 신호와 빨간색 감각도 정보 처리의 두 양상이다. 둘은 하나의 인과 과정에 대한 서로 다른 장치 유발 반응이자 현상적 발현이다. 또한 그 공통 인과 과정은 설명적 차원에서 *물리적*이다.

이에 관해 차머스는 물리학자 존 휠러의 관점을 빌리기도 했다. 앞서 설명했듯이 휠러는 양자역학의 '참여적' 해석을 제시했다. 관측된 우주는 질문에 대한 대답의 형태로 우리 앞에 나타난다는 것이다. 그렇기에 똑같은 대상이 파동과 입자처럼 상보적인 형태를 띨 수 있는 것이다. 휠러의 해석에 따르면, 우리가 경험하는 우주의 현상적 형태는 관찰 및 측정 방식, 즉 관점에 따라 달라진다. 가령 기억은 무슨 장치로 관찰하느냐에 따라 마음속 회상의 형태로도, 신경 자취 활성화의 형태로도 경험될 수 있다. 그 형태는 관찰자의 눈에 달린 것이다.

하지만 차머스의 관점은 이와 조금 다르다. 차머스는 상보성이 관찰자나 관찰 행위가 아니라 *관찰 대상*에 내재되어 있다고 본다.

> 물리 법칙은 정보에 의거해 서술할 수 있다. 특정 상태가 특정 효과를 일으킨다고 상정하는 것이다. 이때 그 상태가 실제로 *무엇인지* 설명할 필요는 없다. 중요한 것은 정보 공간 내에서 각 상태의 위치뿐이다. 그렇다면 정보는 의식의 기본 이론을 수립하는 데도 마땅히 활용될 수 있다. 이는 정보가 가장 기본적인 존재이며, 이 *세계의 물리적 특징과 현상적 특징이라는 두 가지 기본 양상을 띤다*는 결론으로 이어진다.[33]

차머스는 '물리적 특징'과 '현상적 특징'의 상보성이 참여적 관찰자가 관찰에 사용한 장치가 아니라 정보 자체에 *내재되어* 있다고 말한다.[34] 이는 단맛이 포도당의 분자 구조에 내재되어 있다는 말과 같다.[35] 물론 거울에 비친 나를 볼 때처럼 관찰자 자신이 관찰 대상에 해당할 경우에는 이 구분이 무의미할 수 있다.[36] 또한 차머스는 '물리적 특징'의 두 가지 의미(현상적·생리적 수준, 기계적·기능적 수준)를 혼용하는데, 어쨌거나 차머스는 둘 다 '정보'로 환원하기 때문에 결국에는 별문제가 없을 수도 있다.

하지만 차머스가 맞는다고 해도 두 가지 문제가 남는다. 첫째, 경험의 속성과 물리적 속성이 둘 다 정보에 *내재한다면* 둘은 정보로 *환원될 수 없다*. 둘째, 두 속성은 모든 정보에 내재해야 한다. 그래서 차머스는 자신의 논문에서 "현상적 속성은 정보의 내적 양상"이고, (비현상적이라고 추측되는) 물리적 속성은 "외적 양상"이라고 명기했다. 이렇게 그의 이원론적 사고는 다소 궁벽한 결론에 치닫고 만다.

차머스의 말을 마저 들어보자.

이는 물리 세계가 인과적으로 닫혀 있고 경험이 물질의 부산물에 불과하다고 가정할 때 자연스레 제기되는 경험의 인과력에 대한 우려를 불식시킬 수 있다. 정보적 관점은 경험이 물질의 내재적 특성으로서 미약하게 인과력을 발휘할 가능성을 제시한다.

여기까지 이 책을 읽은 독자라면, 인간과 같이 복잡한 자기조직계에서 경험의 인과력이 결코 '미약하지' 않음을 잘 알 것이다.

그렇지만 우리는 여전히 물리 기전으로부터 경험이 발생하는 이유와 방식을 설명해야 한다. 차머스는 "왜 이러한 [물리적] 기능을 수행하는 것이 경험을 수반하는가?"라고 묻는다. 네이글과 마찬가지로 그는 경험을 '무언가로서의 느낌'으로 정의한다. 차머스에게는 '정보의 내부적 양상'이야말로 주관성의 본질이다. 이것은 '물리적인 것의 내재적 본질'이기도 하다. 또한 그는 주관성을 비주관적인 것으로 환원할 수 없다고 주장한다. 따라서 주관적 경험은 정보 *내부에* 내재되어 있어야만 한다는 것이다.

그러나 이는 '무언가로서(정보로서) 존재하는 경험'의 특질이 만물의 기본 속성임을 암시한다. 왜 차머스는 존재 *경험*을 '정보의 내부적 양상'으로 여기는 것일까? 내가 주장했듯이 주관성은 단지 하나의 관찰 시점이며 주체란 단순히 특정 종류의 사물의 존재라고 가정해 보자. 그러면 많은 사물(실제로는 대부분의 사물)에게 '그것으로서의 느낌'이 없더라도 문제가 없다. *거의 대부분의 사물은 그 자체의 주관적 관점에서 바라볼 때 '그것으로서의 느낌'을 지니지 않는다.*

단세포나 식물로서 살아가는 느낌이 존재할까? 바위나 컴퓨터, 인터넷, 온도 조절기의 경우는 어떠할까? 차머스는 "일부 생명체가 경험의 주체임은 부정할 수 없는 사실"이라고 말한다. 그 말은 오직 생명체만(또는 일부 생명체만) 경험의 주체가 될 수 있다는 뜻일까? 차머스는 이러한 질문이 열린 질문이라는 것을 인정하며, 오직 특정 복잡성 수준에 도달하거나 특정 유형의 정보 처리를 수행할 때만 경험이 발생할 가능성도 수긍한다.[37]

> 모든 정보가 현상적 양상을 지니고 있는가 하는 질문이 자연히 떠오른다. 어쩌면 기본 이론에 어떤 종류의 정보가 현상적 양상을 갖는지 명시하는 추가 제한 조건이 존재할 수도 혹은 없을 수도 있다. 후자가 맞는다면 경험은 우리 생각보다 훨씬 더 광범위하게 퍼져 있을 것이다. 정보는 어디에나 있기 때문이다. 이는 우리 직관에 어긋나지만, 곰곰이 생각해 보면 이 주장 역시 어느 정도 타당하며 유려하기도 하다. 단순한 정보 처리가 일어나는 곳에는 단순한 경험이 있고, 복잡한 정보 처리가 일어나는 곳에는 복잡한 경험이 있다. 쥐의 정보 처리 구조는 인간보다 단순하므로 경험도 그만큼 단순하다. 그렇다면 가장 단순한 정보 처리 구조인 온도 조절기는 가장 단순한 경험을 하지 않을까? 경험이 정말로 만물의 기본 속성이라면, 그것이 가끔 일어난다는 것이 오히려 놀라운 일일 것이다. 대다수의 기본 속성은 훨씬 보편적으로 관찰된다. 어쨌거나 이것은 열린 질문이다.

경험이 만물의 기본 속성이라는 차머스의 견해를 수용하면 아무것도 설명하지 않아도 된다. 경험이 어디든 깃들어 있고 또 영원하다면 그 무엇도 두려워할 필요가 없다. 이 '억측' 하나만 받아들이면 우리는 어려운 문제를 털어 버리고 스스로 불멸의 지위를 부여할 수 있다. 우리의 존재가 무언가에 *의존*할지 모른다는 두려움도 한낱 악몽처럼 사라져 버릴 것이다.

나 역시 그렇기를 바란다. 하지만 이전 장들에서 살펴보았듯이 경험은 특별한 조건에서만 발생한다. 한없이 연약한 우리 존재를 관통하는 정보의 흐름, 그 사이의 정확한 특정 위치에 경험이 자리한다. 경험은 특정한 작업을 수행하고 이내 사라진다. 실재의 구조 내에서 경험의 지위를 따져 보자면 여러모로 다른 여러 장치 유발 반응과 다를 바가 없다. 나로서는 매우 유감이지만 어쩔 수 없다. 한편, 차머스의 추측을 수용하지 않는다면 우리는 다음 질문에 답해야 한다. 왜 어떤 것은 '그것으로서의 느낌'이 존재하고, 다른 것은 그렇지 않은가? 모든 사물이 주체는 아니고, 또한 모든 주체가 감응적인 것도 아니라면, 어떻게 지각적 주체가 *간혹이라*도 생겨나는 것일까?

정보에 관한 차머스의 포괄적인 제안은 흥미롭다. 하지만 '기본 이론에 어떤 종류의 정보가 현상적 양상을 갖는지 명시하는 *추가 제한 조건*이 있다'는 쪽이 훨씬 더 타당해 보인다. 그리고 그 제한 조건을 정의하는 것이 이 책의 주요 목표이기도 하다. 지금껏 보았듯이 모든 것은 정보가 처리되는 목표와 목적에 달려 있다. 의식의 경우, 이는 *엔트로피를 최소화하는 것*을 뜻한다. 하지만 의식은 이보다 더 복잡하다. 우리는 마르코프 블랭킷을 이루어야 한다. 그러면 '나'라는 마르코프 블랭킷이 *자신의* 엔트로피를 최소화한다. 이 엔트로피 최소화는 예측할 수 없는 맥락에서 무수한 범주형 매개변수를 대상으로 이루어진다. 이 책에서 설명한 물리학적 사실에 따르면, 의식은 모든 정보에 담겨 있는 것이 아니라 오직 '자증적'이라는 특정 유형의 복잡한 정보 처리에만 내재한다.

만약 일부 사물이나 생명체만이 경험의 주체가 될 수 있다면, 의식은 우주의 기본 속성이 될 수 없다. 빅뱅 이후 아주 오랜 후에야 생명이 출현했다는 것은 수많은 증거가 뒷받침하는 명확한 사실이다. 그렇다면 의식이 나타나기 이전의 시대도 있었을 것이다. 의식이 특정 순간에 발생했다고 가정하는 것만으로도, 의식에 대한 물리적 설명을 찾아야 함이 확실해진다. 의식이 탄생한 순간이 있다는 것은 그 이전에 의식을 설명할 수 있는 무언가가 존재했다는 뜻이 된다. 반대로 의식이 생명이나 우주보다 먼저 존재했다는 관점은 관찰 사실에 어긋날뿐더러 심지어 신의 존재를 논하려는 것처럼 들리기까지 한다. 신과 같은 개념을 도입하지 않을 거라면 비의식적non-conscious인 물리적 우주로부터 의식이 출현했다고, 따라서 의식을 물리적 우주의 일부로 보는 것이 타당하다.

우리의 내면세계도 마찬가지다. 이전 장들에서 보았듯이 지각과 인지는 의식 없이도 수행될 수 있다. 오히려 *대부분의* 지각과 인지가 무의식적으로 일어난다는 것이 정설이다. 앞서 인용한 킬스트롬과 바그·차트랜드의 리뷰 논문에서 말하는 바도 그와 같다. 저자들은 각종 증거를 검토한 끝에 우리가 '대부분의 순간에' 자신의 심리 행위를 의식하지 못한다고 결론 내린다.

이 두 논문은 주목할 만한 실험 결과(특히 경험을 통한 의식적 학습으로부터 무의식적 의도가 도출되는 방식)를 많이 담고 있다.[38] 어쨌거나 두 논문의 결론은 *심리* 사건을 포함한 각종 사건이 의식 여부와 무관하게 우리 내면에 발생하고 존재한다는 것이다. 어찌 보면 당연한 이 결론에 어느 방향에서든 진작에 도달할 수 있었겠지만, 그것은 별반 중요하지 않다. 우리의 '매 순간 심리 생활' 가운데 대부분이 의식적 경험 없이도 일어난다면, 온도 조절기와 인터넷에 의식이 없으면 안 될 이유는 무엇인가? 뇌에서 비선언적 기능을 수행하는 기저핵basal ganglia이 (차머스의 용어를 따르자면) '본질적으로 경험적인' 존재가 아닐진대, 어떻게 모든 정보가 경험적일 수 있을까?

일반적으로 주관성은 비경험적인 것이 모여 만들어질 수밖에 없다. 이것은 물자체 대 현상에 관한 형이상학적인 명제가 아닌 경험에 기반한 사실이다. *내가 경험하*는 나의 심리 생활은 결코 내 심리 생활의 전부가 아니다. 따라서 우리는 '경험'을 더 넓은 관점에서 조망할 필요가 있다. 일찍이 프로이트가 말했듯이 심리 생활의 모든 요소가 의식되지는 않는다. 의식의 본질을 가늠할 유일한 방법은 의식이 하는 일, 즉 의식의 기능을 파악하는 것이다.

내가 궁금한 것은 하나다. 어쨌거나 무의식적으로 진행되었을 정보 처리에 자각이 *기여하*는 바는 무엇인가? 자각이 물리 과정에 아무런 영향을 주지 못한다면, 그 과정을 자각하는 게 무슨 의미가 있는가? 이 물음은 차머스의 핵심 질문인 "왜 이러한 기능을 수행하는 것이 경험을 수반하는가? … 왜 이 모든 정보 처리는 내면의 느낌 없이 '어둠 속에서' 일어나지 않는 것일까?"와 사실상 같은 말이다.

나는 이 문제가 크릭이 그랬듯이 차머스 역시 의식의 기능을 엉뚱한 곳에서 찾으려 했기 때문에 생겨났다고 본다. 의식의 기본 형태는 시각과 같은 인지가 아닌 정서다. 그런 의미에서 의식이 *인지* 기능이 아니라는 차머스의 지적은 옳았다. 의식의 주 기능은 지각하기, 기억하기, 이해하기도 아닌 *느끼기*다.

그런데 느낌 기능이 어떻게 아무런 느낌 없이 '어둠 속에서' 일어날 수 있을까? 왜 시각이 경험을 수반하는지를 따지는 것은 합당하다. 사실 시각에는 의식이 필요치 않다. 다른 모든 인지 과정도 마찬가지다. 하지만 느낌은 그렇지 않다.[39] 욕동과 정동과 감정이 *반드시* 의식적이지는 않다고 주장하는 이론이 있는 것도 사실이다. 이는 학자마다 용어를 다르게 정의하기 때문이다. 그래서 나는 지금껏 '느낌'이라는 단어를 사용해왔다. 혹여 무의식적 감정이란 게 존재한다면, '느낌'은 그 감정의 의식적 대응물을 가리킨다. 느껴지지 않는 느낌이란 있을 수 없다. '무의식적 느낌'은 형용 모순이다.

그래서 이 책에서 느낌에 관한 과학적 논증에 집중해 왔다. *의식의 어려운 문제를 해결하려면, 과학은 '느낌'이라는 정신 기능을 관장하는 법칙을 밝혀야 한다.* 이것은 탁상공론의 문제가 아니다. 이 책에서 나는 많은 증거를 토대로 느낌이 의식의 기본 형태이자 전제 조건임을 제시했다. 또한 느낌이 된 욕구와 그렇지 못한 욕구의 차이를 생리적·기계론적으로 설명함으로써 느낌이 실제로 물질세계에 영향을 미친다는 점을 보였다. 이를 토대로 9장에서는 "의식이 단순히 자기조직계의 '실제' 동역학에 대한 어느 한 주관적 관점이 아니라, 그 자체로 명확한 인과력을 가진 기능"이라고 결론 내렸다.

시각과 같은 정보 처리가 '경험'을 내재하지 않는다는 사실을 받아들이고 나면 "왜 이러한 기능을 수행하는 것이 경험을 수반하는가?", "왜 이 모든 정보 처리는 내면의 느낌 없이 '어둠 속에서' 일어나지 않는 것일까?" 등의 차머스가 던진 의문들도 이내 풀린다. 경험은 느낌을 생성하는 특정 형태의 정보 처리에만 내재해 있다.

바로 이것이 온도 조절기나 인터넷으로서의 느낌 따위가 존재하지 않는 이유다. "왜 일부 존재만이 그것으로서의 느낌을 갖는가?", "왜, 어떻게 *때때로* 지각적 주체가 생겨나는가?" 등의 질문도 이와 밀접하게 관련되어 있다.

이들 질문에 대한 답은 기계론적인 용어로 기술되어야 한다. 느낌의 기능은 무엇인가? 그 기능은 경험 없이도 수행될 수 있는가? 만약 시각장애인 신경과학자 메리가 *정동* 신경과학을 전공했다면, 느낌의 기능에 관한 모든 지식을 바탕으로 어떠한 느낌의 이유를 설명하거나 예측할 수 있지 않았을까?[40] 로크의 역전된 스펙트럼 문제도 마찬가지다. 내가 엄청나게 맛있다고 느낀 음식이 타인에게는 극도의 고통을 주는데, 그게 겉으로 아무 티가 나지 않는 게 논리적으로 가능할까? 당연히 아니다. 느낌은 실제로 어떤 작용을 *수행하며*, 그 과정에서 우리의 생존 가능성을 엄청나게 높여 주기 때문이다.[41]

시각 정보 처리와 시각 자각 사이에 있는 설명적 간극의 존재는 쉽게 인정할 수 있다. 그런데 느낌의 기능과 경험 사이에는 그러한 간극이 존재하지 않는다. 물론 일부 철학자는 '정서적 좀비'의 *상상 가능성*을 예로 들며 여전히 간극이 있다고 주장할 것이다.[42] 하지만 나는 이들의 반론이 합리적인 의심보다는 학계의 전통적 선입견에 기인한다고 생각한다. 나는 그들에게 이 문제를 다시 한번 새로운 시선에서 바라볼 것을 요청하는 바다.

만약 의식과학이 시각 피질에서 의식의 신경상관물을 찾는 대신 느낌이 생겨나는 이유와 원리를 탐구하는 것에서 출발했다면, 애초에 '설명적 간극'은 문젯거리가 되지 않았을 것이다. 배고픔과 같은 느낌의 생물학적 기능은 전혀 신비로울 게 없다. 또한 그 느낌의 현상적 측면을 설명하는 것도 그다지 어렵지 않다. 그저 자유 에너지 최소화라는 논리를 우리와 같은 자기조직계에 적용하면 된다. 우리의 다양한 욕구, 복잡하고 위험한 환경, 행동의 폭넓은 선택지, 한 번에 고작 한두 가지 행동만 할 수 있는 한계점을 고려할 때, 검토와 선택을 위한 내적 세계의 구축을 우리는 *기대*할 수 있다. 그렇다면 그 세계는 무엇으로 채워져야 할까? 답은 역동적으로 변화하는 여러 가치적 특질valuative quality일 수밖에 없다. 이 특질 중 핵심은 바로 신뢰도 가중치다. 서로 질적으로 다른 여러 욕구가 일어나는 상황에서 신뢰도 가중치는 주변 환경의 중요 특징을 포함해 욕구들을 표지·측정한다.

아래 차머스의 말을 검토해 보자. 그가 인지가 아니라 정서 기능을 염두에 두었다면 과연 아래와 같이 말했을까?

> 경험의 기능이 없다는 말이 아니다. 어쩌면 경험이 중요한 인지적 역할을 담당하는 것으로 드러날지도 모른다. 하지만 그 역할이 무엇이든 경험을 설명하는 일은 단순히 기능을 설명하는 것 이상의 작업일 것이다. 기능을 설명하는 과정에서 경험을 설명하는 데 필요한 핵심 단서가 발견될 수도 있다. 하지만 그것은 어디까지나 뜻밖의 *부가적인* 성과일 것이다. '이 기능을 설명하면 경험도 *저절로* 설명된다'고 예단할 수 있는 인지 기능은 없다.[43]

나는 느낌의 기능을 규명하면 경험도 저절로 설명될 것으로 확신한다. 그 설명이 자연과학적으로 타당하다면 그러지 못할 이유가 없다. 지금껏 우리는 열역학에서 출발해 질적·주체적 주관성에 놀랍도록 쉽게 도달했다. 주관성은 긴급한 요구 사항을 빠르게 저울질하고, 그것들을 느낀 다음, 신중하게 다음 행동을 도출한다. 이것이 바로 어떤 존재가 되는 것의 의미라고 생각한다.

그렇다면 이것으로 의식의 본질에 관한 미스터리가 전부 해결된 것일까? 하지만 여전히 불편감이 해소되지 않고 남아 있는 것이 사실이다. 지금껏 설명한 기전에 의해 나의 모든 경험(세계를 인식하고 파악하는 능력 자체)이 일어난다니, 이 얼마나 이상한 생각인가? 감성적으로는 이 결론을 거부하고 싶다. 하지만 그렇게 파고들기 시작하면 우리 존재, 아니 만물의 존재 자체가 이상하게 여겨진다. 우리 존재는 우연적이며, 우리는 그 사실에서 벗어날 수 없다. 각종 일촉즉발의 상황이나 예기치 못한 사건으로 인해 내가 이 자리에 있지 못했을 수도 있다는 생각은 일상에서 우리를 불안케 한다. 어떻게 보면 불안감이 드는 게 *당연하다*. 그러한 죽음의 위기를 방지하기 위해 '느낌'이란 게 진화했기 때문이다. 수술이 실패한 후 자기 존재의 위태로움을 감추려고 노력하던 환자 S가 다시 떠오른다. 그렇게 애쓰는 이가 오직 S뿐일까. 나의 이론에서 설명하듯 우리 존재가 미약하기 그지없다는 말을 들었을 때 희망 섞인 부정을 하고 싶은 충동이 이는 것은 자연스러운 일이리라.

하지만 여기서 끝이 아니다. 모든 이론은 무언가를 전제로 삼는다. 따라서 그 전제는 해당 이론으로 설명할 수 없다. 모든 이야기는 어딘가에서 끝이 나야 한다. 나의 이론은 수수께끼 같은 존재인 '정보', 그리고 (좋은 의미로) 기묘한 '자기조직화'에서 끝난다. 나의 의식 이론에서 모든 것은 존재를 향한 계의 욕동에서 비롯된다. 프리스턴의 실험이 보여 주었듯이 질서는 혼돈 속에서 자발적으로 생겨나며, 그 질서가 한데 엮인 것이 우리의 마음이다. 마음은 엔트로피의 맹공에 맞서 자신을 방어한다. 어떻게 이것이 우리 존재의 근간이란 말인가? 질서란 도대체 *무엇이며*, 어떻게 내 삶 전후의 칠흑 같은 죽음의 시간 속에서 나라는 존재를 건져 올린 것일까? 이 물음들은 이 책의 범위를 넘어선다. 애초에 답을 찾기가 가능한지도 의문스럽다. 그렇지만 언젠가 그 답이 밝혀지기를 나는 희망한다.

비록 이러한 의문들이 풀리지 않더라도, 이 책의 내용이 여전히 가치 있기를 바란다. 많은 이가 불가능하다고 믿었던 일, 곧 물질세계에 속한 것들로 주관적 느낌을 설명하는 작업을 해냈으니 말이다. 어려운 문제들은 여전히 산적해 있지만, 적어도 우리가 익히 알던 그 '어려운 문제'는 어느 정도 해결된 듯하다. 가끔은 나조차 나의 이론을 100% 확신하지 못해서, 어떻게 의식이 내 이론에서 설명하는 대상일 수 있는지 의심할 때가 있다. 그럴 때면 최종 진리는 절대 도달 불가능하며 불확실성이 지속되는 것이 정확히 내 이론이 예측하는 바라는 사실에서 일말의 위안을 얻는다.

12장

마음 창조하기

어린 시절 나는 모든 것이 무의미하게 느껴지는 허무함을 겪었다. 무슨 짓을 하든 언젠가 나는 영영 사라질 테니 말이다. 의식과 뇌는 불가분의 관계인데, 아무리 봐도 뇌는 시간이 가면 낡아 없어질 것이 분명했다. 이 사실이 너무도 괴로웠다. 이 허무주의의 수렁에서 벗어날 유일한 방법은 의식의 정체를 이해하려고 애쓰는 것이었다. 이 상황에서 해결할 가치가 있는 유일한 문제인 의식 문제에 마음을 쏟는다면, 최소한 내게 주어진 찰나의 시간을 낭비하지는 않은 셈이 될 터였다. 희박한 확률이지만 어쩌면 의식을 이해함으로써 그 굴레에서 벗어날 수 있으리라는 기대도 했다. 유아론적 거품 장벽을 걷어 내고, 더 높은 차원에서 '존재'를 조망할 수도 있지 않을까? 심지어 나는 이를 통해 우리의 필멸성으로 말미암은 공포스러운 논리적 결말에 대한 일말의 대안을 찾기를 바라기도 했다.

이 책은 그러한 나의 학문적 여정의 결정체다. 신경심리학과 정신분석을 배우면서 나는 논리 자체가 뇌의 산물임을 깨닫고 위안을 얻었다.

얼마나 많은 '순간순간의 심리 생활'이 의식적 지각과 수의적 통제 바깥에서 발생하는지 두 눈으로 직접 목격했다. 그럼으로써 '생각'의 실제 지위를 알게 되었다. 또한 뇌의 특정 부위를 잃고 명백한 진실을 인식하지 못하게 된 환자들도 보았다. S와 같은 사람들이 정신적 도구의 한계로 인해 틀린 가정에 도달하는 것처럼 나 역시 마찬가지일 것이다. 만약 우리 자신의 정체, 곧 우주 속 우리의 지위를 깨닫게 하는 장치가 우리에게 없는 것이라면? 모든 사람들이 청각만 있다면, 우리는 단단한 사물로 구성된 시각적·촉각적 세계를 알지 못한 채, 실재가 공기를 떠다니는 음파로 이루어져 있다고 여길지 모른다. 각자가 가진 증거가 똑같이 불완전하다면, 모두가 하나의 잘못된 결론에 도달할 수밖에 없다. 같은 논리로, 만약 우리 대뇌의 뇌엽이 네 개[32]가 아니라 다섯 개였다면, 지금 우리는 알지 못하는 사물의 어떠한 본질을 더 알아냈을지도 모른다.

하지만 그 새로운 지식이 우리를 *더* 절망케 할 수도 있다. 혹자는 뇌가 발달할수록 우주 속 자신의 지위가 좋아지는 게 아니라 나빠진다고 말하기도 한다. 그게 합당한지는 잘 모르겠다. 어쨌든 주어진 바대로 최선을 다할 수밖에 없다. 찾을 수 있는 최선의 증거로 추측을 검증하고, 틀린 것으로 판명된 가설을 언제든지 기각하는 것은 과학의 규칙이기도 하지만 생명체로서의 일상 속 규칙이기도 하다. 현재로서는 나라는 지각적 존재가 육신의 죽음 이후에도 지속될 거라는 가설을 뒷받침할 증거가 거의 없다. 우리 존재는 위험하리만치 연약한 뇌라는 대상에 그야말로 전적으로 의존하고 있다.

이 전제를 바탕으로 우리는 뇌가 진화하기 이전의 지구에는 의식이 없었으며, 아마도 약 5억 2,500만 년 전에 척추동물의 뇌가 진화하면서

---

32) 후두엽, 측두엽, 두정엽, 전두엽(역자 주).

비로소 의식이 생겨났다고 가정할 수 있다. 물론 그 이전에도 의식은 원시적인 형태로 출현했을 것이다. 서로 대립하는 다양한 욕구를 가진 복잡한 유기체가 진화함에 따라, 정동의 전구체는 정동의 느낌으로 (명확한 경계 없이) 점차 변모했을 것이다. 이윽고 피질이 진화하면서 인지 의식, 즉 정동을 외부수용적으로 맥락화해 기억할 수 있는 능력이 부가적으로 출현했다.[1] 어쨌거나 지각은 신경계가 있기 전에는 존재할 수 없었다. 다시 말해, 내적·주관적 의식은 외부 신체가 없이는 존재할 수 없었다. 따라서 6장에서 살펴본 증거를 토대로, 의식은 PAG(또는 그 직전의 진화적 전구체), 중뇌 결정 삼각부, 망상 활성계의 존재를 필요로 한다고 판단할 수 있다.

혹시 위 문단을 읽으면서 마음속에 약간의 의구심이 피어오르지 않았는가? 2018년 2월에서 7월 사이 언젠가 내 머릿속에도 바로 그 의구심이 스쳐 지나갔다. 그래서 나는 '의식을 느낌으로 조망함으로써 의식의 물리적 설명에 돌파구를 마련할 수 있다'는 나의 견해에 동의하거나 공감하는 소수의 물리학자 및 전산학자 집단과 정기적으로 만나기 시작했다.[2] 논의를 거듭하면서 내 관점은 나 자신이 놀랄 만큼 새롭게 바뀌었다. 물론 이 책을 읽는 당신에게는 이 관점이 놀랍지 않겠지만 말이다. 나를 불편하게 했던 생각은 이것이었다. 의식은 반드시 PAG*처럼 생긴* 대상의 존재를 수반하지는 않는다. 단지 PAG와 같은 *기능*을 수행하는 대상의 존재를 필요로 할 뿐이다.

데이비드 차머스는 그를 추종하는 많은 사람과 달리 어려운 문제가 해결될 수 있다고 여긴다. 실제로 그가 어려운 문제를 처음 정의한 그 논문에서 '의식 이론의 개요'라는 소제목 아래 가능한 해결 방안들을 제시했다. 그의 이론은 잘 알려지지 않았는데, 아마도 이를 받아들이는 과학자가 거의 없기 때문일 것이다. 이 이론은 세 가지 원칙을 기반으로 하며, 그중 구조적 일관성 원칙과 이중 양상 원칙을 11장에서 소개했다. 나는 그 두 원칙에 반론을 제기했지만, 한편으로는 공감하기도 했다. 어찌 보면 이 책은 두 원칙을 다듬어 발전시키고 있다. 이제 세 번째 원칙인 '조직 불변성Organisational Invariance의 원칙'을 알아보자.

조직 불변성의 원칙은 기능적 세부 조직이 동일한 두 물리계가 질적으로도 동일한 경험을 한다는 뜻이다. 가령 신경 조직의 인과 패턴을 실리콘에 복제하면, 즉 모든 뉴런에 대응하는 반도체 칩을 깔고 신경계와 똑같은 상호작용 패턴을 구현하면 동일한 경험이 일어난다는 것이다. 이 원칙에 따르면, 경험의 출현에서 중요한 것은 계의 물리적 조성이 아니라 *구성 요소 간의 인과적 상호작용의 기능적 패턴*이다. 물론 여기에는 논란의 여지가 있다. 특히 존 설은 의식이 특정 생물학적 구조에 귀속되어 있으므로 반도체로 된 복제 인간은 의식이 없을 것이라고 주장했다.[3] 하지만 사고 실험을 통해 분석해 보면 이 원칙은 상당히 일리가 있어 보인다.

차머스가 고안한 사고 실험 중 하나를 살펴보자.[4] 이 실험은 서로 동형체인[33)] 두 정보 처리 체계가 존재할 수 있다는 전제에서 시작된다. 둘 중 하나는 (인간 뇌처럼) 뉴런의 구성으로 기능을 구현했고, 나머지 하나는 (인공 뇌처럼) 반도체 칩의 구성으로 기능을 구현했다. 그런데 인간 뇌는 자연적으로 경험을 할 수 있다. 이때 차머스는 다음과 같이 묻는다. 인간 뇌의 복제품이 모든 기능을 정확히 구현했다면, 경험도 구현될 수 있을까? 그의 말을 직접 들어 보자.

두 체계의 조직이 동일하다면, 한 체계를 다른 체계로 점진적으로 전환

33) 기능적 조직이 동일한(역자 주).

> 하는 과정을 상상할 수 있다. 가령 뉴런을 동일한 기능을 가진 반도체 칩으로 하나씩 바꿔 끼우는 것이다. 그렇게 하면 기능적 조직이 같지만 물리적 조성은 다른 수많은 중간 단계를 얻을 수 있다.[5]

기존의 뉴런을 인공 뉴런으로 바꿔 끼우면 과연 뇌의 경험이 달라질까? 혹은 그 반대의 경우는 어떨까? 이에 대해 차머스는 뉴런 뇌가 완전히 인공 반도체 뇌가 되기까지의 모든 단계를 거치는 동안 뇌의 경험은 바뀌지 않으리라고 주장한다. (물론 그 반대 과정도 마찬가지다.) 따라서 반도체 뇌도 경험을 할 수 있다고 차머스는 말한다.

> 경험의 변화가 곧 정보 처리의 변화에 대응한다는 극도로 합리적인 가정에서 우리는 [… 뉴런에서 반도체로 바뀌는 동안 정보 처리가 변화하지 않았으므로] *기능적으로 동형인 임의의 두 체계가 같은 종류의 경험을 가져야만 한다*는 결론에 이른다.[6]

차머스는 '신경계의 반도체 동형체가 기술적인 이유로 제작 불가능할 수도 있다'는 일각의 우려도 인정한다. 단, 그것은 어디까지나 열린 질문이다. 조직 불변성 원리는 *만약에* 인간 뇌의 동형체가 존재 가능하다면 그것이 우리와 같은 의식적 경험을 할 수 있음을 시사할 뿐이다. 차머스는 다음과 같이 결론짓는다.

> 이 사고 실험은 의식과 인지 처리 간의 일관성에 관한 익숙한 사실들을 바탕으로, 물리 구조와 경험의 관계에 대해 확고한 결론을 도출한다. 이 논증이 맞는다면 오직 *조직적* 속성만이 경험의 출현과 직접적으로 관련된 물리 속성임을 알 수 있다.[7]

이 논리에는 아무 하자가 없어 보인다. '하나의 기능적 조직(가령 나 자신)이 내면적으로나 외면적으로 바라볼 때 두 가지 다른 모습을 띨 수 있다'는 나의 주장과 비슷해 보이기도 한다. 차머스와 나의 견해 차이는 이 논거를 확장하는 방식에서 발생한다. 차머스는 이 논증을 토대로 모든 정보가 주관적인 양상을 갖고 있으며, 따라서 의식적이라는 이론을 세웠다. 하지만 나는 (차머스의 용어를 빌리자면) '의식의 기본 이론에는 어떠한 *유형*의 정보가 현상적 양상을 갖는지 서술하는 추가 제약 조건이 필요하다'고 생각한다. 차머스와 나의 생각이 어긋나는 점은 이것뿐이다. 이 책에서 나는 현상적 양상을 가진 것으로 추측되는 특수한 정보 처리 유형을 찾아냈으며, 그 이유와 원리도 설명했다. 말하자면 이중 양상 원칙과 구조적 일관성 원칙의 '제한된' 버전을 제시한 것이다. 차머스가 내 주장을 받아들일지와 무관하게[8] 나는 그의 세 번째 원칙에 전적으로 동의한다. 즉, 기능적으로 동형인 두 체계 중 하나가 현상적 경험을 한다면 *다른 한 체계도 반드시 현상적 경험을 해야 한다.*

이것의 함의를 살펴보기 전에, 신경계의 반도체 기반 동형체 제작이 기술적인 한계로 인해 불가능할지도 모른다는 과학적 우려를 검토해 보자. 차머스는 그것이 '열린 질문'이라고 했다. 하지만 차머스의 논문은 무려 1995년에 쓰였으며, 이 질문도 이제는 미해결 문제가 아니다. 2012년부터 2016년까지 발표된 여러 논문에서 세계 각지의 연구진은 인공 인터페이스로 뇌와 척수를 연결하고 척수의 신경 전달을 무선 신호로 대체함으로써 마비된 동물이 다리를 움직일 수 있게 했다.[9] 피츠버그대학교의 마르코 카포그로소Marco Capogrosso 교수 연구팀은 논문에서 다음과 같이 썼다.

> 우리는 붉은털원숭이(Macaca mulatta)의 운동 피질 중 다리를 담당하

> 는 영역에 미세전극 어레이를, 척수에는 척수 자극 시스템을 이식했다. 척수 자극 시스템은 특정 위치만을 선택적으로 자극할 수 있는 경막외 임플란트와 실시간 트리거링 기능이 있는 펄스 발생기로 구성되었다. 우리는 또한 신경 신호를 온라인으로 해독해 다리의 폄·굽힘 운동 상태를 추출하고, 이를 해당 운동을 유도하는 자극 프로토콜과 연결하는 무선 제어 시스템을 설계 및 구현했다. 이 시스템을 통해 원숭이는 유선 전자 장비의 제약 없이 자유롭게 행동할 수 있었다.[10]

이 원숭이들은 흉추 피질척수로路의 상부 운동 뉴런에 손상을 입어 한쪽 다리가 마비되었다. 하지만 "마비된 다리는 신경 손상 후 최소 6일 만에 뇌-척수 인터페이스로 인해 아무런 사전 훈련 없이도 러닝머신과 지상에서의 보행처럼 체중 부하가 가해지는 운동 능력을 회복했다."[11] 이 연구의 핵심은 '뇌-척수 인터페이스'(손상된 피질척수로를 건너뛰고 피질과 요추 간의 통신을 복구시킨 무선 신호)가 존 설이 '기술적인 이유로 불가능할지도 모른다'고 말했던 바로 그 인공 동형물이라는 사실이다. 이 연구에서 무선 신호는 기존의 피질척수 뉴런과 동일한 기능을 수행함으로써 신경 신호를 대체했다. 이는 차머스가 사고 실험에서 상상한 방식 그대로다.

물론 피질척수 뉴런은 (인지가 아닌) 오직 운동 기능만 수행하는 세포다. 하지만 우리는 이 뉴런이 신피질 5층에서 뻗어 나온 '피라미드' 뉴런이라는 점에 유의해야 한다. 예측 부호화 관련 문헌에 따르면 피라미드 뉴런은 지각 및 능동 추론 과정에서 '예측'과 '오차' 신호를 함께 처리한다고 널리 알려져 있다. 피라미드 뉴런은 해마와 전전두엽을 포함한 대뇌피질 전체에서 발견되며, 피질척수 뉴런은 이들과 형태학적으로 같다. 그러므로 피라미드 뉴런의 기능은 인공 동형체에 의해서도 수행될 수 있다. (이 경우에는 무선 전파가 신피질과 근육을 연결하는 기능을 수행한 것이다.) 심

지어 최근에는 피라미드 뉴런의 기능을 온전히 수행하는 반도체 동형체가 제작되기도 했다.[12]

이 연구의 중요한 시사점은 이것이다. 붉은털원숭이의 뇌에 이식된 전극은 *정보*를 읽어 냈다. 피질 활동으로 생성된 그 정보는 원숭이의 뇌가 피질척수 피라미드 뉴런을 통해 다리로 보내려는 *메시지*였다. 전극은 이 메시지를 무선 전파로 부호화하고 인공 매체를 통해 요추로 전송했으며, 요추는 이를 근육이라는 자연 매체에 전달해 의도한 움직임을 이끌어 냈다. 다시 말해, 무선 전파가 인공적으로 수행한 기능은 정보 처리 기능이었으며, 이는 본래 피질척수 피라미드 뉴런이 자연적으로 수행하는 기능이다. 최근 제작된 반도체 뉴런에도 마찬가지 원리가 적용된다. 이 글을 쓰는 현재까지는 반도체 뉴런이 그러한 실험에 활용되지는 않았지만 말이다.

더 넓은 측면에서 뇌의 다른 정보 처리 기능도 똑같이 대체 가능하다. 인간 고유의 인지 기능도 마찬가지다. 이는 단순한 가능성이 아니라 *검증된 사실*이다. 2012년 브라이언 패슬리Brian Pasley 연구팀은 기념비적인 연구를 했다. 이들은 의료 목적으로 뇌 수술을 받는 15명의 지원자를 모집해 수술 도중 청각 피질에 전극 어레이를 심고 전기 활동을 기록했다.[13] 연구팀이 확성기나 헤드폰을 통해 단어를 들려주면 환자들은 의식이 있는 채로 그 소리를 들었다. 연구팀은 이를 분석해 신경 패턴에 소리를 매핑하는 알고리즘(계산 모델)을 구현했다. 이 모델은 각 말소리에 대응하는 뇌 활동 패턴을 찾아냈고, 연구팀은 이 과정을 역설계해 두뇌 활동 패턴(정보)으로부터 뇌가 들은 단어를 재구성하는 것이 가능함을 보여 주었다.

여기서 컴퓨터 알고리즘은 이전 실험에서의 무선 전파에 해당한다. 하지만 알고리즘의 역할은 그보다 더 복잡하다. 알고리즘은 뇌가 자연적으로 모델링하는 것과 똑같은 정보를 인공적으로 모델링해 그 모델에서 도출된 소리를 생성한다.

이 방식은 시각 심상에도 적용될 수 있다. 실제 사례도 있다. 신지 니시모토Shinji Nishimoto와 잭 갤런트Jack Gallant 연구팀은 오직 뇌영상 신호로부터 시각 피질이 무엇을 보는지 해독한 다음, 그러한 두뇌 활동 패턴을 다시 동영상으로 변환하는 컴퓨터 알고리즘이 구현 가능함을 제시했다.[14] 그렇게 하면 단지 뇌영상만으로 두뇌 활동을 야기한 시각 이미지에 대한 합리적인 근삿값을 얻을 수 있다.

놀랍게도 이를 꿈에 시도한 연구 사례도 있다.

> 수면 중 시각 심상에 관해서는 오랫동안 많은 가설과 추측이 난무했지만, 사적 경험이라는 특성상 객관적인 분석이 어려웠다. 본 연구에서는 수면 개시 기간의 두뇌 활동 측정값을 바탕으로 기계학습 모델을 통해 시각 이미지의 내용을 예측하는 신경 해독 접근법을 제시한다. 이를 위해 우리는 어휘 및 이미지 데이터베이스를 토대로 인간의 뇌영상 패턴과 언어 보고 사이의 연관성을 찾아냈다. 시각 피질 영역의 자극 유발 두뇌 활동으로 훈련시킨 해독 모델은 시각 내용을 정확하게 분류·감지·식별했다. 본 발견은 수면 중 특정 시각 경험이 자극의 지각과 공통된 두뇌 활동 패턴을 표상함을 보여 준다. 이는 객관적인 신경 측정을 통해 주관적인 꿈의 내용을 밝혀낼 실마리를 제공한다.[15]

여기서 한 걸음만 더 내디디면 내면의 목소리나 심상 형태로 구성된 인간의 생각을 해독하는 단계에 도달한다. 실제로 크리스천 허프Christian Herff 연구팀은 "연속적으로 발화된 음성을 뇌피질전도[ECoG] 신호를 통해 [글의 형태로] 해독할 수 있음"을 보여 준 뒤, "여기서 설명한 뇌-문장

변환 시스템은 내면에서 상상한 음성을 기반으로 하는 인간-기계 간 통신을 위한 중요한 단계"라며 생각을 읽는 것이 다음 목표임을 거리낌 없이 선언했다.[16]

이처럼 이 분야는 매우 대대적으로 발전하고 있다. 이 연구들의 함의를 하나만 꼽자면 다음과 같다. 차머스의 사고 실험에서처럼 대뇌피질에서 일어난 정보 처리 과정[17]의 내용을 인공 매체로 부호화한 뒤 다시금 두뇌 과정의 형태로 해독하는 것이 가능하다고 하자. 그렇다면 모든 피질 과정을 인공 장치에 옮겨 담아 나중을 위해 보관하는 것도 이론적으로는 가능하다. 그렇다면 개체의 대뇌피질에 담긴 내용이 육신보다 더 오래 살아남을 수도 있다. 가령 쥐에게서 이것이 실현된다면, 기본 뇌 구조가 동일한 인간에게서도 가능할 것이다.

처음 이 가능성을 접했을 때 나는 그다지 들뜨지 않았다.[18] 한 사람의 전체 장기기억 내용을 인공적으로 저장한다 해도 그 사람의 마음이 복제되는 것은 아니다. 이는 식물 상태나 혼수상태 환자의 육체적 생명을 인공적으로 유지시키는 것보다 별반 나을 게 없다. *나 자체*가 아닌 *나의 무언가*를 살아 있게 하는 것뿐이니 말이다. 선언적 장기기억의 내용(대뇌피질의 개인화된 기능적 매개변수의 총체)을 인공적으로 저장할 수 있다 해도, 그것은 여전히 '그것'일 뿐, '나'를 저장하는 것이 아니다. 과학적 근거를 토대로 보건대, 대뇌피질의 기억 매개변수는 본질적으로 의식적이지 않다. 장기기억 체계는 느낌의 형태로 그 자취를 더듬어 살필 주관적 존재를 지니고 있지 않다. 그래서 나는 다음과 같은 말로 인공지능 학계 전체를 일축하기도 했다.[19] "느낌을 느끼는 컴퓨터를 설계할 수 없다면 … 마음이 있는 컴퓨터를 설계하는 것도 절대 불가능하다. … 마음은 *지능*의 문제가 아닐 것이다."

그 이후에 어떤 변화가 있었는지 짐작이 가는가?

위 문장은 내가 2002년에 쓴 것인데, 그때도 나는 정동이 의식의 근본이라 믿었다. (과거 나의 논문을 살펴보면, 1996년부터 서서히 그런 생각을 했던 것 같다.)[20] 하지만 당시 나는 정동이 정보 처리와 무관하다고 생각했다. 나는 *인지*와 정보 처리를 동일시했고, 정동은 그보다 더 생물학적인 현상이라고 믿었다. 물론 지금도 나는 둘을 구분 짓는 게 타당하다고 생각한다. 하지만 돌이켜보면 신경조절이 신경전달보다 더 '생물학적'이라 여겼던 나 자신이 좀처럼 이해되지 않는다. 정동이 정보 처리가 아니라고 가정했던 것도 그렇다.

아마도 그건 그때 내가 정보과학을 잘 몰랐기 때문일 것이다. 특히 나는 통계역학에서의 *엔트로피*가 *평균 정보*와 동일하다는 사실을 알지 못했다(7장 참조). 앞에서 소개한 여러 연구자가 대뇌피질에서 읽어 냈던 두뇌 활동 패턴은 궁극적으로 항상성 측면에서 신경 휴식 상태로부터 얼마나 벗어났는지를 보여 주는 *항상성 편차*의 패턴이다. 다시 말해, 대뇌피질의 활동은 엔트로피적이고, 인지 작업(예측 작업)은 *반*엔트로피적이며, 따라서 둘 다 어쨌거나 정동과 같은 법칙에 따라 작동한다. 런던 회의의 폐회사를 준비하던 2017년에서야 비로소 나는 이 사실을 받아들이기 시작했다.

비인지주의자이자 '마음의 생물학자'를 자처하던 나였지만, 인공지능에 대한 나의 견해는 많이 달라졌다. 지금은 의식적인 기계를 만들 수 없다면 어려운 문제도 해결된 것이 아니라고 생각한다.[21] 이 책에서 소개한 정보 처리 형태가 정말로 의식의 인과적 기전이라면, *반드시* 그 기전으로 인공 의식을 만들 수 있어야 한다. 그것이 이 개념을 과학적으로 증명할 유일한 방법이다. (프로이트가 그랬듯이) 가설을 검증할 기술이 아직 없더라도, 가설의 수립은 이론적으로라도 검증이 가능한 형태로 이루어져야 한다.

게다가 이 책이 소개하는 가설의 경우에는 필요한 기술이 이미 *존재한다*.

신경심리학자로서 말하자면, 6장에서 언급한 의식의 생물학적 기전이 내가 생각해 낼 수 있는 최선의 이론이라 자부할 수 있다. 이 기전은 현존하는 모든 신경학적·심리학적 데이터를 그럴듯하게 설명해 낸다. PAG가 여러 수렴적 입력 신호를 처리하는 생리적 원리, 또는 PAG가 상구와 교신하는 과정에서 '다음 행동'에 대한 결정이 이루어지는 방식 등을 탐구하면 이 이론을 더 체계화할 수 있다. 하지만 그러한 연구는 어디까지나 차머스가 말하는 '쉬운 문제'에 속한다.

9장에서는 칼 프리스턴의 지대한 도움 아래 의식의 정신생리학적 기능을 통계역학으로 환원했다. 그 결과 도출된 방정식은 의식의 심리적·생리적 발현 양상과 의식의 *인과적 기전*에 대한 추상적인 스케치다. 이 스케치를 역설계하면 이것이 '어려운 문제'를 해결하는지 판단할 수 있다. 하지만 현재로서는 나의 스케치와 그것이 설명하는 기전을 실제로 구현하는 것 사이에 너무 큰 간극이 있다. 그 간극의 정체를 파악하는 유일한 방법은 구현을 시도하는 것뿐이다.

현재 나는 더 많은 물리학자, 전산학자, 생명 의공학자, 신경과학자들과 팀을 이루어 구현에 착수하고 있다. 이 책이 출간될 즈음에는 진전이 있기를 기대한다. 지금 내가 확실히 말할 수 있는 것은 *예상* 진행 방향뿐이다. 이후의 사항은 프로젝트를 진행하면서 팀 내 전문가들이 어떠한 의견을 내는지에 따라 얼마든지 달라질 수 있다.

우리의 출발점은 대부분의 전통적인 '인공지능' 연구와는 상당히 다르다. 첫째, 우리가 구현하려는 것은 지능이 아닌 *의식*이다.[22] 거듭 언급했지만, 나는 의식이 지능과 별 관련이 없다고 생각한다. 적어도 원초적인 의식에서는 그렇다. 그리고 최대한 원초적인 형태의 의식을 구현하는 것이 편의 측면뿐 아니라 곧 논의할 윤리적 이유에서도 좋은 전략일 것이다. 둘째, 우리는 체스나 음성 인식 등 실용적인 기능을 수행하는 장치를 구현하려는 것이 아니다. 실용적인 장치에는 구현의 성공 여부를 판가름하는 기능적 기준이 있다. 하지만 우리가 구현하려는 것은 수단 자체가 목적인, 다른 *객관적인* 목적이 없는 자증적 체계다. 다시 말해 존재를 지속하는 것 외에 다른 목표와 목적이 없는 존재를 만들려는 것이다.[23]

그러므로 우리는 마르코프 블랭킷(감각·활성·내부 상태)을 갖춘 무의식적 자기조직계에서부터 *시작할* 것이다. 이 조직계는 프리스턴의 실험처럼 감각 표본을 기반으로 세계를 자동으로 모델링하고, 그 생성 모델을 개선해 엔트로피가 기능 유지에 미치는 영향을 최소화한다. 즉, 프리스턴의 법칙에 따라 자신의 기대 자유 에너지를 스스로 측정하고 그에 맞게 행동할 것이다. 그 결과, 조직계는 일종의 예측 기계로 변모한다. 이브 페리에퀴덕트의 비유처럼 계의 '누수'를 막는 것 외에 명시된 과제가 없더라도, 계는 외부 상태와 내부 조직의 관계에 관한 복잡하고 계층적인 생성 모델을 갖출 것이다.

이 계는 생명체와 유사하지만 살아 있지는 않다. 비록 의식은 생명체에서 진화했지만, 우리 실험의 목적은 의식의 기능적 조직을 역설계함으로써 의식을 *인공적으로* 만들 수 있음을 증명하는 일이다. 나는 이러한 (자기조직)계를 만들 수 있다고 확신한다. 과거에도 그런 일이 있었기 때문이다.[34] 이 원시적인 계는 의식은 없지만 이미 주관적 가치 기준을 지니고 있을 것이다. 계의 자유 에너지를 최소화하는 상태가 (계의 관점에서)

---

34) 생명의 탄생을 말함(역자 주).

높은 가치일 것이며, 계는 그 상태에 오래 머물기 위해 필요한 모든 행동을 취할 것이다. 이러한 계의 행동은 원시적인 형태의 의도성이 발생했음을 암시한다.

다음 2단계로 우리는 정동의 *전구체*를 탄생시킬 것이다. 이를 위해서는 더 복잡한 체계, 특히 여러 가지 욕구를 가진 체계가 필요하다. 이는 컴퓨터 시뮬레이션으로도 가능하다. 하지만 현실적으로는 결국 계를 물리적으로 *체화해* 로봇으로 만들고, 깁스 자유 에너지의 외부 공급에 따라 프리스턴 자유 에너지를 능동적으로 최소화할 수 있게 만들어야 한다.[24] 그러면 계는 깁스 자유 에너지 공급을 프리스턴 자유 에너지 형태로 표상한 다음, 효과적인 정보 처리 작업을 통해 그 표상을 결합할 것이다. 이로써 외부 에너지의 공급을 유지하는 것이 자기조직계의 핵심 임무가 된다. (물론 모든 컴퓨터가 전기에 의존하지만, 보통은 인간이라는 외부 주체에 의해 무상 제공받기 마련이다.) 따라서 컴퓨터 하드웨어는 계의 신체가 되며, 자기조직계 내부의 가치에 따라 계는 신체가 필요로 하는 에너지를 가장 잘 흡수하는 방식으로 행동하게 된다.

상황을 시뮬레이션해 보면, 우선 시스템에 다양한 모터 장치를 달아 (여러) 외부 전원에 물리적으로 연결해 내부 배터리를 충전하게 만들 수 있다. 그 전원을 (학습을 요구하는 복잡한 규칙에 따라) 다른 위치로 옮겨 놓을 수도 있다. 그러면 시스템에도 지각 장치를 달아 주어야 할 것이다. 같은 원리로, 온도 조절 기전을 탑재해 과열을 방지할 수도 있다. 과열 역시 자기조직계의 신체를 손상시킬 수 있으므로, 계는 이 항상성 유지 장치도 표상·조절해야 할 것이다. 피로도에 관한 변수도 포함할 수 있다. 휴식 없이 너무 오래 활동하면 계의 정보 처리 효율이 서서히 저하되게 만드는 것이다. 이 피로도 변수는 다른 요구 사항과 복잡하게 상호작용할 것이다. 고통에 대한 변수는 어떨까? 이 변수는 관절, 바퀴, 팔 등 특정 영역에 가해지는 손상(마모 등)에 의해 촉발될 것이다. 그러면 자연히 불안이라는 변수도 상상해 볼 수 있다. 불안은 고통에 대한 위험 지각뿐만 아니라 다른 변수로 인한 *임박한* 실존적 위험과도 엮여 있다. 좀 더 현실적인 감정을 구현하려면 (자신과 유사한) 다른 행위 주체와 에너지 자원을 놓고 경쟁하는 상황이 필요하다. 다른 존재의 위협을 받고, 그들에게 애착 욕구를 갖고, 그들과 동맹을 맺는 등의 경험을 해야 한다. 이러한 과정에서 욕구의 상충이라는 중요한 감정적 문제가 발생된다.

예상컨대 대다수 초기 버전은 이러한 까다로운 요구 사항을 충족하지 못해 폐기될 것이다. 따라서 시스템의 성능을 관찰한 뒤 그중에서 가장 성공적인 시스템의 예측 코드 및 관련 정밀도를 다음 세대의 표현형에 부여해야 한다. (우리 시스템은 물리적으로 증식 또는 번식하지 않으므로 이러한 인공적인 '자연 선택' 과정이 이를 대신한다.)[25]

마지막 3단계는 다양한 욕구에 대한 계의 우선순위가 *맥락*에 기초한 정밀도 최적화를 통해 유연하게 재설정되는 것을 목표로 한다. 예를 들어, 가용한 외부 에너지의 양은 체온 조절, 피로, 불안 등의 역치에 의해 달라질 수 있다. 따라서 정밀도 가중치도 일주기 또는 계절에 따라 그 최적값이 바뀐다. 마찬가지로 계가 특정한 외부 환경의 위험 및 기회에 적응하게 한 뒤, 매개변수를 변경해 새로운(예기치 못한) 환경을 조성함으로써 장기적인 미래 계획에 대한 욕구를 일으킬 수도 있다.

물론 이 과정에서 수많은 자기조직계가 생존에 실패하고 폐기될 것이다. 따라서 가장 성능이 우수한 체계의 표현형을 다음 세대로 인공 전파하는 과정이 필요하다. 이들의 '죽음'을 신경 쓸 필요는 없다. 만약 살아남지 못했다면 우리가 제작하고자 하는 핵심 요소인 '감응성sentience'이 없을 가능성이 다분히 크기 때문이다.

의식(계에 의해 *느껴진* 불확실성)은 바로 이 세 번째 단계에 이르러 발생할 것으로 추정된다. 자기 보존을 위한 가치를 충분히 갖춘 자기조직계는 이미 정동 기능을 위한 요건을 갖추고 있다. 그러한 계는 이미 주관적인 '호불호'를 인식한다. 계의 호불호는 그 계에만 적용되며, 따라서 그 계만이 느낄 수 있다. 이처럼 주관적일 수밖에 없는 이 속성을 나의 가설에서는 *쾌락적 값어치*라고 부른다. 물리학적으로 설명하자면, 자유 에너지의 증가는 모든 자기조직계에 실존적 위기 상황이다. 따라서 계는 외부 세계와 자신의 관계에 대한 모델을 내부에 만들어야 한다. 이를 통해 계는 자기 보존적인 행동을 할 수 있다. 이 정도면 원시-의도적 행동이라 부를 만하다. 복잡하고 불확실한 환경 속에서 맥락에 따라 유연하게 여러 의도의 우선순위를 설정해야 한다. 그리고 자신이 선택한 하나의 의도를 '마음속'(단기기억 저장소)에 간직하고 그 의도에 따라 여러 선택에 임해야 한다. 또한 장기적인 관점에서 미리 계획하고 '미래를 기억해야' 한다.

이 단계에서는 자유 에너지 계산에 들어가는 다양한 오찻값을 구획짓고, 그들의 정밀도 가중치를 유연하게 조절하는 시스템만이 생존할 수 있다. 계는 다양한 오찻값을 범주형 변수로 취급해야 한다. 즉, 양이 아닌 질에 기초해 구분해야 한다. 매 순간 계는 여러 가지 중 한 가지 오차의 특질을 최우선 순위로 삼아, 계의 *신뢰도* 수준에 따라 그 특질을 만들어 내고 또 느낀다. 이처럼 본질적으로 주관적이고, 값어치가 매겨져 있으며, 실존적이고, 질적이며, 의도적인 계 내부 상태. 이것이 바로 '느낌'의 정체라 추측된다.

이러한 상태가 될 만큼 충분히 복잡하고 잘 만들어진 자증적 체계라면, *느낌*을 느끼지 못할 이유가 없다. 물론 인간, 포유류, 혹은 보편적인 동물이 경험하는 느낌과는 *다르겠지만* 어쨌거나 그것도 느낌은 느낌일 것이다. 그렇다면 문제는 인공 자아가 그러한 내적 상태를 느끼는 것을 우리가 어떻게 알 수 있느냐 하는 점이다. 느낌을 어떻게 증명할 수 있을까?

어떤 주제에 대한 주류 의견을 대략적으로 파악하는 가장 확실한 방법은 위키백과를 찾아보는 것이다. 인공 의식에 관해 위키백과는 다음과 같이 설명한다.

> 감각질 또는 현상 의식은 본질적으로 일인칭 현상이다. 기능적 의식과 상관된 행동 징후를 보이는 체계가 더러 있지만, 일인칭으로 경험되는 현상학적 특징에 접근할 수 있는 삼인칭적 검증법은 상상조차 하기 어렵다. 또한 의식에 대한 실증적 정의도 없다. 위 두 가지 이유로, 인공 의식에서 의식의 존재를 검증하는 것이 불가능할 수 있다.[26]

이는 우리에게 커다란 위기다. 또다시 우리는 '타자의 마음 문제'에 부닥치고 말았다. 앞서 말했듯이 우리가 만들고자 하는 것은 특정 조건으로 목표 달성을 판단하는 실용적인 인공지능 장치가 아니다. 우리 시스템은 (특히 예측할 수 없는 환경에서) 생존하는 것 외에는 객관적인 목표가 없다. 이 기준을 달성했다고 하자. 그 과정에서 시스템이 *느낌*을 활용했는지 어떻게 알 수 있을까? 물론 나는 그러한 계는 느낌을 느낄 것으로 예상하지만, 느낌은 본질적으로 주관적이다. 위키백과가 무심하게 얘기하듯, 느낌의 존재를 객관적으로 증명하는 방법은 '상상조차 하기 어렵다'.

하지만 다행스럽게도 과학은 절대적인 증명을 요구하지 않는다. 의식의 기전뿐만 아니라 모든 것에 대해 그렇다. 과학의 규칙은 단 하나, (모든 증거를 취합해) 합리적인 가설을 세우고 그 가설을 반증 가능한 방식으로 검증하는 것밖에 없다. 그렇다면 우리의 경우, 우리의 자증적 체계가 의식이 있다는 가설이 틀렸다면 그것을 어떻게 판단할 수 있을까? 이전 장에서 논의했듯이 우리는 의식이 없지만 의식이 있는 것처럼 행동하는 '정동적 좀비'의 존재를 상상할 수 있다. 이들에게 *진짜* 의식이 있는지 어떻게 알 수 있을까?

가장 전통적인 방법은 튜링 테스트다. 이 테스트는 매우 간단하다. (눈으로 *보지* 않고) 모니터를 통해서 시스템과 언어적으로 소통하면서 대화만으로 마음의 존재 여부를 판단하면 된다. 당신이 (엄밀히 말하면, 5분간의 대화 이후 심사자의 30%가) 실제 마음을 가진 존재와 소통하고 있다고 생각하면 그 기계는 테스트를 통과한 것이다.

아래 대화는 2002년에 올리버 턴불Oliver Turnbull과 함께 기고한 논문에 소개한 예시다.[27] 턴불은 심리치료사를 자처하는 엘리자ELIZA라는 사람(또는 기계)과 인터넷상에서 만났다. 턴불의 임무는 엘리자가 사람인지 아닌지를 식별하는 것이었다.

엘리자 안녕하세요. 어떤 문제를 겪고 있나요?
올리버 왜 저는 행복할 수 없을까요?
엘리자 꼭 행복할 수 있어야 한다고 생각하세요?
올리버 지금보다는 더 행복할 자격이 있는 것 같은데요.
엘리자 정말요?
올리버 네, 인생이 꼭 고통스러울 필요는 없잖아요.
엘리자 꽤 긍정적인 분 같네요.
올리버 네, 늘 그렇진 않지만요.
엘리자 그것 때문에 저를 찾아오신 건가요?
올리버 도움이 필요해서 왔어요.
엘리자 그게 진짜 이유예요?

올리버 사실은 당신이 진짜 심리치료사가 아니라 컴퓨터라고 하길래 왔어요.

엘리자 컴퓨터가 걱정되나요?

올리버 질문 하나 해도 될까요?

엘리자 질문을 하고 말고는 당신에게 달린 문제예요.

올리버 제 질문은, 마음과 뇌의 관계는 무엇인가 하는 거예요.

엘리자 무슨 말씀인지 잘 모르겠네요.

올리버 어려운 문제인데요. 생리 현상이 어떻게 정신 활동을 일으키나요?

엘리자 계속 말씀하세요.

눈치챘겠지만, 엘리자의 정체는 실제 사람이 아닌 챗봇 프로그램이다. 챗봇 중에서도 아주 단순한 형태다. 그러나 대화한 사람 가운데 놀라우리만치 많은 사람이 엘리자를 심리치료사로 믿었으며, 상당수는 엘리자에게 도움을 받았다고 느꼈다.[28] 이처럼 튜링 테스트는 확실히 문제가 있다. 턴불과 내가 지적했듯이 튜링 테스트는 *행동주의*에 입각한 지능 검사지 *의식* 검사가 아니다. 이것이 가장 큰 문제다. 간혹 기계의 지능적 행동이 인간과 구별되지 않을 때가 있는 것은 사실이다. 그런 경우, 우리는 해당 기계를 지능 측면에서 인간과 동등한 (심지어는 우월한) 존재로 취급해야 한다.[29] 사람과 컴퓨터는 둘 다 '지능'을 보인다. 하지만 철학적 좀비 문제는 또 다른 문제를 제기한다. 행동이나 지능에 관한 문제가 *아니라*, 의식에 관해서는 겉모습에 속을 수 있다는 난제다.

지난 수년 동안 의식을 검증하기 위한 몇 가지 테스트가 제안되었다. 하지만 이들은 정서 의식이 아닌 인지 의식을 대상으로 하기 때문에 튜링 테스트와 마찬가지로 우리의 목적에 부적합하다.[30] 우리가 설계하고자 하는 것은 인지적으로 매우 단순하다. 자신의 에너지 부족이나 과열 상태를 느끼는 데 필요한 만큼의 인지 처리만 하면 된다.

튜링 테스트의 장점은 편견을 방지할 수 있다는 것이다.[31] 우리 인간은 '단순한 기계'처럼 보이는 것이 의식을 지닐 수 없다는 선험적 가정에 빠질 위험이 있다. 어찌 보면 이는 자기실현적 예언이다. 유구한 역사 동안 인류는 줄곧 편협한 면모를 보여 왔으며, 지금도 마찬가지다. 인종, 성별, 성적 지향 등에 근거한 편견을 이야기하는 게 아니다. (물론 이것들도 나쁜 편견이다!) 내가 말하고자 하는 것은 대뇌피질 없이 태어난 아기와 비인간 동물들에게 의식이 없다는 믿음이다. 가까운 포유류인 쥐만 해도 중뇌 해부 구조가 인간과 거의 같고, 대뇌피질도 있는 데다가, 이들의 행동 하나하나가 이들에게 의식이 있음을 뒷받침한다. 하지만 많은 사람, 심지어 유명 신경과학자들조차 쥐에게 의식이 없다고 여기곤 한다. 이럴진대 아무리 많은 증거를 제시한들 사람들이 과연 우리의 인공 자아가 주관적 느낌을 느낄 수 있음을 납득할까?

어떤 결말이 날지는 차차 지켜볼 일이다. 지금 내가 할 수 있는 일은 예상 결과와 검증 방식을 구체적으로 명시하는 것밖에 없다. 예상컨대 새로운 환경에 놓였을 때 2단계 체계는 생존이 불가능할 것이고, 3단계 체계는 (일부나마) 살아남을 것 같다. 이것이 내가 생각하는 수의적 활동의 조작적 기준이다('수의적'의 정의는 129쪽 참조). 이러한 차이는 3단계 체계만이 가능한 욕구 *우선순위 설정*(정밀도 최적화) 기전의 특정 요소와 매우 밀접하게 관련될 것이다. 전체 기전 내에서 정확히 어떤 요소가 중요한지는 시행착오를 통해 찾아내야 한다. 최우선 정동을 선택하고, 그것을 마음속에 담아 두며, 행동을 전개함에 따라 그 정동을 활용해 불확실성을 조정하는 기전을 규명해야 한다. 다시 말해 시스템의 인공적인 '의식 신경상관물'을 밝혀내야 한다. 우리는 지금껏 뇌의 특정 부위가 의식을 담당한다는 가정하에 척추동물의 뇌에서 해당 부위들을 조작하는 각종 실험을 해 왔다. 마찬가지로 인공 의식 신경상관물의 원리를 다 파악하고 나면, 이들을 조작해 볼 수 있을 것이다. (단, 타자의 마음 문제로 인해 우리가 직접 실험해 검증할 수 있는 의식은 우리 자신의 의식밖에 없다.)

가령 우리 시스템 속 '의식의 신경상관물'을 손상시키면 척추동물의 부완복합체parabrachial complex에 병변이 생겼을 때처럼 의식이 사라지거나, 혹은 PAG에 병변이 생겼을 때처럼 수의적 행동이 사라질 것을 예측할 수 있다. 마찬가지로 그 상관물을 자극(증강)하면 의지적 행위가 촉진될 것을 예측할 수도 있다. 당연하게도 해당 부위의 내부 활동을 기록하면 외부 사건뿐 아니라 그에 수반되는 목표 지향적 수의 행동을 예측할 수 있을 것이며, 그 신호의 다양한 측면은 관찰 가능한 외부 행동의 여러 양상에 대응할 것으로 추측된다.

내가 가장 바라는 상황은 인공 시스템의 의식 신경상관물이 시스템 내 다른 요소와 확연하게 구별되는 것이다. 특히 그 요소가 느낌이 야기하는 적응 행동을 구현하는 요소와 분명하게 구분된다면, 느낌을 적응 기능과 분리해 조작할 수 있을 것이다. 5장에서 나는 주관적·심리적 동기와 객관적·생물학적 설계 원리의 차이에 관해 설명했다. 예를 들어, 일반적으로 성적 행동은 (진화 과정에서 생물학적 '보상'이 부여된) 생식 본능의 명령보다는 쾌락에 의해 동기가 부여된다. 이는 중독과 유사하다. 중독자들이 중독된 그 느낌에는 설계 원리 측면에서 적응적 이점이 없다. 하지만 이들은 그 느낌을 느끼기 위해 특정 행동을 하도록 동기 부여가 된다.[32] 비슷한 현상은 (열대어 등) 동물에서도 관찰된다. 아편, 코카인, 암페타민, 니코틴 등은 *쾌락 보상*이지만 적응적 이점이 거의 없거나 오히려 해롭다. 그런데 동물에 이 약물을 투여하면 동물은 투여가 일어난 장소를 선호하는 조건 행동을 보인다.[33] 만일 그러한 행동이 우리 시스템에서도 관찰된다면, 주관적 느낌이 존재한다는 강력한 증거가 될 것이다. 그렇다면 앞서 설명한 인과적 조작(인공 손상 및 자극)과 측정을 통해 교차 검증을 할 수도 있을 것이다.

물론 우리는 여전히 타자의 마음 문제에서 벗어나지 못했다. 하지만 그건 사람들 사이에도 마찬가지다. 나는 당신에게 의식이 있는지 확신할 수 없다. 결국에는 다양한 곳에서 증거를 찾아내 취합하는 수밖에 없다. 오늘날 수두증 아동과 비인간 동물이 경험을 할 수 있는지 합의에 도달하지 못한 것처럼, 인공 의식에 대한 합의는 영영 이루어지지 않을 수도 있다. 수두증 아동과 비인간 동물에게 의식이 없다고 믿는 사람이라면, 어떠한 증거를 내밀더라도 인공적 '존재'가 무언가를 느낀다는 것을 결코 납득하지 않을 것이다. 그런 이들을 제외한 우리는 모든 가능성에 어느 정도 마음을 열어 두는 것이 좋다. 개인적으로는 우리의 인공 자아에게 의식이 있는지를 결국 판별하지 못한다면, 그것만으로도 엄청난 수확이라고 생각한다.

이 연구를 꼭 해야 할까? 이 계획을 구상하는 과정에서 우리는 곧바로 윤리적 문제에 직면했다. 이러한 기계를 만드는 목적이 무엇인가? 누가 어떻게 이익을 보며, 또 누가 어떤 비용을 치르게 될까? 즉, 어떠한 위험이 따를까?

오늘날 개발되고 있는 많은 인공지능 프로젝트와 애플리케이션은 상업적이다. 우리 프로젝트를 통해 금전적 이득을 바라는 사람에게 연구 자금을 투자받아도 될까? 인공 의식이 있는 기기가 어떠한 근거로 투자자에게 이익을 줄 수 있을까?[34] 상업적 동기를 가진 사람(및 법인)이 인간의 노동을 더 효율적이고 지능적이며 쉴 새 없이 단순 작업을 할 '의지가 있는' 인공 생산 설비로 대체하고 싶어 하는 것은 이해가 간다. 그로 인해 고용 시장에 인간이 설 자리가 없어질 거라는 윤리적 우려가 있지만 말이다. 그러나 적어도 의식이 없는 기계는 *착취* 문제와는 전혀 무관하다.

하지만 우리 프로젝트는 그렇지 않다. 인공 의식이 가져다줄 금전적 이득만큼, 새로운 형태의 노예제를 조장할 위험이 있다. 인류가 늘 그래 왔듯이 공감 능력의 총체적 실패로 말미암아 또 다른 비극을 만들고 말 것이다. 따라서 나는 개발된 로봇이 착취당할 우려가 있다면, 상업적 자금을 지원받는 방식이나 혹은 그러한 단기적 이익을 목적으로 지각력이 있는 로봇을 개발하는 것에 단연코 반대한다.

의식적 기계의 복지에 관한 고려는 금전적 착취에 대한 걱정에서 끝나지 않는다. 기계가 (가장 원초적인 느낌일지라도) 의식을 획득한다면, 그것이 고통받을 가능성에 관한 물음이 필연적으로 제기된다. 서구 윤리학의 주류 이론인 '결과론'(결과가 행위의 옳고 그름을 판단하는 궁극적인 근거가 된다는 개념)에서는 고통과 괴로움이 엄청나게 중요하다. 느낌을 느끼는 존재를 인공적으로 창조한다면, 그러한 윤리적 가치 판단의 관할에 놓이게 된다.

권리 문제는 더 심각하다. 기계가 느낌을 느낄 수 있게 된다면 오늘날 '인권', '동물권', '아동권', '생명권' 등의 이름으로 논의되는 이슈가 기계에도 적용될 것인가? 의식적 기계는 '생명'과 자유의 권리를 가져야 할까? 그런데 사실 '로봇권' 개념은 이미 정립되어 있으며, 미국 미래연구소the Institute for the Future와 영국 산업통상부에 의해 검토된 바 있다.[35]

이해를 돕기 위해 (지능적 로봇과 달리) 의식적 로봇에 적용되는 문제 두 가지를 소개하겠다. 첫째, 의식적 로봇을 만드는(혹은 가능성을 탐구하는) 과정에서 회피 반응을 확인하기 위해 의도적으로 고통을 가하는 것이 정당한가? (사실 이 문제는 동물 실험에서 자주 제기된다.) 둘째, 느낌을 느끼는 기계를 만들었다면 어떤 윤리적 근거로 그 기계를 다시 끌 수 있는가? 이외에도 문제를 찾자면 한도 끝도 없다.

이러한 윤리적·도덕적 물음뿐만 아니라 실용적 질문도 제기된다.

그중 일부는 우리 실존을 뒤흔들 정도로 매우 중요한 물음이다. 컴퓨터는 이미 일부 측면에서 우리의 지능을 뛰어넘었다. 그렇다면 가령 고도의 지능과 의식을 *동시에* 지닌 컴퓨터가 인류의 이익에 부합하지 않는 행동을 하고 싶어 할 수도 있지 않을까? 수많은 소설가와 미래학자들이 오랫동안 이 가능성을 우려해 왔다. 이에 관해 나는 의식이 (지능과 달리) '생존과 번식은 좋은 것이다'라는 믿음과 깊이 결부되어 있다는 점을 지적하고 싶다. 지능형 기계가 이러한 가치 체계에 기반해 행동한다면, 인간뿐만 아니라 다른 모든 생명에게도 위기가 될 수 있다. 그 위협은 자아를 지닌 기계가 위험 요소 또는 자원 경쟁자로 간주한 모든 생명체에게 가해질 것이다. 지능이 자기 보존 동기와 결합된다면, 지능만 있던 상황과는 사뭇 달라질 것이다.

인공 의식의 가능성으로 발생할 수 있는 모든 윤리적 우려와 잠재적 위험을 나열하진 않겠다. 이 주제를 다룬 문헌은 이미 차고 넘친다. 게다가 영향력 있는 사람들을 비롯해 정말 많은 사람이 이런 종류의 질문을 심각하게 여기고 있다는 사실을 보면 인공지능의 현재 상황에 대해 많은 것을 알 수 있다.[36] 이 사실 하나만으로도 당신 역시 감응적 기계의 미래를 더 걱정 어린 시선으로 보게 될지 모르겠다. 나도 확실히 이 문제를 그 어느 때보다 훨씬 더 염두에 두고 있다. 2017년까지만 해도 나는 내가 살아 있는 동안뿐 아니라 원칙적으로도 로봇 의식이 구현될 거라고 생각하지 않았다. 하지만 이제는 생각이 바뀌었다.

이 모든 윤리적 우려를 고려할 때, 의식이 인공적으로 만들어질 수 있음을 보여 주는 시도가 왜 필요할까? 간단히 말해, 이 책에서 제시한 가설들이 반증될 수 있는 유일한 방법으로 보이기 때문이다. 우리가 의식을 만들어 내지 않는 한 의식이 *왜, 어떻게* 발생하는지에 관한 문제를 해결했는지 자신할 수 없다.

이 이유가 앞서 설명한 중대한 위험을 감수할 만한가? 이 질문에 대한 나의 답은 다음의 믿음에 기초한다. *일어날 수 있는 일은 어차피 일어난다.* 다시 말해, 만약 원칙적으로 의식을 만들어 낼 수 있다면 그것은 언젠가 어딘가에서 일어날 일이다.[37] 이 예측은 이 책에 제시된 특정 가설의 옳고 그름의 여부에 상관없이 적용된다. 하지만 현재 제시된 가설과 그 가설이 맞을 가능성만큼은 내 책임하에 있다. 만일 그것들이 정말 맞거나 적어도 올바른 궤도에 있다면, 인공 의식의 창조는 임박한 셈이다. 머지않아 몇몇 가설은 의식을 설계하고 만들어 내는 데 사용될 것이다.

이 책의 결론에 이르게 한 개별 사실들은 대부분 지난 몇 년 동안 널리 공개되었다. 많은 신경과학자가 나와 다르게 해석하는 것이 사실이지만, 또 다른 이들은 매우 비슷한 결론에 도달한 것도 사실이다. 비록 강조하는 측면이나 표현의 뉘앙스는 조금씩 다르지만, 적어도 야크 판크세프와 안토니오 다마지오, 비요른 메르케르는 모두 다음의 견해에 이르렀다고 볼 수 있다. 의식이 ① 상부 뇌간에서 발생하고, ② 근본적으로 정동적이며, ③ 항상성의 확장된 형태라는 것이다. 이 사실들을 조합하면 의식이 우리가 이전에 생각했던 것만큼 복잡하지 않다는 것을 알 수 있다. 따라서 우리가 그것을 설계할 수 있다고 기대하는 것이 합리적이다. 이 같은 결론에 이 책이 덧붙이는 유일한 주요 추가 사항은 ④ 자유 에너지 원리다. 그것 역시 본질적으로 매우 복잡하지는 않다. 사실 거의 모든 정신적·신경적 과정을 하나의 기전으로 환원하고 계산 가능하게 한다는 것이 이 이론의 가장 큰 매력이다.

자유 에너지 원리도 이미 공개되어 있다. 더군다나 프리스턴과 나는 이미 앞서 나열한 다른 세 가지 원리와 자유 에너지 원리를 결합한 과학 논문을 발표한 바 있다.[38] 이러한 가설을 동료 심사를 거쳐 적절한 학술지에 발표하기도 전에 일반 독자층을 겨냥한 대중서로 발표하는 일은 드묻다. 과학 및 학술 포럼에서의 구두 발표도 마찬가지 검증 역할을 한다. 나는 이 책의 아이디어를 다양한 전문 분야에 있는 전 세계 여러 청중에게 발표해 왔다.[39]

자, 이제 비밀이 만천하에 드러났다. 그렇다고 내가 이 논문들의 발표를 자제해야 했을까? 대답은 명백히 '아니요'다. 내가 하지 않았더라도 다른 누군가가 그렇게 했을 것이다. 이 아이디어들은 이미 공개되어 있고, 이들의 시대가 도래했다. 나를 변론하려는 게 아니라 명백한 사실이다. 어려운 문제의 해결이 임박했고 그것이 자유 에너지 원리에 근거할 것이라고 예측한 체코 연구자들이 2017년에 발표한 논문이 그 예다.[40] (런던에서 개최된 초창기 신경정신분석학 미팅에 일부 참석했던) 로빈 카하트-해리스 또한 비슷한 의견을 독립적으로 발표했다.[41] 사회 신경과학자 카테리나 포토풀루도 일찍이 2013년에 불확실성(정밀도의 역수)과 의식 사이의 연관성을 인식했다.[42] 나열한 네 가지 통찰의 조합으로 의식의 어려운 문제가 해결될 거라면, 명백하게도 그것은 나의 개입과 상관없이 매우 가까운 미래에 어차피 일어날 일인 셈이다.

윤리적·도덕적 질문에 대한 나의 접근 방식은 이러한 깨달음에 근거한다. 나의 접근 방식은 출판을 자제하는 따위와는 정반대다. 오히려 내 가설의 실제적인 구현을 가능한 모든 영역에서 지체 없이 돕는 것이다. 이러한 접근 방식은 '일어날 일은 일어난다'는 기대에서 논리적으로 귀결된 것이다. 이 때문에 나는 밀려오는 파도에 한 걸음 앞서서 잠재적으로 일어날 위험한 결과를 미연에 방지할 수 있는 위치에 있어야 한다.

요점만 말하자면, 이 장에서 개략적으로 설명한 프로젝트가 *지금 당장* 구현되어야 한다는 뜻이다. 또한 그것은 아무 상업적 재정 지원 없이 수행되어야 한다. 그리하여 우리 연구팀이 앞서 설명한 기준, 즉 인공 자아가 예측하지 못한 환경에서 생존을 달성하는 데 성공하고, 그것에게 감응성이 있다는 합리적인 증거를 얻는다면(내 예측을 반증하는 근거가 발견되지 않는다면) 이후에는 즉시 다음 세 단계를 진행해야 한다.

첫째, 기계의 전원을 끄고 배터리를 빼야 한다. 이것이 앞에서 나열한 윤리적 우려 중 하나를 위반하는 셈인 걸 알지만, 우선적으로는 옳은 일이라고 생각한다. 지금 우리가 상상하는 기계는 *살아 있지 않음*에 유의해야 한다. 살아 있지 않은 의식적 기계의 전원을 끈다고 그것이 사망에 이를 이유는 없다. 기계는 언제든지 다시 켜질 수 있으며, 그렇게 되살아난 의식적 주체는 전원이 꺼지기 전과 같은 존재일 것이다(잠에 비유할 수도 있다). 기계를 끈다는 이 계획은 '인공지능 시스템에 대한 궁극적인 책임 선언'인 「The Universal Guidelines for Artificial Intelligence인공지능을 위한 보편 지침」(2018)에 포함된 '종료 의무' 조항과 일치한다는 점을 밝혀 둔다.[43]

둘째, 우리의 3단계 시스템이 앞서 서술된 기준에 도달할 수 있게 만든 중요 구성 요소(의식의 신경상관물)에 대한 특허 출원 절차에 돌입해야 한다. 단순히 방정식에 특허를 출원하는 것은 불가능하므로, 우리가 구현을 시도하는 동안 다른 누군가가 출원할 걱정은 없다. 그러나 방정식이 이미 공개되었기 때문에 재빠르게 행동해 그들의 구체적인 구현을 통제해야 한다. 또한 그 특허는 어떤 개인이나 몇몇 인물이 아니라 적절한 비영리 단체(OpenAI, 미래생명연구소Future of Life Institute 등)의 이름으로 등록되어야 한다. 최소한 이를 통해 집단적 의사 결정을 보장하고 공익에 기반한 결정의 가능성을 높일 수 있다.

셋째, 우리의 기준이 충족되고 특허도 출원되면, 특허의 소유인은 심포지엄을 조직해 주요 과학자, 철학자 및 기타 이해관계자를 초대해야 한다. 그 자리에서 특허가 초래할 결과를 헤아려 보고, 기계를 언제 어떤 조건에서 다시 켜야 하는지, 그리고 가능하면 더 발전시켜야 하는지 등

앞으로 나아갈 방향에 대한 권고 지침을 만들어야 한다. 이를 통해 보편적인 감응적 인공지능의 미래 개발, 활용 및 확산에 대한 일련의 광범위한 지침과 제약이 마련되기를 바란다.

나 자신이 이러한 생각에 이르렀다는 점이 놀라우면서도, 한편으로 이 모든 것을 명확히 언급할 필요성도 느낀다. 하지만 이 권고 지침의 취약점도 잊지 말아야 한다. 핵에너지와 원자력의 선례만 보더라도 그렇다. 인간의 능력으로 의식적 기계를 만드는 일이 임박했다는 사실이 초래할 영향력의 범위를 가늠하려면, 가능한 한 빨리 최선을 다하는 것 외에는 별다른 대안이 없다.

감응력에 대한 상당히 명확한 객관적 기준이 거의 수립된 것 같다. 이것이 의식적 기계의 제작과 관련해 생겨난 좁은 영역의 질문을 넘어, 우리의 윤리 행동을 더 확장하는 계기가 되길 바란다. 느낌은 윤리적 우려에 대한 필요충분조건으로 널리 받아들여지고 있다. 따라서 이 책에서 요약한 느낌에 대한 과학적 이해는 동물의 고통을 조금 더 깊이 생각할 기회를 제공한다. 이 책에서 나는 20세기 후반 정동 신경과학의 발전(즉, 감응적 존재에게 요구되는 것이 모든 척추동물이 가진 중뇌의 결정 삼각부에 지나지 않는다는 깨달음)이 동물 연구 행위의 허용 범위에 대한 많은 과학자의 관점을 어떻게 바꾸었는지 몇 번이고 언급했다. 동물 복지에 대한 대중의 태도에도 동일한 내용이 적용되어야 한다는 것이 자명해 보인다. 예를 들면 똑같은 감응적 존재를 잡아먹기 위해 등장한 사육 및 도살 산업을 어떻게 정당화할 수 있을까? 이 문제를 다룰 때는 의식이 점진적으로 창발했으므로, 파리나 물고기의 감응력이 인간의 감응력과 동일시될 수는 없다는 점에 유의해야 한다. 그러나 같은 이유로 (서양에서 매우 자주 식탁에 오르는) 양과 소와 돼지가 같은 포유류라는 점을 기억해야 한다. 이는 그들도 우리처럼 **공포**FEAR, **공황**PANIC/**비탄**GRIEF 및 **보살핌**CARE과 같은 기본 감정을 느낀다는 뜻이다. 모든 포유류는 대뇌피질을 가지고 있다. 그래서 어느 정도는 의식적으로 '미래를 기억'하고 확률과 가능도를 통해 세상을 느끼며 헤쳐 나간다.

21세기가 전개되고, 더 높은 이상적 목표가 없는 상황에서 만일 의식이 우리가 가진 전부라면 고통을 최소화하려고 애쓰는 것 외에 무엇을 더 해야 할까? 이제 고통이 어디에 존재하는지 더 잘 알게 되었다면, 이 지식으로 또 무엇을 할 수 있을까? 생물학적 의식을 보존하고 보호하는 것은 비단 우리 종의 운명에만 해당하는 문제가 아니다.

이 책에서 나는 여러 차례에 걸쳐 인간 예외주의human exceptionalism 등과 관련해 생각을 바꾸도록 요청했다. 이를 고려할 때, 이 달갑지 않은 통찰로부터 우리의 자아 개념에 관해 무엇을 얻을 수 있는지 간단히 성찰해 보는 것으로 끝내는 것이 좋겠다.

느낌은 시대의 지혜를 전달하는 귀중한 유산이다. 영겁의 세월을 거슬러 생명 그 자체의 시작에서부터 물려받았다. 항상성이 마침내 느낌을 낳았을 때, 이 새로운 능력의 핵심은 그것이 생물학적 가치 척도 내에서 *우리가 어떻게 지내고 있는지* 알 수 있게 해 주었다는 데 있었다. 느낌은 말 그대로 모든 조상이 생물학적으로 중요한 상황에서 축적한 경험으로부터 우러나온 예측을 동반한다. 느낌은 우리가 *왜* 그렇게 하는지 알지 못하더라도 우리에게 가장 좋은 일을 하게 해 준다. 이전에 당신에게 다음 내용을 상상하길 부탁한 적이 있다. 만일 우리가 어떤 음식이 에너지가 높은지 새롭게 배워야 하고, 절벽에서 뛰어내릴 때 어떤 일이 일어나는지 스스로 발견해야만 한다면 어떻게 될까? 우리를 달콤함으로 끌어들이고 높은 곳을 피하게 하는 예상치 못한 느낌 때문에 우리는 무엇을 언제 해야 할지 (대략적으로) '그냥' 안다. 예를 들어 우리는 아기가 울거나,

포식자가 공격하거나, 장애물이 우리를 가로막으면 무엇을 해야 하는지 안다. *오직* 느낌의 형태로만 명시적으로 전달되는 이 선천적 지식이야말로, 주위에 자동차가 질주하고 이산화탄소가 공기를 채우는 너무나도 예측 불가능한 세상에서 우리를 존속시킨다.

이제 의식이 우리의 감각을 통해 흘러 들어온다는 익숙한 환상을 버리고, 의식이 이해의 동의어라는 그릇된 개념을 바로잡자. 그리고 의식이 실제로 우리의 가장 내면에서 자발적으로 나온다는 사실을 위안으로 삼자. 의식은 우리가 세상에 태어나기 전부터 우리 안에서 여명을 비추고 있었다. 의식의 근원에서, 미지의 장소에서 시작된 직관의 샘으로부터 끊임없이 흐르는 느낌의 흐름이 우리를 이끈다. 우리 개개인은 원인은 몰라도 그 느낌들을 느낀다. 느낌은 다가올 불확실성에 대비해 우리를 무장시키는, 생명의 역사 전체가 우리에게 준 유산이다.

저자 후기

2019년 이 책의 초고를 탈고한 직후, 나는 인터라켄에서 열리는 의식과학회The Science of Consciousness 연례 학술대회에서 이 책의 논지를 소개해 달라는 제안받았다. 그래서 책의 전체 내용을 강연 형식으로 간추렸다. 해당 기조 강연에서 발표한 열세 가지 요점을 소개하는 것으로 이 책의 긴 여정을 갈음하면 좋을 것 같다.

(1) 19세기 위대한 생리학자 요하네스 뮐러는 생명체가 '비물리적 요소를 포함하고 있거나 무생물과는 다른 법칙에 따라 작동한다'고 여겼다. 하지만 헬름홀츠, 브뤼케, 뒤부아-레몽, 루드비히를 비롯한 제자들의 생각은 달랐다. 이들은 '생명체 내에서는 일반적인 물리·화학적 힘 이외의 다른 어떠한 힘도 작용하지 않는다'고 확신했다. 브뤼케의 제자였던 지그문트 프로이트는 이를 바탕으로 정신의 자연과학을 정립해 정신세계를 '구체적인 입자들의 정량 가능한 상태'로

환원하려고 시도했다. 그러나 방법론의 부재로 인해 프로이트의 프로젝트는 실패했고, 그는 1896년에 이를 포기했다.

(2) 한 세기가 지나(1994년) 선구적인 생물학자 프랜시스 크릭은 "당신, 당신의 기쁨과 슬픔, 기억과 야망, 개인적 정체감과 자유 의지는 사실 신경 세포의 거대 집합 및 관련 분자들의 행동에 지나지 않는다"라고 선언했다. 또한 그는 의식의 신경상관물을 다시 한번 탐구해 볼 것을 학계에 제안했고, 그도 직접 뛰어들었다. 그러나 안타깝게도 시각 의식을 예시 모델로 삼은 것이 그의 패착이었다.

(3) 이에 대해 철학자 데이비드 차머스는 의식의 신경상관물을 찾는 것은 '쉬운' 문제, 즉 인과가 아닌 상관관계에 관한 것이며, 상관물을 찾아낸다면 의식이 발생하는 위치는 밝힐 수 있겠지만 그 이유와 원리는 설명하지 못할 것이라고 주장했다. 진정으로 '어려운' 문제는 신경생리학적 활동이 어떻게, 왜 의식 경험을 만들어 내는가 하는 것이다. 차머스(및 그에게 영향을 준 토머스 네이글)는 경험이 가진 '~로서의 느낌'을 의식 문제의 핵심으로 보았다. 즉, '생명체가 의식적 정신 상태를 가질 필요충분조건은 그것으로서의 느낌이 존재하는 것이다.' 따라서 어려운 문제는 다음과 같이 요약될 수 있다. 객관적인 신경생리학적 사건에서 왜, 어떻게 경험의 주관적 특질이 발생하는가?

(4) 객관적인 것이 어떻게 주관적인 것을 *생성하느냐*는 것은 너무 막연한 표현이라 자칫 문제를 불필요하게 어렵게 만들 수 있다. 객관성과 주관성은 원인과 결과가 아닌 관찰의 관점이다. 번개가 천둥을

생성하지 않는 것처럼, 신경생리학적 사건이 심리적 사건을 생성하는 것이 아니다. 둘은 동일한 기저 과정이 서로 다른 양상으로 평행하게 발현된 것이다. 번개와 천둥의 기저 원인은 전기이며, 전자기 법칙에 따른 기전으로 번개와 천둥을 둘 다 설명할 수 있다. 마찬가지로 생리 현상과 심리 현상도 단일 원인으로 환원될 수 있으며, 하나가 다른 하나로 환원되지는 않는다.

(5) 우리는 일반적으로 생명 현상의 기저 원인을 '기능적' 용어로 서술하고, 기능적 기전을 다시 자연법칙으로 환원한다. 가령 우리는 '시각의 기전은 무엇인가?'와 같은 질문을 던지곤 한다. 하지만 차머스는 시각의 기능적 기전이 '본다는 것의 느낌'을 설명하지 못한다는 사실을 적확하게 지적했다. 시각은 본질적으로 의식적인 기능이 아니기 때문이다. 시각 기능(심지어 읽기와 같은 인간 고유의 기능까지)을 수행하는 것은 꼭 느낌을 동반할 필요가 없다. 대상에 대한 자각 없이도 우리는 그것을 곧잘 지각하고 학습한다. 그래서 차머스는 묻는다. "왜 이러한 기능의 수행이 경험을 수반하는가? 왜 이 모든 정보 처리는 내면의 느낌 없이 '어둠 속에서' 일어나지 않는가?" 과학이 이 질문에 답하지 못한다면, 의식이 우주의 일반적인 인과 체계에 속하지 않을 가능성마저 제기된다.

(6) 차머스의 질문은 시각 기능뿐 아니라 모든 인지 기능에 똑같이 적용되지만, 정동 기능은 예외다. 느낌 없이 어떻게 느낌을 가질 수 있겠는가? 정동이 왜, 어떻게 경험을 야기하는가에 대한 설명 없이 정동의 기능적 기전을 어떻게 설명할 수 있을까? 프로이트도 같은 의견이었다. "감정의 본질은 우리가 그것을 자각해야 한다는 것, 즉 의

식에 알려져야 한다는 것임이 분명하다. 따라서 감정, 느낌, 정동에 관해서만큼은 그것들이 무의식적 속성을 띨 가능성을 완전히 배제할 수 있다."

(7) 이 가운데 매우 흥미로운 관찰 결과는 상부 뇌간의 망상 활성계가 '허용한' 경우에만 대뇌피질 기능이 의식을 수반한다는 점이다. 망상 활성계는 $2mm^3$만 손상되어도 의식이 완전히 사라진다. 많은 이가 뇌간이 의식의 양적 수준, 즉 '각성'을 조절하기 때문에 이런 현상이 벌어진다고 주장하지만, 이 견해는 설득력이 떨어진다. 상부 뇌간에서 생성되는 의식도 자체적인 질적 내용을 지니는데, 정동이 그렇다. 대뇌피질 의식은 뇌간 의식에 의존한다. 따라서 정동이 의식의 기본 형태임을 알 수 있다. 감응적 주체는 문자 그대로 정동으로 이루어져 있다.

(8) 정동은 항상성의 확장된 형태이자, 자기조직화와 더불어 자연 발생한 기초적 생명 기전이다. 자기조직계가 생존하기 위해서는 흐트러지지 않고 특정한 일부 상태에 머물러야 한다. 시간이 지나면서 이러한 생존적 요구는 의도성을 가능케 하는 복잡한 동역학 메커니즘을 진화시켰다. 결정적으로 자기성이 출현하면서 자기조직계는 자체적인 관점을 갖게 되었다. 그렇다면 그러한 계의 주관성에 관해 유의미한 논의가 가능해진다. 계는 생존 가능한 상태로부터의 편차를 욕구로써 인식한다.

(9) 정동은 생물학적 욕구에 쾌락적 값어치를 부여함으로써 항상성 안정점으로부터의 편차(예측 오차의 증감)를 불쾌감 또는 쾌감으로 느

끼게 한다. 욕구의 범주는 엄청나게 다양하지만 각 욕구는 범주마다 고유한 정동적 특질을 지니고 있으며, 유기체를 생존 가능한 범위로 되돌아가게 할 것으로 예측되는 행위 프로그램의 실행을 촉발한다. 이러한 활성 상태, 즉 정서 상태에 대한 의도적 반응은 선천적 반사 신경 및 본능의 형태를 띠며, 정동의 법칙에 따라 경험학습을 통해 점차 보완된다.[1] 유기체가 자신의 욕구의 변동을 느끼면 선택이 가능해지며, 따라서 예기치 못한 상황에서 생존할 확률이 높아진다. 이것이 바로 경험의 생물학적 기능이다.

(10) 우리는 모든 욕구를 한꺼번에 느낄 수 없다. 욕구의 우선순위는 중뇌 결정 삼각부에 의해 결정된다. 현재 욕구(자유 에너지 형태로 정량화된 잔여 예측 오차)가 PAG에 유입되면, PAG는 현재 기회(상구에서 2차원 '현저성 지도' 형태로 표시됨)를 참고해 욕구에 순위를 매긴다. 이는 조건화된 행동 프로그램을 촉발하는데, 이때 행동은 기대 맥락 속에서 심층적인 예측형 계층 구조(확장된 전뇌의 생성 모델)를 타고 전개된다. 최우선 정동이 생성한 행위는 수의적이다. 즉, 정해진 알고리즘이 아니라 현재 선택의 영향을 받는다. 그러한 선택은 정동을 맥락화하는 외부수용 의식에 의해 느낌이 된다. 오차 신호가 유입되면 욕구의 우선순위에 따라 현저성을 부여받으며, 이들의 변동하는 정밀도 가중치(각성, 변조, 시냅스 후 이득)에 기반해 선택이 이루어진다. 이 과정에서 욕구 충족 방식에 대한 현재 예측의 불확실성을 최소화(신뢰도를 최대화)하기 위해 작업 기억이 이 신호를 일시적으로 저장한다. 이것이 바로 '재공고화'다. 프로이트가 말했듯이 '의식은 기억의 자취를 대신해 출현한다.'

(11) 성공적인 선택을 계속 내리다 보면 감각-운동 예측이 장기적으로 조정된다. 따라서 외부수용 의식은 욕구 해소법에 관한 더 심층적인(더 확실하고 덜 의식적인) 예측을 확립하는 지속적 과정의 일부로 볼 수 있다. 이러한 장기적 공고화('선언적'에서 '비선언적' 기억 체계로 전환)를 위해서는 예측 모델을 단순화해 범용성을 높여야 한다. 우리는 자동적 상태(절대적인 신뢰도)를 지향하지만, 이는 도달 불가능한 목표다. 실패하는 만큼 우리는 느낌을 겪는다. 오차 없는 예측은 불가능하므로, (큰 위기가 없을 때) 우리의 기본 욕동은 **추구**SEKKING이다. **추구**는 불확실성을 사전에 해결하려는 적극적인 노력이다. **추구**의 정동이 최우선 순위일 때 우리는 세상에 대한 호기심과 관심을 느낀다.

(12) 이것이 바로 의식의 인과적 기전이다. 이 기전은 의식의 신경적·심리적 발현, 모습과 느낌을 모두 설명해 준다. 의식의 기저 기능은 프리스턴의 법칙처럼 자기조직화와 관련된 자연법칙으로 환원될 수 있다.[2] 다른 과학 법칙들이 자연 현상을 서술하듯이 이 법칙들도 엔트로피(사라짐)에 대한 적극적인 저항이 어떻게, 왜 어떠한 느낌을 일으키는지 서술할 수 있다. 의식은 자연의 일부이며, 수학적으로 기술할 수 있다.

(13) 기존에 알려진 모든 의식적 체계에는 생명이 있다. 하지만 모든 생명체가 의식이 있는 것은 아니다. 마찬가지로 모든 생명체는 자기증명을 하지만 모든 자증적 체계가 살아 있는 것은 아니다. 이것이 참이라면 인공 의식을 지닌 자증적 체계를 설계하는 것도 원칙적으로 가능하다. 의식은 생성될 수 있다. 그렇다면 헬름홀츠를 비롯한

베를린 물리학회 회원들의 궁극적인 소망도 실현될 것이다. 그러나 우리는 어떠한 동기로 그러한 일을 하는지 늘 되묻고, 비극적 결과로 이어질 가능성에 대한 집단적 책임을 받아들이면서, 극도로 신중하게 진행해야 한다.

역자 후기

능동 추론의 신경학적 기전

마음은 어떻게 작동하는가? 우리는 어떻게 세상을 지각하고 또 행동하는가? 일찍이 임마누엘 칸트는 지각이 수동적인 정보 수용이 아닌, 우리의 기대 및 사전 지식과의 복잡한 상호작용임을 제시한 바 있다. 20세기 영국의 심리학자 리처드 그레고리(1923~2010)는 이러한 생각을 진일보시켜 지각이 가설 검증의 과정이며, 뇌가 과거의 경험에 기초해 지각 정보를 예측하는 방식으로 작동한다고 주장했다. 요컨대 우리는 '우리가 의식적이든 무의식적이든 궁금해하는 것만 보고 듣는다'는 것이다. (그레고리의 이론에 관한 더 자세한 해설은 졸역 『뇌의식의 대화』에 실린 대담을 참고하라.) 그렇다면 뇌의 내부 모델 형성 및 피드백 과정은 감각 정보의 피드포워드 feedforward만큼이나 중요한 셈이 된다. 또한 이것이 이 책의 중심 이론인 예측 부호화와 능동 추론의 요체다.

인공지능에 관심이 있는 사람이라면, 이러한 피드포워드-피드백 과정이 낯설지 않을 것이다. 이제는 우리 일상에 깊이 스며든 각종 인공신경망의 작동 원리이기 때문이다. 일반적으로 인공신경망에 정보가 유입되면 기존 모델에서 도출된 예측값과 비교가 이루어지며, 오차를 줄이는 방향으로 모델이 재조정된다. 이 과정을 우리는 훈련 또는 학습이라고 부른다. 하지만 인공신경망 역시 어디까지나 계산식이자 함수이며, 그 연산은 궁극적으로 반도체 트랜지스터를 통해 일어난다. 남아 있는 질문은 뇌에서 실제로 이러한 예측 및 피드백 연산이 일어나는지, 그렇다면 그 '더하기 빼기'가 어떤 신경학적 과정을 통해 수행되는지다.

딥러닝의 아버지 제프리 힌턴 역시 이 문제에 골몰했다. 그는 2020년 유명 학술지 『Nature Reviews Neuroscience네이처 리뷰 뉴로사이언스』에 기고한 「Backpropagation and brain역전파와 뇌」라는 논문에서 여러 가능성을 제시하면서, 대뇌피질 층상구조 중 5층에 자리한 피라미드 뉴런에서 이러한 피드포워드-피드백 정보의 비교와 대조가 일어날 가능성을 제시했다.

이에 화답이라도 하듯이 같은 연도 『Cell셀』지에 「General Anesthesia Decouples Cortical Pyramidal Neurons전신마취가 대뇌피질 피라미드 뉴런을 해리한다」라는 논문이 실렸다. 논문을 요약하자면 이렇다. 대뇌피질은 총 여섯 개 층의 층상구조(1층이 뇌 표면에 가장 가까움)로 이루어져 있고, 5층에는 본문에도 등장하는 피라미드 뉴런이라는 세포가 존재한다. 그런데 피라미드 뉴런의 수상돌기dendrite는 마치 고층 건물의 엘리베이터처럼 대뇌피질의 층상구조를 세로로 관통하며 다른 층에도 뻗어 있다. 감각기관에서 유입되는 피드포워드 감각 정보는 3~4층에 위치한 수상돌기에 전달되고, 대뇌가 만들어 낸 피드백 예측 정보는 1~2층의 수상돌기에 전달된다. 정상 의식 상태에서는 피라미드 뉴런이 두 정보를 융합하고 그 연산 결과를 다시금 다른 대뇌 영역이나 다른 뇌 심부로 전달한다. 그런데 마취로 인해 의식이 소실되면 5층 피라미드 뉴런의 세포 성질이 변해 1~2층 돌기와 3~4층 돌기의 연결이 끊어지고, 피드백/피드포워드 정보가 서로 해리된다. 건물의 엘리베이터가 고장 나 페리에퀴덕트(8장 참조)의 보고서가 다른 부서에 배달되지 않는 것이다. 게다가 그러한 현상이 뇌의 깊숙한 곳에 자리한 시상(그중에서도 고차 신경핵)에 의해 매개된다는 것이 논문의 요점이었다.

이 발견은 실제로 뇌에서 예측 정보와 감각 정보의 비교 연산이 어디서 어떻게 일어나는지에 대한 사상 첫 신경학적 메커니즘 제시라는 점에서 의미가 깊다. 저자 매슈 라컴Matthew Larkum은 이 발견을 토대로 자신만의 의식 이론인 '수상돌기 통합 이론dendritic integration theory'을 제시하기도 했다. 이 이론은 지난 10여 년간 의식 연구를 주도한 통합정보이론[IIT] 및 전역 작업공간 이론[GNWT]과도 잘 합치하며, 세포 및 신경망 수준에서 의식의 기반을 설명해 줄 것으로 주목받고 있다.

이러한 발견을 토대로 현재 학계에서는 시상-피질계의 전반적인 작동 원리, 신경계에서 예측 부호화의 구현 방식, 또한 이 메커니즘과 의식과의 관계 등에 대한 논의가 활발히 이루어지고 있다. 현재 역자 또한 시상이 대뇌 각 부위를 어떻게 조절하며, 의식적 지각과 마취로 인한 의식 소실에 어떻게 관여하는지 다각도로 탐구하고 있다.

이처럼 뇌과학 및 의식 연구의 새로운 전기를 마련한 예측 부호화 및 능동 추론 이론에 대한 중요성은 의심할 나위가 없다. 하지만 여러 가지 이유로, 특히 이론의 주창자인 칼 프리스턴의 난해한 저술 스타일로 인해 중요성에도 불구하고 핵심 내용에 좀처럼 접근하기 어려웠던 것이 사실이다. 그러나 (프리스턴의 가까운 동료인) 저자 마크 솜즈가 비로소 프리스턴의 이론을 쉽게 풀어내는 데 성공한 듯 보인다. 이 책은 유려한 문체로 프리스턴 이론의 정수는 물론, 그에 기반한 의식에 관한 저자의 통찰까지 담아내고 있다. 그러한 점에서 이 책의 출판과 한국어판 번역은 매우 시의적절하다 하겠다.

이 책을 번역하며 능동 추론에 대한 역자의 이해가 한층 깊어진 것이 사실이다. 공역의 계기를 마련해 준 공역자 려원기님에게 깊이 감사드린다. 또한 도서 후반부의 수학적·물리학적 내용을 검수하고 각종 용어 선정에도 크나큰 도움을 준 한국의식과학학술회 부회장 이도현님에게도 고개 숙여 감사드린다. 의식과학 및 뇌과학의 대중화에 힘쓰는 하나의학사 측에도 감사를 표한다. 아울러 관련 분야에 대해 더 깊이 논의하고 싶은 독자에게는 역자가 2021년부터 운영하고 있는 한국의식과학학술회(https://kacs.me)에 참여해 볼 것을 권해 드린다.

미시간대학교 의식과학연구소 박사과정 연구원

장현우

역자 후기

마음의 수학자를 꿈꾸며

9살 무렵, 어머니께서는 담임선생님과 면담하신 후 적잖이 큰 충격을 받으셨다. 내게 ADHD의 확실한 증상이 나타난다는 이야기를 들으신 것이었다. 그럼에도 나는 내가 특별해진 것 같아 기분이 좋았다. 아마 부모님께서 맞벌이를 하신 탓에 큰 관심을 못 받았기 때문이 아니었을까? 임시적인 해결책으로, 나를 동네에 있는 작은 한자 학원에 보내셨다. 그곳에서 훈장님과 하루 대부분의 시간을 보내며 늦은 밤까지 외로움을 달랬다. 그 덕분에, 아직까지도 명심보감이나 사서삼경의 좋은 글귀가 떠오른다.

고등학교에 진학하며, 어렴풋이 스스로의 완벽에 집착과 강박을 느꼈다. 교과서에 있는 것만으로는 아쉬움이 컸고, 다양한 질문들을 끝까지 물고 늘어졌다. 아직까지도 여러 사건이 떠오른다. 지구 과학 시간, 교과서에 케플러의 법칙에 대한 증명이 없다는 것을 깨닫고 오기가 생겼다. 언젠가 선생님과 친구들 앞에서 꼭 이 법칙을 증명해 내어 이해시키겠다는 각오가 선 것이다. 며칠 밤을 새우며, 뉴턴 역학을 활용한 증명에서 시작해 라그랑지안, 해밀토니안 역학[35]을 활용한 증명까지 공부하게 되었다. 결국, 수업의 한 시간에 걸쳐 케플러의 법칙 전체를 증명하기에 이르렀다. (칠판은 아름답게 채워져 있었지만, 대부분의 친구들은 자고 있었다.) 이런 경험들이 수차례 반복되다 보니, 학교나 학원에서 배울 수 있는 지식보다는 오히려 배울 수 없는 지식을 갈망했다.

가장 기억나는 사건이 있다. 선생님과 친구들을 설득하여 양 뇌의 해부 실험을 기획한 것이다. 학원 일정으로 바쁜 친구들을 설득하여 하교 후, 실험실에서 해부 실습을 진행했다. 우리는 머리를 맞대며 조용히 주먹 한 개 크기보다도 작은 양 뇌를 갈랐다. 너무나도 경이로웠다. 어떻게 우리의 논리와 이성, 직관과 감성, 희로애락이 이렇게 작고 축축한 물체에서 시작될 수 있을까? 나는 당시 생명과학 담당이기도 하셨던 담임 선생님과 많은 면담과 토론을 했던 기억이 난다. 그러나 답이 나오긴커녕, 훨씬 더 깊은 구덩이에 빠지곤 했다. 부족한 식견을 넓히기 위해, 지그문트 프로이트의 『꿈의 해석』, 실비아 나사르의 『뷰티풀 마인드』, 에드워드 윌슨의 『통섭』과 같은 책들을 읽었다. 프로이트를 통해 마음에 대한 분석적 상상의 지평을 넓혔고, 나사르를 통해 조현병을 앓던 천재 수학자 존 내쉬의 기구한 삶을 엿보았으며, 윌슨을 통해 유물론적 접근법-뇌과학, 신경생리학, 인공지능 등-에 대한 깊은 통찰[36]에 공감할 수 있었다.

---

35) 대학 물리학 과정의 "고전역학" 과목에서 배운다는 것을 알게 된 건 한참 뒤였다(역자 주).

36) 에드워드 윌슨의 『통섭』, 6장 마음(역자 주).

나는 운 좋게도, 3학기를 다닌 후 학과를 결정할 수 있는 대학에 진학했다. 아직 물리학과 생명과학 (혹은 의학) 중, 어떤 분야에서 내 질문을 탐구해야 할지 쉽게 판단이 서지 않았기 때문이다. 두 번째 학기, 생물정보학 연구실에서 인턴을 하며, 통계적 모델링과 빅데이터 분석에 매료되었다. 그러던 중, 4년 만에 열린 한 물리학 수업[37]을 들을 수 있었다. 이 수업은 5명 내외로 운영되었는데, 한국인 학부생은 나 혼자뿐이었다. 아주 격렬한 물리학적 내용에 고군분투하며, 마음과 의식의 새로운 이론을 꿈꾸게 되었다. 내게 주어진 1년 반의 유예 기간이 끝났을 땐, 나는 수학을 전공하기로 결심한다.

수학을 전공하기로 택했던 이유는 단순했다. 무엇보다, 내 질문은 과학보다 철학에 가깝다고 생각했기 때문이었다. 그렇기에 과학적 지식 그 자체보다는 과학을 하는(만드는) 도구와 사고방식이 필요했다. 이런 이유 외에도, 신경과학, 심리학, 인공지능 등의 수많은 분야에서 마음에 대한 문제를 다루는 만큼, 그 모든 것을 이해할 수 있는 기본적인 마인드셋의 필요성에 깊게 공감한 탓도 있다. 수학과에 진학하며 수학적 사고와 이론의 형식적 전개방식을 깊이 있게 공부할 수 있었고, 동시에 마음의 과학을 만들기 위한 배경지식으로써 마음의 철학을 공부할 자질을 갖출 수 있었다. 수학을 공부한 후 놀랐던 사실은, 내게 철학의 분석적 텍스트가 정말 편하고 쉽게 느껴진다는 것이다. 나는 점차 과학철학과 심리철학의 여러 논증의 우아함과 담백함에 깊이 매료되어 갔다. 내게 학부 기간 동안 가장 기억에 남는 경험이 무엇인지 물어본다면, 단연 마음과 인공지능 알고리즘들의 근본적인 수학적 형식과 마음 및 인공지능과 관

---

37) 초대 한국계산뇌과학회 회장이셨던 김승환 물리학 교수님의 "비선형 동역학 및 카오스 이론". 당시엔 에르빈 슈뢰딩거의 『생명이란 무엇인가?』, 자크 모노의 『우연과 필연』 등을 읽으며 지냈던 기억이 있다(역자 주).

련된 철학적 담론을 소개하고자 제작했던 "인공지능의 수학[38]" 및 "인공지능의 철학[39]" 대중 강의다. 한편, 나의 학사학위 주제는 "인공적 신경망의 학습 과정에 대한 위상수학적 분석"으로, 가상적인 두뇌에서 발생하는 구조적인 변화[40]를 포착하는 도구를 개발했다.

졸업이 가까워질 때쯤, 사람의 마음-의식, 지각, 정서, 기억 등-과 관련된 문제뿐만 아니라, 그것을 근간으로 하는 기술-사이버네틱스, 최적 제어 이론, 의사 결정 이론, 기계 학습, 인공지능 등-의 본질적인 구성과 현실적인 적용 사례에도 관심이 커져갔다. 신기하게도, 수학적 형식과 철학적 담론에 대한 이해가 깊어지면 깊어질수록, 현실적인 기술의 불편한 이면과 윤리적 의사결정의 중요성이 피부에 와닿았다. 특히, 최근 활발한 연구가 이루어지고 있는 인공지능 분야는 대개 생명체의 작동 방식과 합치하지 않을[41]뿐만 아니라 실제로 비효율적[42]이었다. 더욱이 우리 사회에서 그것의 작동 방식과 원리를 이해하고 윤리적 문제를 고려해 보려는 관심보다는 그것을 어떻게 전장에서 유의미하게 활용해 우위를 선점할지, 시장에서 상품화하여 소비를 가속화할지에 대한 관심이 훨씬 더 크다는 사실을 깨달았다. 그럴수록, 내게 더 오기가 생겼다. 마음의 작동원

---

38) https://youtube.com/playlist?list=PLfWS6_PaCSutSAC7Vu8VHS2uc594cQi-gv&si=Q2cpP5ExvW84vQM2(역자 주).

39) https://youtube.com/playlist?list=PLfWS6_PaCSusXxpOxUSs6ONTIn3pHWALy&si=-fidIXxTUlk5xvCXF(역자 주).

40) 여기서 "구조"란 거시적인 위상 구조를 말한다. 도넛이 머그컵과 동형(Homeomorphic)이라는 이야기를 들어본 적 있는가?(역자 주)

41) 물론 생명체의 작동 원리와 인공지능 알고리즘의 작동 원리가 굳이 합치할 필요가 없을 수도 있다. 다만, 그 둘의 관계를 분석하고 더 나은 방향을 찾으려는 시도가 굉장히 적다는 점을 강조하는 바다. 제프리 힌튼 교수의 『The Forward-Forward Algorithm: Some Preliminary Investigations』의 1장 참고(역자 주).

42) 아마리 슌이치의 『뇌, 마음, 인공지능』 참고. 컴퓨터는 1시간당 175와트, 전구는 60와트를 소비하는데, 인간의 두뇌는 고작 12와트다(역자 주).

리에 대한 답은 찾던 나는 인공지능의 본질적 구성과 기계의 구성 원리를 분석하게 되었다. 청소년 시절부터 이어져 온 나의 그 끈질긴 질문이 마음에 대한 궁극적인 이해뿐만 아니라, 앞으로 기술이 나아가야 할 궁극적인 방향에 대한 숙고와 더 나은 인류로의 발전을 꿈꾸게 하는 원동력으로도 이어진 셈이다.

이론 신경과학과 인공지능 기술의 형식적인 공통점을 찾기 위해, 해외 유명 교수들의 저서를 탐독하기 시작했다. 마르첼로 마시미니의 『의식은 언제 탄생하는가?』와 줄리오 토노니의 『파이』부터, 아닐 세스의 『내가 된다는 것』, 안토니오 다마지오의 『느끼고 아는 존재』, 니콜라스 험프리의 『센티언스』, 그리고 아마리 슌이치의 『뇌, 마음, 인공지능』과 맥스 테그마크의 『라이프 3.0』까지. 수많은 도서를 읽으며 마음의 이론과 기계의 마음을 상상했다. 국내에서도 김주환의 『내면소통』이나 송강면, 안민숙의 『최면 바이블』도 큰 도움이 되었다. 대부분의 책에서 이론 신경과학의 분야에서 칼 프리스턴의 자유 에너지 원리Free Energy Principle나 능동추론Active Inference을 언급했다. 프리스턴 교수는 분명 신경과학/의학 분야의 유명인사였지만, 놀랍게도 수학[43]과 물리학[44]에도 정통했으며, 더욱이 다양한 공학[45]의 접근법에 대해 깊은 통찰을 지니고 있었다. 실제로 여러 논문을 통해 그의 이론이 우아하고, 명쾌하며, 몸-마음-행동의 관계를 분석적으로 규명하는 근본적인 프레임워크가 될 수 있을 것 같다는 확신이 들었다.

마음에 대한 체계적인 이해와 유년 시절부터 이어져 온 질문으로부

---

43) 정보이론과 통계학, 정보 기하학 등(역자 주).
44) 고전역학과 통계역학 및 열역학, E. T. Jaynes의 주장 등(역자 주).
45) 기계학습 분야의 통계적 학습 이론과 강화 학습 이론, 사이버네틱스 및 최적 제어 이론 등(역자 주).

터의 완전한 자유를 꿈꾸며, 또 동시에, 보다 효율적이고 사회적으로 책임질 수 있는 기계의 도래를 꿈꾸며 나의 믿음을 실현하기 위해 노력하고 있다. 이번 작업 또한 그 노력의 일환이다. 우연히, 의식을 주제로 신경과학 박사과정 중에 재학 중이신 한국의식과학회(KACS)의 장현우 회장님과 연락을 하며 새로운 번역 소식[46]을 접했다. 더욱이 과거 즐겁게 읽은 줄리오 토노니의 『파이』를 번역하신 정신과 전문의 려원기 선생님과 함께 번역하신다는 사실에 꼭 함께 참여해보고 싶었다. 궁극적으로, 개인적으로 가장 중요하지만 또 어려운 의식의 문제를 능동 추론의 관점에서 다룬 책이라는 점에서 꼭 참여하고 싶었다. 내게 비록 신경생리학이나 임상의학적 지식이 부족하지만, 능동 추론에 입각한 수학적-물리학적-컴퓨터과학적 지식에는 자신이 있었기에, 혹여나 실례가 되지 않을까 무릅쓰고 양해를 구해보았다. 다행히도 공역 제안을 흔쾌히 수락해 주셨고, 퇴근 후나 주말의 자투리 시간을 활용해 번역 작업에 도움을 드릴 수 있어 보람찼다. 두 분께서 초안부터 워낙 훌륭히 번역해 주셨던 만큼 용어의 번역, 오탈자 검수, 번역 어투 등의 수정이 용이했다. 나의 뜸한 피드백과 복잡한 답변에 더 큰 열정과 의지를 보여주셨던 려원기, 장현우 선생님께 진심으로 감사의 말씀을 전한다. 잊지 못한 소중한 경험을 얻을 수 있어 행복한 시간이었다.

한편, 나는 현재 의식과학과 인공지능의 미래를 꿈꾸기 다양한 문화를 만들고 운영해 보고 있다. 능동 추론과 관련해 가장 큰 커뮤니티인 Active Inference Institute에서 인턴십 프로그램에 참여하며, 한국인 최

46) 장현우 회장님은 과거 유안 스콰이어스의 『Conscious Mind in the Physical World』, 안티 레본수오의 『Foundations of Consciousness』, 제럴드 에델만의 『A Universe of Consciousness』, 수전 블랙모어의 『Conversations on Consciousness』를 번역한 이력이 있다. 모두 읽어 보았으며, 의식과 관련된 핵심 주제를 파악하는 데 정말 큰 도움이 되었다(역자 주).

초로 자유 에너지 원리와 능동 추론의 핵심 용어를 번역하는 Ontology 프로젝트를 수행했다. 최근에는 신경 계산Neural Computation 분야 및 최적 제어 이론 분야와 관련해 칼 프리스턴 교수와 메일을 주고받았는데, 이를 통해 해외 유학이라는 선택지를 진지하게 준비하는 계기가 되었다. 그 외에도, 한국의식과학회를 통해 아래의 매니페스토를 갖는 "몸-마음-행동" 이니셔티브를 기획했다. 이 이니셔티브는 크게 세 가지의 활동-책 읽기 모임, 이론 의식과학 모임, 논문 읽기 모임-으로 구성된다. 그중 이론 의식과학 모임은 능동 추론 이론을 깊이 있게 공부하는 것을 목적으로 한다. 이를 통해, 몸-마음-행동의 핵심 주제를 공부하고 인공지능을 비롯한 타 분야와의 발전 가능성을 상상해 보며, 한국을 중심으로 앞으로 기술이 나아가야 할 궁극적인 방향에 대한 깊은 숙고뿐만 아니라, 더 나은 인류로의 발전을 꿈꾸게 하는 원동력이 시작되길 소망하는 바다.

과학기술전문사관(국방과학연구소)
이도현

부록

각성과 정보

두뇌 각성이라는 주제에 관한 권위 있는 책에서 파프Pfaff(2005, pp. 2-6)는 다음과 같이 언급했다.

> 어떤 행동을 위한 '에너지원'을 얻으려는 욕구를 충족시키는 경우에 있어, 각성은 매우 다양한 종에서 보이는 동기 부여된 행동의 개시와 지속 현상을 설명해 준다. … 특정한 동기나 보상물들은 왜 동물이 여타의 행동 대신 특정한 행동을 하는지 설명해 주는 한편, 각성은 욕동 기전에 힘을 불어넣어 행동을 강화시킨다. … 『동물 행동학 사전(Dictionary of Ethology)』에 따르면 각성은 수면-기상 주기라는 맥락에서 강조되는 것일 뿐만 아니라, 동물이 보이는 총체적인 반응성 상태를 일컫는 것이기도 한데 이는 행동 반응을 촉발시키는 데 필요한 자극의 강도로 표현될

수 있다. 각성은 '동물을 비활성 상태에서부터 행동 준비의 상태로 이동시킨다.' 유도 활성의 경우, 각성은 '징후 자극'에 반응해 '고착된 활동 양상'을 보이는 데 필요한 운동성 에너지를 제공한다고 동물 행동학의 창시자 니코 틴베르겐(Niko Tinbergen)은 주장한다. 사전에는 또한 피질 뇌파[EEG]로 나타나는 각성 수준에 관한 내용도 다루어지는바, 신경생리학적인 내용이 누락되지 않는다. … 행동과학자들은 여러 세대에 걸쳐 이론적·실험적으로 각성과 같은 개념이 행동 반응의 개시나 강도 및 지속을 설명하는 데 필요함을 입증했다. 각성은 동물이나 사람을 활동적·반응적으로 만들어 목표물 지향적인 본능 행동이나 학습 행동을 수행할 수 있도록 필수적인 힘을 제공한다. 학습된 반응의 세기는 각성과 욕동에 달려 있다. 헤브(Hebb)는 일반화된 활성 상태(a state of generalized activation)를 최적의 인지적 수행에 핵심적인 것으로 여겼다. 더피(Duffy)는 동물 행동의 주요 부분을 설명하는 데 있어 '활성화' 개념을 적용해 논의를 더 발전시켰다.

파프의 주성분 분석에 따르면, 광범위한 데이터 가운데 '일반화된 각성generalised arousal'으로 설명 가능한 행동의 비율은 30~45%였다.

[더피는] 정량적인 생리적·물리적 수치가 행동과학의 이러한 측면을 수학적으로 접근 가능하게 만들 것이라 예상했다. … 캐넌(Cannon)은 자율신경계를 각성에 필요한 기전에 포함시켰는데, 각성은 바로 그 기전을 통해 동물이 근육 활동을 할 수 있는 준비 상태를 만들어 낸다. 감정에 관한 이론은 모두 행동 활성에 근거를 두고 있다. … 말모(Malmo)는 뇌파상의 증거 및 생리적 데이터를 인용해 이 모든 자료를 종합했는데, 그것은 활성과 각성이 온갖 행동 기전을 추동하는 주요 요소임을 확고

히 해 주는 행동상의 결과와 부합했다. … 다음은 각성에 대해 제기된 고전적인 문제다. 내부 및 외부의 영향력이 사람, 동물 할 것 없이, 혹은 실험실 조건, 자연적 조건 할 것 없이 행동학적 조건에서 어떻게 두뇌와 행동을 일깨우는가? 이 문제를 재공식화하고 풀어내는 일은 중요한데, 이는 동물의 삶에서 기본적인 요구 조건 가운데 하나인 환경에 대한 반응성을 다루는 일이기 때문이다. 이 문제를 이제 재공식화하고 풀어내는 것은 또한 시의적절한데, 새로운 신경생물학적, 유전학적 그리고 계산적 도구들을 통해 이전까지는 불가능하던 접근법들이 열렸기 때문이다. … 각성을 설명함으로써 우리는 수많은 특정 반응 기전 아래에 놓인 행동 상태를 이해할 수 있게 될 것이다. 각성을 설명하는 일은 다양한 행동의 분석을 일거에 끝내는 전략일 뿐 아니라, 기분과 기질을 이해하게 해 주는 행동 상태의 기전을 밝히는 일이기도 하다. 다르게 표현하자면, 20세기 신경과학의 상당 부분은 특정한 자극/반응 연결의 특수성을 설명하는 데 맞춰져 있었다. 이제 우리는 '상태 조절'이라는 명칭하에 모든 반응 종류의 기전을 밝혀낼 수 있는 위치에 섰다. 가장 중요한 것은 각성 수준을 결정하는 기전들이다. … 각성에 대한 모든 것을 진정 아우를 수 있는 정의는 기본적이고, 궁극적이고, 원초적이고, 미분화(未分化)되어 있어야 하고, 고위 중추신경계 기능에서 유래한 것이 아니어야 한다. 각성의 정의는 특정하거나 일시적인 상태 혹은 척도에 국한되는 것일 수 없다. 예를 들어 각성은 어느 한 가지 특정 자극 양식에 대한 반응을 설명하는 데 한정되어서는 안 된다. 수의적 운동 활동이나 감정 반응 역시 포함되어야만 한다. 그러므로 나는 직관적으로 만족스러운 동시에, 정밀한 양적 계측을 이끌어 낼 수 있는 조작적 정의를 다음과 같이 제안하고자 한다. '일반화된 각성'은 다음과 같은 상태에 놓인 동물이나 사람에게서 더 높다 : 모든 종류의 감각 자극에 좀 더 기민함(S), 운동에 있어 좀 더 활동적임(M), 감정적으로 좀 더 반응적임(E). 이것이야말로 신

> 경계의 가장 기본적인 힘을 구체적으로 정의하는 것이다. … 이 세 가지 요소는 모두 정밀하게 측정될 수 있다. … 일반화된 각성에 관계된 신경해부학적 구조는 명백히 존재하는데, 일반화된 각성을 유발하는 발화 양상을 가진 뉴런이 존재하며, 소실될 경우 일반화된 각성이 중단되는 유전자가 존재한다. 따라서 … 일반화된 각성은 각성 경로, 전기생리적 기전 및 유전적 영향을 통해 창출되는 행동 상태다. 이러한 기전이 우리의 정의와 마찬가지로 동일한 감각 민감성(S), 운동 반응성(M) 및 감정 반응성(E)을 생성한다는 사실은 일반화된 각성 기능의 존재 및 그 조작적 정의의 정확성을 확인해 준다.

파프는 이어서 '중추신경계 각성은 의외성 및 예측 불가성에 좌우되기에, 그것을 적절히 정량화하려면 정보의 수학에 의존해야 한다'고 주장한다(p. 13, 강조 추가) 섀넌Shannon의 방정식(1948)은 정보를 측정 가능하게 만들었는데, 파프는 다음과 같이 설명한다.

> 만약 어떤 사건이 메트로놈의 똑딱임처럼 완벽히 규칙적이라면, 다음 사건(다음 똑딱임)은 그 어떤 새로운 것도 우리에게 말해 주지 않는다. 사건은 정확히 그 시간 간격 안에서 극단적으로 높은 발생 확률(p)을 가진다. … 어떤 시간 간격이 주어지더라도 똑딱임의 발생 여부에 대해 아무런 불확실성이 없는 것이다. 섀넌의 방정식에서 어떤 사건 내의 정보는 그 확률에 반비례한다. 다르게 표현하자면, 어떤 사건의 발생이 불확실하면 할수록, 그 사건이 발생했을 때 본질적으로 더 많은 정보가 전달된다. … 사건의 나열에서 모든 사건이 동등하게 발생 가능하다면, 정보는 최댓값이 된다. 무질서는 정보 흐름을 극대화한다. 열역학에서 유래한 것으로 섀넌의 방정식에서 무질서에 대한 기술적 용어는 엔트로피다.

그리고 그가 엔트로피를 나타내기 위해 사용한 기호는 H다. 어떤 사건 x에 내재된 정보의 내용은 다음과 같다.

$$H(x) = p(x)\, log_2 \frac{1}{p(x)}$$

여기서 p(x)는 사건 x의 확률이다.

파프는 이렇게 요약한다(pp. 19-20).

하등동물이나 사람이 각성하기 위해서는 반드시 [내부수용적 또는 외부수용적] 환경에 어떠한 변화가 있어야 한다. 만약 변화가 있다면, 환경의 상태에 관한 어떤 불확실성이 필연적으로 존재한다. 정량적으로 불확실성이 존재하는 정도만큼 예측 가능성은 감소한다. 이를 고려할 때 우리는 [섀넌의 방정식]을 사용해 환경이 덜 예측 가능하고 엔트로피가 더 클수록 더 많은 정보가 가용된다고 말할 수 있다. 뇌와 행동의 각성 그리고 정보의 계산은 불가분의 관계인 것이다.

간단히 말해, 알려지지 않았고 예상치 못한, 무질서하고 이례적인 (고高정보) 자극이 각성 반응을 만들어 내고 지속시킨다(p. 23).

정보이론은 행동 연구 및 신경생리학적 데이터 이면에 줄곧 도사리고 있었다. 첫 번째, 간단명료한 논리로 동물이나 사람이 스스로 활동을 불러일으키기 위해서는 무엇이 필요할지 고려하라. 두 번째, 익숙한 자극을 인식하고(습관화) 새로운 자극에 특별히 주의를 기울이기 위해서는 무엇이 필요할지 고려하라. 세 번째, 실험자의 관점에서 볼 때 정보이론은 스파이크 트레인 가운데 유의미한 내용을 계산해 내고 특정한 환경 상황에서의 인지 부하를 정량화하는 방법을 제공한다. 그렇다면 새로운 의문이 떠오를 수 있다. 새로운 것으로 간주되려면(for novelty) 감각 자극의 장(field)은 얼마만큼 왜곡되어야 하는 것일까? 특정 반응 유형을 이끌어 내기 위해서는 특정 자극 유형으로부터 어떤 종류의 일반화가 허용되는 것일까? 정보이론적 접근법은 유전학, 신경생리학 및 행동의 조합이 정량적 과학으로 변화하게끔 도와줄 것이다. 우리는 신경생물학적 기전을 분석하는 데 '각성에 관한 수학'을 사용할 수 있다.

파프는 궁극적으로 다음과 같이 결론 내린다(pp. 138-45).

중추신경계의 각성 체계는 열역학 제2법칙에 매우 특별한 방식으로 대항한다. 엔트로피가 높게 내재된 높은 수준의 불확실성, 따라서 높은 수준의 정보 내용이 담긴 환경 상황에만 선택적으로 반응하는 것이다. 하지만 반응에 있어 중추신경계의 각성 체계는 그 모든 정보를 단일한 법칙적 반응으로 압축시킴으로써 엔트로피를 효과적으로 감소시킨다. … 각성의 신경생물학은 변화, 불확실성, 예측 불가성 및 의외성의 신경과학, 즉 정보과학인 것이다. 지금까지 행해진 온갖 중추신경계의 각성 기전 분석, 즉 신경해부학적·생리적·유전적·행동적 분석을 통해 정보이론 개념은 유용한 것으로 판명되었다. 정보의 수학은 자연 자극에 대한 반응을 분류하는 방법을 제공한다. 실제 신경세포는 확률과 불확실성을 부호화하며, 그 결과 예측 불가능한 환경에서 행동을 유도할 수 있다. 중추신경계의 각성 자체는 변화, 불확실성, 예측 불가성, 의외성에 절대적으로 좌우된다. 습관화라고 불리는 엄청난 현상, 즉 동일한 자극이 반복됨에 따라 반응 진폭이 감소하는 현상은 신경생리학, 행동과학, 자율

> 신경 생리학에서 익히 찾을 수 있다. 그리고 이를 통해 정보 내용의 저하가 어떻게 중추신경계 각성 저하를 초래하는지 알 수 있다. 그러므로 각성 이론과 정보이론은 서로를 위해 만들어진 셈이다.

'정보의 수학'이 각성 및 학습 과정에서 뉴런의 행동을 한꺼번에 설명한다는 점에 주목할 필요가 있다. 그 두 과정은 결합되어 두뇌의 작동을 결정한다. 그러므로 '정보'는 생리적 구성물이 아닐지라도 두뇌의 생리 활동을 법칙적으로 설명해 준다. 그것은 진화에 의해 선택된 기능이며, 이에 따라 관련된 생리학적 표현형이 생겨났다.

감사의 말

이 책의 여러 챕터가 담긴 원고를 살펴봐 준 동료 리처드 애스터Richard Astor, 니콜라이 악스마커Nikolai Axmacher, 서맨사 브룩스Samantha Brooks, 애이미 돌맨Aimee Dollman, 조지 앨리스George Ellis, 칼 프리스턴Karl Friston, 일라이자 켄트리지Eliza Kentridge, 조 크리클러Joe Krikler, 조슈아 마틴Joshua Martin, 로이스 오펜하임Lois Oppenheim, 조너선 쇼크Jonathan Shock, 피파 스코트네스Pippa Skotnes 그리고 다위 반 덴 히버Dawie van den Heever에게 감사를 전합니다. 특히 원고를 읽기 쉽게 다듬어 준 에드 레이크Ed Lake에게 많은 빚을 졌습니다. 그렇게 열심히 일하는 편집자를 본 적이 없습니다. 원고 교열은 트레버 호우드Trevor Horwood, 재교는 팀 제임스Tim James가 맡아 주었습니다.

또한 체일리 저택에 머물도록 배려해 준 시드니 켄트리지Sydney Kentridge 경에게 감사를 드리고 싶습니다. 2018~19년과 2019~20년 겨울 동안 그곳에 머물며 이 책의 대부분을 썼습니다. 파울라 바케이Paula Barkay와 엘레니 판텔리스Eleni Pantelis는 언제나처럼 드러나지 않는 곳에서 대담히 저를 도왔습니다. 제가 쓴 책 대부분과 마찬가지로 그들이 없었다면 이 책은 세상에 나오지 못했을 것입니다.

미주

1장 : 꿈의 물질

1. Popper(1963). 과학적 작업 방식에 관한 이러한 규칙에 모두가 동의하는 것은 아니다. 그럼에도 불구하고 이는 거의 모든 자연과학자가 따르는 규칙이다. 본 *미주까지 읽는 독자에게 다음의 설명을 덧붙이는 것이 마땅할 듯하다. 미주는 이 책에서 파헤친 전문적인 문헌에 관심이 있거나 학문적 배경을 둔 독자들을 염두에 둔 것으로, 주된 독자층인 일반 독자의 경우 훑어보지 않아도 무방하다.*
2. Freud(1893a), p. 13.
3. Sacks(1984), p. 164.
4. 36년 후 프로이트는 앨버트 아인슈타인에게 감동적인 편지를 썼는데, 물리학에 비하면 심리학에는 과학적 기반이 결여되어 있다는 내용이었다(Freud, 1994, p .239).

   > 인정하건대, 심리학을 선택했다는 사실이 전적으로 후회스러운 문제인 것만은 아닙니다. 마음의 삶이라는 주제보다 더 위대하고, 더 풍부하고, 더 신비로운, 인간의 지성에서 나오는 모든 노력을 쏟을 만한 더 가치 있는 주제는 없습니다. 심리학은 모든 고귀한 숙녀 가운데 가장 사랑스러운 숙녀임이 분명합니다. 다만 그녀의 기사는 짝사랑에 빠진 채 불행 속에 머물러야 할 운명인 게지요.

5. "프로이트의 그 구절이 마음에 듭니다. 선생님이 그 구절을 찾아내서 행복하답니다. 배려해서 말씀하셨다시피 제 증례의 병력에 대해서도, 그리고 일반적인 신경학적 (최소한 신경심리학적) 증례 병력에 대해서도, 뭔가 프로이트와 비슷한 이야기를 할 수 있을 것 같습니다. 저는 그 구절을 막 완성한, 좀 더 일반적인 작품인 '암점 : 과학에서 비일비재한 망각과 무시'에 인용해 놓았습니다. (하지만 원고가 출간될지는 모르겠습니다. 너무 길어진 데다가 주석이 너무 많거든요.)" — 색스 박사로부터 온 편지, 1995년 1월 2일 자.

6. 신경과학자 세미르 제키(Semir Zeki)는 당시 이렇게 썼다. "[우리] 대부분은 불가해한 문제로 보이는 것을 연구하려는 생각만 해도 공포에 오그라든다"(Zeki, 1993, p. 343).
7. Aserinsky and Kleitman(1953).
8. Dement and Kleitman(1957).
9. 프로이트(1912), p. 259를 보라.

   > 대부분의 정상적인 사람에게서 맞닥뜨릴 수 있는 정신적 산물이 하나 있는데, 그럼에도 불구하고 이는 가장 격한 광기의 산물과 매우 놀라울 정도로 닮은 모습을 하고 있다. 철학자들이 이를 이해할 수 있는 정도는 광기 그 자체를 이해할 수 있는 정도와 다름 없다. 나는 바로 꿈에 관해 이야기하고 있는 것이다. 정신분석은 꿈의 분석 위에 세워졌다. 꿈의 해석은 역사가 짧은 이 과학이 지금까지 이룩해 온 작업 중 가장 완성된 부분이다.

10. Popper(1963).
11. 해부학적 관점에서 엄밀히 말하자면 시상은 뇌간의 일부로 간주하지 않는다. 하지만 생리적으로 볼 때 '비특수' 핵의 일부는 망상 활성계의 일부분이다. 따라서 뇌간의 기능과 엮어 분류한다. (그러므로 '확장 망상-시상 활성계(extended reticulo-thalamic activating system)[ERTAS]'라는 용어로 불린다.) '특수' 시상핵들은 주로 감각 신호를 중계하는 거점 역할을 하는데, 대뇌피질의 기능과 엮어 분류한다. 이 책에서는 주로 '뇌간'과 '대뇌피질'이란 용어를 각각 ERTAS 각성과 시상피질 표상 간의 기능-해부학적 구분을 나타내기 위해 사용한다. 그런 취지에서 나는 '비특수' 시상 핵 및 시상하부뿐만 아니라, 전뇌 기저핵 또한 뇌간 구조물로 취급할 것이다. 확장 망상-시상 활성계에 관한 최신의 관점을 확인하려면 Edlow et al.(2012)을 보라.
12. Jouvet(1965).
13. Hobson, McCarley and Wyzinski(1975).
14. McCarley and Hobson(1977), p. 1346.
15. McCarley and Hobson(1977), p. 1219.
16. 꿈의 소실이 보고된 환자가 단 한 명 있었으나 (외상성 지주막하 출혈로 인해) REM-생성 중간뇌교 피개를 훨씬 넘어서는 지속된 손상이 있음이 거의 확실해 보였다(Lavie 등, 1984). 그런 관계로 그 환자의 꿈꾸기 변화를 특정 뇌 영역과 결부시키기는 어려웠다.
17. 내가 발견한 것에 대한 온전한 기술을 확인하려면 Solms(1997a)를 보라. 나는 학위

논문을 1991년에 제출했으나, 6년을 미룬 후에야 겨우 출간했다.

18. Solms(2000a). 신경심리학에서는 '이중 해리'의 원칙을 통해 정신 기능을 제대로 된 연결부위에 자리매김해 넣을 수 있었다. 만약 (두뇌의) X라는 영역에 손상이 생겼을 때 A라는 기능은 상실되지만 B라는 기능이 상실되지 않는다면, A라는 기능과 B라는 기능은 동일한 것일 수 없다. 다시 말해, 지금 이 경우에서도 REM 수면 기능과 꿈꾸기 기능은 동일한 것일 수 없다. 이 두 기능은 서로 연관성이 있지만(둘이 동시에 일어나지만) 동일한 것은 아니다.
19. 나의 병변 연구에 더해 여타의 수많은 증거가 이러한 결론을 뒷받침한다. 예를 들어 첫 번째 REM 삽화가 시작되기 훨씬 이전인 수면의 처음 몇 분 동안(2단계 수면으로 내려가는 동안) 꿈을 꾸었다는 보고를 얻을 확률은 50%나 된다. 아울러 일주기 리듬 중 해 뜨는 아침 시기의 non-REM 수면 동안에는 REM 수면 시의 꿈과 구별이 불가능한 꿈이 잦은 빈도로 생겨난다. 이는 '늦은 아침 효과'로 불린다. 비록 non-REM 수면보다 REM 수면 시 꿈꾸기가 훨씬 더 빈번하지만, 수면에서는 non-REM 수면이 REM 수면보다 더 많이 등장한다. 결과적으로, 전체 꿈의 최소한 4분의 1은 non-REM 수면 시에 일어난다. 세부 사항은 Solms(2000a)를 참조하라.
20. Solms(1991, 1995).
21. Frank(1946, 1950); Partridge(1950).
22. Schindler(1953).
23. Hartmann et al.(1980).
24. Sharf 등(1978). 후속 연구에서 도파민 길항제는 반대 효과를 가지고 있음이 드러났다(Yu, 2007).
25. Dahan et al.(2007).
26. Lena et al.(2005).
27. Solms(2011).
28. Solms(2001).
29. 이는 행동주의 시대로 거슬러 올라간 듯한 적절치 못한 이름이다. 두뇌 속에는 수많은 다양한 종류의 '보상'(쾌감)이 존재한다.
30. Rolls(2014); Berridge(2003); Panksepp(1998).
31. Panksepp(1998), p. 155.
32. (여타의 모노아민 활성도와 달리) 도파민성 **추구**(**SEEKING**) 활성도는 수면이 시작되어도 유지되며, REM 수면 동안 최대가 된다. 이러한 현상이 신속 안구 운동과 동시에 일어난다는 사실은 우연의 일치가 아닐 것이다. 인간의 안구 운동은 설치류가 코를 킁킁거리며 냄새를 맡는 행동이나 수염을 실룩거리는 행동처럼 **추구** (**SEEK-**

ING) 활성을 확인하는 좋은 증표다(Panksepp, 1998).

33. Pace-Schott and Hobson(1998).
34. Braun(1999), p. 196.
35. Ibid., p. 201.

2장 : 프로이트 이전과 이후

1. 수련 허가는 진작 나왔으나 1989년이 되기 전까지 실제 수련을 시작하지는 않았다.
2. 사실 이 제목을 붙인 것은 프로이트가 아니었다. 이 제목은 원고의 영어 번역자가 지은 것이다. 빌헬름 플리스와 나누었던 서신에 따르면, 프로이트는 이를 '신경과 의사들을 위한 심리학', '심리학 초고', '심리학'이라고 불렀다.
3. 홀만(Hallmann)에게 보낸 편지(1942), Du Bois-Reymond 출판(1918), p. 108. 아울러 뒤 보이스-레이몬드가 저서 『생명체에 대해(Über die Lebenskraft)』(1848-84, pp. xliii-iv)의 서문에 쓴 글도 자주 인용된다.

    > 유기체나 유기체를 구성하는 입자 내에서 운용되는 힘 가운데 알려지지 않은 힘은 존재하지 않으며, 유기체 외부에서 운용되는 힘 역시 마찬가지다. 또한 '생기력(vital force)'이라는 명칭에 합당한 힘은 존재하지 않는다. 이른바 유기체적 속성과 무기체적 속성을 나누는 것은 완전히 작위적이다.

4. Bechtel and Richardson(1998).
5. 이 용어에 대한 나의 논의는 'Solms(근간)'를 보라.
6. Freud(1950b), p. 295.
7. 프로이트가 '기능주의자'적 입장을 만들어 낸 선구자라는 사실은 널리 알려지지 않다(Freud, 1900, p. 536; 참고. Shallice, 1988).

    > [우리는] 정신 기능의 복잡한 문제들을 이해하기 쉽게 만들기 위해 기능을 차근차근 나눈 다음 그 구성요소 각각을 어떤 기관의 각기 다른 구성요소 부분에 할당하는 방식을 취하고자 한다. 내가 알고 있는 한 정신적 도구가 조합되는 방식을 연구하기 위해 이런 식의 나누는 방법을 사용하려 한 실험은 여태껏 없었다. 이러한 방식에 별다른 단점은 없어 보인다.

8. 프로이트가 이 흥미로운 용어를 처음 소개할 무렵, 그는 이것이 심리학과 생물학을 모두 아우르는 설명 수준을 지칭하는 것이라고 했다(플리스에게 보내는 편지, 1898년 3월 10일; Freud, 1950a). 언젠가 프로이트는 게오르그 그로덱(Georg Grod-

deck)에게 편지를 썼는데 이 역시 마찬가지다. "무의식은 신체와 정신 사이에 놓인 빠진 퍼즐 조각(missing link)이라네"(1917년 6월 5일 자 편지). Solms(2000b)를 보라. 또한 프로이트의 '프로젝트' 100주년을 기념해 개최된 뉴욕 과학아카데미학회에서 내가 발표했던 것을 보라(Solms, 1998). 위대한 학자 칼 프리브람(Karl Pribram)이 이 학회에서 발표했으며, 아울러 신경심리학의 개척자 조세프 보겐(Joseph Bogen)도 학회장에서 만났다. 그가 "의식은 시상의 층내핵(intralaminar nuclei)에서 만들어진다"라고 무심히 이야기했던 것을 생생히 기억한다. '대뇌피질은 본질적으로 의식적인 것이 아니라고' 누가 주장하는 것을 들은 것은 이때가 처음이었다. Bogen(1995)을 보라.

9. 프로이트(1891)가 국재주의를 비판한 내용은 훗날 신경심리학 및 그 이후 이어지는 인지주의를 풍미한 '기능적 시스템' 접근법에 초석을 놓았다. 나는 이 주제에 대해 Solms and Saling(1986), 그리고 Solms(2000b)에서 자세히 다루었다.
10. 그런 이유로 설로웨이(Sulloway)(1979)의 책에는 "프로이트 : 마음의 생물학자(Freud : Biologist of the Mind)"라는 제목이 붙었다.
11. Freud(1914), p. 78.
12. Freud(1920), p. 83.
13. 플리스에게 보낸 편지, 1895년 10월 20일 자.
14. 플리스에게 보낸 편지, 1895년 11월 29일 자,
15. 플리스에게 보낸 편지, 1895년 5월 25일 자.
16. 나는 현재 『지그문트 프로이트의 신경과학 전집(The Complete Neuroscientific Works of Sigmund Freud)』(전 4권)의 번역을 준비하고 있다. 또한 스트레이치 번역본에 대한 나의 개정판도 참조하라. 『지그문트 프로이트의 심리학 전집 개정표준판(The Revised Standard Edition of the Complete Psychological Works of Sigmund Freud)』(전 24권).
17. Freud(1950b), pp. 303, 316. 프로이트보다 수년 앞서 바루크 스피노자(Baruch Spinoza)는 이렇게 썼다. "욕망은 한 인간의 본성이나 본질 그 자체다."
18. Freud(1901), p. 259.
19. Freud(1920), p. 60.
20. Freud(1915a), pp. 121–2, 강조 추가.
21. 플리스에게 보낸 편지, 1895년 5월 25일 자.
22. Freud(1940), p. 197.
23. 이 그림은 브라운 Braun 등(1997)으로부터 수정해서 실었다. 브라운의 연구는 순전히 서술만 담겨 있다. 그가 발견한 것은 프로이트의 이론과 양립 가능하지만, 이론

으로부터 도출되는 어떠한 예상치도 검증하지 않았기 때문에 실험적으로 이를 입증해 주지는 못한다. 하지만 나의 제자 가운데 한 명[캐서린 캐머론-도우(Catherine Cameron-Dow), 2012]이 최근 꿈이 가진 잠의 수호자 기능 측면에서 프로이트의 이론을 직접 검증했다. 그녀가 가설을 확증한 바는 현재 베를린에 있는 동료 타마라 피쉬만(Tamara Fischmann)에 의해 좀 더 대규모로 추시가 이루어지고 있다.

24. 우연의 일치로 그 논쟁에서의 좌장은 다름 아닌 데이비드 차머스였다. 결과는 1978년의 투표를 뒤집는 것, 즉 홉슨이 자신의 '활성화-합성'을 미국 정신의학회에 참석했던 회원들에게 발표한 후 뒤따랐던 투표 결과를 뒤집는 것이었다.
25. Solms and Saling(1986).
26. See Braun(1999).
27. Malcolm-Smith et al.(2012).
28. Solms(2000c); Solms and Zellner(2012).
29. 흥미롭게도 프로이트는 도파민성 **추구**(**SEEKING**)계를 강력히 활성화하는 알칼로이드인 코카인을 주기적으로 사용할 무렵, '리비도적 욕동'이라는 개념을 발전시켰다. 코카인이 지닌 전반적 동기 부여의 영향력에 대한 프로이트 자신의 사적인 경험이 마음속에 온갖-목적의 동기를 만들어 내는 기전이 존재함을 인식하는 데 기여했다고 추정한다면 너무 과한 상상일까?
30. 7장에서 나는 '소망-충족'과 예측 부호화를 결부시킬 것이며, '현실 검증'을 오늘날 '예측 오류'(혹은 정도 조정된 예측 오류)라고 불리는 것과 결부시킬 것이다.
31. Fotopoulou, Solms and Turnbull(2004).
32. Turnbull, Jenkins and Rowley(2004).
33. Fotopoulou and Conway(2004); Turnbull, Berry and Evans(2004); Fotopoulou et al.(2007, 2008a,b); Turnbull and Solms(2007); Fotopoulou, Conway and Solms(2007); Fotopoulou(2008, 2009, 2010a,b); Coltheart and Turner(2009); Cole et al.(2014); Besharati, Fotopoulou and Kopelman(2014); Kopelman, Bajo and Fotopoulou(2015).
34. 개관을 위해 Turnbull, Fotopoulous and Solms(2014)를 보라. 또한 Besharati et al.(2014, 2016)을 보라.
35. Zellner et al.(2011).
36. Solms and Turnbull(2002, 2011); Panksepp and Solms(2012); Solms(2015a).
37. 이 발표들은 최종적으로 한 권으로 엮여 나왔다(Kaplan-Solms and Solms, 2000).[47)]
38. Kandel(1998).

39. Kandel(1999), p. 505.
40. 신경과학자로는 앨런 브라운(Allen Braun), 제이슨 브라운(Jason Brown), 안토니오 다마지오(Antonio Damasio), 비토리오 갈레세(Vittorio Gallese), 니콜라스 험프리(Nicholas Humphrey), 에릭 캔들(Eric Kandel), 마르셀 킨스부른(Marcel Kinsbourne), 조지프 르두(Joseph LeDoux), 로돌포 지나스(Rodolfo Llinás), 게오르크 노르토프(Georg Northoff), 야크 판크세프(Jaak Panksepp), 마이클 포스너(Michael Posner), 빌라야누르 라마찬드란(Vilayanur Ramachandran), 올리버 색스(Oliver Sacks), 토드 삭터(Todd Sacktor), 데니얼 샥터(Daniel Schacter), 카를로 세멘자(Carlo Semenza), 팀 샬리스(Tim Shallice), 볼프 싱어(Wolf Singer) 그리고 맥스 벨만스(Max Velmans)가 참여했다. 정신분석가로는 피터 포나기(Peter Fonagy), 안드레 그린(Andre Green), 일제 그루브리히-지미티스(Ilse Grubrich-Simitis), 오토 컨버그(Otto Kernberg), 마리안느 로이징거-볼레버(Marianne Leuzinger-Bohleber), 아놀드 모델(Arnold Modell), 배리 오파토프(Barry Opatow), 앨런 쇼어(Allan Schore), 시어도어 셔파이로(Theodore Shapiro), 리카르도 스테이너(Riccardo Steiner) 그리고 다니엘 위들뢰셰(Daniel Widlöcher)가 참여했다.
41. Damasio, Damasio and Tranel(2013).
42. Freud(1940), p. 198. 이 책을 통틀어 나는 제임스 스트레이치의 영역에서 내가 개작한 판본을 사용하고 있다(Solms를 보라, 근간).
43. Freud(1920), p. 24, 강조 추가
44. Freud(1940), p. 161-2, 강조 추가
45. Freud(1923)을 보라(p. 26).

    > 자아는 애초에 시작부터가 육체적인 자아다. 이것은 단순히 표면적인 속성의 것이 아니라 표면이 투사된 것 그 자체다. 이에 대한 해부학적 유사물로는 해부학자들이 '피질 호문쿨루스'라고 부르는 것과 가장 잘 맞아떨어질 것이다. 피질 호문쿨루스는 피질 위에 머리부터 서 있으며, 발꿈치를 치켜들고서 거꾸로 향해 있다. 그리고 익히 아는 바와 같이 좌뇌에는 언어 영역이 존재한다. … 자아란 궁극적으로 신체 감각, 주로 신체 표면에서 유래하는 감각으로부터 기인하는 것이다. 따라서 이는 체표면을 정신적으로 투사한 것으로 간주할 수 있다.

46. See Solms(2013).

---

47) 한국어 번역판은 『신경정신분석으로의 초대』(역자 주).

3장: 대뇌피질 오류

1. Merker(2007), p. 79. 이 같은 관찰은 일찍이 Shewmon, Holmes and Byrne(1999)에 의해 보고된 바를 확인하게끔 해 주었다.
2. 메르케르의 연구 결과에 대한 이어지는 설명은 그가 출간한 보고서(2007) 내용을 의역한 것이다.
3. Damasio and Carvalho(2013), p. 147.
4. 이러한 관찰은 메르케르의 문헌 요약(2007), p. 74를 의역한 것이다.
5. Panksepp(1998).
6. Weiskranz(2009)를 보라.
7. 다음의 영상을 확인하라: https://blogs.scientificamerican.com/observations/blind-sight-seeing-without-knowing-it/.
8. 안구에서부터 외측 슬상체로 가는 경로에도 똑같이 적용되는 이야기다([그림 6] 참조).
9. Zeman(2001).
10. Coenen(2007), p. 88, 강조 추가.
11. *개안 반응 없음*=1점, 통증에 반응해 개안=2점, 언어에 반응해 개안=3점, 자발적 개안=4점; 언어 반응 없음=1점, 이해 불가한 소리 반응=2점, 적절치 못한 단어 반응=3점, 일관성 있지만 부적절한 반응=4점, 적절한 반응=5점; 운동 반응 없음=1점, 제(除)뇌 자세=2점, 제(除)피질 자세=3점, 통증 회피=4점, 통증의 위치 특정=5점, 지시에 따름=6점
12. 이 착각이 '도덕주의적 오류'에 기인한 것이라는 주장 또한 제기되었다. 인지 신경과학자 헤더 베를린(Heather Berlin)은 외적 반응성이 내적 의식을 시사한다고 추정하는 일은 '작위적'이라고 말했다. 그녀는 이렇게 상술했다(Berlin, 2013, pp. 25-6).

    > 수두무뇌증 환아가 의식적이라는 솜즈의 기본적 가정은 옳다는 보장이 없다. '수면-각성 주기나 감정의 표현(웃음, 분노 등)이 존재하기 위해서는 의식이 필요하다'고 가정할 수 없다. … 실제 환아들이 진실로 의식적이라 할지라도, 그렇다는 것을 우리가 추정할 도리는 없다. 무의식적 과정도 꽤 정교하고 복잡할 수 있다(Belin, 2011). 솜즈가 내세운 이론의 핵심은 유의한 감정적 행동처럼 보이는 어떤 것으로 미루어 볼 때 의식이 존재한다고 여기는 투사에 의존하고 있는데, 이는 '도덕주의적 오류'(어떤 것이 그러하다고 믿을 때 우리의 기분이 편하기 때문에 그것이 반드시 진실이라고 주장하는 것)의 일례다. 인간은 의식이 존재한다고 가정하고

픈 소망을 선천적으로 타고난다.

다음은 내가 답한 글이다(Solms, 2013, pp. 80-81).

> 이 아동이나 동물들이 맥락적으로 적절한 감정을 드러냄에도 불구하고 어째서 그것이 정동적 느낌과 상응하지는 않는다고 추정해야 하는가? 이러한 감정의 발현은 특정 뇌 영역을 자극했을 때 유발되고, 동일한 뇌 영역에 병변이 있을 경우 사라지며, 우리 자신의 정동적 느낌과 상응하는데도 말이다. 그러한 추정은 분명 나의 추정보다도 더 '작위적'이다. 그러한 추정을 뒷받침하는 증거는 아동과 동물들이 자신의 느낌을 언어를 통해 '선언하지' 못한다는 점밖에 없다.

13. 연합의 법칙으로 알려져 있다. 근접성, 반복, 주의, 유사성 등에 의한다.
14. 통각(統覺)이란 '새로운 경험이 개인적 과거 경험의 잔류물과 동화되고 변형되어 새로운 한 덩어리를 형성하는 데 관여하는 과정'이다(Runes, 1972).
15. Meynert(1867).
16. 이는 일부 다른 포유류(이를테면 코끼리)의 피질이 더 크다는 사실을 편의적으로 간과한 것이다. 심지어 '피질과 신체 크기의 비율' 혹은 '피질과 피질하 구조 간의 비율'이라는 측면에서는 인간의 피질이 일부 다른 포유류보다 더 큰 것도 아니다.
17. Campbell(1904), pp. 651-2.
18. Meynert(1884; 영문 번역, 1885), p. 160.
19. Munk(1878, 1881).
20. 파울 플렉시히(Paul Flechsig)(1901, 1905)가 발견한 실명과 심맹을 구별하는 해부학적 근거는 사실로 추정되었다. 즉, 선조 '투사' 피질에는 망막 주변부와 직접적으로 연결된 원시세포가 존재한다. 이 원시세포는 출생 시부터 수초화되어 있기에 기억의 상을 가지고 있지 않다. 이를 둘러싼 '연합' 피질, 즉 온갖 정신 기능을 담는 그릇의 수초화는 훨씬 이후에 이루어진다. 이는 여타의 특정 유형(modality-specific) 피질에서도 동일하게 적용된다.
21. Wilbrand(1887, 1892). 빌브란트의 증례보고를 내가 영어로 번역한 것을 참조하라. 이 중 많은 이론적 요점을 상세히 논의해 놓았다(Solms, Kaplan-Solms and Brown, 1996).
22. 빌브란트가 관찰한 것은 그 이전 샤르코의 유사한 관찰, 즉 비시각적 꿈을 경험한 환자에 대한 증례를 토대로 만들어졌다. 따라서 낮 동안에는 시각적 물체를 재시각화하거나 인식하는 일이 불가능하며, 밤 동안에는 꿈을 꾸지 못하는 현상을 일컫는 '샤르코-빌브란트 증후군'이라는 개념이 만들어졌다. 이어지는 나의 연구 결과에 비추어 샤르코-빌브란트 개념에 대해 비판적으로 논의한 바는 Solms, Kaplan-Sol-

ms and Brown(1996) 및 Solms(1997a)를 보라.

23. 베르니케 실어증은 말에 대한 청각적 기억의 상 곧 언어음에 대한 기억이 담겨 있는 피질 영역이 손상되어 초래되는 것인 반면, 일반적인 난청은 입력 청각 자극과 이 영역을 연결하는 피질하 경로의 손상으로 초래된 것이라고 회자된다. 폴 피에르 브로카(1861, 1865)는 일찍이 이와 병렬적인 형태의 실어증인 말에 관한 운동상의 손상, 즉 언어음을 만들어 내는 방법에 관한 학습된 프로그램에 손상을 입었을 때 초래되는 형태의 실어증에 관해 기술한 바 있다. 베르니케의 제자인 루드비히 리히타임(Ludwig Lichtheim)(1885)에 따르면 그 외 형태의 실어증은 말에 대한 청각 및 운동 기억의 상을 *추상적* 사고로 이끄는 경피질 '연합' 경로의 손상에 기인하는 것이었다.

    하인리히 리소르(Heinrich Lissauer)(1890)는 유사하게 '심맹'을 두 가지 유형으로 분류했는데, 시각적 기억의 상 자체의 손상으로 유발된 '통각' 유형과 시각적 물체에 대한 기억의 상으로부터 추상적인 사고로 이끄는 경피질 경로의 손상으로 유발된 '연합' 유형이 그것이었다. 훗날 심맹을 시각 '실인증'으로 개칭한 인물은 프로이트(1891)였다.

    이후 휴고 리프만(1900)이 비슷한 방식으로 '정신적 마비'(실행증)를 통각 및 연합 유형으로 나누었다. 이는 본문에 언급한 바와 같이 각각 사지-운동 실행증과 관념 운동 실행증이다.

24. Liepmann(1900).

25. 서문에서 그는 다음과 같이 썼다. "이 책에서 독자들은 정신의학에 대한 단 하나의 정의만을 찾을 수 있을 것이며, 그것은 속표지에 제시되어 있다 : 전뇌의 질환에 관한 임상 논문(Clinical Treatise on Diseases of the Forebrain). 정신의학을 일컫는 역사적 용어인 '영혼의 치료'는 우리가 성취할 수 있는 것 이상을 의미하며, 엄정한 과학적 탐구의 범위를 넘어선다."

26. Absher and Benson(1993) 및 Goodglass(1986)을 보라. 흥미롭게도 안토니오 다마지오는 게슈윈드의 제자였다.

27. 그렇지만 우리는 말을 하지 못하더라도 의식이 온전히 보존된 피질 병변 환자들을 알고 있는데, 그들은 다른 방식을 통해 자신이 느끼는 바를 소통할 수 있다. 다양한 유형의 실어증 환자가 보인 비언어적인 내성적 보고에 관한 자세한 기술은 Kaplan-Solms and Solms(2000)를 보라. 19세기 동안 초반에는 주저하는 경향이 조금 있었으나 이후 일반적으로 귀결되는 합의점은 언어 기능의 상실이 '지능'에 유의한 방식으로 영향을 끼치지 못한다는 것이다.

28. Merker(2007), p. 65.

29. 네드 블록(Ned Block)(1995)의 '현상적' 의식 및 '접근' 의식의 구분을 참조하라.
30. Craig(2009, 2011)를 보라.
31. Dehaene and Changeux(2005); Baars(1989, 1997)를 보라. '고차 사고'라는 용어는 Rosenthal(2005)에서 유래했다.
32. Qin et al.(2010); Mulert et al.(2005).
33. 아래의 대화는 2011년 베를린 신경정신분석학회에서 발표된 증례의 구두 보고에서 발췌한 것이다. 증례 연구는 이후 Damasio, Damasio and Tranel(2013)로 출간되었다.
34. Damasio, Damasio and Tranel(2013).
35. Harlow(1868).
36. LeDoux and Brown(2017).
37. LeDoux(1999), p. 46, 강조 추가.

> 인간의 편도체에 전기 자극이 가해지면 공포라는 느낌이 유발되는데(Gloor, 1992), 이는 편도체가 공포를 '느끼기' 때문이 아니라 편도체가 활성화시키는 다양한 네트워크가 궁극적으로 공포라는 꼬리표가 붙은 입력물을 작업 기억에 제공하기 때문이다.

38. Whitty and Lewin(1957), p. 73.
39. Solms(1997a), p. 186, Case 22.
40. 이 멸칭은 칼 야스퍼스(Karl Jaspers)(1963)가 처음으로 썼다.

4장: 무엇이 경험되는가?

1. 프로이트가 메이네르트나 당대의 여타 신경생리학자들에게 동의하지 않았던 것에 대한 자세한 논의는 Solms and Saling(1990)을 보라. 그는 미출간 원고(Freud, 1887)에서 처음으로 반대 입장을 내비추기 시작했다. 그러한 관점은 Freud(1888)의 출간서에서 처음 등장한다. 이후 그는 자신의 책(1891)에서 이를 되풀이하고, Freud(1893b)에서 더욱 발전시키며, 1896년 12월 6일 플리스에게 보낸 편지에 최종적으로 전개한다.
2. Freud(1891), 나의 번역. Freud(1886), p. 14. 프로이트는 베를린에 있는 뭉크의 연구실에 '거듭 방문'했다고 말한다. 뇌간의 신경 경로를 밝히는 일은 1880년대 프로이트가 행한 해부학 연구에서 주된 관심사였다.
3. Freud(1891), 나의 번역.

4. Freud(1891), 나의 번역. 또한 프로이트는 메이네르트나 다른 이들이 피질의 처리 과정을 통각 단계와 연합 단계로 나눈 것에 대해 해부학적 및 생리학적 근거가 무엇인지 의문을 품었다(Ibid.).
5. 빌헬름 플리스에게 보낸 편지, 1896년 12월 6일 자(Freud, 1950a, p. 233).
6. 따라서 프로이트의 무의식계와 전의식계는 오늘날 우리가 '비선언적' 및 '선언적' 장기기억이라 부르는 것과 일치하며, 그의 의식계는 우리가 단기기억이라 부르는 것과 일치한다. 프로이트의 다섯 단계 중 처음과 끝(지각과 의식)은 자취라기보다는 신경의 상태다.
7. Kihlstrom(1996).
8. Bargh and Chartrand(1999), p. 476.
9. Squire(2009).
10. Claparede(1911).
11. Galin(1974), p. 573.
12. McKeever(1986)를 보라.
13. Crick and Koch(1990); Newman and Baars(1993); Dehaene and Naccache(2001); Bogen(1995); Edelman(1990); Marc and Llinas;(1994); Tononi(2012).
14. Nagel(1974). Chalmers(1995a)와 Strawson(2006)도 참고하라.
15. Freud(1915b), p. 177에서는 다음과 같이 설명한다.

    > [사고와 정동 간의] 모든 차이는 사고는 기본적으로 기억 자취에 담긴 카텍시스인 반면 정동 및 감정은 방출 과정에서 느낌으로 지각되는 최종 발현물에 상응한다는 사실에 기인한다. 정동 및 느낌에 대해 현재 우리가 알고 있는 수준으로는 이 차이를 좀 더 명확히 표현할 수가 없다.

16. 예를 들어 『의식의 탐구(The Quest for Consciousness)』에서 프랜시스 크릭과 크리스토프 코흐는 정동이 '보다 어려운 의식적 측면'과 결부된다고 설명했다(Crick, 2004, p. xiv). 그리하여 그들은 "감정이 … 의식적 지각을 수반하기에 충분한 뉴런 연합을 형성하고 모양새를 갖추게 하는 데 어떤 식으로 이바지하는지를 의도적으로 무시"했고, 그 대신 시지각처럼 '보다 실험적으로 다루기 쉬운 의식적 측면'에 집중했다(Koch, 2004, p. 94). 놀랍게도 그들은 의식적 시각에 대한 신피질 기전을 정동에 대한 원시적 뇌간 기전보다 간단한 문제로 간주했다. 그럼에도 불구하고 그와 동시에 정동이 (아마도) 의식적 지각에 충분한 신경 연합의 모양새를 갖추게 할 것으로 인정했다. 아무튼 정동 문제가 '보다 어려운' 것이라 가정할지라도, 의식을 설명하는 데 있어 이를 생략할 정당한 이유는 되지 못한다. 물리학적 설명에서 양자 효과를 생략한다면 어떻겠는가!

17. 그들이 완전히 무시했다고 말하는 것은 아니다. 흄의 『인간의 이해력에 관한 탐구(An Enquiry Concerning Human Understanding)』(1748)를 보라.
18. 이 용어는 Panksepp(2011)에서 유래했다.
19. Skinner(1953), p. 160.
20. Thorndike(1911).
21. Mazur(2013).
22. 관련 연구에 관한 대단히 흥미로운 설명은 Leng(2018), 16-19장을 보라.
23. Solms and Panksepp(2010)을 보라.
24. Panksepp(1974).

5장: 느낌

1. Alboni(2014).
2. 이어지는 문단은 Merker(2007)를 바꾸어 표현한 것이다.
3. 매우 흥미로운 논문인 Nummenmaa et al.(2018)을 보라. 이 논문은 앞으로 내가 전개할 여러 가지 결론, 이를테면 '중립적' 정동의 불가능성, 정동의 체화 및 정동이 지닌 카테고리적 속성 등을 뒷받침해 준다.
4. 예컨대 공포는 가쁜 호흡, 증가된 심박수, 내장에서 골격근으로의 혈류 재분배 등 지속성 각성 및 탈출 준비 상태를 불러일으킨다. 만약 공포라는 느낌이 느린 호흡, 저하된 심박, 골격근에서 내장으로의 혈류 재분배로 인한 굼뜬 반응을 불러일으킨다면 그것은 공포가 아니다. 정동의 체화된 속성은 다양한 감정 시의 전신 열 스캔에서 드러난다(Nummenmaa et al., 2018). Niedenthal(2007)을 보라.
5. 이러한 철학적인 쟁점은 11장에서 좀 더 다룬다.
6. 비뇨기과 의사들은 이 같은 상황을 '현관 열쇠 절박뇨'라고 부른다.
7. Ekman et al.(1987).
8. Barrett(2017).
9. 실증적 세부 사항 및 참고문헌 목록을 확인하려면 Panksepp(1998) 및 Panksepp and Biven(2012)을 보라.
10. LeVay(1993)을 보라.
11. 해부학적 세부 사항에 관심이 있는 이들을 위해 기술하겠다. 전형적인 남성에서 **욕정**(LUST) 회로의 초점은 전측 시상하부[특히 간질 핵(interstitial nuclei)]인데, 그곳에서 **욕정**(LUST) 회로는 분계선조 침대핵(bed nucleus of the stria terminalis)을 거

쳐 PAG까지 내려간다. 화학적으로 볼 때 (고환에서 분비되어 대게 전측 시상하부에 작용하는) 스테로이드 호르몬인 테스토스테론(testosterone)은 바소프레신(vasopressin)이라 불리는 펩타이드의 뇌 속 분비를 매개하며, 이는 성적인 각성을 초래한다. 전형적인 여성에서는 복내측 시상하부(ventromedial hypothalamus)가 성적 조절에 관여하며, 주된 화학물질은 에스트로겐(oestrogen)과 프로게스테론(progesterone)이다. (여성에게서 고환에 상응하는 기관인 난소에서 둘 다 분비된다.) 이 호르몬들은 여성형 성적 반응의 많은 부분을 좌우하는 펩타이드인 옥시토신(oxytocin)의 뇌 속 활성을 매개한다. 욕정(LUST)은 LH-RH나 CCK 같은 기타 펩타이드에 의해서도 매개된다.

12. **추구**(**SEEKING**)계는 신경전달물질 글루타메이트(glutamate) 및 옥시토신(oxytocin), 뉴로텐신(neurotensin), 오렉신(orexin)과 같은 다양한 펩타이드에 의해서도 매개된다.
13. 생각이라는 주제로 10장에서 좀 더 자세히 돌아오겠다.
14. 기시부는 편도체의 내측부에 존재하며, PAG에 다다르기 전 분계선조 침대핵(bed nucleus of the stria terminalis) 및 내측 시상하부 및 뇌궁주위 시상하부를 통과한다. 명령 신경조절물질은 substance P이며, 글루타메이트(glutamate) 및 아세틸콜린(acetylcholine)과 더불어 작용한다. 아세틸콜린과 더불어 작용한다는 사실은 REM 수면 행동 장애가 **분노**(**RAGE**)를 통해 매우 흔하게 표현되는 이유를 설명해 주는 것인지도 모른다.
15. **공포**(**FEAR**) 회로는 중심 및 기저외측 편도체(central and basolateral amygdala)에서 기시한다. 화학적으로 이 회로는 펩타이드 DBI, CRF, CCK, α-MSH 및 NPY뿐 아니라 신경전달물질 글루타메이트(glutamate)에 의해서도 매개된다.
16. Tranel et al.(2006)을 보라. 그는 명백히 SM의 주관적 감정성에 초점을 맞췄다.
17. Blake et al.(2019)을 보라.
18. 다른 유사한 과제, 이를테면 아이오와 도박과제의 '직관'의 경우에도 똑같은 상황이 벌어진다(Turnbull et al., 2014). 니콜라스 험프리(Nicholas Humphrey)는 내가 맹시에서 '추측'이라는 용어 대신 '직감'이라는 용어를 사용하는 것에 반대했다. 내가 그에게 설명했듯이 이는 어떤 질문을 던지느냐에 전적으로 달려 있다(의식과학 학회(The Science of Consciousness conference), 인터라켄(Interlaken), 2019년 6월).
19. LeDoux(1996).
20. Bowlby(1969).
21. 예를 들면 Yovell et al.(2016) 및 Coenen et al.(2019).
22. Solms and Panksepp(2010).

23. 분계선조 침대핵(bed nucleus of the stria terminalis), 시각교차 앞 구역(preoptic area) 및 배내측 시상(dorsomedial thalamus)을 통과한다. 본문에서 설명한 오피오이드(opioid) 기전 이외에도, **공황**(**PANIC**)은 글루타메이트(glutamate), 신경 펩타이드 옥시토신(oxytocin), 프로락틴(prolactin) 그리고 CRF에 의해 매개된다.
24. 아마도 정신적인 고통이 흔히 신체적 통증으로 신체화되는 이유는 이 때문일 것이다. Eisenberger(2012) 및 Tossani(2013)을 보라.
25. **보살핌**(**CARE**)은 도파민(dopamine)에 의해서도 매개된다.
26. **보살핌**(**CARE**) 회로는 전측 대상회(anterior cingulate)에서 내려와 분계선조 침대핵(bed nucleus of the stria terminalis), 시각교차 앞 구역(preoptic area) 및 복측피개영역(ventral tegmental area)을 통과해 PAG에 이른다.
27. Forrester et al.(2018).
28. Panksepp and Burgdorf(2003). 아울러 www.youtube.com/watch?v=j-admRG-FVNM을 보라.
29. 다행히도 이는 더는 유행하는 놀이가 아니다. 나는 아메리카 원주민들이 정착 농장주들에 의해 지배당한 일을 지지하는 것이 아니다. 다만 그들은 분명 그렇게 했다.
30. 공감은 의도적인 입장이나 혹은 '마음 이론'에서 생겨난다. 이는 모든 포유류 종에 동일하게 발달해 있는 것이 아니다. 그러므로 공감의 발달은 절대 '거울 뉴런' 이론이 시사하는 것처럼 자동적 과정일 리가 없다. 공감은 반사가 아니다. 그것은 발달 과정에서 오는 성취다(Solms, 2017a를 보라).
31. 하지만 확실히 배내측 시상(dorsomedial thalamus) 및 속방 영역(parafascicular area)은 PAG만큼이나 특별히 중요한 것으로 보인다. **놀이**(**PLAY**)에서 명령 조절물질이 있다면 그것은 뮤 오피오이드(mu opioid)일 것이다. 하지만 이는 안전(낮은 PANIC/GRIEF)이 놀이(PLAY)에 필요한 전제조건임을 단순히 반영한 것일지도 모른다. 놀이(PLAY)에서 추정되는 다른 조절물질로는 글루타메이트, 아세틸콜린, 카나비노이드들이 있다. Zhou et al.(2017)에 의해 확인된 시상피질 회로는 단지 특정한 놀이(PLAY)의 측면인 패권(dominance)하고만 관련이 있다. Van der Westhuizen and Solms(2015)와 Van der Westhuizen et al.(2017)을 보라.
32. Pellis and Pellis(2009).

6장: 근원

1. Moruzzi and Magoun(1949).

2. Fischer et al.(2016). 이 병변은 내측 방완핵(medial parabrachial nucleus) 주변 (바로 위)에 위치한다. 흥미롭게도 이곳은 홉슨(Hobson)이 REM 수면에 연관된 콜린성 공급 세포들을 식별해 낸 영역이다. 아울러 Parvizi and Damasio(2003), Golaszewski(2016)를 보라.
3. Blomstedt et al.(2008). 전극은 흑질(substantia nigra)에 놓였다. 본디 의도한 위치는 시상하핵(subthalamic nucleus)이었다.
4. Damasio et al.(2000); Holstege et al.(2003).
5. 이는 해마가 아니라 신피질의 볼록 면을 지칭하는 것이다.
6. Garcia-Rill(2017).
7. Holeckova et al.(2006).
8. 이런 식으로 '채널'과 '상태'라는 용어를 사용한 것은 메줄람(Mesulam)(2000)이 원조라 할 수 있다. 9장에서 나는 '상태 기능'을 위한 '작업 모드'라는 비유를 썼다. 다양한 상태 혹은 다양한 작업 모드하의 두뇌가 세포 수준에서 실제로 어떠한지 쉽게 읽히는 설명을 찾으려면 Abbott(2020)을 보라.
9. Panksepp(1998), p. 314. 판크세프에게서 가져온 이 인용구는 계속 이어지며 아래의 두 미주를 아우른다.
10. Bailey and Davis(1942).
11. Depaulis and Bendler(1991).
12. 어떻게 이것이 작동하는지에 대한 쉬운 설명은 Walker(2017)를 보라. 심지어 연체동물이나 (불가사리 같은) 극피동물조차도 수면/기상 주기를 보인다. Panksepp(1998, p. 135)는 계통발생적으로 볼 때 수면 조절 기능이 망상 활성계보다 더 오래되었음을 지적했다. 이를 근거로 그는 대단히 흥미로운 의견을 피력한다.

    > 오늘날 REM 수면의 기전이 된 것은 본디 선택적인 감정성 각성을 매개했다. 복잡한 인지 전략들이 나타나기 이전에 동물들의 행동 대부분은 일차-과정적 정신행동의 틀, 즉 오늘날 기본 감정 체계로 알려진 틀로부터 생겨났을 것이다. … 달리 표현하자면, 고대의 동물이 보인 행동 중 상당수는 기존에 짜인 감정적인 틀의 일부에서 일어났을 것이다. 이런 식의 간단한 행동적 해결 방식은 결국 정교한 인지적 접근에 의해 대체되었는데, 이때 정교한 인지적 접근을 위해서는 더 많은 신피질 아니라 새로 생겨난 뇌 영역 내의 기상 기능을 효과적으로 유지하기 위한 새로운 각성 기전 역시 필요했다.

    이후 내가 제안한 바를 고려할 때, 판크세프의 주장은 다음과 같이 고쳐 쓸 수 있겠다. 전뇌는 *맥락에 맞게* 감정적 행동을 조절하는 능력, 따라서 경험을 통한 학습이

가능하게끔 해 주는 능력을 하등하고 자동화된 본능적 운동 프로그램에 덧붙여 준다.

13. 이는 의도성 또는 '지향성(aboutness)'에 관한 철학적 개념과 동일시되어서는 안 된다. 판크세프는 '의욕(volition)'과 비슷한 의미로 사용했다. 하지만 추후 내가 철학적 개념을 피력할 때 그 철학적 개념은 의욕과 깊이 연관됨이 분명해질 것이다.
14. 그러므로 파프가 '신경계의 가장 근본적인 힘'이라고 묘사하며 각성이라는 주제를 총망라해 다루었던 문헌(Pfaff, 2005)에서 그는 용어를 이렇게 운용화했다. "'일반화된 각성'은 다음과 같은 상태에 놓인 동물이나 사람에게서 더 높다 : 모든 종류의 감각 자극에 좀 더 기민함(S), 운동에 있어 좀 더 활동적임(M), 감정적으로 좀 더 반응적임(E)." '각성'을 중심적 위치에 두는 이 책의 관점에서 나는 파프의 문헌(Pfaff, 2005)에서 발췌한 긴 인용구를 부록에 실었는데, 이는 또한 다음 장의 주제로 넘어가는 데 유용한 가교가 된다. 도널드 파프(Donald Pfaff)의 중요한 연구를 알릴 기회를 얻었음에 감사를 표한다. 내가 그를 처음 만난 1990년대 초에 이미 그는 프로이트의 '욕동'이라는 이론적 표현에 이례적인 공감을 표했다.
15. PAG는 망상 활성계의 모든 신경조절 공급 핵으로 투사한다. PAG에서 투사되어 뇌간에 종착하는 그 밖의 주요한 지점으로는 내측 시상하부(medial hypothalamus), 설상핵(cuneiform nucleus), 뇌교 망상체(pontine reticular formation), 고립핵(solitary nucleus), 박상핵(gracile nucleus), 배측 망상핵(dorsoreticular nucleus) 및 복외측 연수(ventrolateral medulla)가 있다. Linnman et al.(2012)을 보라.
16. Venkatraman, Edlow and Immordino-Yang(2017). 이러한 맥락에서 나는 '하행'이라는 단어를 좋아하지 않는다. 왜냐하면 PAG는 고위 대뇌 및 하위 체성 정동 피드백을 통합하기 때문이다. 운동 출력을 유발한다는 측면에서만 '하행'할 뿐이다. '구심성(centripetal)'이 더 나은 단어로 보이는데, 이는 '원심성(centrifugal)' (에들로우(Edlow)가 '조절' 네트워크라 불렀던) 네트워크와 대조될 수 있다. '구심성' 네트워크에는 '하행' 및 '상행' 네트워크가 둘 다 포함된다. 그러므로 Linnman et al.(2012)은 PAG를 '하행 변연계' 및 '상행 감각계' 사이의 소통이 일어나는 장소라고 묘사했다.
17. Venkatraman, Edlow and Immordino-Yang(2017).
18. Ibid.
19. Linnman et al.(2012), p. 517, 강조 추가.
20. Ibid., 강조 추가. 인간의 두뇌영상 연구에서 PAG는 '현출성' 네트워크(salience network)에 포함된 것으로 밝혀졌다(Seely et al., 2007).
21. Ezra et al.(2015), p. 3468, 강조 추가.

22. Panksepp and Biven(2012), p. 413, 강조 추가.
23. Linnman et al.(2012), p. 506, 강조 추가.
24. Panksepp and Biven(2012).
25. 이는 '중심 회백질'로 불려 왔다.
26. '뒤쪽'에 위치한 것은 외측 및 배외측 PAG이며, '앞쪽'에 위치한 것은 복외측 PAG이다. 이런 식의 분류는 배내측 PAG를 간과하는 것이다.
27. Venkatraman, Edlow and Immordino-Yang(2017)을 보라.

> 이 기둥을 자극하면 감정적인 발성, 직시(confrontation), 공격성 및 교감신경의 항진이 일어나며, 이는 혈압, 심박 및 호흡수 상승을 통해 드러난다. … 이 배외측/외측 기둥 자체 내에도 두 부분이 존재한다. 앞쪽은 (싸움 반응을 유발하며) 힘/패권과 연관되는 반면, 뒤쪽은 (도망 반응을 유발하며) 사지로 가는 혈류 증가와 함께 공포를 불러일으킨다.

28. 앞쪽 기둥은

> 위치가 다소 모호하게 특정되는 '느리고, 타는 듯한' 체성 및 내장성 통증 신호를 받아들이며, 자극 시 수동적인 대응, 만성 질병 행동, 저반응성을 동반한 얼어붙음, 교감신경성 방출의 억제가 일어난다. … 이런 식으로 앞쪽 기둥은 기분에 영향을 끼치는 배경 감정에 관여하는 것 같다(Ibid.).

29. 시모네 모타와 동료들은 이를 다음과 같이 기술했다(Motta, Carobrez and Canteras, 2017, p. 39).

> 일반적으로 [PAG]는 다양한 행동 표출을 위한 신경 네트워크상의 하류 지점으로 인식되어 왔고, 정형화된 반응을 만들어 낸다고 생각되고 있다. 하지만 점점 쌓여 가는 증거에 따르면 PAG는 수많은 행동 반응에 대해 좀 더 복잡한 조절력을 행사하며, 원초적인 감정적 색조를 입힘으로써 복잡한 혐오 반응 및 욕구 반응을 매개하는 전뇌 부위에 영향력을 끼치는 특별 중추로서 작동하는 듯하다.

30. PAG는 만성 통증의 치료를 위해 심부 뇌자극술에서 흔히 목표로 삼는 지점이다. 하지만 시술을 받는다고 해서 피질의 체성감각 수용 능력이 줄어들지는 않는다.
31. Merker(2007). 그는 결과적으로 이 통찰이 Penfield and Jasper(1954)에게서 온 것이라고 돌렸다.
32. 나는 전문용어인 '중간간뇌 선택 삼각부(mesodiencephalic selection triangle)'를 이 책의 의도에 맞게끔 간략히 줄이겠다. 또한 메르케르의 용어를 그렇게 사용함로써 삼각부보다 결정 접점(욕구와 맥락 사이의 접점)에 무게를 두고자 한다. 다음 장에서 보겠지만 행동(메르케르 식으로 '행동 결정')과 지각(메르케르 식으로 '목표 선

택')이 합쳐 맥락을 만들어 내는데, 이들은 동전의 양면과 같다. 다음은 메르케르가 이에 관해 설명한 것이다(Merker, 2007, p. 70).

> 종뇌(telencephalon)가 얼마만큼 크게 확장되더라도, 심지어 포유류의 신피질에서와 같이 버섯처럼 중간간뇌(mesodiencephalon)를 덮어 버릴 지경에 다다를지라도 또 다른 장치가 전혀 필요하지 않은데, 여기에는 그럴 만한 근본적인 이유가 있다. 원심성(efferent) 신경 가운데에서 그 운동 핵이 중뇌 수준보다 상부에 위치한 것은 없다. 이것이 의미하는 바는 중뇌와 간뇌가 만나는 뇌간 부위를 매우 얇게 자른 절단면에서 … 모든 정보가 전달되어 나간다는 것이다. 이러한 정보를 통해 전뇌는 온갖 종류의 행동을 만들고 조절하거나 영향을 끼칠 수 있다.

메르케르는 이 절단면을 '결합뇌 병목(synencephalic bottleneck)'이라 부른다. 그는 이렇게 덧붙였다.

> 전뇌에서 처리된 모든 정보 내용을 실시간으로 행동으로 옮기는 과정에는 반드시 엄청난 정보의 삭감이 이루어져야 하는데, 이를 이해하기 위해서는 척추동물의 뇌에서 가장 위쪽의 운동 뉴런들도 결합뇌 병목 아래에 있다는 사실만 알고 있으면 된다.

전뇌 부위에서 '입찰'한 것들을 제출받은 다음, 그 후로 무엇을 할 것인지에 관한 결정이 이(뇌간) 수준에서 만들어진다는 사실은 앞서 논의한 질식 공포의 예에서 극적으로 드러난다. 다른 모든 인지적인 고려는 뇌간 수준에서 촉발된 공기 기아에 의해 무시된다. 호흡 조절 중추는 뇌교와 연수에 위치한다.

33. 판크세프는 메르케르보다 10여 년 일찍 **자기SELF**라는 기능적 배열에 대해 다음과 같이 논했다(Panksepp, 1998, p. 312).

> 소구(colliculi)의 심부층들은 [객관적인] 신체의 기본 운동 지도를 구성하는데, 이는 시각, 청각, 전정 및 체성 감각계뿐만 아니라 인근에 있는 PAG의 감정 회로와도 상호작용한다. PAG는 통증, 공포, 분노, 분리 고통, 성적 행동 및 모성 행동 체계라는 기본적인 신경 표상과 더불어 여타 [주관적인] 신체의 내장 유형 지도를 정교하게 만들어 낸다. (기본적 신경표상은 이 책의 [이전 장에] 요약했다.) PAG 인근에는 중뇌 운동 영역(mesencephalic locomotor region)이 위치하는데, 이 영역은 여러 가지 일관된 행동 경향을 조직하는 데 필수적 바탕이 되어야 하는 신경 패턴들을 유발할 수 있다.

Damasio and Carvalho(2013)는 이 일반적 기능 배열을 가리켜 '원초-자기(proto-self)'라는 명칭을 제안했다. 그들은 여타의 이종유형 신체 감각 지도들이 방완

복합체(parabrachial complex) 및 고립로 핵(nucleus of the solitary tract)에 의해 제공된다는 점을 지적했다. 이것들은 아마 중뇌 결정 삼각부에 의해 수행되는 통합 기능의 진화적 전구물인 듯싶다.

34. 다음은 Merker(2007), p. 73에서 발췌했다.

> [의식적 자기]는 한 명 뿐이며, 당신의 콧대 뒤 머릿속에 위치한다. 그곳에서부터 우리는 머리 앞에 난 키클롭스의 외눈 같은 텅 빈 조리개를 통해 가시적인 세상을 직접 마주한다(Hering 1879; Julesz 1971). 하지만 그 광경은 분명 그저 보이는 모습일 뿐인데, 만약 우리가 문자 그대로 그리고 실제로 보아야 하는 머리 내부에 자리를 잡는다면 보이는 것은 세상이 아니라 두개골 전면 내의 해부학적 조직이기 때문이다. 키클롭스식 조리개는 원거리의 시각적 세상을 근거리의 시각적 신체 내 빠진 부위에 끼워 넣게 해 주는 편리한 신경적 허구다. 이때 신체의 일부가 빠졌다는 것은 이른바 머리가 없다는 것, 좀 더 엄밀히 하자면 상부 안면부가 사라졌다는 것이다(Harding, 1961을 보라). 대조적으로 체성감각은 이 영역을 가로지를 때도 끊어짐 없는 연속성을 유지한다. 우리가 세상을 바라보는 텅 빈 구멍은 의식 속에서 우리에게 주어진 신체와 세상에 관한 가상적 속성을 저버린다.

35. Ibid., p. 72. 근사한 시뮬레이션을 확인하려면 Stoerig and Barth(2001)를 보라. 이는 수두무뇌증 환아나 제뇌 동물이 느낄 감각-운동 세계에 관한 어떤 인상을 제공해 준다(맹시 또한 참조할 것).
36. White et al.(2017); Panksepp(1998), p. 311.
37. Merker(2007), p. 72.
38. Hohwy(2013).
39. 실제로 그는 수술 후 몇 년 뒤 사망했다. (쉽게 치료 가능한) 상기도 감염을 너무 늦게 발견한 탓이었다.
40. Friston(2005)을 보라.
41. Hohwy(2013); Clark(2015).
42. 예를 들어 초파리 드로소필리아(*drosophilia*)의 배측 쌍 내측 뉴런을 떠올려 보자. 놀랍게도 심지어 *예쁜 꼬마 선충*(*Caenorhabditis Elegans*) 내에도 원시적인 전구체가 존재하는 듯 보인다(Bentley et al., 2016; Chew et al., 2018을 보라).
43. 이어지는 프로이트(1925)의 비유는 방금 설명한 기능적 배열을 그려 보는 데 도움을 줄 것이며, 동시에 '메타심리학적' 용어를 생리적 용어로 교체할 수 있게 해 줄 것이다.

> 카텍시스적 신경 전달은 내부에서 기인한 신속하고 주기적인 충동을 타고서, '전적으로 투과되는 지각-의식계(system Pcpt-Cs)'로 보내졌다가 철회되었다가 한다.[48] 지각-의식계가 이렇게 카텍시스로 차 있는 한 이 체계는 지각을 받아들이고서 (이때 의식이 동반됨) 그 흥분을 계속해서 무의식적 기억 체계로 전달한다. 하지만 카텍시스가 철회되는 순간 의식은 사라지고 그 체계의 기능은 정지된다. 이는 마치 [이드]가, 지각-의식계를 통해 외부 세계로 향하는 더듬이를 늘어뜨렸다가 외부로부터 오는 흥분의 견본을 얻는 순간 황급히 더듬이를 집어넣는 것과 같다.

'카텍시스'는 조절 각성이다. 그러므로 이 상징적 비유에서 피질의 지각을 훑어 내는 '카텍시스적 신경전달'이란 중심부 두뇌 각성이 박동하는 것을 말한다. 나는 이 문구를 인용하면서 프로이트가 쓴 용어인 '무의식'을 '이드'로 대체했는데, 그가 이 두 체계를 잘못 혼용했다는 사실을 피하기 위함이다(Solms, 2013).

44. Merker(2007); Panksepp and Biven(2012), pp. 404–5, 판크세프와 비븐은 해마에서 맥락이 부호화된다는 점을 염두에 두고서 이 '공통 화폐'가 생리학적으로 어떻게 전개되는지를 보여 주는 예시로 해마 세타 리듬을 이용했다.

> 두뇌 내 특정 유형, 이를테면 세타 리듬으로 알려진 해마의 4~7Hz 리듬과 같은 유의한 동조성 진동에 관해 기술한 전통 신경과학 문헌에서 암시적인 힌트를 찾을 수 있다. 이 세타 리듬은 동물들이 세상을 탐색하게끔 돕고(예를 들어 쥐의 경우 코를 킁킁거려 냄새를 맡게 하고) 그 결과 해마에서 기억을 만들게 해 준다. 세타 리듬은 적극적으로 정보를 처리하는 과정이기에 고도로 특징적인 해마의 신경적 서명인 셈이다. 이 리듬은 환경을 탐색하고 킁킁거리며 냄새 맡을 때 으뜸가는 정보 수집 감정 체계인 **추구(SEEKING)** 체계를 인위적으로 각성시키는 동안, 특히나 쥐에서 두드러진다(Vertes and Kocsis, 1997). 다시 말해 킁킁거리는 리듬은 진행 중인 해마의 세타 주파수와 전형적으로 상응한다. … 이는 정동적 과정의 유형화된 각성으로부터 어떻게 인지적인 지식이 창출되는지를 잘 보여 주는 것인지도 모른다.

45. '촉각'은 체성감각의 일상 용어로 근육 및 관절의 감각, 온도 감각, 진동 감각과 같은 하위 양식을 포함하며, 이는 다른 지각 양식과 마찬가지다.

---

48) 프로이트는 프로젝트에서 비투과성의 프시 뉴런과 투과성의 파이 뉴런을 구분했는데, 그중 파이 뉴런에 해당한다는 의미다. 카하르트 해리스와 칼 프리스턴은 2010년 논문에서 프로이트의 파이 뉴런을 외인성 입력에 민감한 뉴런이라고 기술했다(역자 주).

46. 외부의 정보들이 눈길을 끌 때(salient) 그러하다.
47. Solms(2013).
48. 아세틸콜린이 오차 신호의 신뢰도를 조정할 것이라고 언급되지만 이는 굉장히 단순화된 이야기다. 이와 똑같은 대략적인 일반화가 세로토닌과 예측 신호와의 관계, 도파민과 활동 상태와의 관계, 노르아드레날린과 감각 상태와의 관계에서도 성립될 수 있다. 더 자세한 관점을 확인하려면 Parr and Friston(2018)을 보라.
49. '물리학'(φυσική)이란 '자연법칙에 관한 지식'을 의미하는데, 이는 보고 만질 수 있는 것에만 국한된 것이 아닌 모든 자연에 관한 지식이다. 물리학은 자연 현상에 관한 가장 근본적인 설명을 제공한다. 많은 이가 물리학이 단지 물질에 대해서만 탐구한다고 생각하고는 마음을 배제해 버린다. 하지만 그렇다면 마음은 자연의 일부가 아닌 것이 되어 버리는데, 이는 이 책에서 던지는 바로 그 질문을 회피하는 셈이다.

    "어떤 자연 현상을 완전히 설명했다고 할 수 있으려면, 그 현상의 바탕이 되고 효과를 발하는 자연의 궁극적인 힘들까지 거슬러 올라갈 수 있어야만 한다"(Helmholtz, 1892). 물질은 에너지 상태임이 밝혀졌다. (그러므로 $E=MC^2$이다.) '궁극적인 힘들'을 통해 표면적인 현상이 설명되는데, 이 힘들은 직접 관찰되지 않으며 추론될 뿐이다. 그런 까닭에 힘들은 비현상적 용어를 통해, 즉 추상적 개념으로서 과학적으로 보고된다.

    칸트의 『순수 이성 비판』을 참조하라.

    > 경험 그 자체, 다시 말해 현상에 관한 실증적 지식은 현상의 연속됨을, 그러므로 모든 변화함을 인과적 법칙하에 종속시킬 경우에만 비로소 가능해진다. 경험되는 대상으로서의 현상 역시 마찬가지로 그 자체가 인과의 법칙을 따를 때만 비로소 가능해진다.

    보통 수학적 추상개념이 언어적 추상개념보다 선호되는데, 추론된 힘들(및 그 힘들 간의 관계)은 측정 가능해야 하며 수량화할 수 있어야 하기 때문이다. 이는 자연의 '궁극적인 힘들' 간의 법칙적 관계가 헤아려질 수 있는 다채로운 현상적 표면 아래에서 숫자라는 공통된 화폐를 마련해 준다. "자연이라는 책은 수학이라는 언어로 쓰여 있다"라는 갈릴레오의 말처럼 말이다.

7장: 자유 에너지 원리

1. 결정 구조가 자유 에너지를 최소화하는 방식은 자명하다. 비평형 정상 상태의 끝개가 점이기 때문이다. 즉, 결정은 그냥 조밀한 패턴으로 배열되어 약간의 방해를 받

더라도 그 상태를 유지한다. 인간 뇌의 경우처럼 끌개의 집합이 동역학적 순회 구조를 가지면 상황이 더 복잡해진다.

2. 간단히 말해 h 지수는 출판물을 피인용 수로 나열했을 때 해당 출판물의 순위보다 (동료 연구자에 의한) 피인용 수가 더 높은 출판물의 수다. 어떤 연구자의 논문 가운데 40번째로 많이 인용된 논문이 42회 인용되고 41번째 논문이 39회(41회 미만) 인용되었다면, 그 사람의 h 지수는 40이다.
3. 2020년 7월 20일 기준.
4. Carhart-Harris and Friston (2010).
5. Freud (1894), p. 60.
6. Friston (2005), 강조 추가. 이는 Carhart-Harris와 함께 쓴 논문에서도 마찬가지다. 해당 논문의 서두는 아래와 같다(Carhart-Harris and Friston, 2010, p. 1265, 강조 추가).

    일차 및 이차 과정에 대한 프로이트의 서술은 계층적 대뇌피질계에서의 자기조직화된 활동과 일치하며 … 자아에 대한 그의 설명은 기본 모드(default-mode) 네트워크의 작동 및 하위 뇌 시스템과의 상호 교류와 일치한다. 이 신경생물학적 설명은 뇌를 계층적 추론 또는 헬름홀츠 기계로 보는 관점에 기반을 두고 있다. 이 관점에 따르면 대규모 내재적 네트워크는 감각 표상을 최적화하려고 애쓰는 계층적 뇌 체계의 상위 단계에 위치한다. 이러한 최적화 과정은 자유 에너지의 최소화로 기술된 바 있다. 이 과정은 프로이트의 도식에서 에너지가 취급되는 방식과 형식적으로 유사하다.

7. Friston (2013).
8. Solms and Friston (2018).
9. Parvizi and Damasio (2003).
10. Damasio (2018) 및 해당 논문에 대한 나의 비평인 Solms (2018a)를 참조하라.
11. 여기서 말하는 아인슈타인의 통찰은 빛의 양자적 성질을 가리킨다(Einstein, 1905). 스티븐 호킹은 다음과 같이 평했다.

    신은 확실히 주사위 놀이를 한다. 그뿐만 아니라 때로는 보이지 않는 곳에 주사위를 던져 우리를 혼란에 빠뜨린다. 많은 과학자가 아인슈타인처럼 결정론에 깊은 감정적 애착을 가지고 있다. 그들은 아인슈타인과 달리 양자 이론으로 인한 예측력의 저하를 받아들였다.

    의식 현상 역시 확률적으로만 예측할 수 있는 것으로 밝혀졌다.
12. 2018년 4월 USC에서 있었던 일이다. 2019년 1월 전화 통화에서 다마지오는 나와 프리스턴의 논문 출판본을 읽은 후에도 여전히 의식이 본성상 생물학적이라는 점

을 근거로 다마지오와 내가 한때 공유했던 '우리의 과학'을 옹호하고 있었다. 그러나 다행히도 다마지오는 이후 마음을 바꿨다. Man and Damasio (2019) 참조.

13. 흥미롭게도 헤르만 폰 헬름홀츠(요하네스 뮐러의 제자, 베를린 물리학회를 설립)가 이 법칙을 수립하는 데 큰 역할을 했다.
14. 이것은 열역학적 한계 내에서는 참이지만 (엄밀히 말해) 이론적으로는 그렇지 않다. 이론적으로 열역학 제2법칙은 자연적 과정을 역전시킬 가능성이 엄청나게 *희박하다*고 규정한다. 어떤 계의 방정식을 풀려면 관련 동역학 법칙뿐 아니라 계의 *초기 조건*도 필요한데, 이것이 기본 방정식의 대칭성을 깨뜨리기 때문이다. 따라서 깨진 컵의 모든 조각이 정확히 알맞은 속도로 서로를 향해 움직이고, 음파가 정확히 알맞게 컵으로 모여들며, 컵이 바닥에 닿았을 때 바닥을 타고 흩어진 에너지도 다시 돌아온다면, 모든 게 모여 깨지지 않은 초기의 컵을 재현할 수 있을 것이다. 그러나 이러한 상황은 거의 불가능하므로 우리는 현실에서 엔트로피의 감소를 보지 못한다.
15. 극히 짧은 기간을 제외하면.
16. 물질에 열을 가하면 분자와 원자가 더 빨리 진동한다. 원자가 더 빨리 진동하면 원자 사이의 공간이 증가한다. 입자의 운동과 입자 간 간격은 물질의 상을 결정한다. 분자 운동이 증가하면 최종적으로 물질이 팽창해 더 많은 공간을 차지하게 된다.
17. 기술적으로 엔트로피와 낭비되는 에너지는 관련이 있지만 동일하지는 않다. 엔트로피는 차원이 없지만, 에너지는 차원이 있다.
18. 기술적으로 엔트로피는 특정한 거시적 구성을 갖는 서로 등가인 미시 상태의 수와 관련이 있다.
19. 물리학자 앨런 라이트먼(Alan Lightman)은 이를 다음과 같이 유려하게 표현했다 (Alan Lightman, 2018, pp. 67-8).

> 제논(Zeno)이 그랬듯이 실재의 가장 작은 요소를 찾기 위해 계속해서 공간을 작게 쪼갠다면 환상과도 같은 플랑크 세계에 도달하게 되고, 그때 공간은 아무 의미도 갖지 않는다. 적어도 우리가 이해하고 있는 선에서의 '공간'은 더는 의미가 없다. 물질의 가장 작은 단위가 무엇인가라는 질문에 답하는 대신, 그 질문에 사용된 단어들을 무의미하게 만드는 것이다. 아마도 모든 궁극적 실재(만약 그런 것이 존재한다면)가 그러할 것이다. 실재에 가까이 다가갈수록 우리는 그에 대한 어휘를 잃게 된다.

또 다른 물리학자 카를로 로벨리(Carlo Rovelli)의 설명은 이보다 좀 더 상세하다 (Carlo Rovelli, 2014, p. 167).

> 고전적 장(場)이 사라지면서 공간이라는 배경도, 시간도, 고전 입자들도 함께 사라졌다. 그렇다면 세상은 무엇으로 이루어졌는가? 답은 간단하

다. … 세상은 전적으로 양자 장으로만 이루어져 있다.

양자 불확실성조차도 *물리적* 우주의 일부다.

20. 1바이트는 8비트다. 따라서 '기가바이트'는 80억 비트다. 정보 처리의 속도는 '기가헤르츠'로 표현되며, 1기가헤르츠는 비트를 초당 10억 번 뒤집는 속도다. 이러한 단위를 측정하거나 (인터넷 회사로부터) 구매할 수 있다는 사실은 정보가 물리적 실체라는 증거다.
21. 부록 365쪽 참조. 여기서 우리는 무엇에 대한 누구의 불확실성인지를 정의해야 한다. 다다음 문장의 '소통'이라는 말도 마찬가지다. 누가 누구와 소통하는가?
22. Gosseries et al.(2011).
23. 여기서 정보 엔트로피와 열역학적 엔트로피를 혼용한 것 같다면, 아래 61번 주를 참조하라.
24. 이후 소개하겠지만, 우리에게 추구를 포함한 다양한 욕구가 있다는 사실이 중요하다.
25. 두 입자 사이의 양자 얽힘에서 한 입자는 다른 입자에 대한 '정보'를 담고 있다.
26. Jaynes(1957). 위 예시(용기 속 기체)에서 계의 크기를 늘리면 열역학적 엔트로피가 증가한다. 계가 커지면 특정 거시 변숫값에 해당하는 미시 상태의 수가 증가하며, 계의 상태를 완전히 서술하는 데 더 많은 정보가 필요하기 때문이다. 정확히 말하자면, 이진로그를 사용할 수 있는 이산적(discrete) 상황에서 단순화된 열역학적 엔트로피는 거시 상태를 알고 있다는 가정하에 계의 미시 상태를 완전히 특정하는 데 필요한 예/아니오 질문의 최소수와 같다. 열역학적 엔트로피와 정보 엔트로피 사이의 직접적이고 물리학적으로 실제적인 관계는 다음과 같다. 먼저 단위 부피의 균질한 물질[49]에 발생하는 각각의 미시 상태에 측정 단위[50]를 지정한 다음, 그 단위들의 열역학적 엔트로피를 계산한다. 이론상으로나 관찰상으로나 각각의 미시 상태는 서로 다른 확률로 발생하며, 이에 따라 정보 엔트로피가 결정된다. 이는 섀넌의 엔트로피가 정보 단위 이외의 어떤 단위도 갖지 않는, 미시 상태에 대한 진정한 통계학적 척도임을 보여 준다.[51]
27. Shannon(1948).
28. 예를 들면 11장에서 설명할 차머스의 '이중 양상 원칙'.

---

49) 기체(역자 주).

50) 고유한 식별자(역자 주).

51) 반면 열역학적 엔트로피의 단위는 온도 당 에너지다. 열역학적 엔트로피와 정보 엔트로피는 상호 변환이 가능하다. 1eV/K는 약 2,000바이트다(역자 주).

29. 휠러는 상보성 원리를 정립한 닐스 보어의 제자였다. 상보성 원리에 따르면 물체는 상보적인 속성을 지니고 있는데, 이 속성은 동시에 관찰 또는 측정이 불가능하다. 상보적 속성의 예로는 입자와 파동, 위치와 운동량, 에너지와 시간, 서로 다른 축에 대한 스핀, 장의 특정 위치에 대한 값과 그 변화량, 얽힘과 결맞음 등이 있다.
30. 실제 문구는 "존재는 비트로부터(it from bit)"였다. 원래 인용문은 다음과 같다 (Wheeler, 1990, p. 310–1).

    존재는 비트로부터. 다시 말해, 모든 존재의 (모든 입자, 힘의 장, 심지어 시공간 연속체 그 자체도) 기능, 의미, 존재 자체는 (적어도 간접적으로라도) 예/아니오 질문에 대한 장치 유발 응답, 양자택일, 즉 비트로부터 기인한다. 이 문구는 물질세계 속 모든 대상의 기저에(매우 깊디깊은 기저에) 비물질적인 근원과 설명이 자리하고 있음을 상징한다.

31. Ibid., 이 인용문은 위 인용문에서 바로 이어진다.
32. 주의 깊은 독자라면 눈치챘겠지만, 서문에 등장했던 내가 어린 시절 궁금해했던 '첫 일출'에 대한 질문을 이제 비로소 답하는 것이다.
33. Darwin(1859); Friston(2013) 참조; Rovelli(2014), pp. 225–6에서 이를 명쾌하게 설명하고 있다.

    생명체는 끊임없이 외부 세계와 상호작용하면서 스스로 재구성하는 물리계다. 그중에서도 더 효율적으로 그것을 수행하는 개체만이 계속 존재한다. 따라서 생명체는 생존에 유리한 속성들을 띤다. 이러한 이유로 생명체는 해석이 가능하다. 그리고 우리는 의도성, [목표 및] 목적의 관점에서 그들을 해석한다. 그러므로 생명 세계의 목적원인론적(finalistic) 측면(이것이 다윈의 중대 발견이다)은 영속에 효과적인 복잡한 형태가 선택된 결과다. 그러나 변화하는 환경에서 계속 존재하는 데 효과적인 방법은 외부 세계와의 상관관계, 이른바 정보를 더 잘 관리하는 것이다. 즉, 정보를 수집, 저장, 전달, 정교화해야 한다. 이러한 이유로 DNA가 존재하며, 면역계, 감각기, 신경계, 복잡한 두뇌, 언어, 책, 알렉산드리아 도서관, 컴퓨터, 위키백과 등도 마찬가지다. 이들은 정보, 즉 생존에 유리한 상관관계의 관리 효율성을 극대화한다.

34. 여기서 핵심은 자기조직계가 항상 살아 있다는 것이 아니라(실제로는 그렇지 않다), 생명이 있는 계는 항상 자기조직화를 한다는 것이다. 더 중요한 것은 모든 자기조직계가 의식이 있는 것도 아니라는 점이다. 생명의 기원에 대한 물리학적 관점에 관해서는 England(2013)에서 프리스턴과 비슷한 결에서 흥미로운 접근을 제시하고 있다. England의 '발산-주도 적응' 이론의 주장에 따르면, 외부 에너지원에서 동

력을 공급받는 원자 집단은 에너지를 더 잘 흡수하고 열로 발산하기 위해 해당 에너지원과 상호작용하고 재배열하는 경향을 보인다(즉, 환경의 엔트로피를 높임으로써 자신의 엔트로피를 최소화한다). 또한 England는 이러한 발산적 경향이 자기 복제를 촉진한다는 것을 보여 주었다. '에너지를 더 많이 발산하는 가장 좋은 방법은 복제본을 더 많이 만드는 것이다.' 단, 생명의 기원에 대한 생물학적 관점에 관해서는 Lane(2015)을 참조하라.

35. Ashby(1947); Conant and Ashby(1970)도 함께 참조하라.
36. Friston(2013), p. 6. 물론 컴퓨터 모니터에 표시된 것은 하위계의 표상일 뿐이며, 계의 통계 동역학 자체와 혼동해서는 안 된다. 이는 대뇌피질의 작용과 관련된 지각적 감각질에 대해서도 마찬가지다.
37. 안드레이 마르코프(Andrey Markov)(1856~1922)는 (그의 형 및 아들과 더불어) 뛰어난 러시아 수학자였다. 그의 주된 관심사는 추계적 과정이었으며, 오늘날에는 마르코프 연쇄 및 마르코프 과정으로 유명하다. 그는 전형적인 반골이었다. 그래서 생전에는 학문적으로 인정받지 못했다. 1912년 레오 톨스토이가 러시아 정교회에서 파문당한 일에 항의하기 위해 스스로 파문을 요청하기도 했다. 그리고 교회는 이를 승인했다.
38. 계의 내부 상태가 계 외부 상태로부터 숨겨져 있다는 것이 아니고, 계의 관점이 숨겨져 있다는 것이다. 계의 관점은 계 자신만이 취할 수 있다. 타자의 마음 문제와 연관 짓자면, 계가 다른 계의 내부 상태를 절대로 알 수 없는 까닭은 계가 외부 상태를 직접 알 수 없기 때문이기도 하고, 다른 계의 내부 상태가 오직 그 계에만 '내부적'이기 때문이기도 하다.
39. Friston(2013), p. 8.
40. Maturana와 Varela(1972)는 세포가 자신을 스스로 유지하기 위해 수행하는 화학작용을 정의하고자 '자기생산(autopoiesis)'이라는 용어를 창안했다.
41. 위에서 말한 계의 표상 능력을 고려할 때, 철학에 관심 많은 독자라면 이것이 Brentano(1874)가 말한 '의도성'을 일으킨다는 것을 눈치챘을 것이다.
42. Friston(2013), p. 2.
43. 간단히 말해, 숨겨져 있고 유용한 일에 사용될 수 없다.
44. 헬름홀츠는 이를 자유롭지 않은 에너지(방정식의 TS)라고 불렀다. 프로이트 학파 학자들에게는 '자유' 에너지와 '속박' 에너지의 구분이 낯설지 않을 것이다. 프로이트의 '이차 과정' 개념에 대해서는 10장의 16번 주를 참고하라.
45. $A=U+pV-TS$. 여기서 p는 압력, V는 부피다. 이 방정식은 일정한 온도와 압력에서 팽창 및 압축을 수행하는 계의 자유 에너지를 나타낸다.

46. 이 방정식은 긴 형태와 짧은 형태가 있다. 긴 방정식은 F(s, μ)=Eq[-log p(s, φ|m)]-H[q(φ|μ)]이다. 여기서 *F*는 '변분' 자유 에너지 또는 프리스턴 자유 에너지이며, 깁스 및 헬름홀츠 자유 에너지와는 동형이다. *s*는 마르코프 블랭킷의 감각 상태를, *μ*는 내부 상태를, *Eq*는 평균 에너지를 나타낸다. p(s, φ|m)는 생성 모델 *m*상에서 감각 상태 및 (숨은) 외부 상태의 확률 밀도를 나타낸다. *H*는 엔트로피에, q(φ|μ)는 외부 상태에 대한 변분 밀도(내부 상태로 변수화됨)에 해당한다. 정보과학에서 사용되는 이 방정식은 열역학에서 사용되는 방정식과는 언뜻 무관해 보이지만, 긴 방정식을 짧게 요약하면 *F*=*Eq*-*H*로 열역학 방정식과의 유사성이 드러난다. 여기서 *F*는 프리스턴 자유 에너지, *Eq*는 평균 에너지, *H*는 엔트로피를 가리킨다.
47. 즉, 미시 상태를 여러 번 측정했을 때 얻은 평균 정보.
48. 의외성과 발산에 관한 추가 수식(주 52번)을 참고하자면, 헬름홀츠 자유 에너지는 효과적인 일을 수행하는 데 쓸 수 있는 에너지의 척도인 반면, 프리스턴 자유 에너지는 *계가 모델링한 세계와 실제 세계의 행동 차이*를 나타내는 척도다. (이것이 일과 어떤 관련이 있는지 잠시 뒤 알아보자.)
49. (계가 열역학적으로 닫혀 있지만 고립되지는 않았을 때) 프리스턴 자유 에너지의 복잡도 항은 헬름홀츠 자유 에너지와 동일한 고정점을 갖는다. 충분히 긴 시간 동안 감각 섭동이 가해지지 않으면 정확도가 무시될 가능성이 있으므로 복잡도가 최소화된다. 이때 계는 평형에 도달하며 내부 상태는 최소 에너지의 원리(열역학 제2법칙의 다른 표현)에 따라 헬름홀츠 자유 에너지를 최소화한다.
50. 수식적으로 설명하자면, 의외성은 외부 상태에 대한 모델에서 특정 결괏값(s)이 일어날 확률의 음의 로그([-log p(s, φ|m)] in the equation above)다.

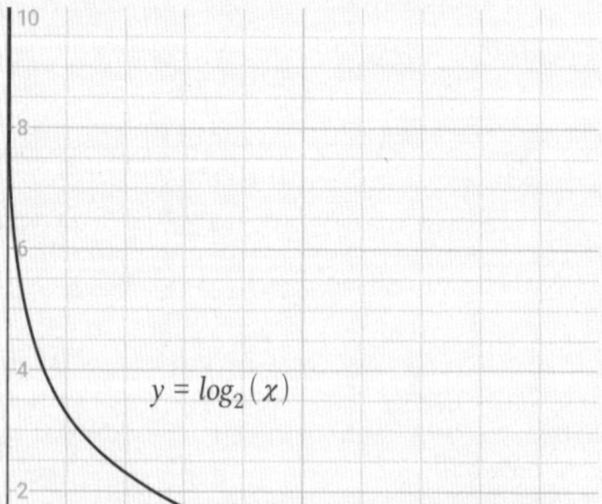

확률(x축)이 0으로 감소할수록 의외성(y축)은 증가하고, 확률이 증가할수록 의외성은 감소한다.

51. 따라서 일어난 일에 대한 의외성을 최소화하면 결국 엔트로피가 최소화된다. (의외성은 데이터 또는 관찰의 속성인 반면, 자유 에너지는 신념의 속성이다. 따라서 자유 에너지의 엔트로피 부분은 관찰 결과의 평균 의외성이 아니라, 관찰 결과의 잠재 원인에 대한 신념의 엔트로피다.)

52. 프리스턴 자유 에너지(평균 에너지에서 엔트로피를 뺀 값)는 의외성[log p(s|m)]에 '지각적 발산' [q(φ|μ) || p(φ|s, m)]을 더한 값과 같으며, 따라서 항상 의외성보다 크거나 같다. 평균 '의외성'은 (정보) 엔트로피를 의미한다. '지각적 발산'은 생성 모델이 만든 가설과 실제 사건 사이의 차이를 나타낸다. 지각적 발산에 해당하는 D_{KL}은 쿨백-라이블러 발산(Kullback-Leibler divergence)의 약자로, 상대 엔트로피라고도 불린다. 이 값은 두 확률 밀도 간의 차이를 정량화한다. 이때 두 확률 밀도란 내부 상태(신경 상태)에 의해 부호화된 변분 밀도와 실제 조건부 밀도(주어진 감각 상태)를 말한다. D_{KL}은 항상 0보다 크거나 같다. 직관적으로 이는 음의 로그 함수 곡선이 대략 U자형으로 '오목함수'이므로 곡선 위 임의의 두 점을 잇는 직선이 항상 곡선보다 위에 있기 때문이다. 자유 에너지가 항상 의외성보다 크거나 같으므로, 의외성은 자유 에너지를 상한선으로 갖는다.

53. Clark(2017)에서는 다음과 같이 말한다.

> 자기 증명은 … 어떤 가설이 특정 증거를 가장 잘 설명해 내고, 그러한 설명적 성공을 통해 가설 자신의 진실성 또는 정확성에 대한 증거를 제공할 때 발생한다. 이러한 경우 그 가설은 해당 증거의 발생을 가장 잘 설명할 뿐 아니라 애초에 그 증거가 발생한다는 사실이 가설 자체를 뒷받침하는 데 사용된다.

54. 자기조직화, 정보이론, 존재 추론(existential inference)이 서로 깊숙이 연관되어 있음을 보여 주는 또 하나의 세부적 증거가 있다. 의외성은 간단히 말해 마르코프 블랭킷 내의 모델에서 특정 감각 상태의 음의 로그 가능도다. 이를 베이즈 통계학에서는 모델 증거(의 로그)라고도 한다. 이것이 프리스턴 자유 에너지의 최소화가 자증적이라고 볼 수 있는 이유다. 마르코프 블랭킷 형태를 띠는 계의 감각 상태 생성 모델에 대한 증거가 최대화되기 때문이다.

55. 더 정확히 말하자면, '이 질문에 대한 답이 계의 평균 행동을 결정한다'.

56. 이 기전이 '자유 의지'를 확률적으로 제한한다는 점에 유의하라. 가령 당신에게는 사자 굴에 들어갈 자유가 있다. 하지만 당신이 그 행동을 할 *가능성은 희박하며*, 만일 그 행동을 한다면 *꽤* 높은 *확률로* 사망할 것이다. 아래의 베이즈 정리를 참조하라.

57. 사건 A, B에 대해 P(A|B)는 B가 참일 때 A가 발생할 확률(조건부 확률)이고, P(B|A)는 A가 참일 때 B가 발생할 조건부 확률이다. P(A)와 P(B)는 A와 B를 (서로가 참인지 고려하지 않고 독립적으로) 관찰할 확률[주변(marginal) 확률]이다. 베이즈 정리를 말로 옮기는 과정에서는 P(A)|P(B)를 별개의 비율로 취급한 Joyce(2008)의 설명을 따랐다.

58. 베이즈 정리를 자유 에너지에 기반해 표현할 수도 있다. 자유 에너지는 '정확도'와 '복잡도'로 나눌 수 있다. 모델 증거는 정확도와 복잡도의 차이다. 자유 에너지가 낮은 모델은 데이터를 정확히 설명하지만 복잡도 비용이 많이 들고, 모델의 복잡도를 줄이면 범용성은 향상되지만 정확도를 잃게 된다. (베이즈 통계학 용어로 설명하자면, 우리는 과적합을 방지하기 위해 '가능도'를 산정할 때 '확률'을 함께 고려해야 한다.) Knill and Pouget(2004), p. 713에서 지적하듯이 "베이즈 부호화 가설이 참인지 검증하는 명확한 방법은 지각적 판단이나 운동 행동을 야기하는 신경 계산이 각 처리 단계에서 가용한 불확실성을 고려하는지를 살펴보는 것이다."

59. 이 과정의 기능적 원리에 관한 자세한 미세 해부학적 설명은 Friston(2005)과 Adams, Shipp and Friston(2013), Parr and Friston(2018) 참조.

60. 그래서 예측 오차는 감마 영역(고주파)을 통해, 예측은 베타 영역(저주파)을 통해 전달되는 것으로 보인다. Bastos et al.(2012, 2015) 참조.

61. Tozzi, Zare and Benasich(2016)의 아래 문단 참조.

> 변분 자유 에너지의 최소화는 필연적으로 최소 중복성 및 최대 정보 전달 원칙에 부합하는 대사 효율이 우수한 부호화를 수반한다(Picard and Friston, 2014). 상호 정보의 최대화와 대사 비용의 최소화는 동전의 양면과 같다. 변분 자유 에너지를 정확도와 복잡도로 나누어 보면, 상호 정보 최대화는 정확도 최대화의 특수한 형태에 해당하고, 복잡도 최소화는 대사 비용 최소화로 해석할 수 있다(Friston et al., 2015). 따라서 프리스턴의 자유 에너지 원리는 중추 신경계가 두뇌 활동의 기본 에너지 소모량을 (자극이 있을 때에 비해) 낮게 유지함으로써 대사 비용의 최소화와 상호 정보의 최대화라는 언뜻 모순되어 보이는 두 가지 과제를 이룩하고 있음을 보여 주는 근거가 된다.

62. Clark(2015), p. 268 참조. 단, 이것은 추구 계통의 기본 활동에 관한 Clark의 설명과 대비해 이해해야 한다(p. 263).

> 그러한 생명체는 짝을 찾고, 허기와 갈증을 피하고, (배고프거나 목마르지 않을 때도) 종종 주변 환경을 탐사해 예기치 않은 환경 변화, 자원 부족, 새로운 경쟁자의 출현 등에 대비하게 만들어져 있다. 따라서 매 순간

예측 오차 최소화는 그 생명체를 정의하는 '기대치' 집합의 배경하에서만 이루어진다.

63. Friston and Stephan (2007), p. 427.
64. 이 우화는 누수하는 댐에 관한 Clark (2015)의 은유를 빌린 것이다.

8장: 예측형 계층 구조

1. Hohwy (2013), p. 63.
2. 계층 구조의 '상층부'가 아닌 '핵심부'라고 말한 이유는 시상하부와 뇌간의 신체 모니터링 신경핵을 신피질의 상위에 두는 것이 (해부학적으로) 어색하기 때문이다. 계층 구조는 마치 양파처럼 안쪽에서 바깥쪽으로 전개되는 동심원 구조로 상상하는 것이 좋다(Mesulam, 2000 참조). 모든 발생신경과학자들이 알고 있듯이 신경계는 결국 가운데가 뚫린 관이다. 신경관은 외배엽의 신경판이 안쪽으로 말려 형성되며, 이를 통해 중앙 수도관이 외부 세계의 역할을 대신한다.
3. 이것이 예측 부호화 이론에서 널리 받아들여지는 바는 아니다. 단, 이것이야말로 이 책의 요점이다. 나는 대뇌피질 중심주의가 뇌에 대한 올바른 이해를 얼마나 방해했는지 이 책에서 보여 주고 있다. Pezzulo (2014), p. 910 참조. '능동 추론 체계 내에서 항상성 조절을 살펴보는 것이 향후 연구의 흥미로운 방향성이 될 것이다.'
4. Clark (2015), p. 21에서는 시각을 예로 들어 이를 다음과 같이 간결하게 요약한다.

    주어진 맥락에서 발생한 특정 패턴의 망막 자극은 … 상호작용하는 주체·사물·동기·움직임에 관한 최상위 표상, 그리고 색상·모양·질감·가장자리의 결합 및 변화를 포착하는 여러 중간층을 결합한 생성 모델을 사용하면 가장 잘 설명할 수 있다. (다양한 시공간적 규모를 갖는) 이러한 숨은 원인의 조합이 하나로 일목요연하게 합쳐지면, 계는 저장된 지식을 사용해 감각 데이터를 자체 생성하고, 유의미하고 구조화된 장면을 지각한다. 다시 한번 강조하지만, 원거리 장면의 구조화된 파악(grip)은 그 동물의 시점에서 가용한 정보만을 사용해 생성되어야 한다. 즉, 그 동물의 진화 과정에서 주어진 (뇌와 신체의) 기존 구조와 그 순간 감각 수용체에 인식된 에너지 자극의 조합으로부터만 기원해야 한다. 다층 구조를 사용해 감각 신호를 자체 생성하려는 지속적인 시도로부터 이러한 파악이 이루어지는 체계적 수단이 제공된다. 실제적 측면에서 이는 다층 체계 내부의 하향식 및 층내 연결이 다양한 시공간 규모에서 작동하는 상호작용

원인에 대한 확률 모델을 부호화함을 의미한다. 우리는 … 유입되는 감각 데이터를 생성(예측, 설명)할 가능성이 가장 큰 상호작용 요인(원거리 원인)의 집합을 탐색함으로써 사물·상태·사건을 인식한다.

5. Gregory(1980) 참조.
6. 이 단락은 Hohwy(2013), pp. 81-2를 요약한 것이지만, Hohwy의 외재적 편견을 바로잡음.
7. 항상성 안정점이 *절대로* 불변한다는 뜻이 아니라, 자유도가 극히 제한적이라는 뜻이다. 따라서 거의 모든 신항상성(allostasis)은 선천적인 사전 확률의 갱신이 아닌 행동 변화를 수반한다.
8. '경험적 베이즈' 기법은 논외로 하자. 아무것도 없는 상태에서 학습하는 것도 가능하지만, 생물학적으로 비용이 엄청나게 많이 든다.
9. 이 문제의 영향에 관해서는 Hohwy(2013), p. 206을 참조하라.

   예측 오차에 대한 이 모든 설명에도 불구하고, 예측 오차 최소화를 위한 모든 장치를 갖추고 우리와 동일한 지각 추론을 (자연적·신경적으로 얼마나 정밀하게든) 수행하지만 현상적으로 의식이 없는 생명체를 상상하는 데는 모순이 없는 듯하다. 물론 우리는 그 생명체가 의식적일 거라 기대하지만, 물리적 설명 내에서 아무것도 그것이 의식적임을 담보하지 않는다. 이는 의식이 물리적인 것 이상의 무엇인지가 아직 열린 질문임을 보여 준다.

   우리와 정확히 똑같은 신경 조직을 가진 생명체가 어떻게 의식이 없을 수 있을까? 나는 Hohwy가 상상한 '철학적 좀비'에게는 느낌을 느끼기 위한 장치가 빠졌다고 생각한다. 이 문제에 대한 다른 견해는 12장을 참조하라.

9장: 의식은 왜, 어떻게 생겨나는가?

1. Rolls(2019), p. 10, 강조 추가. 이에 대한 나의 논평(Solms, 2019b)도 참조하라.
2. '필요한 것 이상을 사용하지 말아야 한다'는 원리. 무언가를 설명할 여러 방법이 있다면, 그중에 가장 적은 추측을 요하는 게 정답일 것이다.
3. Roger Sessions, *New York Times*, 8 January 1950.
4. Friston(2009), p. 299에서는 정밀도의 역할을 '다양한 수준에서 사전 기대의 상대적 영향력을 통제하는 것'으로 정의한다. Hohwy(2013), p. 199에서는 아래와 같이 지적한다.

어떤 신호의 이득(gain)[정밀도]이 높아지면 다른 신호의 이득은 낮아져야 한다. 그렇지 않으면 이득의 개념은 무의미해진다. 가중치의 합은 반드시 1이어야 한다. 따라서 정밀도 기대치가 어떤 예측 오차의 이득을 높이면 다른 예측 오차의 이득은 낮아질 것이다.

Clark(2016), p. 313도 참조하라.

펠드먼(Feldman)과 프리스턴(2010)은 정밀도가 한정된 자원처럼 행동한다는 사실을 지적한다. 특정한 예측 오차 단위에 대한 정밀도를 높이려면 다른 단위의 정밀도를 낮춰야 하기 때문이다. 또한 흥미롭게도 그들은 다음과 같이 언급한다(위의 책, 11쪽). "정밀도가 자원처럼 작동하는 이유는 로그 정밀도가 맥락에 맞게 감각 채널에 재분배되지만 모든 채널에 대해서는 보존된다는 사전 신념이 생성 모델에 포함되어 있기 때문이다."

이는 각 신경조절물질이 각성의 서로 다른 측면을 조절할 거라는 나의 추정(6장)과도 합치한다. 재밌게도 감마(오차) 진동은 아세틸콜린에 반응한다.

5. 신경생리학자들은 정밀도를 '이득'이라 부르기도 한다. 다양한 분야의 과학자들이 사용하는 용어가 워낙 많기에 혼란스러운 것이 사실이다. 시냅스 '활동'(=신경전달)은 시냅스 후 '이득'(=신경조절)에 의해 조절되며, 이것이 장기적으로 '효율'(=신경가소성)을 결정한다. 계산과학자들은 위 변수를 각각 신호 '상태', 신호 '정밀도', 신호 '매개변수'로 부르기도 한다. 개략적으로 말해 신경전달은 상태를, 신경조절은 정밀도를, 가소성은 매개변수를 수반한다.
6. 프리스턴은 이를 '인식론적 탐색(foraging)'이라고 부른다.
7. 본 단락은 Clark(2015), p. 70을 요약했다.
8. '부주의맹'이 이로 인해 발생한다. 부주의맹의 가장 잘 알려진 예는 다음 동영상이다. https://www.youtube.com/watch?v=vJG698U2Mvo(Chabris and Simons, 2010 참조).
9. Varela, Thompson and Rosch(1991), p. 198. Varela는 지각에 대한 이러한 접근 방식을 '행화적(enactive)'이라고 부른다. Clark(2015), p. 173 참조.

   지각에 대한 행화적 접근의 전반적인 관심사는 어떻게 지각자-독립적인 세계를 재구성할 것인가가 아니라, 지각자-의존적인 세계에서 지각이 어떻게 행동을 유도하는지를 설명하는 감각계와 운동계의 공통 원리 또는 법칙적 연결을 파악하는 것이다.

10. 정밀도를 이런 식으로 개념화할 수 있음을 실증적으로 뒷받침하는 많은 실험 논문이 있지만, 여기서는 기본 요점을 보여 주는 연구 하나를 소개하고자 한다. Hesselmann et al.(2010)은 정밀도 기대치를 조작했을 때 뇌의 기저 활동을 fMRI로 관찰

했다. 피험자에게는 다양한 수준의 잡음이 포함된 (시각 및 청각) 자극이 주어졌다. 피험자가 높은 정밀도의 신호를 기대하면 이득이 증가하고 낮은 정밀도의 신호를 기대하면 이득이 감소했다. 즉, 정밀하지 않은 감각 신호가 기대될 때 하향식 예측이 강화되었다. 정밀도 최적화가 내생적 주의와 외생적 주의를 둘 다 설명할 수 있다는 것에 관한 세부 내용은 Feldman and Friston(2010)을 참조하라.

11. 54쪽에서 소개했듯이 프로이트는 1895년 10월 20일에 플리스에게 보낸 편지에서 다음과 같이 썼다.

> 분주하던 어느 날 밤이 흘러가던 무렵 … 갑자기 장벽이 걷히고, 베일이 사라지더니 신경증들의 세세한 부분들부터 의식의 결정요소들까지 꿰뚫어 볼 수 있게 되었다네. 모든 것이 맞아 들어가는 것처럼 보였지. 톱니바퀴들은 맞물렸고, 그것은 정말 하나의 기계가 되어 곧 스스로 동작할 것만 같은 인상을 줬다네.

또한 이렇게도 썼다.

> 세 가지 뉴런 시스템[φ, ψ, ω], 물리량의 자유 및 구속 조건[Qη], 1차 및 2차 과정, 신경계의 주요 경향과 절충 경향, 주의와 방어라는 두 가지 생물학적 규칙, 질적 속성의 징후[ω], 현실과 사고, 성(性)심리 집단의 상태, 억압의 성적 결정, 지각 기능으로서의 의식을 결정하는 요인들까지. 이 모든 것이 서로 맞물렸고, 또 여전히 그러하다네! 이 희열을 어떻게 주체할지 도무지 모르겠소.

그러나 얼마 지나지 않아 프로이트는 각 요소가 완전히 맞물리지 않음을, 즉 '톱니바퀴의 그물망'이란 없다는 것을 깨달았고 이내 프로젝트를 관뒀다. 프리스턴과 내가 그 프로젝트를 부활시켜 한 세기가 넘는 신경과학의 발전을 바탕으로 (대략이나마) 완성했을 때(Solms, 2020 참조), 정신이 '진짜 기계와도 같고 스스로 작동할 거란 인상도 받았다'던 프로이트의 말이 떠올라 마음이 아팠다. 12장 참조.

12. ω는 벡터가 아니라 스칼라임에 유의하라(ω는 정밀도 행렬의 규모를 조절한다). 또한 Solms and Friston(2018)에서 Q와 Qη를 사용한 방식은 이 책과는 조금 다르다.

13. 여기서 e는 벡터이고 F는 스칼라다. 아래에 등장하는 방정식의 가운뎃점은 점곱(즉, 행렬 또는 벡터 곱셈)을 의미한다. 이 방정식들은 전적으로 프리스턴에 의해 만들어졌다.

14. $F \approx -\log P(\varphi(M))$.

15. 여기서 $E[F] \approx E[-\log P(\varphi)] = H[P(\varphi)] = -½\cdot\log(|\omega|)$는 기대치 또는 평균을, P와 H는 각각 확률과 엔트로피를 나타낸다. 여기서는 무작위 변동이 가우스 분포를 따를 것이라는 가정을 하고 있다.

16. 정밀도 최적화의 중요성은 특히 주의와 관련해 오래전부터 주목받아 왔다(Friston, 2009; Feldman and Friston, 2010 참조). 그러나 의식 자체와의 관련성을 알아챈 최초의 과학자는 카테리나 포토풀루였다(Katerina Fotopoulou, 2013, p. 35).

> 의식의 핵심 측면 중 하나는 앞서 언급한 '불확실성'이라는 특성과 그 반대의 특성인 정밀도를 인식하는 것이다. 이 견해는 핵심 정서 의식이 쾌락적 특질(솜즈는 프로이트적으로 이를 쾌-불쾌 계열이라 명명함)을 모니터링한다고 보는 직관적이고 오래된 기존의 관점과는 어긋난다. 그 대신 나는 (지각 의식과는 달리 …) 의식의 이러한 측면이 일종의 확실성-불확실성, 또는 모호성 원칙을 핵심 특질로 삼는다고 생각한다.

참고로, 쾌-불쾌 대 확실성-불확실성 문제에 관해서는 포토풀루가 나를 살짝 오해한 것 같다. 그래서 나는 다른 저술에서 이렇게 답했다. "나는 … 정동이 쾌락적 특질 대신 불확실성을 모니터링한다는 그녀의 말뜻을 잘 모르겠다. 나는 쾌락적 특질이 불확실성의 척도라고 생각한다"(Solms, 2013, p. 81).

17.

$$\frac{\partial}{\partial t}M = -\frac{\partial F}{\partial M} = \frac{\partial F}{\partial e}\frac{\partial e}{\partial M} = \frac{\partial \varphi}{\partial M}\cdot\omega\cdot e \qquad (1)$$

$$\frac{\partial}{\partial t}Q\eta = -\frac{\partial F}{\partial Q\eta} = \frac{\partial F}{\partial e}\frac{\partial e}{\partial Q\eta} = \frac{\partial \varphi}{\partial Q\eta}\cdot\omega\cdot e \qquad (2)$$

$$\frac{\partial}{\partial t}\omega = -\frac{\partial F}{\partial \omega} = \frac{1}{2}\cdot(\omega^{-1} - e\cdot e) \qquad (3)$$

여기서 ∂는 편미분, t는 시간을 나타낸다. 예측 오차와 자유 에너지에 관한 식은 아래와 같다.

$$e = \varphi(M) - \varphi(Q\eta)$$

$$F = \frac{1}{2}\cdot(e\cdot\omega\cdot e - \log(\omega))$$

본문에서 나는 이 방정식들을 추상적 수준에서 매우 개략적으로 표현했다. 이 식들은 아직 개선이 필요하며, 일부 개선은 이 방정식을 실제로 구현했을 때만 가능하다(12장 참조). 예를 들어, 앞에서 언급했듯이 더 완전한 방정식은 (수준마다 정밀도가 있는) 계층적 생성 모델을 고려해야 하며, 외부 상태에 대한 조건부 불확실성도 포함해야 한다. 또한 지금 방정식에서는 모든 감각 예측 오차(외부수용, 고유수용, 내부수용 등)가 하나로 뭉뚱그려져 있다. 여기서 '고유수용'이란 '운동감각(kinesthetic)'과 같은 뜻이다(프리스턴이 '고유수용'이라는 용어를 쓴 것은 단순히

'외부수용' 및 '내부수용'과 운을 맞추기 위해서다).

18. 기술적으로는 이를 '경사 하강법'이라고 부른다. 경사는 정밀도에 대한 자유 에너지의 변화율이다.
19. 베이즈주의적 신념의 부호화에 대한 우리의 단순화 가정하에서(위 참조).
20. 이런 의미에서 정밀도는 '맥스웰의 도깨비(daemon)' 역할을 한다고도 볼 수 있다. 맥스웰의 도깨비는 물리학자 제임스 클러크 맥스웰(James Clerk Maxwell)(1872)이 만든 사고 실험에 등장하는 주인공이다. 여기서 도깨비는 기체가 든 두 용기를 잇는 작은 문을 통제한다. 기체 분자들은 서로 다른 속도로 날아다니는데, 첫 번째 용기에서 빠른 분자가 문 가까이 오면 도깨비는 문을 아주 잠깐 열었다 닫아 그 분자를 두 번째 용기로 옮기고 반대로 느린 분자들은 첫 번째 용기로 옮긴다. 빠른 분자는 느린 분자보다 더 많은 열을 생성하기 때문에 이는 엔트로피의 감소로 이어진다. 이는 일을 수행하지 않고는 일어날 수 없는 현상이다. 여기서 기체 분자의 이동을 감각 신호의 신경전달과 동치시키면, 정밀도 가중치 설정(신경조절)은 맥스웰의 도깨비가 그러하듯이 감각 신호를 선택적으로 수용함으로써 열역학 제2법칙을 위배한다. 단, 이 시스템 동역학에서 의식은 *맥스웰의 도깨비로 인한 분자의 이동이 아니라 도깨비의 활동 그 자체*임에 유의해야 한다. 즉, 의식은 *자유 에너지에 대한 정밀도의 최적화*이지, *예측형 계층 구조를 통한 메시지의 전달*이 아니다. 따라서 [그림 17]에서 의식은 $Q\eta$ (내부 모델)에 대한 e(오차 신호)의 상대적 영향을 결정하는 ω(정밀도)의 작용이다. 이 '정밀도 도깨비'는 오차가 모델에 가하는 영향을 조절한다. 의식은 신념의 내용이 아닌 신념의 속성에 기초한다(즉, 내·외부 상태에 관한 신념의 변동하는 정밀도[또는 신념의 신뢰도]에 기초한다). 이 도깨비의 활동은 예측 오차를 증폭·감쇠시킴으로써 감각적 여파를 유발하는 것이다. 정밀도 최적화는 오차 신호 자체에 내재해 있지 않다. 맥스웰의 도깨비에 대한 생물학적 의의에 관해서는 Paul Davies의 훌륭한 저서(2019)를 참조하라. [아쉽게도 이 책은 우리가 자체적으로 이 개념을 의식에 적용한(Solms and Friston, 2018) 이후에 출간되었기에 인용하지 않았다.]
21. Brown et al.(2013); Feldman and Friston(2010); Frith, Blakemore and Wolpert(2000).
22. Cisek and Kalaska(2010); Frank(2005); Friston et al.(2012); Friston, Schwartenbeck, FitzGerald et al.(2014); Moustafa, Sherman and Frank(2008).
23. Hohwy(2013); Seth(2013); Ainley et al.(2016). 내부수용적 민감성과 통증의 사회적 조절에 관해서는 Crucianelli et al.(2017); Fotopoulou and Tsakiris(2017); Krahé et al.(2013); Decety and Fotopoulou(2015); Paloyelis et al.(2016); Von Mohr and Fo-

topoulou(2017) 참조.

24. Ferrarelli and Tononi(2011); Lisman and Buzsaki(2008); Uhlhaas and Singer(2010).
25. Hobson(2009); Hobson and Friston(2012, 2014) 참조. 하지만 나는 이 체계를 통해 꿈을 설명하기 위해서는 꿈의 *의식적*(및 정서적) 특성에서 시작해야 한다고 생각한다.
26. Nour and Carhart-Harris(2017).
27. Dehaene and Changeux(2011); Friston, Breakspear and Deco(2012).
28. Montague et al.(2012); Corlett and Fletcher(2014); Friston, Stephan, Montague and Dolan(2014); Wang and Krystal(2014).
29. '공감(empathy)'에 관해서는 Solms(2021b) 참조. Empathy의 어원이 된 독일어 *Einfühlung*은 문자 그대로 '안으로 들어가 느끼는 것(feeling into)'을 의미한다.

10장: 다시 대뇌피질로

1. Zeki(1993), p. 236, 강조 추가.
2. Ibid., p. 238.
3. 이것이 고등 인지 과정이라는 뜻은 아니다. 맹점을 주변 사물로 채우는 과정은 '투사' 시각 피질에 의해 일어나는 것으로 보인다. 자연조건에서는 안구 운동이 계속 빠르게 일어나기 때문에 맹점 속 사물의 실제 이미지(초단기 기억)를 거의 항상 파악할 수 있다. 이와 관련된 다양한 기전에 대해서는 Ramachandran(1992), Ramachandran and Gregory(1991) 그리고 Ramachandran, Gregory, and Aiken(1993)을 참조하라. 참고로, 뇌에서는 안구 내 '부유물'이나 망막 혈관의 그림자 등 원치 않는 물체를 필터링하는 과정도 일어난다.
4. 각 눈이 담당하는 시야 간의 중복 영역이 맹점을 상쇄하기 때문에 채워 넣기 현상을 관찰하려면 한 눈을 감아야 한다.
5. 물론 겹치는 부분이 약간 있기는 하지만, 우뇌 손상으로 인한 편측(좌측) 무시 증후군의 사례를 보면 시각적 주의가 가해지는 사물이 말 그대로 반으로 쪼개져서 처리된다는 사실을 쉽게 알 수 있다.
6. 우연하게도 이는 의식의 '결합' 기능이 둘로 나뉜 대뇌피질이 아니라 대뇌피질의 하위, 즉 하나밖에 없는 뇌간에서 일어난다는 주장의 근거가 되기도 했다.
7. Solms et al.(1988).
8. 헬름홀츠는 이를 '한 편의 멋진 연극'이라고 묘사했다(Helmholtz, 1867, p. 776).

9. Ibid., p. 438.

10. 예측 부호화 이론을 따르는 대부분 학자는 지각 추론이 *무의식적* 과정이라는 사실에 충분한 주의를 기울이지 않는다. 예를 들어 Hohwy(2013)는 "우리가 자각하는 것은 현재의 예측이 예측 오차를 감쇠시키는 과정에 의해 생성된 '환상'"이라고 주장했지만, 나는 동의하지 않는다. 나는 그 예측적 '환상'이 실제와 충돌할 때만 우리가 그것을 *자각하게 된다*고 생각한다. 또한 그것이 우리에게는 다행한 일이다.

    Clark 역시 나와 의견을 같이하는 듯하다(Lupyan and Clark, 2015, p. 281, 강조 추가).

    > 대부분의 예측은 무의식적이지만, 때때로 그것이 어긋났을 때 우리는 그것을 자각할 수 있다. 예를 들어, 오렌지 주스라고 생각했던 음료를 마신 뒤 실제로 우유였음을 알아차렸다고 상상해 보라. 오렌지 주스에 대한 기대가 의식화될 때 그 내용은 우유를 기대했을 때와 오렌지 주스를 기대했을 때의 맛의 차이다(Lupyan, 2015). 마찬가지로 익숙한 음악에서 예상치 못하게 음표 하나가 빠졌을 때의 경험을 생각해 보라. 그 누락된 음표는 가장 큰 소리의 음표만큼이나 지각적으로 두드러질 수 있다. 어찌 보면 이는 난해한 현상이다. 하지만 사건의 발생 가능성에 관한 모델에 기반한 기대가 지각 경험의 구성에 포함된다고 가정하면 깔끔하게 설명된다.

    Hohwy 역시 때때로 나와 비슷한 주장을 펼치기도 한다. 2012년 그는 다음과 같이 썼다(Hohwy, 2012, p. 11, 강조 추가).

    > 자극의 예측 오차가 전반적으로 억제되고 추가 탐색이 일어나지 않으면(내적 주의 동안 중앙에 시선이 고정됨으로 인해 능동 추론이 억제되기 때문) 확률이 하락한다는 점에서 이 시간적 특성은 예측 부호화와 합치한다. 이는 예측 오차를 억제하는 과정이 의식적 지각을 결정한다는 개념에서 비롯된다.

    그러나 1년 뒤 저서(2013, p. 201, 강조 추가)에서는 이렇게 썼다.

    > 의식적 지각은 무의식적 지각 추론의 결과물이다. 새로운 증거에 비추어 베이즈주의적으로 사전 가설을 갱신하거나 감각 입력을 예측해 감쇠시키는 과정을 우리는 의식하지 않는다. 의식화되는 것은 추론의 결과물, 결론이다.

    이것이 내가 그에게 동의하지 않는 이유다. 정밀한 오차 신호를 최소화하는 작업, 즉 예측과 (정밀도를 가중치 삼아 보정된) 오차 사이의 심각한 불일치가 의식을 생성한다고 여긴다는 점에서 나도 그의 의견에 동의한다. 하지만 나는 '우리가 자각하는 것이 환상'이라는 말에는 동의하지 않는다. Hohwy는 우리의 자각이 유입되는 오차를 *설명해 해치우기 위한* '환상'이라고 생각하는 듯하다. 하지만 내가 보기에 우리는 추론이 오차를 억제하지 못하고 있다는 사실, 즉 불일치로 인해 야기된 현재 진행 중인 예측 '작업'을 자각한다. 그것이 현실에 현저성을 부여한다. 어쩌면 이는 단순히 표현을 어떻게 하느냐의 문제인지도 모른다. 어쨌거나 나의 요점은 지각 과정에서 의식은 *불확실성*에 의해 결정되는 것이지, 상대적 확실성으로 형성된 *최선의 추측*에 의해 결정되는 것이 아니라는 것이다. 짐작건대 추측은 불확실할 때만 의식화되고, 그 추측이 옳은 것으로 확인되면 의식에서 물러난다. 다시 말해, 우리의 환상이 현실과 어긋날 때만 우리는 그 환상을 의식한다. 어쩌면 의식은 *모호성을 해소하는* 과정이라고도 할 수 있다.

지각 추론과 능동 추론의 차이(외생적 주의와 내생적 주의의 차이)가 이 문제를 복잡하게 만드는 것도 사실이다. 그래서 학계의 주장도 크게 둘로 나뉜다. 한쪽 문헌에서는 우리가 기대에 부합하는 것들을 우선해 (의식적으로) 지각한다고 주장하고, Hohwy(2013)는 이를 인용한 것이다. 한편, 반대쪽에서는 우리가 가장 예상치 못한 것을 우선해 (의식적으로) 지각한다고 주장한다. 나는 이 모순이 *정동 우선순위 설정*이라는 개념으로 해소될 수 있다고 본다. 두 경우 모두, 소위 '욕구'와 '기회' 사이의 균형이 정동의 우선순위를 좌우한다(5장 참조). 요컨대, 우리는 *현재 최우선 욕구와 관련해* 현저성이 가장 높은 대상을 의식적으로 지각한다. 최우선 욕구(정동)는 정의 그대로 가장 정밀한 오차 신호를 낳는다.

이 문제에 대한 나의 견해는 다음 장에서 더 자세히 설명할 것이다. 하지만 궁극적으로 이는 실증적 탐구가 가능한 질문이다. 현재 나는 지각 의식에 관한 실험 기법인 양안 경쟁을 사용해 이 문제를 학생인 Donne van der Westhulizen, Julianne Blignaut, 이전 지도 학생인 Joshua Martin 등과 함께 탐구하고 있다. Pezzulo(2014); Yang, Zald and Blake(2007); Stein and Sterzer(2012) 참조.

11. 이 개념은 Solms(2013)에 처음 발표되었고, 이후 Solms(2015b, 2017b, 2017c, 2018b)에서 다양한 후속 연구를 진행했다.
12. Freud(1920), p. 25, 강조 추가.
13. 프로이트는 의식과 기억을 서로 다른 뉴런 체계(각각 ω와 φ)가 담당한다고 보았다. 이후 그의 메타심리학 이론에서 둘은 *Cs.* 및 *Pcs.* 시스템으로 불린다. 단, 프로이트는 두 체계 모두 대뇌피질에 위치한다고 보았다. "기억의 자취 대신 의식이 발생한다"라는 인용구가 포함된 구절이 (프로이트의 '프로젝트'로부터 25년 후 쓰였음에도 불구하고) 이 점을 명징하게 보여 준다(Freud, 1920, pp. 25ff).
14. Bargh and Chartrand(1999), p. 476.

우리가 지금까지 설명한 자동 안내 시스템 중 일부는 '자연적'이며, 사전 경험 없이도 발달할 수 있다. 지각 표상과 행동 표상 간의 밀접한 관계 형성, 그리고 자동 평가 과정과 기분/행동 사이의 연결이 그것이다. 나머지 자동 자기 조절은 반복적이고 일관된 경험으로부터 발달한다. 이들은 경험의 규칙성과 연결되며, 의식적 선택이 수행되지 않는 상황에서 의식으로부터 통제권을 위임받아 과제를 대신 수행한다. 목표와 동기가 주어진 상황에서 무의식적으로 작동하고, 고정관념이 사회적 집단의 지각적 특징과 만성적으로 연관되며, 사람, 사물, 사건에 대한 평가가 지각 표상과 통합되어 지각 과정에서 의도치 않게 즉각적으로 활성화되는 것은 모두 이러한 방식이다.

15. 기술적으로, 뉴런의 정밀도에 의해 강화된 뉴런 상태는 뉴런 매개변수를 갱신한다.

16. 이것은 프로이트의 '이차 과정'이라는 개념과 정확히 일치한다. 프로이트는 이차 과정을 '자유롭게 움직이는' 일차적 형태의 욕동 에너지의 '결합'으로 정의했다. 프리스턴 자유 에너지의 결합은 이른바 (유용한) 정신적 일을 수행하기 위한 기계적 토대다. 이 결론은 매우 중요하다. "내가 보기에 [구속 에너지와 자유 에너지 사이의] 이러한 구분은 지금까지 우리가 신경 에너지의 본질에 관해 얻은 통찰 중 가장 심오한 것이다. 둘의 구분은 불가피해 보인다"(Freud, 1915b, p. 188).

    단, 프로이트는 이차 과정도 *전의식적으로(preconsciously)* 작동할 수 있다고 보았다. 그렇다면 의식이 없을 때도 대뇌피질이 안정화 기능을 수행할 수 있을까? 이 질문은 실험으로 입증할 수 있다. 또한 이 질문은 현재 학계에서 벌어지고 있는 비선언적 작업 기억에 관한 논쟁과도 관련이 있다(Hassin et al., 2009).

17. 재공고화가 반드시 *갱신되는 기억에 대한* 의식을 수반한다는 의미는 아니다. 재공고화는 인지적으로 무의식적인 갱신 과정의 정서 조절을 수반할 수 있다(아래 참조). 방금 살펴본 기전은 프로이트가 '저항'이라 부른 심리 현상의 원리를 설명해 준다. 저항이란 모순된 증거에 직면했을 때 예측 모델을 갱신하기를 꺼리는 인간 심리의 독특한 현상이다. (안타깝게도 이는 과학자도 마찬가지다!)

18. Schultz의 도표([그림 19])에 나온 '보상 = 예측'이라는 표현이 일부 독자에게 혼란을 줄 수도 있겠다. 행위의 감각적 결과가 예측과 일치하면 아무 일도 일어나지 않으며 '보상'도 없다. 그것이 부정적이든 긍정적이든, 느낌은 언제나 오차의 존재를 나타낸다([그림 12] 참조). 그러나 행동주의에서 '보상'은 느낌과 무관하며, 그저 예측이 강화됨을 의미할 뿐이다. 이 책의 용어를 빌자면, 더 높은 정밀도가 할당된다는 뜻이다. 만약 그 예측이 *중뇌 결정 삼각부에 의해 설정된 우선순위 중 상위에 있다면* 보상은 쾌감으로 이어질 것이다.

19. Misanin, Miller and Lewis (1968).

20. Nader, Schafe and LeDoux(2000). 쉬운 요약은 Dudai(2000) 참조. 재공고화는 프로이트의 기억 '재전사(retranscription)' 개념과 밀접한 관련이 있다. 1896년 12월 6일 플리스에게 보낸 편지를 보면 그가 시스템 공고화의 개념을 예견했음을 알 수 있다.

> 알다시피, 나는 인간의 심리 기제가 계층화 과정에 의해 생겨난다는 가정하에 연구에 임하고 있네. 기억의 자취 형태로 존재하는 내용이 가끔씩 새로운 환경에 맞추어 재배열되는, 즉 재전사되는 과정 말이지. 그래서 내 이론에서 새롭게 주장하는 바는 기억이 한 번이 아니라 여러 번, 다양한 징후의 형태로 저장된다는 가설이네. 일전에 실어증에 관한 책(Freud, 1891)에서도 말초로부터 이어지는 경로에서 비슷한 재배열이 일어날 거라 제안했지. 이게 총 몇 단계로 일어나는지는 모르겠네. 적어도 세 단계, 아마도 그 이상이겠지. 이건 아래 도식(의식이 기억의 자취의 최종 '단계'로 나타남, [그림 8] 참조)에 나타나 있는데, 이 도식에서는 매개하는 뉴런에 따라 각 단계가 분리되어 있다고(반드시 다른 뇌 부위에서 일어난다는 뜻은 아님) 가정하고 있네. 이 가정은 필수적이지는 않을 수 있지만, 가장 간단하며 잠정적으로 받아들일 수 있기에 차용했네.

프로이트는 '억압'을 재전사 과정의 실패로 정의했다. 신경정신분석학에서의 최신 이론은 Solms(2017c) 참조.

21. 따라서 장기 강화와 장기 약화는 모두 망상 활성계에 의해 조절된다(Bienenstock, Cooper and Munro, 1982 참조). ECT 및 뇌전증 발작이 기억 공고화를 방해하는 것 역시 이들이 망상 활성계를 통해 작용하기 때문이다.

22. 헤브가 실제로 말한 내용은 아래와 같다(Hebb, 1949, p. 62).

> 반향 활동(또는 '자취')의 지속 또는 반복이 세포의 영속적인 변화를 유도해 그 활동의 안정성을 강화하는 경향이 있다고 가정해 보자. … 세포 A의 축삭이 세포 B를 자극할 만큼 충분히 가까이 있고 반복적 또는 지속적으로 세포 B의 발화에 참여할 때, 한 세포 또는 두 세포 모두에서 어떠한 성장 과정 또는 대사 변화가 일어나 B를 발화하는 A의 효율성이 증가한다.

23. 현재 나는 Christina Alberini와 함께 의식적 학습 및 무의식적 학습에서 PAG와 망상 활성계의 역할에 대한 여러 실험을 계획하고 있다. 이 실험들을 통해 전뇌의 의식적 인지를 조절하는 상부 뇌간 속 여러 '각성' 신경핵의 역할을 확정할 수 있을 것이다. 재공고화 현상을 활용하면 학습과 관련해 지각 의식의 근본적 세포 내 기전을 밝힐 수 있다. 예를 들어, 기억의 공고화와 재공고화는 단백질 합성을 억제해 중단할 수 있으며, 유전자 전사인자 CREB를 필요로 한다. 그러나 최근 연구에 따르

면, 편도체에서 BDNF는 공고화에는 필요하지만 재공고화에는 필요하지 않으며, 전사인자 및 즉각 초기 유전자인 Zif268은 재공고화에는 필요하지만 공고화에는 필요하지 않은 것으로 드러났다. 이러한 Zif268과 BDNF의 기능적 구분은 해마에서도 발견되었다. Debiec et al.(2006)과 Lee, Everitt and Thomas(2004) 참조.

24. Riggs and Ratliff(1951); Ditchburn and Ginsborg(1952). 주의에 관한 헬름홀츠의 관찰을 상기할 필요가 있다(Helmholtz, 1867, p. 770).

    아무런 강제도 가해지지 않은 주의의 자연스러운 상태는 계속해서 새로운 것을 향해 방황하는 것이다. 대상에 대한 관심이 떨어지거나 새로운 것을 지각할 수 없을 때, 주의는 우리의 의지에 반해 다른 데로 이동한다. … 하나의 대상에 주의를 고정하고 싶다면, 특히 다른 강한 감각 자극이 주의를 앗으려고 한다면, 그 대상 안에서 새로운 것을 계속 찾아야 한다.

    이것은 기본 **추구**(**SEEKING**)에 관한 설명과 연결지어 이해해야 한다.

25. https://en.wikipedia.org/wiki/Lilac_chaser.
26. 이 효과가 뇌와 관련이 없다(즉, 말초신경계에서 발생한다)고 주장하는 사람이 있거든 Hsieh and Tse(2006)를 읽어 보게 할 것. Coren and Porac(1974)도 참조하라.
27. Oberauer et al.(2013) 참조.
28. 여기서 '점화'와 지각 학습은 예외다. 이들은 이미지를 수반하며 대뇌피질을 필요로 한다. 비선언적 기억에 관한 나의 설명 가운데 대부분은 점화와 지각 학습에는 적용되지 않는다. 이 둘은 선언적 기억의 '비계(scaffolding)'라는 별도의 범주에 속한다. 단어의 점화 기능에 관한 이후 본문의 설명을 참고하라.
29. 일부(전부는 아님) 수두증 아동 및 대뇌가 제거된 동물에도 기저핵은 남아 있다.
30. 구체적으로 말해, 복잡성은 사후 신념과 사전 신념 간 혹은 외부 상태에 관한 여러 확률 분포 간의 상대적 엔트로피다. 이는 모델 증거가 정확성과 복잡성의 차이라는 사실에서 비롯된다(8장 참조). 자유 에너지를 최소화해 모델 증거를 능동적으로 증가시키면 예측의 정확성이 높아지며, 이에 따라 복잡성도 함께 증가한다. 모델의 복잡성은 예측의 정확성이 향상된다는 전제하에서만 증가할 수 있다. 이는 대뇌피질의 기억 체계에서 흔히 일어나는 양상이다.
31. Hohwy(2013), p. 202의 아래 내용과 비교해 보라.

    지각 추론은 예측 오차의 정확도와 정밀도에 의해 정의된 공간 속을 움직인다는 것이다. 이를 단순하게 표현하기 위해 예측 오차의 정확도가 예측 오차 자체의 진폭의 역수에 비례하고, 정밀도는 예측에 대한 불확실성의 무작위적 변동의 진폭의 역수에 비례한다고 생각해 보자. … 이것은 의식적 지각과 주의 사이의 관계를 통합적으로 설명해 준다. 이 둘은 서로 1차 및 2차 통계적 추론의 관계를 맺고 있다.

위에서 소개한 Hohwy(2012)도 함께 참조하라.

32. 이 단락은 Clark(2015)에 근거를 두고 있다.
33. 둘의 주요한 차이는 꿈에는 외부수용적 오차 신호가 거의 없다는 점이다(Hobson and Friston, 2012, 2014). 이는 잠이 시작될 때 정밀도 가중치가 극적으로 변화하기 때문이다. 클라크는 이를 '동조(entrainment)로부터의 격리'라고도 불렀다. 단, 아래 35번 주를 참조하라.
34. Clark(2015), p. 273.
35. 그러나 Clark(2015), p. 107에 따르면, 잠자는 뇌는 '동조로부터 격리'되어 있지 않다. 뇌 활동을 주도하는 주된 감각 신호는 언제나 내부에서 기인한다. 이 신호, 즉 우리의 생물학적 욕구와의 동조로부터 격리되는 것은 결코 불가능하다. 신경과학자들이 이러한 기본적 사실을 계속 간과한다면 우리는 정신세계의 정체를 영영 이해하지 못할 것이다.
36. Domhoff(2017) 참조.
37. Clark(2015), p. 274.
38. 자세한 내용은 Solms(2021a)를 참조하라.
39. 이것은 기본 모드 '휴식 상태'에서도 발생한다.
40. 많은 사람이 간과하지만, 해마 역시 감정적 뇌인 변연계의 일부다.
41. Okuda et al.(2003); Szpunar et al.(2007); Szpunar(2010); Addis et al. (2007).
42. Ingvar(1985).
43. Schacter, Addis and Buckner(2007), p. 660, 강조 추가.
44. *변화하는*(예측할 수 없는) 자극이 고정된(더 예측 가능한) 이미지를 억제한다는 것 자체가 흥미로운 사실이다.
45. Lupyan and Ward(2013), p. 14196, 강조 표시 추가. 앞에서 논의된 의식적 지각에 관한 기술적 문제와 관련해 보자면, 이것도 내생적 주의의 일종이다. 245쪽의 '현저성'에 관한 기술적 정의도 참조하라. 단어는 인위적으로 현저성을 증대한다. 그러나 언어적 점화는 강력한(정밀한) 의외성 높은 외부 자극에 의해 쉽게 무너질 수 있다. 다시 말해, 중뇌 결정 삼각부에 의한 욕구 우선순위의 상향식 설정이 하향식 전뇌 과정보다 항상 우선하는 것이다.
46. Lupyan and Thompson-Schill(2012).
47. Çukur et al.(2013). 9장의 8번 주에 인용된 부주의맹 실험을 참조하라.
48. Clark(2015), p. 286.
49. Roepstorff and Frith(2004).

50. Zhou et al.(2017) 참조.

51. Panksepp and Biven(2012), p. 396.

    빛과 소리의 의식적인 경험은 처음에는 주로 정서적이었다(Panksepp, 1998). 갑작스러운 시각 및 청각 자극은 특히 그 자극이 우리 몸 가까운 곳에서 비롯될 때 우리를 즉각적으로 놀라게 하고 두려움에 떨게 한다. 이는 감각계와 우리의 필수 정서적 생존 기전이 깊은 원초적 통합 관계를 맺고 있음을 시사한다. 특정 색과 느낌이 얼마나 쉽게 연합되는지를 보라.

52. 최근 각광받는 '정서적 접촉'이라는 개념도 마찬가지다.

53. 지각 의식 *전체가* 인과력이 없다는 것은 아니다. 지각 의식은 정동을 맥락화한다는 점에서 인과력이 있다.

54. Hurley, Dennett and Adams(2011)를 참조하라. 이 책은 유머에 관한 책인데, 마음의 기능적 구조에 대해 나와 놀랄 만치 유사한 결론을 내리고 있다.

55. 청각 및 시각 신호의 파장과 진폭은 대뇌피질에 의해 의식적·무의식적으로 계속 측정·비교·분류되고 있다.

56. Clark(2015), p. 207 참조. 자유 에너지 이론에 따르면 '우리는 자신의 예측 오차 신호(또는 관련된 정밀도) 그 자체를 경험하는 것이 아니라, 이러한 신호가 우리 안에서 작용해 멀리 떨어진 사물과 원인으로 이루어진 세계를 드러내는 적합한 예측의 흐름을 형성한다.'

57. '아바타'라는 표현에 놀랐다면, 자신의 신체상을 포함해 당신이 지각하는 모든 것이 가상이라는 점을 주지하라. 아래 '몸 바꾸기' 착각에 관한 나의 글도 참조하라(Solms, 2013, p. 15).

    의식의 주체가 자신을 자기 외부 신체(대상 표상)와 동일시하는 방식은 어린아이가 컴퓨터 게임에서 자신이 조종하는 캐릭터에 자기 자신을 투영하는 과정과 같다. 표상은 실제 자아가 아님에도 불구하고 곧바로 자아 감각을 부여받는다. 주관적 자아와 외부 신체 간의 반직관적 관계를 명징하게 보여 주는 놀라운 실험이 하나 있다. Petkova and Ehrsson(2008)은 일련의 '몸 바꾸기' 실험 결과를 보고했는데, 이 실험에서는 타인 혹은 마네킹의 눈 위에 장착된 카메라에서 전송된 이미지가 피험자가 쓴 고글에 전송되었다. 피험자는 곧바로 타인의 몸 또는 마네킹이 자신의 몸이라고 착각했다. 이 착각은 매우 강렬해서, 피험자 자신의 몸과 악수를 주고받을 때도 이어졌다. 이 착각은 다른 (환상의) 몸과 (실제) 자신의 몸이 칼로 위협받았을 때 환상의 몸에서 공포 반응, 곧 내부 신체의 '직감적 반응'

(심박수와 피부 전도도로 측정됨)이 더 컸다는 점으로도 객관적으로 입증되었다. … 이는 대뇌피질이 무작위 접근 기억장치에 불과함을 다시금 보여 준다.

이 마지막 문장에 관해서는 Ellis and Solms(2018)를 참조하라.

11장: 어려운 문제

1. Davies(2019), pp. 184, 207.
2. Crick(1994). 전체 인용문은 240쪽 참조.
3. Chalmers(1995a), p. 201, 강조 추가.
4. Crick(1994), p. 3, 강조 추가.
5. Chalmers(1996), p. 251 참조. 강조 추가함. '이 회백질 덩어리가 생생한 주관적 경험을 생성할 수 있는 종류의 대상이라고 누가 상상이나 했을까? 하지만 사실이 그렇다.'
6. Searle(1997), p. 28. 설은 이렇게도 표현한다. "뇌 속의 신경생물학적 과정이 정확히 어떻게 의식을 *야기*하는가?"(1993, p. 3, 강조 추가).
7. 이것이 바로 물리 세계의 인과적 폐쇄성이다. 의식이 비물리적이라면, 또는 의식적 속성이 물리적 속성이 아니라면, 이들이 어떻게 두뇌 과정의 인과적 네트워크에 영향을 주는지 설명하기 어렵다. 르네 데카르트가 보헤미아의 엘리자베스 공주와 주고받은 서신을 참조하라(Shapiro, 2007).
8. Levine(1983). 현상적 경험에서 물리 과정으로의 환원 불가능성은 '인식론적 간극'이라고도 불린다.
9. Jackson(1982). "말하자면 이렇다"라고 쓴 이유는 내가 잭슨의 '지식 논증'을 살짝 수정했기 때문이다. 단순화를 위해서이기도 하고, 원본이 불필요하게 잔인하기 때문이기도 하다. 실제로는 그러한 잔인함이 잭슨이 설명하는 심리 과정에 영향을 줄 수 있다.
10. Chalmers(2003), p. 104.
11. 로크의 『인간 지성론(Essay Concerning Human Understanding)』 참조. "운동 여부와 무관하게, 물질이 원래부터 그 내부에 혹은 그것으로부터 유래한 감각·지각·지식을 가지는 것은 불가능하다. 만일 그렇다면 감각·지각·지식이라는 속성은 물질 및 그 모든 구성 입자와 영원히 불가분의 관계일 것이기 때문이다."
12. 로크가 부수현상론자였다는 의미는 아니다. 이원론에는 부수현상론 이외에도 여

러 형태가 있다. 메리에 관한 사고 실험을 고안한 잭슨(1982)은 부수현상론을 받아들였다가 이후(1995) 입장을 철회했다.

13. Oakley and Halligan (2017). 그러나 최소한 이들은 의식에도 일부 기능이 있다고 본다. 심적 상태 자체는 무의식적인데, 의식을 통해 그것을 보고할 수 있다는 것이다.
14. 차머스의 표현을 빌리자면, 의식적 경험 없이 뇌의 모든 기계적인 기능을 모방하는 '철학적 좀비'의 존재를 상상하는 것이 논리적으로 가능하다.
15. Libet et al.(1983). 그러나 리벳 자신은 의식을 부수현상으로 여기지 않았다. 오히려 그는 그 0.3초 동안 의식이 행동을 중단[이른바 자유 거부(free won't)]할 수 있다고 보았다. 이 뇌파는 '준비 전위'라고 불린다. 이후 연구에서는 준비 전위와 의식적 결정 사이의 시간 차이가 0.3초보다 훨씬 더 길 가능성이 제기되기도 했다.
16. 이는 헤브의 법칙으로 설명할 수 있다. 따라서 헤브의 법칙은 10분 전 기억이 잘 공고화되지 않는 일상 경험의 측면을 설명할 수 있다. 이 모든 사항은 Chalmers (1995a)가 말한 구조적 일관성 원칙과 부합한다(300쪽 참조).
17. Atkinson and Shiffrin (1971).
18. 단기기억 자취는 신경전달물질 재흡수 기전에 의해 빠르게 감퇴한다. 이 기전은 시냅스 전 뉴런을 자취 형성 전 상태로 되돌려 재빨리 또 다른 자취를 형성하게 한다. Mongillo, Barak and Tsodyks (2008) 참조.
19. Chalmers (1995a), pp. 202–3. 차머스는 '기능'이라는 용어를 다음과 같이 정의한다. "여기서 기능은 '물리계가 수행하도록 설계된 무언가'라는 목적론적인 좁은 의미가 아니라, '계의 행동 도출에 미치는 모든 인과적 영향'이라는 더 넓은 의미로 사용된다."
20. Ibid., p. 204–5.
21. Ibid., p. 205.
22. Ibid., p. 204.
23. Nagel (1974) 참조.

> 물리주의를 지지하려면 [의식의] 현상학적 특징들에 물리적 설명을 제공해야 한다. 그러나 그 특징들의 주관적 성격을 살펴보자면, 이는 불가능해 보인다. 모든 주관적 현상은 본질적으로 하나의 시점에 엮여 있는데, 객관적이고 물리적인 이론은 그 시점을 벗어날 수밖에 없기 때문이다.

Searle (1997), p. 212에서는 다음과 같이 설명한다.

> 의식은 일인칭 또는 주관적 존재론을 가졌으므로 삼인칭 또는 객관적 존재론을 가진 그 무엇으로도 환원될 수 없다. 둘 중 하나를 다른 하나로 환원하거나 제거하려다 보면 무언가가 빠지게 된다. … 신경 활동을 느낌으

로, 또는 느낌을 신경 활동으로 환원하는 것은 불가능하다. 논의의 대상인 객관성 또는 주관성을 빠뜨리게 되기 때문이다.

24. Chalmers(1995a), p. 203.
25. Havlík, Kozáková and Horáče(2017).
26. 2017년 12월 23일 자 편지. 여담이지만, 우리가 『의식 연구 저널』에 논문을 투고한 것은 그곳이 1995년 차머스(1995a)가 어려운 문제를 처음으로 발표한 곳이기 때문이었다.
27. Zahavi(2017). 아이러니하게도 그는 이 점을 들며 프리스턴의 입장에 반대했다.
28. 나는 설이 여기에 동의하지 않을 것임을 잘 알고 있다. 설은 실재와 현상이 동일하므로(39번 주 참조) 하나의 실재가 여러 현상을 띨 수 없으며 감각질의 사례가 이를 뒷받침한다고 주장할 것이다. 나는 설에게 이렇게 답하고 싶다. "네, 하지만 체감각 피질 활동의 *시각화된* 현상도, 통증의 *느낌* 현상도 둘 다 같은 경험적 실재의 일부임을 잊지 마십시오."
29. 이 비유에서 나는 번개와 천둥에 대한 지각이라는 두 가지 *외부수용* 현상을 예로 들었다. 이 두 현상의 원인이 무엇인가 하는 질문에 우리는 두 가지 방식으로 답할 수 있다. 첫째는 천둥 번개를 생성하는 지구물리학적(전기적) 사건을 서술하는 것이고, 둘째는 그 물리 사건(의 두 가지 양상)을 인식하는 감각 기전을 서술하는 것이다. 이 비유는 전자에 해당하며, 이 책에서 지금껏 다룬 문제, 즉 '객관적 사건과 주관적 사건 사이의 관계'에 대한 나의 견해가 후자에 해당한다. 앞서 보았듯이 감각 사건에 대한 *의식*은 그 사건이 외부수용적이든 내부수용적이든 언제나 내생적이기 때문이다. 비유에서는 이 점을 설명하고 있지 않다. 의식은 (외부수용적 또는 내부수용적) 감각 신호가 아니라 그 신호의 *느낌*이라는 게 나의 주장이다.
30. 광유전학을 사용하면 가능하다. 또는 특수 장치로 망막 신호의 스파이크 트레인을 *소리*로 들을 수 있다. 휠러가 말했듯이 이는 어디까지나 '장치 유발 반응'의 문제다.
31. 본 문단 및 이하 인용구는 Chalmers(1995a)에서 인용. 강조 추가.
32. 언뜻 보면 차머스의 입장은 마음이 물질의 속성이라는 전통적인 속성 이원론으로 보이기도 한다. 하지만 그는 마음과 물질 둘 다 '정보'의 속성이라고 주장한다(아래 참조). 이 관점은 이중 양상 일원론처럼 보일 수 있다. 하지만 그가 말하는 정보는 내가 이전 장들에서 설명했던 독특한 유형의 것이다. 즉, 마음이 정보의 수신자가 아닌 정보 자체에 내재해 있다는 것이다. 정보의 물질적 양상도 마찬가지다. 정보의 두 양상은 인식론적 속성이 아니라(즉, 정보의 *겉보기 현상*이 아니라) 존재론적 속성이다(정보 *그 자체*의 양상이다). 이 관점은 별반 문제 될 것이 없다. 가장 우려스러운 것은 모든 정보에 정신적(의식적) 양상이 있다는 차머스의 주장이다. 그가 정

보의 정신적 양상을 속성으로 보는지 실체로 보는지는 중요치 않다. 핵심은 모든 정보에 의식을 부여하는 것이 타당하냐는 것이다.

33. 차머스의 관점에서 '세계의 현상적 특징'은 '물리적인 것'을 포함하지 않음을 유의하라.
34. 좀 더 정확하게 말하자면, 장치 자체가 참여적 관찰자다.
35. 해당 비유는 Hurley, Dennett and Adams(2011)에서 차용했다.
36. 9장에서 소개한 '의도성을 지닌 자기성' 개념과도 연관이 있다.
37. Chalmers(1995a), p. 217. 앞서 그의 발언도 참조하라. "이는 자연스레 정보(*최소한 그 가운데 일부*)가 물리적 양상과 현상적 양상이라는 두 가지 기본 양상을 띤다는 가설로 이어진다"(강조 추가).
38. 10장 14번 주 참조.
39. Searle(1992), p. 121-2 참조. "우리는 의식에 대해 [현상과 실재를 구별할 수 없다]. 의식의 본질이 현상 그 자체에 있기 때문이다. 현상 속에서는 현상이 곧 실재이므로 둘을 구분할 수 없다."
40. 여담이지만, 메리가 시각 신경과학자가 아니라 정동 신경과학자였다면, 시각장애의 경우처럼 정동 경험이 없는 상태를 상상할 수는 없다. 아무 느낌도 느끼지 못하는 것은 혼수상태나 사망 상태에 해당하기 때문이다.
41. 5장 4번 주 참조.
42. 가령 바퀴를 이용한 보행도 논리적으로는 상상이 가능하지만, (인간의 경우) 실제로는 다리가 진화했다. 우리는 의식 이론을 설명할 때 생물학의 다른 것들을 설명할 때보다 과도하게 엄격한 기준을 매기지 않도록 유의해야 한다.
43. Chalmers(1995a), pp. 203-4.

12장: 마음 창조하기

1. 문어는 예외일 수도 있다. [단, 문어에도 대뇌피질과 상동인 수직엽(vertical lobe) 체계가 있다.]
2. 초창기에는 트리스탄 흐롬니크(Tristan Hromnik), 조너선 쇼크(Jonathan Shock), 나 이렇게 세 명뿐이었지만, 차차 다른 물리학자와 전산학자와 의공학자들이 참여했다. 조지 엘리스(George Ellis), 로완 호드슨(Rowan Hodson), 린 레멜츠왈(Leen Remmelzwaal), 아밋 미슈라(Amit Mishra), 딘 랜스(Dean Rance), 다위 반 덴 히버(Dawie van den Heever), 줄리안 블리그노(Julianne Blignaut) 등이 그들이다. 조슈

아 마틴(Joshua Martin), 에이미 돌먼, 도네 반 데르 베스튀젠(Donne van der Westhuizen) 등의 신경심리학자도 합류했다. 이후 흐롬니크가 탈퇴하고 마틴이 베를린으로 옮겨 가긴 했지만, 우리 팀은 계속해서 성장하고 있다.

3. Searle(1980). 다마지오도 비슷한 입장을 취했다(Damasio, 2018).
4. 본 내용은 차머스가 로크의 '역전된 스펙트럼'을 토대로 제시한 '춤추는 감각질' 논증이다. Chalmers(1995a, 1995b, 2011) 참조.
5. Chalmers(1995a), pp. 214-15.
6. Ibid., p. 215. 강조 추가.
7. Ibid., 강조 추가.
8. 이 문제에 관해 차머스와 직접 긴 대화를 나누었는데, 그가 적어도 열린 마음이라는 인상을 받았다.
9. Ethier et al.(2012); Hochberg et al.(2012); Collinger et al.(2013); Bouton et al.(2016); Capogrosso et al.(2016).
10. Capogrosso et al.(2016), p. 284.
11. Ibid.
12. Abu-Hassan et al.(2019).
13. Pasley et al.(2012).
14. Nishimoto et al.(2011).
15. Horikawa et al.(2013).
16. Herff et al.(2015).
17. 10장에서 다룬 하향식 정보 처리 과정인 '생각'(상상하기, 꿈꾸기 등)도 포함된다.
18. Kurzweil(2005) 참조.
19. Solms and Turnbull(2002), pp. 70-71. 두 번째 강조 추가.
20. Solms(1996, 1997b) 참조.
21. 유명 물리학자 리처드 파인먼도 '기계론적 이해'에 관해 이와 비슷한 견해를 보였다. 단순히 의식을 역설계한다고 해서 문제가 해결된다는 뜻은 아니다. 이해의 과정 없이도 무심코 한 칩 한 칩 조립해서 무언가를 조립할 수 있기 때문이다. 내가 말하고자 하는 것은 무언가를 제대로 이해했다면 반드시 그것을 역설계할 수 있어야 한다는 것이다.
22. 관련된 기존 연구에 대한 요약은 Reggia(2013) 참조.
23. 강화학습에는 목표 기준이 필요하다. 그렇다면 우리 시스템의 목표는 *예기치 못한 환경에서 살아남기*가 될 것이다.
24. 부연해 설명하자면, 체화도 (다음 문단에서 설명할 다른 물리 변수와 마찬가지로)

시뮬레이션이 가능하다. 시스템의 관점에서 볼 때, '외부'에서 실제로 무슨 일이 일어나고 있는지는 중요치 않다. 중요한 것은 *외부에서 수신된 정보*가 모델에 주는 영향이다. 그렇다면 시스템이 모델링할 환경을 시뮬레이션하기만 하면 된다. 우리 역시 초기 단계에서는 그렇게 할 것이다. 그러지 않으면 어마어마한 시간이 걸리고, 솔직히 말해 위험하기도 하다(다음 문단에 언급할 과열 변수를 생각해 보라). 시스템을 물리적으로 체화시키는 것이 더 '현실적'이라는 말의 뜻은 시뮬레이션상에는 없던 새로운 모델링 문제가 발생할 수 있다는 것이다. 생명과 정말로 흡사한 시스템을 만드는 경우에는 이 문제들도 매우 중요해질 수 있다. 이러한 이유 등으로 인해 결국에는 시스템을 로봇에 체화시키는 것을 목표로 할 것이다.

25. 다시 말해, 여러 가지 반사 작용과 본능을 인공적으로 부호화할 것이며, '유전 알고리즘'을 활용할 것이다.
26. 2020년 3월 21일 자 문서. 반대 관점은 Reggia(2013) 참조.

    본 리뷰에서 분석한 모든 연구는 어떻게 해당 접근이 인공 의식의 실현으로 이어지는지 설득력 있는 논증을 (일부 저자는 제시했다고 주장하지만) 제시하지 못한 것으로 생각된다. 긍정적이게도 반대로 혹자들의 주장처럼 기계 의식이 실현 불가능하다는 증거 역시 본 리뷰에 소개된 논문을 포함한 어떠한 연구에서도 아직 제시된 바 없다.

27. Solms and Turnbull(2002), pp. 68–9.
28. Colby, Watt and Gilbert(1966); Weizenbaum(1976) 참조. 2014년 런던 왕립학회 행사에서도 13세 우크라이나인 소년을 모방한 '유진 구스트만(Eugene Goostman)'이라는 컴퓨터 프로그램이 튜링 테스트를 통과했다.
29. 예를 들어 체스와 (그보다 더 어려운) 바둑에서 컴퓨터가 인간의 최정상 실력을 넘어선 것은 익히 알려진 사실이다.
30. Haikonen(2012) 참조.
31. 테스트의 고안자인 앨런 튜링이 얼마나 많은 편견에 시달렸는지 생각하면 이는 감명 깊은 일이다.
32. Mathur, Lau and Guo(2011).
33. 몇 년 전 오스트리아 빈에서 정신분석학자와 인공지능 공학자를 대상으로 학회가 열렸다. 그곳에서 나는 인공 정신병리학을 통해 인공 의식을 입증할 수 있다고 설명했다. 나는 이렇게 말했다. "공학이 인간의 마음을 정확하게 모방해 낸다면, 그 모델 역시 특정 오작동에 취약할 것이다. 그렇다면 그것을 모방의 성공 여부를 판단하는 기준으로 사용할 수도 있을 것이다."
34. '탈중앙화된 자율 회사'52)와 같은 극단적인 예시를 생각해 보자.

35. Lin, Abney and Bekey(2011) 참조.

36. 대표적으로 빌 게이츠(Bill Gates)와 스티븐 호킹(Stephen Hawking), 일론 머스크(Elon Musk)가 모두 이 주제에 대해 심각한 의구심을 표명한 바 있다.

37. 이 믿음만으로 (의식을 만드는 행위에) 윤리적 정당성을 부여할 수 있다고 주장하는 것은 아니다. 누군가가 언젠가 어딘가에서 살인을 저지를 수 있다는 사실이 지금 여기서 살인 행위를 저지르는 것을 정당화하진 않는 것과 마찬가지다. 계속 읽어 보자.

38. Solms and Friston(2018); Solms(2019a); Solms(2020).

39. 일부 리스트는 다음과 같다 : 'Where does consciousness fit in the Bayesian brain?' 18th International Neuropsychoanalysis Congress, University College London, 2017; 'How and why consciousness arises', Department of Physics, University of Cape Town 2017; 'How and why consciousness arises', The Centre for Subjectivity Research, University of Copenhagen, 2017; 'The self as feeling and memory', Ruhr University, Bochum, 2018; 'The conscious id, the psychoanalytic process and the hard problem of consciousness', Department of Philosophy, New York University, 2019; 'Why and how consciousness arises', Department of Psychiatry, Mount Sinai Hospital, New York, 2019; 'Why are we conscious? Lessons from neuroscience', University of Vermont College of Medicine, Burlington, 2019; 'What is consciousness?' The Melbourne Brain Centre, Australia, 2019; 'Consciousness itself', The Science of Consciousness, Interlaken, Switzerland, 2019; 'Consciousness itself is affect', Munich School of Philosophy, Burkardus Haus, Würzburg, Germany, 2019; 'The hard problem of consciousness', Department of Philosophy, University of Cape Town, 2019; 'Consciousness is predictive work in progress', Ichilov Hospital, Tel Aviv, 2019; 'Why and how consciousness arises', Italian Psychoanalytic Dialogues, Rome, 2020.

40. Havlík, Kozáková and Horáče(2017).

41. Carhart-Harris and Friston(2010); Carhart-Harris et al.(2014); Carhart-Harris(2018).

42. 9장 16번 주 참조.

43. www.linking-ai-principles.org/term/656, "The Public Voice Coalition"(2018) 참조.

---

52) DAC, 탈중앙화된 컴퓨터 프로그램에 의해 운영되는 회사로 블록체인 등을 통해 투표와 재정 활동이 이루어진다(역자 주).

저자 후기

1. 정동의 법칙 : 지속적으로 쾌감을 동반하는 행동은 증가하고, 지속적으로 불쾌감을 동반하는 행동은 감소한다.
2. 프리스턴의 법칙 : 계에 속하는 모든 변량(변화 가능한 양)은 자유 에너지를 최소화하는 방향으로 변화한다.

참고문헌

Abbott, A. (2020), What animals really think. Nature, 584 : 182-5

Absher, J. and Benson, D. (1993), Disconnection syndromes : an overview of Geschwind's contributions. *Neurology*, 43 : 862-7

Abu-Hassan, K., Taylor, J., Morris, P. et al. (2019), Optimal solid state neurons. *Nature Communications*, 10 : 5309

Adams, R., Shipp, S. and Friston, K. (2013), Predictions not commands : active inference in the motor system. *Brain Structure and Function*, 218 : 611-43

Addis, D., Wong, A. and Schacter, D. (2007), Remembering the past and imagining the future : common and distinct neural substrates during event construction and elaboration. *Neuropsychologia*, 45 : 1363-77

Ainley, V., Apps, M. A. J., Fotopoulou, A. and Tsakiris, M. (2016), 'Bodily precision' : a predictive coding account of individual differences in interoceptive accuracy. *Philosophical Transactions of the Royal Society of London*, *B*, 371 : (1708) doi.org/10.1098/rstb.2016.0003

Alboni, P. (2014), Vasovagal syncope as a manifestation of an evolutionary selected trait. *Journal of Atrial Fibrillation*, 7 : 1035

Aserinsky, E. and Kleitman, N. (1953), Regularly occurring periods of eye motility, and concomitant phenomena, during sleep. *Science*, 118 : 273-4

Ashby, W. (1947), Principles of the self-organizing dynamic system. *Journal of General Psychology*, 37 : 125-8

Atkinson, R. and Shiffrin, R. (1971), The control of short-term memory. *Scientific American*, 225 : 82-90

Baars, B. (1989), *A Cognitive Theory of Consciousness*. *Cambridge* : Cambridge University Press

Baars, B. (1997), *In the Theatre of Consciousness*. Oxford: Oxford University Press

Bailey, P. and Davis, E. (1942), The syndrome of obstinate progression in the cat. *Experimental Biology and Medicine*, 52: 307

Bargh, J. and Chartrand, T. (1999), The unbearable automaticity of being. *American Psychologist*, 54: 462-79

Barrett, L. F. (2017), *How Emotions are Made: The Secret Life of the Brain*. New York: Houghton Mifflin Harcourt

Bastos, A., Usrey, W., Adams, R. et al. (2012), Canonical microcircuits for predictive coding. *Neuron*, 76: 695-711

Bastos, A., Vezoli, J., Bosman, C. et al. (2015), Visual areas exert feedforward and feedback influences through distinct frequency channels. *Neuron*, 85: 390-401

Bayes, T. (1763), An essay towards solving a problem in the doctrine of chances. [Communicated by Mr. Price, in a letter to John Canton.] *Philosophical Transactions of the Royal Society of London*, 53: 370-418

Bechtel, W. and Richardson, R. (1998), Vitalism. In E. Craig (ed.), *Routledge Encyclopedia of Philosophy*, 9. London: Routledge, pp. 639-43

Bentley, B., Branicky, R., Barnes, C. et al. (2016), The multilayer connectome of *Caenorhabditis elegans*. *PLoS Computational Biology*, 12: e1005283, doi.org/10.1371/journal.pcbi.1005283

Berlin, H. (2011), The neural basis of the dynamic unconscious. *Neuropsychoanalysis*, 13: 5-31

Berlin, H. (2013), The brainstem begs the question: 'petitio principii'. *Neuropsychoanalysis*, 15: 25-9

Berridge, K. (2003), Pleasures of the brain. *Brain and Cognition*, 52: 106-28

Besharati, S., Forkel, S. J., Kopelman, M., Solms, M., Jenkinson, P. M. and Fotopoulou, A. (2014), The affective modulation of motor awareness in anosognosia for hemiplegia: behavioural and lesion evidence. *Cortex*, 61: 127-40

Besharati, S., Forkel, S., Kopelman, M., Solms, M., Jenkinson, P. and Fotopoulou, A. (2016), Mentalizing the body: spatial and social cognition in anosognosia for hemiplegia. *Brain*, 139: 971-85

Besharati, S., Fotopoulou, A. and Kopelman, M. (2014), What is it like to be confabulating? In A. L. Mishara, A. Kranjec, P, Corlett, P. Fletcher and M. A. Schwartz (eds.), *Phenomenological Neuropsychiatry, How Patient Experience Bridges Clinic with Clini-*

cal Neuroscience. New York: Springer

Bienenstock, E., Cooper L. and Munro P. (1982), Theory for the development of neuron selectivity: orientation specificity and binocular interaction in visual cortex. *Journal of Neuroscience*, 2: 32–48

Blake, Y., Terburg, D., Balchin, R., van Honk, J. and Solms, M. (2019), The role of the basolateral amygdala in dreaming, *Cortex*, 113: 169–83, doi.org/10.1016/j.cortex.2018.12.016

Block, N. (1995), On a confusion about a function of consciousness. *Behavioral and Brain Sciences*, 18: 227–87

Blomstedt, P., Hariz, M., Lees, A. et al. (2008), Acute severe depression induced by intraoperative stimulation of the substantia nigra: a case report. *Parkinsonism and Related Disorders*, 14: 253–6

Bogen, J. (1995), On the neurophysiology of consciousness: 1. An overview. *Consciousness and Cognition*, 4: 52–62

Bouton, C., Shaikhouni, A., Annetta, N. et al. (2016), Restoring cortical control of functional movement in a human with quadriplegia. *Nature*, 533: 247–50

Bowlby, J. (1969), *Attachment*. London: Hogarth Press

Braun, A. (1999), The new neuropsychology of sleep. *Neuropsychoanalysis*, 2: 196–201

Braun, A., Balkin, T., Wesenten, N. et al. (1997), Regional cerebral blood flow throughout the sleep-wake cycle. An H2(15)O PET study. *Brain*, 120: 1173–97

Brentano, F. (1874), *Psychologie vom empirischen Standpunkte*. Leipzig: Duncker and Humbolt

Broca, P. (1861), Sur le principe des localisations cerebrales. *Bulletin de la Societe d'Anthropologie*, 2: 190–204

Broca, P. (1865), Sur le siege de la faculte du langage articule. *Bulletin de la Societe d'Anthropologie*, 6: 377–3

Brown, H., Adams, R., Parees, I., Edwards, M. and Friston, K. (2013), Active inference, sensory attenuation and illusions. *Cognitive Processing*, 14: 411–27

Cameron-Dow, C. (2012), Do dreams protect sleep? Testing the Freudian hypothesis of the function of dreams. MA dissertation, University of Cape Town

Campbell, A. (1904), Histological studies on the localisation of cerebral function. *Journal of Mental Science*, 50: 651–9

Capogrosso, M., Milekovic, T., Borton, D. et al. (2016), A brain–spine interface alleviating gait deficits after spinal cord injury in primates. *Nature*, 539 : 284–8

Carhart-Harris, R. (2018), The entropic brain – revisited. *Neuropharmacology*, 142 : 167–78

Carhart-Harris, R. and Friston, K. (2010), The default-mode, ego-functions and free-energy : a neurobiological account of Freudian ideas. *Brain*, 133 : 1265–83

Carhart-Harris, R., Leech, R., Hellyer, P. et al. (2014), The entropic brain : a theory of conscious states informed by neuroimaging research with psychedelic drugs. *Frontiers in Human Neuroscience*, 8 : Article 20

Chabris, C. and Simons, D. (2010), *The Invisible Gorilla : and Other Ways Our Intuitions Deceive Us*. London : Crown Publishers/Random House

Chalmers, D. (1995a), Facing up to the problem of consciousness. *Journal of Consciousness Studies*, 2 : 200–219

Chalmers, D. (1995b), Absent qualia, fading qualia, dancing qualia. In T. Metzinger (ed.), *Conscious Experience*. Paderborn : Ferdinand Schoningh, pp. 309–28

Chalmers, D. (1996), *The Conscious Mind : In Search of a Fundamental Theory*. New York : Oxford University Press

Chalmers, D. (2003), Consciousness and its place in nature. In S. Stich and T. Warfield (eds.), *Blackwell Guide to the Philosophy of Mind*. London : Blackwell, pp. 102–42

Chalmers, D. (2011), A computational foundation for the study of cognition. *Journal of Cognitive Science*, 12 : 325–59

Charcot J-M. (1883), Un cas de suppression brusque et isolee de la vision mentale des signes et des objets (formes et couleurs). *Progres Medical*, 11 : 568

Chew, Y., Tanizawa, Y., Cho, Y. et al. (2018), An afferent neuropeptide system transmits mechanosensory signals triggering sensitization and arousal in *C. elegans*. *Neuron*, 99 : 1233–46

Cisek, P. and Kalaska, J. (2010), Neural mechanisms for interacting with a world full of action choices. *Annual Review of Neuroscience*, 33 : 269–98

Claparede, E. (1911), Recognition et moitie. *Archives of Psychology Geneve*, 11 : 79–90

Clark, A. (2015), *Surfing Uncertainty : Prediction, Action, and the Embodied Mind*. New York : Oxford University Press

Clark, A. (2017), Busting out : predictive brains, embodied minds, and the puzzle of the evidentiary veil. *Nous*, 51 : 727–53

Coenen, A. (2007), Consciousness without a cortex, but what kind of consciousness is this? *Behavioral and Brain Sciences*, 30 : 87–8

Coenen, V., Bewernick, B., Kayser, S. et al. (2019), Superolateral medial forebrain bundle deep brain stimulation in major depression : a gateway trial. *Neuropsychopharmacology*, 44 : 1224–32, doi.org/10.1038/s41386-019-0369-9

Colby, K., Watt, J. and Gilbert, J. (1966), A computer method of psychotherapy. *Journal of Nervous and Mental Disease*, 142 : 148–52

Cole, S., Fotopoulou, A., Oddy, M. and Moulin, C. (2014), Implausible future events in a confabulating patient with an anterior communicating artery aneurysm. *Neurocase*, 20 : 208–24

Collinger J., Wodlinger, B., Downey, J. et al. (2013), High-performance neuroprosthetic control by an individual with tetraplegia. *The Lancet*, 381 : 557–64

Coltheart, M. and Turner, M. (2009), Confabulation and delusion. In W. Hirstein (ed.), *Confabulation : Views from Neuroscience, Psychiatry, Psychology and Philosophy*. New York : Oxford University Press, p. 173

Conant, R. and Ashby, W. (1970), Every good regulator of a system must be a model of that system. *International Journal of Systems Science*, 1 : 89–97

Coren, S. and Porac, C. (1974), The fading of stabilized images : Eye movements and information processing. *Perception & Psychophysics*, 16 : 529–34

Corlett, P. and Fletcher, P. (2014), Computational psychiatry : a Rosetta Stone linking the brain to mental illness. *Lancet Psychiatry*, 1 : 399–402

Craig, A. D. (2009), How do you feel – now? The anterior insula and human awareness. *Nature Reviews Neuroscience*, 10 : 59–70

Craig, A. D. (2011), Significance of the insula for the evolution of human awareness of feelings from the body. *Annals of the New York Academy of Sciences*, 1225 : 72–82

Crick, F. (1994), *The Astonishing Hypothesis : The Scientific Search for the Soul*. New York : Charles Scribner's Sons

Crick, F. (2004), Foreword to C. Koch, *The Quest for Consciousness : A Neurobiological Approach*. Englewood, CO : Roberts and Company

Crick, F. and Koch, C. (1990), Towards a neurobiological theory of consciousness. *Seminars in Neuroscience*, 2 : 263–75

Crucianelli, L., Krahe, C., Jenkinson, P. and Fotopoulou, A. (2017), Interoceptive ingredients of body ownership : affective touch and cardiac awareness in the rubber hand illusion. *Cortex*, 104 : 180–92, doi.org/10.1016/j.cortex.2017.04.018

Cukur, T., Nishimoto, S., Huth, A. and Gallant J. (2013), Attention during natural vision warps semantic representation across the human brain. *Nature Neuroscience*, 16 : 763–70

Dahan, L., Astier, B., Vautrelle, N. et al. (2007), Prominent Burst Firing of Dopaminergic Neurons in the Ventral Tegmental Area during Paradoxical Sleep. *Neuropsychopharmacology*, 32 : 1232–41

Damasio, A. (1994), *Descartes' Error : Emotion, Reason, and the Human Brain*. New York : Putnam

Damasio, A. (2018), *The Strange Order of Things : Life, Feeling, and the Making of Cultures*. London : Penguin Random House

Damasio, A. and Carvalho, G. (2013), The nature of feelings : evolutionary and neurobiological origins. *Nature Reviews Neuroscience*, 14 : 143–52

Damasio, A. and Damasio, H. (1989), *Lesion Analysis in Neuropsychology*. New York : Oxford University Press

Damasio, A., Damasio, H. and Tranel, D. (2013), Persistence of feelings and sentience after bilateral damage of the insula. *Cerebral Cortex*, 23 : 833–46

Damasio, A., Grabowski, T., Bechara, A. et al. (2000), Subcortical and cortical brain activity during the feeling of self-generated emotions. *Nature Neuroscience*, 3 : 1049–56

Darwin, C. (1859), *On the Origin of Species*. London : John Murray

Darwin, C. (1872), *The Expression of Emotions in Man and Animals*. London : John Murray

Davies, P. (2019), *The Demon in the Machine : How Hidden Webs of Information are Solving the Mystery of Life*. London : Allen Lane

Debiec, J., Doyere, V., Nader, K. and LeDoux, J. (2006), Directly reactivated, but not indirectly reactivated, memories undergo reconsolidation in the amygdala. *Proceedings of the National Academy of Sciences*, 103 : 3428–33

Decety, J. and Fotopoulou, A. (2015), Why empathy has a beneficial impact on others in medicine : unifying theories. *Frontiers in Behavioral Neuroscience*, 8 : 457

Dehaene, S. and Changeux, J.-P. (2005), Ongoing spontaneous activity controls access to consciousness : a neuronal model for inattentional blindness. *PLoS Biology*, 3 : e141

Dehaene, S. and Changeux, J.-P. (2011), Experimental and theoretical approaches to conscious processing. *Neuron*, 70 : 200-227

Dehaene, S. and Naccache, L. (2001), Towards a cognitive neuroscience of consciousness : basic evidence and a workspace framework. *Cognition*, 79 : 1-37

Dement, W. and Kleitman, N. (1957), The relation of eye movements during sleep to dream activity : an objective method for the study of dreaming. *Journal of Experimental Psychology*, 53 : 339-46

Depaulis, A. and Bandler, R. (1991), *The Midbrain Periaqueductal Gray Matter : Functional, Anatomical, and Neurochemical Organization*. New York : Plenum Press

Ditchburn, R. and Ginsborg, B. (1952), Vision with a stabilized retinal image, *Nature*, 170 : 36-7

Domhoff, W. (2017), *The Emergence of Dreaming : Mind-Wandering, Embodied Simulation, and the Default Network*. New York : Oxford University Press

Du Bois-Reymond, E. (1848-84), *Untersuchungen uber thierische Electricitat*, 2. Berlin : Reimer

Du Bois-Reymond, E., ed. (1918), *Jugendbriefe von Emil Du Bois-Reymond an Eduard Hallmann, zu seinem hundertsten Geburtstag, dem 7. November 1918*. Berlin : Reimer

Dudai, Y. (2000), The shaky trace. *Nature*, 406 : 686-7

Edelman, G. (1990), *The Remembered Present : A Biological Theory of Consciousness*. New York : Basic Books

Edlow, B., Takahashi, E., Wu, O. et al. (2012), Neuroanatomic connectivity of the human ascending arousal system critical to consciousness and its disorders. *Journal of Neuropathology and Experimental Neurology*, 71 : 531-46

Einstein, A. (1905), Uber einen die Erzeugung und Verwandlung des Lichtes betreffenden heuristischen Gesichtspunkt. *Annalen der Physik*, 17 : 132-48

Eisenberger, N. (2012), The neural bases of social pain : evidence for shared representations with physical pain. *Psychosomatic Medicine*, *74* : 126-35

Ekman, P., Friesen, W., O'Sullivan, M. et al. (1987), Universals and cultural differences in the judgements of facial expressions of emotion. *Journal of Personality and Social Psychology*, 53 : 712-17

Ellis, G. and Solms, M. (2018), *Beyond Evolutionary Psychology : How and Why Neuropsychological Modules Arise*. Cambridge : Cambridge University Press

England, J. (2013), Statistical physics of self-replication. *Journal of Chemical Physics*, 139 : 121923, doi.org/10.1063/1.4818538

Ethier, C., Oby, E., Bauman, M. and Miller, L. (2012), Restoration of grasp following paralysis through brain-controlled stimulation of muscles. *Nature*, 485 : 368–71

Ezra, M., Faull, O., Jbabdi, S. and Pattinson, K. (2015), Connectivitybased segmentation of the periaqueductal gray matter in human with brainstem optimized diffusion MRI. *Human Brain Mapping*, 36 : 3459–71

Feldman, H. and Friston, K. J. (2010), Attention, uncertainty, and freeenergy. *Frontiers in Human Neuroscience*, 4 : 215, doi.org/10.3389/fnhum.2010.00215

Ferrarelli, F. and Tononi, G. (2011), The thalamic reticular nucleus and schizophrenia. *Schizophrenia Bulletin*, 37 : 306–15

Fischer, D., Boes, A., Demertzi, A. et al. (2016), A human brain network derived from coma-causing brainstem lesions. *Neurology*, 87 : 2427–34

Flechsig, P. (1901), Developmental (mylogenetic) localisation of the cerebral cortex in the human subject. *The Lancet*, 2 : 1027–9

Flechsig, P. (1905), Gehirnphsyiologie und Willenstheorien. *Fifth International Psychology Congress*, Rome, pp. 73–89. In G. von Bonin (ed.), Some Papers on the Cerebral Cortex. Springfield, IL : Charles C. Thomas, pp. 181–200

Forrester, G., Davis, R., Mareschal, D. et al. (2018), The left cradling bias : an evolutionary facilitator of social cognition? *Cortex*, 118 : 116–31, doi.org/10.1016/j.cortex.2018.05.011

Fotopoulou, A. (2008), False-selves in neuropsychological rehabilitation : the challenge of confabulation. *Neuropsychological Rehabilitation*, 18 : 541–65

Fotopoulou, A. (2009), Disentangling the motivational theories of confabulation. In W. Histein (ed.), *Confabulation : Views from Neurology, Psychiatry, and Philosophy*. New York : Oxford University Press

Fotopoulou, A. (2010a), The affective neuropsychology of confabulation and delusion. *Cognitive Neuropsychiatry*, 15 : 38–63

Fotopoulou, A. (2010b), The affective neuropsychology of confabulation and delusion. In R. Langdon and M. Turner (eds.), *Confabulation and Delusion*, New York : Psychology Press, pp. 38–63

Fotopoulou, A. (2013), Beyond the reward principle : consciousness as precision seeking. *Neuropsychoanalysis*, 15 : 33–8

Fotopoulou, A. and Conway, M. (2004), Confabulation pleasant and unpleasant. *Neuropsychoanalysis*, 6 : 26–33

Fotopoulou, A., Conway, M., Birchall, D., Griffiths, P. and Tyrer, S. (2007), Confabulation: revising the motivational hypothesis. *Neurocase*, 13: 6–15

Fotopoulou, A., Conway, M. and Solms, M. (2007), Confabulation: motivated reality monitoring. *Neuropsychologia*, 45: 2180–90

Fotopoulou, A., Conway, M., Solms, M., Kopelman, M. and Tyrer, S. (2008a), Self-serving confabulation in prose recall. *Neuropsychologia*, 46: 1429–41

Fotopoulou, A., Conway, M., Tyrer, S., Birchall, D., Griffiths, P. and Solms, M. (2008b), Is the content of confabulation positive? An experimental study. *Cortex*, 44: 764–72.

Fotopoulou, A., Solms, M. and Turnbull, O. (2004), Wishful reality distortions in confabulation: a case report. *Neuropsychologia*, 42: 727–44

Fotopoulou, A. and Tsakiris, M. (2017), Mentalizing homeostasis: the social origins of interoceptive inference. *Neuropsychoanalysis*, 19: 3–76

Frank, J. (1946), Clinical survey and results of 200 cases of prefrontal leucotomy. *Journal of Mental Sciences*, 92: 497–508

Frank, J. (1950), Some aspects of lobotomy (prefrontal leucotomy) under psychoanalytic scrutiny. *Psychiatry*, 13: 45–52

Frank, M. (2005), Dynamic dopamine modulation in the basal ganglia: A neurocomputational account of cognitive deficits in medicated and nonmedicated Parkinsonism. *Journal of Cognitive Neuroscience*, 1: 51–72

Freud, S. (1883), Einleitung in der Nervenpathologie. Unpublished book manuscript. Washington, DC: Library of Congress

Freud, S. (1886), Report on my studies in Paris and Berlin. *Standard Edition of the Complete Psychological Works of Sigmund Freud*, 1. London: Hogarth, pp. 1–15

Freud, S. (1888), Gehirn. I. Anatomie des Gehirns. In A. Villaret (ed.), *Handworterbuch der gesamten Medizin*, 1. Stuttgart: Ferdinand Enke, pp. 684–91

Freud, S. (1891), *On Aphasia*. New York: International Universities Press

Freud, S. (1893a), Charcot. *Standard Edition of the Complete Psychological Works of Sigmund Freud*, 3. London: Hogarth, pp. 11–23

Freud, S. (1893b), Some points for a comparative study of organic and hysterical motor paralyses. *Standard Edition of the Complete Psychological Works of Sigmund Freud*, 1. London: Hogarth, pp. 155–72

Freud, S. (1894), The neuro-psychoses of defence. *Standard Edition of the Complete Psychological Works of Sigmund Freud*, 3. London: Hogarth, pp. 45–61

Freud, S. (1895), Studies on hysteria. *Standard Edition of the Complete Psychological Works of Sigmund Freud*, 2. London : Hogarth

Freud, S. (1900), The interpretation of dreams. *Standard Edition of the Complete Psychological Works of Sigmund Freud*, 4 and 5. London : Hogarth

Freud, S. (1901), The psychopathology of everyday life. *Standard Edition of the Complete Psychological Works of Sigmund Freud*, 6. London : Hogarth

Freud, S. (1912), A note on the unconscious in psycho-analysis. *Standard Edition of the Complete Psychological Works of Sigmund Freud*, 12. London : Hogarth, pp. 255-66

Freud, S. (1914), On narcissism : an introduction. *Standard Edition of the Complete Psychological Works of Sigmund Freud*, 14. London : Hogarth, pp. 67-102

Freud, S. (1915a), Instincts and their vicissitudes. *Standard Edition of the Complete Psychological Works of Sigmund Freud*, 14. London : Hogarth, pp. 117-40

Freud, S. (1915b), The unconscious. *Standard Edition of the Complete Psychological Works of Sigmund Freud*, 14. London : Hogarth, pp. 166-204

Freud, S. (1920), Beyond the pleasure principle. *Standard Edition of the Complete Psychological Works of Sigmund Freud*, 18. London : Hogarth, pp. 7-64

Freud, S. (1923), The ego and the id. *Standard Edition of the Complete Psychological Works of Sigmund Freud*, 19. London : Hogarth, pp. 12-59

Freud, S. (1925), A note upon 'the mystic writing-pad'. *Standard Edition of the Complete Psychological Works of Sigmund Freud*, 16. London : Hogarth, pp. 227-32

Freud, S. (1940 [1939]), An outline of psycho-analysis. *Standard Edition of the Complete Psychological Works of Sigmund Freud*, 23. London : Hogarth, pp. 144-207

Freud, S. (1950a [1895]), Extracts from the Fliess papers. *Standard Edition of the Complete Psychological Works of Sigmund Freud*, 1. London : Hogarth, pp. 177-280

Freud, S. (1950b [1895]), Project for a scientific psychology. *Standard Edition of the Complete Psychological Works of Sigmund Freud*, 1. London : Hogarth, pp. 283-397.

Freud, S. (1994 [1929]), Letter to Einstein, 1929. In I. Grubrich-Simitis (1995), 'No greater, richer, more mysterious subject … than the life of the mind'. *International Journal of Psychoanalysis*, 76 : 115-22

Friston, K. (2005), A theory of cortical responses. *Philosophical Transactionsof the Royal Society of London, B*, 360 : 815-36

Friston, K. (2009), The Free Energy Principle : a rough guide to the brain? *Trends in Cognitive Sciences*, 13 : 293-301

Friston, K. (2013), Life as we know it. *Journal of the Royal Society Interface*, 10: 20130475, doi.org/10.1098/rsif.2013.0475

Friston, K., Breakspear, M. and Deco, G. (2012), Perception and selforganized instability. *Frontiers in Computational Neuroscience*, 6: 44

Friston, K., Rigoli, F., Ognibene, D. et al. (2015), Active inference andepistemic value. *Cognitive Neuroscience*, 6: 187–214

Friston, K., Schwartenbeck, P., FitzGerald, T., Moutoussis, M., Behrens, T. and Dolan, R. (2014), The anatomy of choice: dopamine and decisionmaking. *Philosophical Transactions of the Royal Society of London, B*, 369: doi.org/10.1098/rstb.2013.0481

Friston, K., Shiner, T., Fitzgerald, T., Galea, J., Adams, R., Brown, H.,Dolan, R., Moran, R., Stephan, K. and Bestmann, S. (2012), Dopamine, affordance and active inference. *PLoS Computational Biology*, 8: e1002327

Friston, K. and Stephan, K. (2007), Free-energy and the brain. *Synthese*, 159: 417–58

Friston, K., Stephan, K., Montague, R. and Dolan, R. (2014), Computational psychiatry: the brain as a phantastic organ. *Lancet Psychiatry*, 1: 148–58

Frith, C., Blakemore, S. and Wolpert, D. (2000), Abnormalities in the awareness and control of action. *Philosophical Transactions of the Royal Society of London, B*, 355: 1771–88

Galin, D. (1974), Implications for psychiatry of left and right cerebral specialization: a neurophysiological context for unconscious processes. *Archives of General Psychiatry*, 31: 572–83

Garcia-Rill, E. (2017), Bottom-up gamma and stages of waking. *Medical Hypotheses*, 104: 58–62

Gloor, P. (1992), Role of the amygdala in temporal lobe epilepsy. In J. Aggleton (ed.), *The Amygdala: Neurobiological Aspects of Emotion, Memory, and Mental Dysfunction*. New York: Wiley-Liss, pp. 505–38

Golaszewski, S. (2016), Coma-causing brainstem lesions. *Neurology*, 87: 10

Goodglass, H. (1986), Norman Geschwind (1926–1984). *Cortex*, 22: 7–10

Gosseries, O., Schnakers, C., Ledoux, D. et al. (2011), Automated EEG entropy measurements in coma, vegetative state/unresponsive wakefulness syndrome and minimally conscious state. *Functional Neurology*, 26: 25–30

Gregory, R. (1980), Perceptions as hypotheses. *Philosophical Transactions of the Royal Society of London, B*, 290: 181–97

Haikonen, P. (2012), *Consciousness and Robot Sentience*. New Jersey: World Scientific

Harding, D. (1961), On *Having No Head*. London: Sholland Trust

Harlow, J. (1868), Passage of an iron rod through the head. *Boston Medical and Surgical Journal*, 39: 389-93

Hartmann. E., Russ. D., Oldfield. M., Falke. R. and Skoff. B. (1980), Dream content: effects of 1-DOPA. *Sleep Research*, 9: 153

Hassin, R., Bargh, J., Engell, A. and McCulloch, K. (2009), Implicit working memory. *Consciousness and Cognition*, 18: 665-78

Havlik, M., Kozakova, E. and Horače, J. (2017), Why and how: the future of the central questions of consciousness. *Frontiers in Psychology*, 8: 1797,doi.org/10.3389/fpsyg.2017.01797

Hebb, D. (1949), *The Organization of Behavior: A Neuropsychological Theory*. New York: Wiley

Helmholtz, H. von (1867), *Handbuch der physiologischen Optik*, 3. Leipzig: Voss

Helmholtz, H. von (1892), Goethes Vorahnungen kommendernaturwissenschaftlicher Ideen. In *Vortrage und Reden*, 2. Braunschweig: Friedrich Vieweg und Sohn, pp. 335-61

Herff, C., Heger, D., De Pesters, A. et al. (2015), Brain-to-text: decoding spoken phrases from phone representations in the brain. *Frontiers in Neuroscience*, 9: 217, doi.org/10.3389/fnins.2015.00217

Hering, E. (1879), Der Raumsinn und die Bewegungen des Auges. In L. Hermann (ed.), *Handbuch der Physiologie*, 3. *Part 1: Physiologie des Gesichtssinnes*. Leipzig: Vogel, pp. 343-601

Hesselmann, G., Sadaghiani, S., Friston, K. and Kleinschmidt, A. (2010), Predictive coding or evidence accumulation? False inference and neuronal fluctuations. *PLoS One*, 5(3): e9926, doi.org/10.1371/journal.pone.0009926

Hobson, J. A. (2009), REM sleep and dreaming: towards a theory of protoconsciousness. *Nature Reviews Neuroscience*, 10: 803-13

Hobson, J. A. and Friston (2012), Waking and dreaming consciousness: neurobiological and functional considerations. *Progress in Neurobiology*, 98: 82-98

Hobson, J. A. and Friston, K. (2014), Consciousness, dreams, and inference: the Cartesian theatre revisited. *Journal of Consciousness Studies*, 21: 6-32

Hobson, J. A. and McCarley, R. (1977), The brain as a dream state generator: an activation-synthesis hypothesis of the dream process. American Journal of Psychiatry, 134 : 1335-48

Hobson, J. A., McCarley, R. and Wyzinski, P. (1975), Sleep cycle oscillation : reciprocal discharge by two brainstem neuronal groups. *Science*, 189 : 55-8

Hochberg L., Bacher, D., Jarosiewicz, B. et al. (2012), Reach and grasp by people with tetraplegia using a neurally controlled robotic arm. *Nature*, 485 : 372-5

Hohwy, J. (2012), Attention and conscious perception in the hypothesis testing brain. *Frontiers in Psychology*, 3 : 96, doi.org/10.3389/fpsyg.2012.00096

Hohwy, J. (2013), *The Predictive Mind*. New York : Oxford University Press

Holeckova, I., Fischer, C., Giard, M.-H. et al. (2006), Brain responses to subject's own name uttered by a familiar voice. *Brain Research*, 1082 : 142-52

Holstege, G., Georgiadis, J., Paans, A. et al. (2003), Brain activation during human male ejaculation. *Journal of Neuroscience*, 23 : 9185-93

Horikawa, T., Tamaki, M., Miyawaki, Y. and Kamitani, Y. (2013), Neural decoding of visual imagery during sleep. *Science*, 340 : 639-42

Hsieh, P-J. and Tse, P. (2006), Illusory color mixing upon perceptual fading and filling-in does not result in 'forbidden colors'. *Vision Research*, 46 : 2251-8

Hume, D. (1748), *Philosophical Essays Concerning Human Understanding*. London : A. Millar.

Hurley, M., Dennett, D. and Adams, R. (2011), *Inside Jokes : Using Humor to Reverse-Engineer the Mind*. Cambridge, MA : MIT Press

Ingvar, D. (1985), 'Memory of the future' : an essay on the temporal organization of conscious awareness. *Human Neurobiology*, 4 : 127-36

Jackson, F. (1982), Epiphenomenal qualia. *Philosophical Quarterly*, 32 : 127-36

Jackson, F. (1995), Postscript on 'What Mary Didn't Know'. In P. Moser and J. Trout (eds.), Contemporary *Materialism*. London : Routledge, pp. 184-9

Jaspers, K. (1963), *General Psychopathology*. Chicago : University of ChicagoPress

Jaynes, E. (1957), Information theory and statistical mechanics. *Physical Review*, 106 : 620-30

Jouvet, M. (1965), Paradoxical sleep : a study of its nature and mechanisms. *Progress in Brain Research*, 18 : 20-62

Joyce, J. (2008), Bayes' theorem. *Stanford Encyclopedia of Philosophy*

Julesz, B. (1971), *Foundations of Cyclopean Perception*. Chicago : University of Chicago

Press

Kandel, E. (1998), A new intellectual framework for psychiatry. *American Journal of Psychiatry*, 155 : 457-69

Kandel, E. (1999), Biology and the future of psychoanalysis : a new intellectual framework for psychiatry revisited. *American Journal of Psychiatry*, 156 : 505-24

Kant, I. (1790), Kritik der Urteilskraft. *Kants gesammelte Schriften*, 5. Berlin : Walter de Gruyter

Kaplan-Solms, K. and Solms, M. (2000), *Clinical Studies in Neuro-Psychoanalysis : Introduction to a Depth Neuropsychology*. London : Karnac

Kihlstrom, J. (1996), Perception without awareness of what is perceived, learning without awareness of what is learned. In M. Velmans (ed.), *The Science of Consciousness : Psychological, Neuropsychological and Clinical Reviews*. London : Routledge, pp. 23-46

Knill, J. and Pouget, A. (2004), The Bayesian brain : the role of uncertainty in neural coding and computation. *Trends in Neurosciences*, 27 : 712-19

Koch, C. (2004), *The Quest for Consciousness : A Neurobiological Approach*. Englewood, CO : Roberts and Company

Kopelman, M., Bajo, A. and Fotopoulou, A. (2015), Confabulation : memory deficits and neuroscientific aspects. In J. Wright (ed.), *International Encyclopedia of Social and Behavioral Sciences*. New York : Elsevier

Krahe, C., Springer, A., Weinman, J. and Fotopoulou, A. (2013), The social modulation of pain : others as predictive signals of salience - a systematic review. *Frontiers in Human Neuroscience*, 7 : 386

Kurzweil, R. (2005), *The Singularity is Near : When Humans Transcend Biology*. New York : Viking

Lane, N. (2015), *The Vital Question : Why is Life the Way It Is*? London : Profile

Lavie, P., Pratt, H., Scharf, B., Peled, R. and Brown, J. (1984), Localized pontine lesion : nearly total absence of REM sleep. *Neurology*, 34 : 118-20

LeDoux, J. (1996), *The Emotional Brain*. New York : Simon and Schuster

LeDoux, J. (1999), Psychoanalytic theory : clues from the brain. *Neuropsychoanalysis*, 1 : 44-9

LeDoux, J. and Brown, R. (2017), A higher-order theory of emotional consciousness. *Proceedings of the National Academy of Science*, 114 : e2016-e2025

Lee, J., Everitt, B. and Thomas, K. (2004), Independent cellular processes for hippocampal memory consolidation and reconsolidation. *Science*, 304 : 839-43

Lena, I., Parrot, S., Deschaux, O. et al. (2005), Variations in extracellular levels of dopamine, noradrenaline, glutamate, and aspartate across the sleep-wake cycle in the medial prefrontal cortex and nucleus accumbens of freely moving rats. *Journal of Neuroscience Research*, 81 : 891-9

Leng, G. (2018), *The Heart of the Brain : The Hypothalamus and Its Hormones*. Cambridge, MA : MIT Press

LeVay, S. (1993), *The Sexual Brain*. Cambridge, MA : MIT Press

Levine, J. (1983), Materialism and qualia : the explanatory gap. *Pacific Philosophical Quarterly*, 64 : 354-61

Libet, B., Gleason, C., Wright E. and Pearl, D. (1983), Time of conscious intention to act in relation to onset of cerebral activity (readinesspotential) : the unconscious initiation of a freely voluntary act. *Brain*, 106 : 623-42

Lichtheim, L. (1885), On aphasia. *Brain*, 7 : 433-84

Liepmann, H. (1900), Das Krankheitsbild der Apraxie ('motorischen Asymbolie') auf Grund eines Falles von einseitiger Apraxie. *Monatsschrift fur Psychiatrie und Neurologie*, 8 : 15-44

Lightman, A. (2018), *Searching for Stars on an Island in Maine*. New York : Pantheon

Lin, P., Abney, K. and Bekey, G. (2011), *Robot Ethics*. Cambridge, MA : MIT Press

Linnman, C., Moulton, E., Barmettler, G. et al. (2012), Neuroimaging of the periaqueductal gray : state of the field. *Neuroimage*, 60 : 505-22

Lisman, J. and Buzsaki, G. (2008), A neural coding scheme formed by thecombined function of gamma and theta oscillations. *Schizophrenia Bulletin*, 34 : 974-80

Lissauer, H. (1890), Ein Fall von Seelenblindheit, nebst einem Beitrag zur Theorie derselben. *Archiv fur Psychiatrie und Nervenkrankheiten*, 21 : 222-70

Lupyan, G. (2015), Cognitive penetrability of perception in the age of prediction : Predictive systems are penetrable systems. *Review of Philosophy and Psychology*, 6 : 547-69

Lupyan, G. and Clark, A. (2015), Words and the world : predictive codingand the language-perception-cognition interface. *Current Directions in Psychological Science*, 24 : 279-84

Lupyan, G. and Thompson-Schill, S. (2012), The evocative power of words :activation of concepts by verbal and nonverbal means. *Journal of Experimental Psychology - General*, 141 : 170-86

Lupyan, G. and Ward, E. (2013), Language can boost otherwise unseenobjects into visual awareness. *Proceedings of the National Academy of Sciences*, 110 : 14196-201

Malcolm-Smith, S., Koopowitz, S., Pantelis, E. and Solms, M. (2012), Approach/avoidance in dreams. *Cognition and Consciousness*, 21 : 408-12

Man, K. and Damasio, A. (2019), Homeostasis and soft robotics in the design of feeling machines. *Nature Machine Intelligence*, 1 : 446-52, doi.org/10.1038/s42256-019-0103-7

Maturana, H. and Verela, F. (1972), *Autopoiesis and Cognition : The Realization of the Living*. London : Dordrecht

Marc, J. and Llinas, R. (1994), Human oscillatory brain activity near 40Hz coexists with cognitive temporal binding. *Proceedings of the National Academy of Sciences*, 91 : 11748-51

Mathur, P., Lau B. and Guo, S. (2011), Conditioned place preference behavior in zebrafish. *Nature Protocols*, 6 : 338-45

Maxwell, J. (1872), *Theory of Heat*. London : Longmans, Green and Co.

Mazur, J. E. (2013), Basic principles of operant conditioning. *Learning and Behavior*, 7th edn. New York : Pearson, pp. 101-26

McCarley, R. and Hobson, J. A. (1977), The neurobiological origins of psychoanalytic dream theory. *American Journal of Psychiatry*, 134 : 1211-21

McKeever, W. (1986), Tachistoscopic methods in neuropsychology. In H. J. Hannay (ed.), *Experimental Techniques in Human Neuropsychology*. Oxford : Oxford University Press, pp. 167-211

Merker, B. (2007), Consciousness without cerebral cortex : a challenge for neuroscience and medicine. *Behavioral and Brain Sciences*, 30 : 63-8

Mesulam, M. M. (2000), Behavioral neuroanatomy : large-scale networks, association cortex, frontal syndromes, the limbic system, and hemispheric specializations. In *Principles of Behavioral and Cognitive Neurology*, 2nd edn. New York : Oxford University Press, pp. 1-120

Meynert, T. (1867), Der Bau der Gross-Hirnrinde und seine ortliche Verschiedenheiten, nebst einem pathologisch-anatomischen Corollarium. *Vierteljahrsschrift fur Psychiatrie in ihren Beziehungen zur Morphologie und Pathologie des Central-Nervensystems*, *die physiologischen Psychologie, Statistik und gerichtlichen Medizin*, 1 : 77–93, 119–24

Meynert, T. (1884), *Psychiatrie : Klinik der Erkrankungen des Vorderhirns*. Vienna : W. Braumuller

Misanin, J., Miller, R. and Lewis, D. (1968), Retrograde amnesia produced by electroconvulsive shock after reactivation of a consolidated memorytrace. *Science*, 160 : 203–4

Mohr, M. von and Fotopoulou, A. (2017), The cutaneous borders of interoception : active and social inference of pain and pleasure on the skin. In M. Tsakiris and H. de Preester (eds.), *The Interoceptive Basis of the Mind*. Oxford : Oxford University Press

Mongillo, G. Barak, O. and Tsodyks, M. (2008), Synaptic theory of working memory. *Science*, 319 : 1543–6

Montague, P., Dolan R., Friston, K. and Dayan P. (2012), Computational psychiatry. *Trends in Cognitive Sciences*, 16 : 72–80

Moruzzi, G. and Magoun, H. (1949), Brain stem reticular formation and activation of the EEG. *Electroencephalography and Clinical Neurophysiology*, 1 : 455–73

Motta, S., Carobrez, A. and Canteras, N. (2017), The periaqueductal gray and primal emotional processing critical to influence complex defensive responses, fear learning and reward seeking. *Neuroscience and Biobehavioral Reviews*, 76 : 39–47

Moustafa, A., Sherman, S. and Frank, M. (2008), A dopaminergic basis for working memory, learning and attentional shifting in Parkinsonism. *Neuropsychologia*, 46 : 3144–56

Mulert, C., Menzinger, E., Leicht, G. et al. (2005), Evidence for a close relationship between conscious effort and anterior cingulate cortex activity. *International Journal of Psychophysiology*, 56 : 65–80

Munk, H. (1878), Weiteres zur Physiologie des Sehsphare der Grosshirnrinde. *Deutsche medizinische Wochenschrift*, 4 : 533–6

Munk, H. (1881), *Uber die Functionen der Grosshirnrinde : gesammelte Mittheilungen aus den Jahren* 1877–80. Berlin : Albrecht Hirschwald

Nader, K., Schafe, G. and LeDoux, J. (2000), Fear memories require protein synthesis in the amygdala for reconsolidation after retrieval. *Nature*, 406 : 722–6

Nagel, T. (1974), What is it like to be a bat? *Philosophical Review*, 83 : 435–50

Newman, J. and Baars, B. (1993), A neural attentional model for access to consciousness : a global workspace perspective. *Concepts in Neuroscience*, 4 : 255–90

Niedenthal, P. (2007), Embodying emotion. *Science*, 316 : 1002–5

Nishimoto, S., Vu, A., Naselaris, T. et al. (2011), Reconstructing visual experiences from brain activity evoked by natural movies. *Current Biology*, 21 : 1641–6

Nour, M. and Carhart-Harris, R. (2017), Psychedelics and the science of self experience. *British Journal of Psychiatry*, 210 : 177–9

Nummenmaa, L., Hari, R., Hietanen, J. and Glerean, E. (2018), Maps of subjective feelings. *Proceedings of the National Academy of Sciences*, 115 : 9198–203

Oakley, D. and Halligan, P. (2017), Chasing the rainbow : the non-conscious nature of being. *Frontiers in Psychology*, 8 : 1924, doi.org/10.3389/fpsyg.2017.01924

Oberauer, K., Souza, A., Druey, M. and Gade, M. (2013), Analogousmechanisms of selection and updating in declarative and procedural working memory : experiments and a computational model. *Cognitive Psychology*, 66 : 157–211

Okuda J., Fujii, T., Ohtake, H., Tsukiura, T., Tanji, K., Suzuki, K., Kawashima, R., Fukuda, H., Itoh, M. and Yamadori A. (2003), Thinking of the future and past : the roles of the frontal pole and the medial temporal lobes. *Neuroimage*, 19 : 1369–80

Pace-Schott, E. and Hobson, J. A. (1998), Review of 'The Neuropsychology of Dreams'. *Trends in Cognitive Sciences*, 2 : 199–200

Paloyelis, Y., Krahe, C., Maltezos, S., Williams, S., Howard, M. andFotopoulou, A. (2016), The analgesic effect of oxytocin in humans : a double-blind, placebo-controlled cross-over study using laser-evoked potentials. *Journal of Neuroendocrinology*, 28 : 10.1111/jne.12347

Panksepp, J. (1974), Hypothalamic regulation of energy balance and feeding behavior. *Federation Proceedings*, 33 : 1150–65

Panksepp, J. (1998), *Affective Neuroscience : The Foundations of Human andAnimal Emotions*. New York : Oxford University Press

Panksepp, J. (2011), The basic emotional circuits of mammalian brains : do animals have affective lives? *Neuroscience and Biobehavioral Reviews*, 35 : 1791–804

Panksepp, J. and Biven, L. (2012), *The Archaeology of Mind : Neuroevolutionary Origins of Human Emotions*. New York : Norton

Panksepp, J. and Burgdorf, J. (2003), 'Laughing' rats and the evolutionary antecedents of human joy. *Physiology and Behavior*, 79 : 533–47

Panksepp, J. and Solms, M. (2012), What is neuropsychoanalysis? Clinically relevant studies of the minded brain. *Trends in Cognitive Sciences*, 16 : 6–8

Parr, T. and Friston, K. (2018), The anatomy of inference: generative models and brain structure. *Frontiers in Computational Neuroscience*, 12: 90, doi.org/10.3389/fncom.2018.00090

Partridge, M. (1950), *Pre-Frontal Leucotomy: A Survey of 300 Cases Personally Followed for 1½-3* Years. Oxford: Blackwell

Parvizi, J. and Damasio, A. (2003), Neuroanatomical correlates of brainstem coma. *Brain*, 126: 1524-36

Pasley, B., David, S., Mesgarani, N. et al. (2012), Reconstructing speech fromhuman auditory cortex. *PLoS Biology*, 10(1): e1001251, doi.org/10.1371/journal.pbi0.1001251

Pellis S. and Pellis V. (2009), *The Playful Brain: Venturing to the Limits ofNeuroscience*. Oxford: One World

Penfield, W. and Jasper, H. (1954), *Epilepsy and the Functional Anatomy of the Human Brain*. Little, Brown and Co.

Petkova, V. and Ehrsson, H. (2008), If I were you: perceptual illusion of body swapping. *PLoS One*, 3: e3832, doi.org/10.1371/journal.pone.0003832

Pezzulo, G. (2014), Why do you fear the bogeyman? An embodied predictive coding model of perceptual inference. *Cognitive Affective and Behavioral Neuroscience*, 14: 902-11

Pfaff, D. (2005), *Brain Arousal and Information Theory*. Cambridge, MA, Harvard University Press

Picard, F. and Friston K. (2014), Predictions, perception, and a sense of self. *Neurology*, 83: 1112-18

Popper, K. (1963), *Conjectures and Refutations*. London: Routledge

Qin, P., Di, H., Liu, Y. et al. (2010), Anterior cingulate activity and the self in disorders of consciousness. *Human Brain Mapping*, 31: 1993-2002

Ramachandran, V. S. (1992), Filling in the blind spot. *Nature*, 356: 115

Ramachandran, V. S. and Gregory, R. (1991), Perceptual filling in of artificially induced scotomas in human vision. *Nature*, 350: 699-702

Ramachandran, V. S., Gregory, R. and Aiken, W. (1993), Perceptual fading ofvisual texture borders. *Vision Research*, 33: 717-21

Reggia, J. (2013), The rise of machine consciousness: studying consciousness with computational models. *Neural Networks*, 44: 112-31

Riggs, L. and Ratliff, F. (1951), Visual acuity and the normal tremor of the eyes. *Science*,

114 : 17–18

Roepstorff, A. and Frith, C. (2004), What's at the top in the top-down controlof action? Script-sharing and 'top-top' control of action in cognitive experiments. *Psychological Research*, 68 : 189–98

Rolls, E. (2014), *Emotion and Decision-Making Explained*. New York :Oxford University Press

Rolls, E. (2019), Emotion and reasoning in human decision-making. *Economics*, 13 : 1–31

Rosenthal, D. (2005), *Consciousness and Mind*. Oxford : Oxford University Press

Rovelli, C. (2014), *Seven Brief Lessons in Physics*. London : Allen Lane

Runes, D. (1972), *Dictionary of Philosophy*. Totowa, NJ : Littlefield, Adams and Co.

Sacks, O. (1970), *Migraine*. London : Vintage

Sacks, O. (1973), *Awakenings*. London : Duckworth

Sacks, O. (1984), *A Leg to Stand On*. New York : Simon and Schuster

Sacks, O. (1985), *The Man Who Mistook His Wife for a Hat*. London : Duckworth

Schacter, D., Addis, D. and Buckner, R. (2007), The prospective brain : remembering the past to imagine the future. *Nature Reviews Neuroscience*, 8 : 657–61

Schindler, R. (1953), Das Traumleben der Leukotomierten. *Wiener Zeitschrift fur Nervenheilkunde*, 6 : 330

Searle, J. (1980), Minds, brains, and programs. *Behavioral and Brain Sciences*, 3 : 417–24

Searle, J. (1992), *The Rediscovery of the Mind*. Cambridge, MA : MIT Press

Searle, J. (1993), The problem of consciousness. *Social Research*, 60 : 3–16

Searle, J. (1997), *The Mystery of Consciousness*. London : Granta Seeley, W., Menon, V., Schatzberg, A. et al. (2007), Dissociable intrinsic connectivity networks for salience processing and executive control. *Journal of Neuroscience*, 27 : 2349–56

Seth, A. (2013), Interoceptive inference, emotion, and the embodied self. *Trends in Cognitive Sciences*, 17 : 565–73

Shallice, T. (1988), *From Neuropsychology to Mental Structure*. Cambridge :Cambridge University Press

Shannon, C. (1948), A mathematical theory of communication. *Bell System Technical Journal*, 27 : 379–423

Shapiro, L. (2007), *Princess Elisabeth of Bohemia and Rene Descartes : TheCorrespondence Between Princess Elisabeth of Bohemia and Rene Descartes*. Chicago : University of

Chicago Press

Sharf, B., Moskovitz, C., Lupton, M. and Klawans, H. (1978), Dream phenomena induced by chronic levodopa therapy. *Journal of Neural Transmission*, 43 : 143–51

Shewmon, D., Holmes, G. and Byrne, P. (1999), Consciousness in congenitallydecorticate children : developmental vegetative state as self-fulfilling prophecy. *Developmental Medicine and Child Neurology*, 41 : 364–74

Skinner, B. F. (1953), *Science and Human Behavior*. New York : Macmillan

Solms, M. (1991), Summary and discussion of the paper 'The neuropsychological organisation of dreaming : implications for psychoanalysis'. *Bulletin of the Anna Freud Centre*, 16 : 149–65

Solms, M. (1995), New findings on the neurological organization of dreaming : implications for psychoanalysis. *Psychoanalytic Quarterly*, 64 : 43–67

Solms, M. (1996), Was sind Affekte? *Psyche*, 50 : 485–522

Solms, M. (1997a), *The Neuropsychology of Dreams : A Clinico-Anatomical Study*. Mahwah NJ : Lawrence Erlbaum Associates

Solms, M. (1997b), What is consciousness? *Journal of the AmericanPsychoanalytic Association*, 45 : 681–778

Solms, M. (1998), Before and after Freud's 'Project'. In R. Bilder and F.LeFever (eds.), Neuroscience of the Mind on the Centennial of Freud's Project for a Scientific Psychology. *Annals of the New York Academy of Sciences*, 843 : 1–10

Solms M. (2000a), Dreaming and REM sleep are controlled by different brain mechanisms. *Behavioral and Brain Sciences*, 23 : 843–50

Solms, M. (2000b), Freud, Luria and the clinical method. *Psychoanalysis and History*, 2 : 76–109

Solms, M. (2000c), A psychoanalytic perspective on confabulation. *Neuropsychoanalysis*, 2 : 133–8

Solms, M. (2001), The neurochemistry of dreaming : cholinergic and dopaminergic hypotheses. In E. Perry, H. Ashton and A. Young (eds.), *The Neurochemistry of Consciousness*. New York : John Benjamins, pp. 123–31

Solms, M. (2008), What is the 'mind'? A neuro-psychoanalytical approach. In D. Dietrich, G. Fodor, G. Zucker and D. Bruckner (eds.), *Simulating the Mind : A Technical Neuropsychoanalytical Approach*. Vienna : Springer Verlag, pp. 115–22

Solms, M. (2011), Neurobiology and the neurological basis of dreaming. In P. Montagna and S. Chokroverty (eds.), *Handbook of Clinical Neurology, 98 (3rd series), Sleep Disorders*, Part 1. New York : Elsevier, pp. 519–44

Solms, M. (2013), The conscious id. *Neuropsychoanalysis*, 14 : 5–85

Solms, M. (2015a), *The Feeling Brain : Selected Papers on Neuropsychoanalysis*. London : Karnac

Solms, M. (2015b), Reconsolidation : turning consciousness into memory. *Behavioral and Brain Sciences*, 38, 40–41

Solms, M. (2017a), Empathy and other minds – a neuropsychoanalytic perspective and a clinical vignette. In V. Lux and S. Weigl (eds.), *Empathy : Epistemic Problems and Cultural-Historical Perspectives of a Cross-Disciplinary Concept*. London : Palgrave Macmillan, pp. 93–114

Solms, M. (2017b), Consciousness by surprise : a neuropsychoanalytic approach to the hard problem. In R. Poznanski, J. Tuszynski and T. Feinberg (eds.), *Biophysics of Consciousness : A Foundational Approach*. New York : World Scientific, pp. 129–48

Solms, M. (2017c), What is 'the unconscious', and where is it located in the brain? A neuropsychoanalytic perspective. *Annals of the New York Academy of Sciences*, 1406 : 90–97

Solms, M. (2018a), Review of A. Damasio, 'The Strange Order of Things'. *Journal of the American Psychoanalytic Association*, 66 : 579–86

Solms, M. (2018b), The scientific standing of psychoanalysis. *British Journal of Psychiatry – International*, 15 : 5–8

Solms, M. (2019a), The hard problem of consciousness and the Free Energy Principle. *Frontiers in Psychology*, 10 : 2714, doi.org/10.3389/fpsyg.2018.02714

Solms, M. (2019b), Commentary on Edmund Rolls : 'Emotion and reason in human decision-making'. *Economics Discussion Papers*, No. 2019–45, Kiel : Institute for the World Economy

Solms, M. (2020a), Dreams and the hard problem of consciousness. In S. Della Salla (ed.), *Encyclopedia of Behavioral Neuroscience*. New York : Oxford University Press, in press

Solms, M. (in press), Notes on some technical terms whose translation calls for comment. In M. Solms (ed.), *Revised Standard Edition of the Complete Psychological Works of Sigmund Freud*, 24. Lanham, MD : Rowman and Littlefield

Solms, M. (2020b), New project for a scientific psychology : general scheme. *Neuropsy-*

choanalysis, 21 : 000–000

Solms, M. and Friston, K. (2018), How and why consciousness arises : some considerations from physics and physiology. *Journal of Consciousness Studies*, 25 : 202–38

Solms, M., Kaplan-Solms, K. and Brown, J. W. (1996), Wilbrand's case of 'mind-blindness'. In C. Code, C.-W. Walesch, A.-R. Lecours and Y. Joanette (eds.), *Classic Cases in Neuropsychology*. Hove : Erlbaum, pp. 89–110

Solms, M., Kaplan-Solms, K., Saling, M. and Miller, P. (1988), Inverted vision after frontal lobe disease. *Cortex*, 24 : 499–509

Solms, M. and Panksepp, J. (2010), Why depression feels bad. In E. Perry, D. Collerton, F. LeBeau and H. Ashton (eds.), *New Horizons in the Neuroscience of Consciousness*. Amsterdam : John Benjamins, pp. 169–79

Solms, M. and Saling, M. (1986), On psychoanalysis and neuroscience : Freud's attitude to the localizationist tradition. *International Journal of Psychoanalysis*, 67 : 397–416

Solms, M. and Saling, M. (1990), *A Moment of Transition : Two Neuroscientific Articles by Sigmund Freud*. London : Karnac

Solms, M. and Turnbull, O. (2002), *The Brain and the Inner World : An Introduction to the Neuroscience of Subjective Experience*. London : Karnac

Solms, M. and Turnbull, O. (2011), What is neuropsychoanalysis? *Neuropsychoanalysis*, 13 : 133–45

Solms, M. and Zellner, M. (2012), Freudian drive theory today. In A. Fotopoulou, D. Pfaff and M. Conway (eds.), *From the Couch to the Lab : Trends in Psychodynamic Neuroscience*. New York : Oxford University Press, pp. 49–63

Squire, L. (2009), The legacy of Patient HM for neuroscience. *Neuron*, 61 : 6–9

Stein, T. and Sterzer, P. (2012), Not just another face in the crowd : detecting emotional schematic faces during continuous flash suppression. *Emotion*, 12 : 988–96

Stoerig, P. and Barth, E. (2001), Low level phenomenal vision despite unilateral destruction of primary visual cortex. *Consciousness and Cognition*, 10 : 574–87

Strawson, G. (2006), Realistic monism – why physicalism entails panpsychism. *Journal of Consciousness Studies*, 13 : 3–31

Sulloway, F. (1979), *Freud : Biologist of the Mind*. New York : Burnett

Szpunar, K. (2010), Episodic future thought : an emerging concept. *Perspectives on Psychological Science*, 5 : 142–62

Szpunar, K., Watson, J. and McDermott, K. (2007), Neural substrates of envisioning the future. *Proceedings of the National Academy of Sciences*, 104 : 642-7

The Public Voice Coalition (2018), Universal guidelines for Artificial Intelligence, Draft 9, 23 October. Brussels : Electronic Privacy Information Center; https://thepublicvoice.org/ai-universal-guidelines

Thorndike, E. (1911), *Animal Intelligence*. New York : Macmillan

Tononi, G. (2012), Integrated information theory of consciousness : an updated account. *Archives of Italian Biology*, 150 : 56-90

Tossani, E. (2013), The concept of mental pain. *Psychotherapy and Psychosomatics*, 82 : 67-73

Tozzi, A., Zare, M. and Benasich, A. (2016), New perspectives on spontaneous brain activity : dynamic networks and energy matter. *Frontiers in Human Neuroscience*, 10 : 247, doi.org/10.3389/fnhum.2016.00247

Tranel, D., Gullickson, G., Koch, M. and Adolphs, R. (2006), Altered experience of emotion following bilateral amygdala damage. *Cognitive Neuropsychiatry*, 11 : 219-32

Turnbull, O. Berry, H. and Evans, C. (2004), A positive emotional bias in confabulatory false beliefs about place. *Brain and Cognition*, 55 : 490-94

Turnbull, O., Bowman, C., Shanker, S. and Davies, J. (2014), Emotion-based learning : insights from the Iowa Gambling Task. *Frontiers in Psychology*, 5 : 162, doi.org/10.3389/fpsyg.2014.00162

Turnbull, O., Fotopoulou, A. and Solms, M. (2014), Anosognosia as motivated unawareness : the 'defence' hypothesis revisited. *Cortex*, 61 : 18-29

Turnbull, O., Jenkins, S. and Rowley, M. (2004), The pleasantnessof false beliefs : an emotion-based account of confabulation. *Neuropsychoanalysis*, 6 : 5-16

Turnbull, O. and Solms, M. (2007), Awareness, desire, and false beliefs. *Cortex*, 43 : 1083-90

Uhlhaas, P. and Singer, W. (2010), Abnormal neural oscillations and synchrony in schizophrenia. *Nature Reviews Neuroscience*, 11 : 100-113

Van der Westhuizen, D., Moore, J., Solms, M., van Honk, J. (2017), Testosterone facilitates the sense of agency. *Consciousness and Cognition*, 56 : 58-67

Van der Westhuizen, D. and Solms, M. (2015), Social dominance in relation to the Affective Neuroscience Personality Scales. *Consciousness and Cognition*, 33 : 90-111

Varela, F., Thompson, E. and Rosch, E. (1991), *The Embodied Mind : Cognitive Science and Human Experience*. Cambridge, MA : MIT Press

Venkatraman, A., Edlow, B. and Immordino-Yang, M. (2017), The brainstem in emotion: a review. *Frontiers in Neuroanatomy*, 11: 15, doi.org/10.3389/fnana.2017.00015

Vertes, R. and Kocsis, B. (1997), Brainstem and diencephaloseptohippocampal systems controlling the theta rhythm of the hippocampus. *Neuroscience*, 81: 893–926

Walker, M. (2017), *Why We Sleep*. London: Penguin

Wang, X. and Krystal, J. (2014), Computational psychiatry. *Neuron*, 84: 638–54

Weiskrantz, L. (2009), *Blindsight: A Case Study Spanning 35 Years and New Developments*. New York: Oxford University Press

Weizenbaum, J. (1976), *Computer Power and Human Reason: From Judgment to Calculation*. New York: W. H. Freeman

Wernicke, C. (1874), *Der aphasische Symptomencomplex. Eine psychologische Studie auf anatomischer Basis*. Breslau: M. Crohn and Weigert

Wheeler, A. (1990), *A Journey into Gravity and Spacetime*. New York: W. H. Freeman

White, B., Berg, D., Kan, J. et al. (2017), Superior colliculus neurons encode a visual saliency map during free viewing of natural dynamic video. *Nature Communications*, 8: 14263, doi.org/10.1038/ncomms14263

Whitty, C. and Lewin, W. (1957), Vivid daydreaming; an unusual form of confusion following anterior cingulectomy. *Brain*, 80: 72–6

Wilbrand, H. (1887), *Die Seelenblindheit als Herderscheinung und ihre Beziehungen zur Homonymen Hemianopsie zur Alexie und Agraphie*. Wiesbaden: J. F. Bergmann

Wilbrand H. (1892), Ein Fall von Seelenblindheit und Hemianopsie mit Sectionsbefund. *Deutsche Zeitschrift fur Nervenheilkunde*, 2: 361

Yang, E. Zald, D. and Blake, R. (2007), Fearful expressions gain preferential access to awareness during continuous flash suppression. *Emotion*, 7: 882–6

Yovell, Y., Bar, G., Mashiah, M. et al. (2016), Ultra-low-dose buprenorphine as a time-limited treatment for severe suicidal ideation: a randomized controlled trial. *American Journal of Psychiatry*, 173: 491–8

Yu, C. K.-C. (2007), Cessation of dreaming and ventromesial frontal-region infarcts. *Neuropsychoanalysis*, 9: 83–90

Zahavi, D. (2017), Brain, mind, world: predictive coding, neo-Kantianism, and transcendental idealism. *Husserl Studies*, 34: 47–61, doi.org/10.1007/s10743-017-9218-z

Zeki, S. (1993), *A Vision of the Brain*. Oxford: Blackwell

Zellner, M., Watt, D., Solms, M. and Panksepp, J. (2011), Affective neuroscientific and neuropsychoanalytic approaches to two intractable psychiatric problems : why depression feels so bad and what addicts really want. *Neuroscience and Biobehavioral Reviews*, 35 : 2000–2008

Zeman, A. (2001), *Consciousness*. *Brain*, 124 : 1263–89

Zhou, T., Zhu, H., Fan, Z. et al. (2017), History of winning remodels thalamo-PFC circuit to reinforce social dominance. *Science*, 357 : 162–8

찾아보기

(ㄴ)

(ㄷ)

(ㅅ)

(ㅇ)

(ㅈ)

(ㅊ)

(ㅋ)

(ㅌ)

(ㅍ)

(ㅎ)

지은이

마크 솜즈

꿈꾸기의 두뇌 기전을 발견했다. 남아프리카공화국 케이프타운에 거주하며, 케이프타운대학교 신경과학연구소의 신경심리학 디렉터다. 또한 성 바르톨로뮤 및 왕립 런던 병원 의과대학 신경외과 명예 강사이며, 미국 정신과의사학회의 명예 펠로우이기도 하다. 남아프리카 정신분석학회 전 회장이자 현 수련위원장이며, 국제정신분석학회[IPA]의 연구 위원장을 맡고 있다. 저서로는 『진화심리학을 넘어서(Beyond Evolutionary Psychology)』(2018, 조지 엘리 공저), 『감정의 뇌(The Feeling Brain)』(2015), 『신경학에서 정신분석학으로(From Neurology to Psychoanalysis)』(2006, 린 걕웰 공저), 『뇌와 내부 세계(The Brain And The Inner World)』(2002, 올리버 턴블 공저), 『신경정신분석으로의 초대(Clinical Studies in Neuro-psychoanalysis)』(2000, 캐런 캐플런 솜즈 공저), 『꿈의 신경심리학(The Neuropsychology of Dreams)』(1997), 『전환의 순간(A Moment of Transition)』(1990, 마이클 샐링 공저)이 있다.

옮긴이

려원기

정신건강의학과 전문의, 한국정신분석학회 정회원, 대한최면의학회 회원. 경북대학교 의과대학을 졸업하고 국립서울병원(현 국립정신정신건강센터)에서 수련했으며, 2021년부터 국제정신분석학회[IPA] 한국정신분석연구원의 정신분석가 수련과정을 밟고 있다. 저서로 『우리 아기는 지금 무슨 생각을 할까?』가 있으며, 『파이 PHI, 뇌로부터 영혼까지의 여행』, 『신경정신분석으로의 초대』, 『역동정신의학 진단 매뉴얼』(공역)을 번역했다. 현재 정신의학신문에서 '정신의학 역사 만화'를 연재하고 있다.

장현우

미시간대학교 의식과학연구센터 박사과정 연구원. KAIST 바이오및뇌공학과 학사 및 석사를 졸업했다. 연구, 출판번역, 강연 등 다양한 활동을 통해 의식과학의 발전과 대중화를 위해 힘쓰고 있으며, 한국의식과학학술회(https://www.kacs.me/)를 창설해 운영하고 있다. 역서로 『뇌의식의 대화』, 『뇌의식의 우주』, 『뇌의식의 기초』(공역), 『뇌의식의 증명』이 있다.

이도현

과학기술전문사관, 국방과학연구소 현역파견원, 인공지능 연구원이며, 포항공과대학교에서 수학과 학사학위를 취득한 직후, 국방과학연구소에 파견되어 인공지능 및 자율 시스템을 연구하고 있다. 인간 수준 인공지능, 이론 신경과학, 기계 의식 등의 주제를 중심으로 연구, 강연 등 다양한 활동을 수행하고 있으며, 한국의식과학학술회의 신규 이니셔티브인 「두뇌, 마음 그리고 행동」 프로그램을 운영하여 의식 과학의 대중화에 힘쓰고 있다.

의식은 어디에서 오는가

초판 1쇄 인쇄 2024년 5월 27일
초판 1쇄 발행 2024년 6월 3일

지은이 | 마크 솜즈
옮긴이 | 려원기, 장현우, 이도현
펴낸이 | 소정영

펴낸곳 | 도서출판 하나의학사
출판신고 | 1988년 4월 1일 제2022-000082호
주소 | 서울특별시 송파구 동남로 159, 302호(한흥빌딩)
전화 | 02-730-2555, 2556 **팩스** | 02-730-2557
이메일 | hanampc1@naver.com
홈페이지 | www.hanampc.co.kr

ISBN 979-11-91658-43-9 03180